本书编委会

主　编：章　广

副主编：陈国威　赖彩虹　孙建伟　李梓校

广东西部历史与海洋文化研究中心丛书编委会

顾　问：李庆新　吴义雄　陈文海　李云飞

主　编：于卫青

副主编：景东升　陈国威

编委（按姓氏笔画排列）：

于卫青　申友良　兰教材　孙建伟　陈国威

吴铁稳　郭书林　唐　朋　谌焕义　章　广

景东升　彭景新　雷冬文　赖彩虹　臧书磊

李梓校（校外合作）

资助项目：

广东省普通高校人文社科重点研究基地——广东西部历史与海洋文化研究中心（广东省教育厅 粤教科函〔2022〕4 号）

岭南师范学院第七轮重点学科培育点——优势学科：中国史（岭师科研〔2021〕180 号）

　　湛江是一座美丽的海港城市，位于中国第三大半岛——雷州半岛上。湛江市之称始于 1945 年，现在区域范围含湛江市区、雷州市、吴川市、廉江市、遂溪县、徐闻县，大致相当于历史上的雷州府海康、遂溪、徐闻三县及高州府的吴川、石城二县所在地区。雷州半岛虽然是"海上丝绸之路"的重要发源地，但"地处海滨，素称难治"，似乎历来给人以经济落后、社会混乱的不良印象，然而也是这片土地孕育了"清官楷模"陈瑸、朴学大师陈昌齐、粤西唯一状元林召棠、杰出外交家陈兰彬等著名人物。雷州半岛远离政治中心，社会治理或许不尽如人意，但有良好的文化氛围，"子弟竞于学，有邹鲁风"，而这种状况与科举制度息息相关。

　　现在一般认为隋炀帝大业年间始设进士科成为科举制度确立的标志。科举制度最早是分科举士，在隋唐时期分为很多科目，如秀才、明经、明法、明算、进士等，其中明经最简单，进士最难，故有"三十老明经，五十少进士"之说。至北宋王安石变法时，罢诸科，独留进士科，之后科举基本只有进士一科，所以我们说的科举其实就是进士科。明清时期科举制度臻于完善，分为文科举和武科举。清代还有为八旗创设的翻译科举。明清科举是四级考试制度。第一级是童试，身家清白的人都可以参加。童试有三场，分别是知县主持的县试、知府主持的府试和学政主持的院试，三场考试通过之后就考中了生员，即民间通常说的秀才。童试考的人最多，可以说是科举考试里面比较难的，没有通过童试无论年龄多大都称童生。《儒林外史》中的周进就是一个六十多岁的老童生。生员分为三等，刚考上的称附学生员，之后通过学习和考试可以递升为增广生员和廪膳生员，廪生国家会发给银两和粮食补助生活。生员学习一定年限之后可以升贡，称为贡生。明朝主要有岁贡、恩贡、选贡三种，万历之后副榜准作贡生入监学习；清朝有岁贡、恩贡、拔贡、副贡和优贡五种。生员如果有钱的话可以捐纳一个贡生功名，明朝称为纳贡，清朝称为例贡。一般来说，明清时生员升贡之后即获得做官资格。第二级是乡试，生员、贡生，还有国子监监生均可以参加，但在乡试之前，他们都要参加学政主持的科试。科试其实是乡试前的选拔考试，筛选一些人参加乡试。通过乡试的士子称为举人，第一名称解元，乡试一般在八月举行，因此称举人为"蟾宫折桂"。第三级是会试，只有举人才有资格参加会试，会试中式之后称贡士，第一名称会元，会试之后要覆试，覆试合格才能参加殿试。第四级是殿试，名义上由皇帝主持，所以称进士为"天子门生"。进士分三等，一等赐进士及第，二等赐进士出身，三等赐同进士出身。一等只有三名，即状元、榜眼、探花。进士中式后题写在金榜上公示，所以叫"金榜题名"。殿试之后还要举行朝考，选拔翰林院庶吉士。

科举制度下士子主要学习的是儒家经典、古代正史史籍、诗赋以及书法，考试时主要考八股文、策论、格律诗等。科举考试录取名额有限，考试难度相当高。清代时，广东社会经济和文化教育都有很大提高，参加科举考试的人增加，考试难度也相应提升。如乾隆元年（1736）广东乡试一万一千余卷，中额一百名，录取率仅0.91%；而乾隆六年（1741）广东乡试应举者一万二千人，中额却减为七十九名，录取率降到0.66%。因此，非精通传统文化和学术者将很难在科场中胜出，有些甚至是终身困顿科场，抑郁不得志。古代湛江地区相对于珠三角地区来说社会经济和文化教育都要落后不少，因此，士子要在与珠三角地区士子同场竞技中胜出，所付出的努力要更多。在功名的激励下，古代湛江地区普遍重视文化教育，重视读书，在科场中仍取得一定成绩。自宋以降，湛江地区共产生四十二名进士，三百九十五名举人，以及近两千名贡生。

　　湛江地区历代的功名群体以贡生为主，进士、举人数量不多，但他们的历史贡献是不可忽视的。首先，从国家层面来说，功名群体作为政府选拔的高级人才，对于促进国家政治和社会经济的发展发挥了一定作用。科举其实是选官制度，在中了贡生、举人和进士之后即可做官，从雷州半岛走出的士人在做官之后，基本都能保持清廉勤政、实干肯干的作风，对中国古代政治和社会经济发展发挥了一定作用，像明清时期的冯彬、莫天赋、邓宗龄、吴鼎泰、陈瑸、陈昌齐、林召棠、符兆鹏、陈兰彬、丁宗洛、吴懋基、吴河光等，尤其是陈瑸，可谓古代清官楷模。其次，从地方层面来说，作为社会精英，湛江功名群体为地方经济、社会风气等的进步发挥了主导作用。陈瑸与遂溪进士洪泮洙在康熙年间积极倡修海堤，为发展雷州半岛的社会经济作出了很大贡献。陈昌齐在嘉庆时期任雷阳书院山长，潜心发展教育，撰写了《诫雷阳书院诸生书》《与雷阳书院诸生论实学书》《与雷阳书院诸生论时艺书》等文章，勉励雷阳书院学生戒骄戒躁，用心实学，讲究时艺，成就功名，还有卓赓濂、陈乔森等人对雷阳书院的影响也是比较大的。再次，从文化层面来说，功名群体作为文化精英，是湛江古典文化发展的生力军。明代徐闻进士邓宗龄著有《吹剑斋文集》八卷。陈瑸有《清端集》八卷，凡文七卷，诗一卷。陈昌齐是清代朴学大师，精于经学、金石学、语言学、数学、天文学等，刊行于世的著作有《经典释文附录》《大戴礼考证》《荀子考证》《淮南子考证》《吕氏春秋正误》《楚辞韵辩》《赐书堂集》《临池琐语》《天学脞说》《测天约术》《地理书钞》等十余种。粤西唯一的状元林召棠，文史书俱佳，著有《心亭居诗文集》。近代外交先驱陈兰彬也是著名学者，著有《毛诗札记》《使美记略》《使美百咏》《治河刍言》《泛槎诗草》《重次千字文》等书，纂修《高州府志》《吴川县志》《吴川风俗志》《石城县志》等书。海康进士李晋熙最擅长集句，著有《瀹云斋集句》十二卷传世，另有《瀹云斋诗存》四卷。丁宗洛"仕不废学"，"劬书博古"，笃志著述，文史俱精，著作颇丰，有《大戴礼管笺》《逸周书管笺》《海康陈清端公年谱》《陈清端公诗集》《梦陆居课艺》《五经经义》《挥汗录》《四书余义》《增订雷州府志》《古合外志》《连阳丛话》《连阳余闻》《雷阳黎献集》《不负斋文集》《一桂轩诗钞》《梦陆居诗稿》《梦陆居诗话》《顾甄集》《驿春集》等十余种。作为社会精英，湛江功名群体还有一个重要的社会影响，就是激励社会普遍重视文教，读书风气浓厚。古代雷州有很多民间组织资助士子读书，还有很多宗族纷纷出资资助和奖励士子。而斯制已逝，遗风犹存，现在湛江地区仍比较重视教育，兴教励学的举措在民间普遍存在。

湛江的功名群体对社会各方面的发展都有一定贡献，正因此我们组织相关专家编纂《湛江历代科举题名录》，将科举制度创立以来的历代进士、举人、贡生搜罗成编，根据科举档案、履历档案、史志等材料，科学考证其姓名、字号、籍贯、功名类别、科分、家世、履历、著作等信息，部分人根据所掌握的材料编写小传进行简要介绍，同时对现存著述的明显错讹予以纠正，以期对湛江功名群体有一个较为科学、全面、系统的认识，为促进湛江地方优秀传统文化的传承发展作一点贡献。本编由岭南师范学院历史学系老师合力完成，由章广博士主编，前言、宋代进士、明清贡生部分由章广博士撰写，明代进士部分由赖彩虹博士撰写，明代举人部分由孙建伟博士撰写，清代进士部分由章广博士和李梓校先生撰写，清代举人部分由陈国威博士撰写；最后由陈国威博士和章广博士统稿。本书在撰写过程中，得益于李梓校先生提供了大量地方材料，同时得到中国史重点学科带头人、研究中心负责人于卫青教授，历史学系主任景东升教授的支持和指导，在此一并予以真诚感谢。编纂《湛江历代科举题名录》事属初创，加之编者能力所限，书中难免有遗漏和其他不足之处，请各位方家、读者指正。

目 录

一、北宋元祐六年（1091）辛未科

鞠杲，化州吴川县（今吴川市中山镇湾村）人，嘉靖《广东通志》、万历《粤大记》、道光《广东通志》作元符三年（1100）进士，万历《高州府志》作元祐间进士，雍正《广东通志》、道光《吴川县志》作元祐六年（1091）进士。《粤大记》卷四《科第》载鞠杲登元符三年（1100）进士；卷一九《献征类》载，鞠杲"元符中入汴京上书"。元符是宋哲宗赵煦年号，共三年，元符中应为元符二年（1099）。若鞠杲中元符三年进士，则元符二年应该是进京赶考，而不是"入"京上书。南宋王象之（1163—1230）撰《舆地纪胜》载，鞠杲"吴川进士，元符上书，隶党籍"[①]。万历《高州府志》卷六《鞠杲传》亦载其"举进士，元符中入汴京上书"，章惇怒，"以杲隶党籍"[②]。上书之后被列入奸党籍，就不可能再考进士了。因此元符三年有误，今遵雍正《广东通志》和道光《吴川县志》作元祐六年进士。

鞠杲是河南开封人鞠咏之后，鞠咏曾举进士，任殿中侍御史、礼部员外郎等职。鞠杲是湛江地区第一位进士，他中进士后在地方任职。当时章

① ［宋］王象之. 舆地纪胜·卷一百十六·广南西路·化州（影印本）[M]. 北京：中华书局，1992：3425.

② ［明］曹志遇修. 高州府志（万历）·卷六·鞠杲传（影印本）[M]. 广州：岭南美术出版社，2009：94.

惇拜相执政，恢复熙宁新法，打击反对变法的官员。鞠杲因此在元符二年（1099）入汴京上书宋哲宗赵煦，"排章惇等罪妨贤欺国之罪，辞甚抗直"①，严厉斥责章惇等人的罪行。章惇大怒，下令削去鞠杲官职，列入奸党籍，致使其困顿终身。鞠杲不畏强权、仗义执言的精神，受到世人的敬仰，去世后入乡贤祠供奉。其墓在湾村西头坡，清乾隆四十六年（1781）冬，吴川士绅为其立碑重修。士人吴大文作诗赞曰：

绿水青山拱墓门，到来瞻仰已黄昏。生前只解诛奸佞，死后何劳问子孙。宋代衣冠当代重，党人碑谒几人存。他年车笠重过此，应祀先生酒一樽②。

二、南宋淳熙五年（1178）戊戌科

杨原兴，雷州海康县人，朝奉大夫，嘉靖、万历及道光《广东通志》《粤大记》作淳熙五年（1178）进士，嘉靖《广东通志》又作淳祐四年（1244）乡贡③，万历《雷州府志》作淳祐五年（1245）乡举解元。今从道光《广东通志》，作淳熙五年（1178）进士④。

三、南宋嘉熙二年（1238）戊戌科

王应容，雷州海康县人，嘉靖、万历、道光《广东通志》作嘉熙二年（1238）进士，康熙《海康县志》无，万历《雷州府志》作咸淳年间进士，

---

① ［明］曹志遇修. 高州府志（万历）·卷六·鞠杲传（影印本）[M]. 广州：岭南美术出版社，2009：94.

② ［清］毛昌善修. 吴川县志（光绪）·卷七·鞠杲传（影印本）[M]. 广州：岭南美术出版社，2009：512.

［明］曹志遇修. 高州府志（万历）·卷六·鞠杲传（影印本）[M]. 广州：岭南美术出版社，2009：94.

③ ［明］黄佐修. 广东通志（嘉靖）·卷十一·选举志上（誊印本）[M]. 广州：广东省地方史志办公室，2013：246、248.

④ ［清］阮元纂. 广东通志（道光）·卷六十六·选举志（影印本）[M]. 上海：上海古籍出版社，2002：302.

任学正^①。

四、南宋淳祐七年（1247）辛丑科

陈宏甫，雷州海康县人，万历《雷州府志》作淳熙八年（1181）进士，嘉靖、万历及道光《广通通志》《粤大记》、康熙《海康县志》与此同。但据万历《雷州府志》卷二十《艺文志》所录雷州府学教授郭梦龙作《雷州府学登科题名记》为淳祐七年（1247）进士。郭梦龙是福州闽县（今福建福州）人，端平二年（1235）进士，淳祐八年（1248）秋任雷州府学教授，"视篆甫一月，宏甫亦以衣锦归"。陈宏甫中进士返乡时，郭梦龙正好到任不久，乡贤请其记此盛事，因此作《雷州府学登科题名记》^②。郭梦龙可谓当时人记当时事，所记可信，因此陈宏甫应为淳祐七年（1247）进士。

陈宏甫是雷祖陈文玉后裔，其父陈元鼎举荐辟，是南宋前期雷州著名士绅，被海康陈氏奉为第二十五世祖。乡贡之后，陈宏甫任州学正，深得府学教授叶梦材器重。郭梦龙认为他是当时雷州第一位进士，故称他为"雷之破天荒者"，希望之后雷州士子可以源源不断地考中进士^③。

五、南宋宝祐四年（1256）丙辰科

纪应炎，字伯明，小名孟嗣，生于嘉定十年（1217）六月二十七日，曾祖名从，祖父名仁杰，父亲名飞黄，妻子徐氏^④。雷州遂溪县下步人，登

---

① ［清］阮元纂．广东通志（道光）·卷六十七·选举志（影印本）[M]．上海：上海古籍出版社，2002：307．

② ［元］郭梦龙．雷州府学登科题名记[C]．［明］欧阳保修．雷州府志（万历）·卷二十·艺文志（影印本）[M]．广州：岭南美术出版社，2009：281．

③ ［明］欧阳保修．雷州府志（万历）·卷二十·艺文志（影印本）[M]．广州：岭南美术出版社，2009：281．

④ 宝祐四年进士登科录[A]．全国图书馆文献缩微复制中心．中国科举录汇编（第1册）[C]．北京：全国图书馆文献缩微复制中心，2011：226．

第二甲第十一名进士^①。万历《雷州府志》作宝祐三年（1256）乡贡，但误作宝祐五年（1257）进士；万历、道光《广东通志》作宝祐四年（1256），但雍正《广东通志》、道光《遂溪县志》误作嘉熙二年（1238）。今据《宝祐四年进士登科录》作宝祐四年。

纪应炎少时在湖光岩读书，治诗赋，宝祐四年（1256）三十九岁时一举中式第二甲第十一名进士，授澄迈县主簿。至澄迈县时，有人将银子潜藏在米中馈赠给他，他发觉后即刻返还回去。上任后，他招集民工将澄迈县海港附近浅滩填筑成千余亩良田，交给附近百姓耕种，极大地改善了民生状况。他还时常出入县学，指导学生学习，培养人才。咸淳（1265—1274）中，任宣教郎，知南海县。其间与经略冷觉斋不和，自书一对联曰："三年南海清心坐，一任东君冷眼看。"冷经略看到后，不但不生气，反而佩服他的耿直性情。任知县时，有一个富人触犯法律，遂贿赂纪应炎的女婿，希望帮其逃脱惩罚，纪应炎严词拒绝，按律将其绳之以法。纪应炎为人清正，为官为民，刚正不阿，死后崇奉在乡贤祠^②。

杨怿，字悦甫，小名用怿，雷州海康县人，生于嘉定十一年（1218）二月一日。曾祖名从简，祖父名育，封承事郎；父亲名泰之，封通直郎。宝祐三年（1255）乡贡，宝祐四年（1256）进士，嘉靖、万历、道光《广东通志》与道光《遂溪县志》同，但均误作遂溪进士；万历《雷州府志》作海康进士，但误作宝祐五年（1257）；康熙《海康县志》误作淳祐丙辰文天祥榜（淳祐无丙辰年，应为宝祐之误）。今据《宝祐四年进士登科录》作宝祐四年海康进士^③。

杨怿治《春秋》，宝祐四年三十八岁时一举中式第四甲第二十六名进

① 宝祐四年进士登科录 [A]. 全国图书馆文献缩微复制中心. 中国科举录汇编（第1册）[C]. 北京：全国图书馆文献缩微复制中心，2011：226.

② ［清］喻炳荣修. 遂溪县志（道光）·卷九·纪应炎传（影印本）[M]. 广州：岭南美术出版社，2009：286.

③ 宝祐四年进士登科录 [A]. 全国图书馆文献缩微复制中心. 中国科举录汇编（第1册）[C]. 北京：全国图书馆文献缩微复制中心，2011：271.

士^①。

程雷发，字伯声，小名寅郎，雷州遂溪县人，生于嘉定十年（1217）正月十二日。曾祖名光，祖父名忠，父亲名惠，娶林氏，自己独立为户。宝祐三年（1255）乡贡，宝祐四年（1256）进士，嘉靖、万历、道光《广东通志》及道光《遂溪县志》同，万历《雷州府志》误为宝祐五年（1257）。

程雷发治赋，宝祐四年三十九岁时一举中式第五甲第十六名进士^②。

陈惟中，字子敬，化州吴川人，嘉靖、万历《广东通志》无，万历《高州府志》作宋代吴川进士，康熙《高州府志》作宝祐四年（1256）进士，道光《广东通志》作宝祐四年由三年乙卯乡贡中式五甲进士，光绪《吴川县志》与此同。

陈惟中中进士后任文昌县尹。此时，南宋政权在蒙古骑兵的攻击下风雨飘摇，景炎二年（1277），宋端宗被元兵追逐逃到硇洲岛，陈惟中随军转运粮饷接济。粮船行至井澳时，被元军沿海招讨使刘深率兵追捕。张世杰所率前锋被击退，刘深乘机下令纵火焚烧粮船。当时，陈惟中和吴川司户何时正吃早餐，闻讯放下筷子即冲入阵中救火杀敌，身上多处受伤仍力战不却。激战中，忽然刮起大风，粮船正好处于上风位，陈惟中也乘机纵火焚烧元军兵船，火势迅猛，刘深被迫率军逃离。最终，陈惟中等顺利将粮饷运抵硇洲岛。

按：光绪《吴川县志》卷七《人物传》考证认为陈惟中与其兄陈子全非吴川人，亦非进士，其言曰："《宋史》及邓光荐《督府忠义传》均有陈子敬，而无陈惟中。《史》曰：'天祥入汀州，陈子敬自江西起兵来会。'《传》曰：'陈子敬，赣人，以赀力雄乡里。'是子敬非吴川人。又文天祥榜进士题名录无子敬，亦无惟中，是惟中更非宝祐四年进士。且何时起兵抚州，本以进士知兴国县无谪吴川司户之文。又陈子全与吴希奭、王梦应等起兵

①　宝祐四年进士登科录 [A]. 全国图书馆文献缩微复制中心. 中国科举录汇编（第 1 册）[C]. 北京：全国图书馆文献缩微复制中心，2011：271.

②　宝祐四年进士登科录 [A]. 全国图书馆文献缩微复制中心. 中国科举录汇编（第 1 册）[C]. 北京：全国图书馆文献缩微复制中心，2011：351.

邵永间，《史》及《传》皆曰攸县人，与赣县陈子敬无涉。且三人惟梦应旧为庐陵尉，志谓子全为庐陵丞，不知何本。大抵宋室既亡，忠义之裔多流寓海滨，旧志波及亦未可知。《那蒙陈氏谱》谓惟中即子敬，乃其六世祖，似未细核史传。"光绪县志考证认为陈惟中是陈子敬之误，非吴川人，亦非宝祐四年进士。为便于分析，兹将几处史料罗列于下：

光绪《吴川县志》卷七《陈惟中传》："陈惟中字子敬，宝祐四年进士，任文昌县尹。景炎中，端宗迁硇洲，惟中转饷，艘至井澳，将趋硇洲，元将刘深帅水兵来追，张世杰前锋稍却，深纵火焚舰，惟中与吴川司户何时方朝食投箸而起，亲冒矢石，俱被创力战，值天反风，我艘乘上流，亦纵火，深兵始逃。"又《陈子全传》："陈子全，惟中兄也，以太学上舍为庐陵丞。景炎丁丑，闻元兵陷临安，与主簿吴希奭、尉王梦应起兵勤王，复袁州，元兵败走。已而湘部诸郡县相继陷没，子全中流矢死，希奭力战亦死，梦应收残卒趋永新，图后举，力不能支，亦死。庐陵称三忠，立祠祀之。"①

南宋邓光荐《督府忠义传》："陈子敬，赣人，以赀力雄于乡里，行府至汀，子敬请召集义兵，置屯皂口，据赣下流，以遏北船，忠效甚著。行府败，聚兵黄塘，连结山寨不降，北以重兵袭其寨，寨溃，不知所终。吴希奭、陈子全、王梦应，皆攸县士人，亦自通于同督府，与赵璠相应。希奭大家，世积善急义，乡里德之。子全少刚猛杀人，晚入佛学，徒千数百人，颖悟如高僧。梦应甲戌进士，调庐陵尉。……景炎继位事闻同督府承制各授官有差，希奭志有余而少断，子全聚众数千，善抚御，为众所怀。七月二十一日，复袁州萍乡县，袁州总管聂嵩孙宣差来万户举兵来争。……已而湘部诸县再陷，北军日夜环而攻之，子全中流矢死，子就逮，尽杀之。"②

《宋史》卷四百一十八《文天祥传》："至元十四年，潭赵璠、张虎、张唐、熊桂、刘斗元、吴希奭、陈子全、王梦应起兵邵、永间，复数县，

① ［清］毛昌善修. 吴川县志（光绪）·卷七·陈惟中、子全传（影印本）[M].广州：岭南美术出版社，2009：512.

② ［宋］邓光荐. 督府忠义传 [A]. 本社影印室辑. 宋代传记资料丛刊（第44册）[M]. 北京：北京图书馆出版社，2006：16－20.

抚州何时等起兵应天祥"①。

光绪县志根据《宋史》及邓光荐《督府忠义传》的史料考证认为旧志及《那蒙陈氏族谱》将陈惟中与陈子敬混为一人，并根据《宝祐四年进士题名录》认为陈惟中不是该科进士，而其兄陈子全则与攸县陈子全为同一人②。从上述材料来看，陈惟中与陈子敬确实不是同一个人，但还不足以否定陈惟中是吴川人及其进士身份。第一，陈惟中是字子敬，而赣人陈子敬并未说是名子敬，还是字子敬，从这一点来说，二人并无任何关联。县志认为其疑点应该在于陈惟中的兄长叫陈子全，与陈子敬相近，而二人均加入文天祥的抗元阵营中，但县志的考证其实已经明确，县志中记载的陈子全就是攸县人，因此与吴川人陈惟中也就没有关联，不能因名号相近而将陈惟中与陈子敬、陈子全关联在一起。第二，二人的抗元事迹不同。陈惟中在广东抗击元兵，而陈子敬主要在江西抗击元兵。第三，县志认为《宝祐四年进士题名录》没有陈惟中，也没有陈子敬，因此认为陈惟中不是宝祐四年进士，但是据乾隆时期鲍廷博传抄本《宝祐四年进士登科录》，仍有近三十人没有考证出姓名籍贯，因而据此不足以否定陈惟中是宝祐四年进士，其中最大的疑问在何时身上。何时是江西抚州人，宝祐四年进士，任庐陵县尉、兴国知县等官职，文天祥开府南剑州时，受命为江西提刑，收复崇仁县，后兵败出家，流落岭南。何时并未担任过吴川司户（道光县志载何时由朝奉郎谪吴川司户③，但是《督府忠义传》载何时兵败后逃亡隐逸于闽赣之间④，因此县志不可信），不可能与陈惟中并肩作战。其中原因，县志的考证其实已经给出了答案，即"大抵宋室既亡，忠义之裔多流寓海滨，旧志波及亦未可知"。南宋灭亡后，

①　[元]脱脱. 宋史·卷四百一十八·文天祥传[M]. 北京：中华书局，1977：12537.

②　[清]毛昌善修. 吴川县志（光绪）·卷八·陈惟中附考（影印本）[M]. 广州：岭南美术出版社，2009：513.

③　[清]毛昌善修. 吴川县志（光绪）·卷八·陈惟中传（影印本）[M]. 广州：岭南美术出版社，2009：140.

④　[宋]邓光荐. 督府忠义传[A]. 本社影印室辑. 宋代传记资料丛刊（第44册）[M]. 北京：北京图书馆出版社，2006：22.

许多抗元义士流落岭南，其事迹或有混淆在所难免，而志书与谱书在修撰的时候失于考证，杂为一谈。

据此，遵旧志，陈惟中为宝祐四年进士，但县志所载陈子全则为攸县人陈子全无疑，并非陈惟中兄长，也非吴川人。

六、南宋咸淳元年（1265）乙丑科

吴颐，道光县志作号味淡，而光绪县志作字味淡，是福建进士吴保金的八世孙，化州吴川县上郭人，嘉靖、万历《广东通志》均无，万历《高州府志》作宋吴川进士；康熙、乾隆《高州府志》作咸淳元年（1265）五甲进士，道光《广东通志》作咸淳元年进士，道光《吴川县志》作景定五年（1264）乡举、咸淳元年进士[①]，但光绪《吴川县志》作景定五年乡举、咸淳元年特奏名进士[②]。按道光及光绪《吴川县志》均作景定五年乡举，次年即咸淳元年，亦即吴颐一举即考中进士。据《宋史·选举志一》记载："凡士贡于乡而屡绌于礼部，或廷试所不录者，积前后举数，参其年而差等之，遇亲策士则别籍其名以奏，径许附试，故曰特奏名。"[③] 由此可见，特奏名需具备两个基本条件：一是参加过数次考试而未中，二是年岁较高。因此，吴颐一举中式，是进士而非特奏名进士，光绪《吴川县志》记载有误。欧亚源又误作景定五年（1206年，按原文如此）进士[④]。

吴颐天性刚正，理学素养深邃醇厚，景定五年（1264）举于乡，咸淳元年（1265）联捷第五甲第四名进士。他的策文侃侃而谈，切中时弊，进呈后深得宋度宗赞赏，也得到当时正直大臣的肯定，因此超等次授以光禄

---

① ［清］李高魁修. 吴川县志（道光）·卷七·选举志（影印本）[M]. 广州：岭南美术出版社，2009：120.

② ［清］毛昌善修. 吴川县志（光绪）·卷六·选举表（影印本）[M]. 上海：上海书店，2003：209.

③ ［元］脱脱. 宋史·卷一百五十六·选举志一 [M]. 北京：中华书局，1985：3609.

④ 欧亚源. 科举夺冠数风流——吴川进士素描 [A]. 湛江市政协学习和文史资料委员会. 湛江文史 [J]. 内刊，2004（23）：392.

寺卿职。但当时政治腐败，奸相贾似道擅权秉政，排斥忠良，压制劝谏的奏章，凡是上奏弹劾的官员皆处以重罚。他因深受国恩却不能举贤黜奸而自责，只能与同道的同僚互诉衷肠，与学士许衡、参政江万里等人相互推重。随着政治越来越腐败，正直的官员都难以容身，自己的抱负难以施展，吴颐随选择辞官返乡，绝口不言政事。他虽然辞官，但是仍十分关心国家局势的变化，每次接到邸报知道国家大势已去，便痛心疾首，寝食难安。

吴颐器量宽宏，淡泊功名利禄，但是国家的忠孝之情自然流露。宋朝灭亡后，他不关心新朝政治，转而注重家族子弟的教育和培养，兴修读书楼，为他们的发展深植根基。晚晴著名学者、邑人陈兰彬赠一联曰："至德流芳，名题雁塔；正卿鸿略，御著燕京。"[①]他的后世子孙"奕叶繁昌，科名蔚起"，正是他努力培育的结果，因此，他被奉为"吴氏不祧之祖"。吴颐"忠孝萃诸当躬，出处合乎先哲，文章德业冠冕一时"，不仅对家族发展，对当时吴阳社会风尚的发展也作出了应有贡献[②]。

后世关于吴颐的传说最多的是"帝赐肉"。吴颐在京都供职时，因年老不能常赴国宴，皇上钦命御厨特制一款菜，即是用全猪去骨后，加上猪血，配料剁成肉酱蒸熟，吴颐觉得这道菜味道非常好，他告老还乡后，也常做这道菜。吴颐逝世后，族人作为传家宝，每逢春秋二祭，都做这道菜祭祀祖先，祭祀后，子孙分回家食，作为一种荣誉，这帝赐肉传承至今[③]。"帝赐肉"又演变成月饼的传说，即吴颐将这道菜制成饼，并邀请大家八月十五来食用，月饼也由此而来[④]。传说吴颐中进士后任鄂州知府、临安知府，率军抗击蒙古兵的入侵，与道光县志本传出入甚大，而《宋史》《杭州府志》等文献中亦未见相关记载，因此不可据信。

① ［清］陈兰彬.陈兰彬集（五）[M].广州：广东人民出版社，2018：152.

② ［清］李高魁修.吴川县志（道光）·卷八·吴颐传（影印本）[M].广州：岭南美术出版社，2009：139.

③ 刘志文主编.广东民俗大观上 [M].广州：广东旅游出版社，2007：68－69.

④ 孙亚胜.吴川民间故事选 [M].广州：中山大学出版社，2018 年.

七、南宋咸淳七年（1271）辛未科

庄嗣孙，雷州遂溪县人。嘉靖、万历、道光《广东通志》作咸淳七年（1271）进士，万历《雷州府志》及道光《遂溪县志》同①。

八、科分不明进士

陈直，据宝庆三年（1227）知军州事陈大纪《题名记》载，元祐三年（1088）知军州事沈达撰写《题名记》时，寻访郡中进士陈直，"年八十余，颇精明，善记旧事"②。按此推算，陈直当为北宋初年的进士。有些书作淳熙五年与杨原兴同科，不知何据③。

九、特奏名进士

王抡，雷州海康县人，隆兴元年（1163）特奏名进士。万历《广东通志》载其为淳熙四年（1177）乡贡，万历《雷州府志》不具乡贡时间。其进士功名诸志未载，据《宋会要辑稿·选举》一三之四《特奏名》载："隆兴二年二月十二日，诏雷州进士王抡与补诸州助教，特与下州义学思例。以抡自陈绍兴四年请解，因事不曾赴省，依指挥理到省一举，计应举二十七年推思也。"④他是绍兴四年（1131）请解，亦即该年乡贡，通志与府志均记载有误。至隆兴元年（1163）时，他已经参加科举三十二年，符合宋朝"一举三十年推恩之法"，即"自得解到省试下实及三十年，并许赴特奏名殿

---

① ［明］欧阳保修.雷州府志（万历）·卷十四·选举志（影印本）[M].广州：岭南美术出版社，2009：215.

［清］喻炳荣修.遂溪县志（道光）·卷八·选举（影印本）[M].广州：岭南美术出版社，2009：264.

② ［元］陈大纪.题名记[M].［明］欧阳保修.雷州府志（万历）·卷二十·艺文志（影印本）[M].广州：岭南美术出版社，2009：281.

③ 《湛江通史》编委会编.湛江通史（上）[M].广州：广东人民出版社，2021：252.

④ ［清］徐松辑.宋会要辑稿·选举·一三之四·特奏名[D].清抄本.

试"①，因此得以成为特奏名进士。其他事迹不详，万历《雷州府志》存其诗一首，《和寇公诗》："览胜来山寺，岚开野色分。摩挲看古刻，旷世和新闻。"

上述考证宋代湛江地区有进士10名。《雷州市历代人物传略》附录一《雷州市历代进士名录》列陈文玉为进士实属错误②，陈文玉为荐辟，史有明文。又列建炎间进士黄守政，按黄守政出生于福建省福清县，建炎四年（1130）中进士，后官琼州府通判，卸任返回途中定居雷州，按科举籍贯来看，他不属于雷州进士。

---

①　［清］徐松辑．宋会要辑稿·选举·一三之四·特奏名［D］．清抄本．

②　广东省雷州市政协文史委员会编．雷州市历代人物传略·雷州文史［J］．内刊，1995（2）：3－8.

一、洪武十八年乙丑科（1385）

在明朝时期（1368—1644），科举取士制度达到了鼎盛阶段。洪武四年（1371），朝廷首次举行了进士科的科举考试，但在之后的十三年间暂停了科举，直到洪武十八年（1385）才重开，并持续进行，没有中断。

在明朝的89次科举考试中，每三年举行一次大比，平均每次录取进士约270人，总计录取了24 595名进士。然而，由于洪武十八年乙丑科的进士题名碑被永乐帝朱棣下令毁坏，《洪武十八年登科录》失传，因此，该榜472名进士的名录存在缺失和诸多错误。

经过龚延明等学者的考证，认为俞宪的《皇明进士登科考》是目前保存最为完整的洪武十八年榜进士名录的科举文献。据《皇明进士登科考》记载，洪武十八年共有472名考生被录取为进士。明代制度规定，参加殿试的考生一般不会被淘汰，因此，这472名考生均顺利地完成了殿试，录为进士。事实上，洪武十八年参加殿试的考生共有472人，即"廷对者四百七十二人，擢丁显为第一人"①。因此，该书的记载与实际录取人数完全相符。

---

① ［明］钞本明实录（第二册）. 明太祖实录. 卷一七二·洪武十八年（影印本）[M]. 北京：线装书局，2005：118.

既然俞宪所编《皇明进士登科考》完整记载了洪武十八年榜进士的名录，为何后人不能依据此书来补全缺失的部分呢？学者龚延明对此进行了分析，其可能的原因是后人所见的《皇明进士登科考》并不是一个完整的版本。尽管俞宪所编《皇明进士登科考》是唯一保存了明洪武十八年榜进士名录的登科录，但是也存在一些缺憾，即缺失名次且不可考，只能按照该榜会试录的排列顺序来确定。

根据天一阁所藏的《皇明进士登科考》以及美国国会图书馆所藏的相同文献，整理出洪武十八年乙丑科来自雷州府海康县、徐闻县，高州府吴川县以及廉州府石城县的进士共计八人。这八名进士分别为叶耀、李濬、林宗溥、林昶、何玄晔、陈九思、郑雍以及廖谟。此外，据《广东通志初稿》与《粤大记》的记载，洪武十八年乙丑科吴川籍进士还有一人，名为顾祯。综计湛江地区明代洪武朝乙丑科进士共为九人如下。

1. 林昶，高州府吴川县人。

2. 林宗浦，雷州府徐闻县人，万历《雷州府志》作林宗溥。

3. 廖谟，雷州府海康人，原籍江西省泰和县。于洪武十七年（1384）甲子科考取举人，洪武十八年（1385）乙丑科进士，被选任翰林院庶吉士一职。万历《雷州府志》记载其于洪武十八年（1385）考中进士，其父曾任海康县学教谕。《皇明进士登科考》也记录其原籍为江西省泰和县。因其被万历《雷州府志》归入雷州府进士，故此将其有关资料收入，以供备查。

4. 何玄晔，雷州府海康县人，《皇明进士登科考》记作"何玄晔"，万历《广东通志》《雷州府志》均记作"何玄烨"，清代方志均沿用"何玄烨"一名。何玄晔曾任浙江道监察御史。据万历《广东通志》记载，何玄晔为洪武二十年（1387）进士，然而康熙《雷州府志》又记载其为"洪武戊辰（1388）任亨泰榜"进士[①]。另外，民国《海康县志》载海康县有石坊"奕世科第"，

---

① ［清］吴盛藻修. 雷州府志（康熙）·卷九·选举志（影印本）[M]. 广州：岭南美术出版社，2009：538.

上书"洪武甲戌（1394）赐进士第巡按浙江监察御史何炫烨"①。由此可见，由于洪武十八年登科录的毁失，导致关于何玄晔的记载出现相互矛盾的情况。

5. 陈九思，雷州府海康县人。

6. 郑庸，高州府吴川县人。

7. 李濬，高州府吴川县人。

8. 叶耀，雷州府徐闻县人。《皇明进士登科考》将其误写作"徐开县"，经查证，明代广东并无"徐开县"，且"林宗浦"条亦被误作"徐开县"。学者龚延明在转录时也将其纠正为"徐闻县"，因为"开"和"闻"两字在字形上极为相似，故《皇明进士登科考》中的"叶耀"条应正为"徐闻县"。

9. 顾祯，高州府吴川县人。据嘉靖《广东通志初稿》载，顾祯"十八年乙丑丁显榜，署丞"②。《粤大记》中亦载顾祯、梁成、郑镕等人均为乙丑科状元丁显榜的得主。同时，万历《高州府志》记载了署丞顾祯的墓地在吴川县境内。乾隆《吴川县志》中确切记载顾祯为洪武甲子科举人、乙丑科丁显榜进士，曾任光禄寺良酝署正。此后光绪时期的《高州府志》与《吴川县志》，对顾祯的生平有了更详细的描述：顾祯是平城人，明洪武朝乙丑科的进士，曾任光禄寺良酝署正；且对顾祯的故里和祖墓进行了实地考察。

二、永乐二年甲申科（1404）

黄本固，字宁区，河南道御史黄惟一的侄子，雷州府海康县白沙村人。于惠帝建文四年（1392）乡试中举，于永乐二年（1404）甲申科登进士，第三甲。然而，在明代的广东、雷州等地的地方志中，均未记载他在乡试中的名次，只有在民国《海康县志》中提及："建文四年，壬午乡试中式者，

---

① 梁成久纂. 海康县续志（民国）·卷四十一·金石（影印本）[M]. 广州：岭南美术出版社，2009：1642.

② ［明］戴璟纂. 广东通志初稿·卷十九·科贡（影印本）[M]. 广州：广东省地方史志办公室，2003：353.

有林文亨、黄本固、林现三名。"①至于进士及第的相关记载，嘉靖《广东通志初稿》中并未提及。然而，万历《广东通志》记载：黄本固于永乐甲申年登进士，并被任命为马平县知县。他以清廉正直的作风执政，曾弹劾冯内侍而被削职为民。然而，未过多久，御史唐舟等上疏为其辩护，称其无罪。随后他被重新起用，直至因病辞职归家，最终在家中去世②。此外，他还被列入乡贤祠中祭祀。

吴谦，雷州府徐闻县人，第三甲。嘉靖《广东通志初稿》（即戴本《通志》）未见记载。万历《粤大记》："按登科考，是科凡三十六人，二甲惟李宁、罗亨信二人，而《通志》（戴本）缺黄本固、吴谦、黄嘉、林现、陈哲、周英、林文亨、翟彦荣、邓得麟凡九人，今补入。"③万历《雷州府志》选举志载："永乐二年甲申曾棨榜，吴谦，任上饶知县。"④

林现，雷州府海康县人，惠帝建文四年壬午乡试中式，永乐二年甲申进士，第三甲。在明代的广东、雷州等地的地方志中，均未提及他的乡试名录。根据民国《海康县志》的记载："建文四年，壬午乡试中式者，有林文亨、黄本固、林现三名。"⑤然而，嘉靖《广东通志初稿》中并未发现有关其进士的相关记载。在《粤大记》中，有按登科考的记载："是科凡三十六人，二甲惟李宁、罗亨信二人，而《通志》（戴本）缺黄本固、吴谦、黄嘉、林现、陈哲、周英、林文亨、翟彦荣、邓得麟凡九人，今补入。"⑥同时，万历《雷

① 梁成久纂. 海康县续志（民国）·卷四十四·前事志（影印本）[M]. 广州：岭南美术出版社，2009：1532.

② ［明］郭棐纂. 广东通志（万历）·卷五十六·雷人（早稻田大学图书馆藏本）[M]. 第25册. 早稻田大学图书馆，无出版年份：74.

③ ［明］郭棐纂. 粤大记（上册）·卷五·科第（影印本）[M]. 广州：广东人民出版社，2014：104.

④ ［明］欧阳保修. 雷州府志（万历）·卷十四·选举志（影印本）[M]. 广州：岭南美术出版社，2007：216.

⑤ 梁成久纂. 海康县续志（民国）·卷四十四·前事志（影印本）[M]. 广州：岭南美术出版社，2009：1532.

⑥ ［明］郭棐纂. 粤大记（上册）·卷五·科第（影印本）[M]. 广州：广东人民出版社，2014：104.

州府志》的选举志中也有记载："永乐二年甲申曾棨榜，林现，任兴化县丞。"①

　　林文亨，雷州府海康县人，永乐二年甲申进士，第三甲。据民国《海康县志》记载，建文四年壬午科举考试中，有林文亨、黄本固、林现三人中式②。据万历《广东通志》记载，林文亨为永乐壬午科举省试第一名，即解元。《粤大记》中亦记载，林文亨是海康人，于永乐壬午年乡试中举，随后考中进士，并曾担任户部员外郎之职务③。另外，嘉庆《雷州府志》也有记载，乡人为林文亨所立的牌坊被称为解元坊，位于南关外④。

　　林文亨性格淳厚谨慎，没有任何高傲或势利的习气，因此受到了乡里的高度赞誉。此外，他擅长诗歌和散文创作，但不随意写作。同年科举考试中还有一位同乡林现，担任兴化县丞，为人淡泊名利，林文亨曾为他写了一首《还乡诗》，表达了他对林现的敬重之情。

三、永乐四年丙戌科（1406）

　　李泽，高州府石城县人。据《粤大记》记载，李泽于永乐乙酉（1405）年乡试中举，随后于丙戌（1406）年登进士，第三甲。其官职历经升迁，直至担任郎中。光绪所修的《高州府志》与《石城县志》中有关于他的传记⑤。他一生注重道德修养，淡泊名利。当时，宦官及权贵均喜好阿谀奉承，而稍有疏远则以各种理由征召。然而，李泽却以自己的性格无法迎合这种氛围为由，选择回归田里。他恪守清贫，潜心著作，不踏入官府。尽管收到朝廷再次起用的诏令，他却坚决推辞不就。景泰七年（1456）冬十二月，

---

　　① ［明］欧阳保修. 雷州府志·卷十四·选举志（影印本）[M]. 广州：岭南美术出版社，2007：216.

　　② 梁成久纂. 海康县志（民国）·卷四十四·前事志（影印本）[M]. 广州：岭南美术出版社，2009：1532.

　　③ ［明］郭棐纂. 粤大记（下册）·卷二十四·献征类（影印本）[M]. 广州：广东人民出版社，2014：739.

　　④ ［清］雷学海修. 雷州府志（嘉庆）·卷四·建置（影印本）[M]. 广州：岭南美术出版社，2009：157.

　　⑤ ［清］杨霁修. 高州府志（光绪）·卷三十七·人物（影印本）[M]. 广州：岭南美术出版社，2009：529.

广西龙山贼寇攻陷城池，李泽被捉拿后拒不屈服，最终与家人一同遇害。他被尊崇并列入乡贤祠得祭祀。

四、永乐二十二年甲辰科（1424）

杨钦，高州府石城县人，永乐甲午（1414）乡试第二，永乐甲辰（1424）邢宽榜进士，第三甲。改翰林院庶吉士，寻授职编修。后请辞归家，崇祀乡贤。

据乾隆《高州府志》所载，杨钦从小聪明好学，孝顺父母。在未成年时，他已成为诸生中的一员，并在乡试中获得第二名。尽管三上公车不第，但他仍继续广泛阅读各类书籍，深入研究其精髓。甲辰年，他考中进士，并被选为翰林院庶吉士。不久后，被任命为翰林院编修。他曾因读到关于家庭和树木的文字而深受感动，决定回归家庭以尽孝心。杨钦每天以尽孝为要务，并在谢鞋山巅与文人雅士集结，以文史自娱。他过着朴素的生活，心境如常，闲暇时则与诸生游园讲经。尽管其著作多已失传，但传世之作仍有《归山房适志咏》[①]。

光绪《高州府志》《石城县志》录入其部分诗文：

曾沐殊恩入翰林，翰林风月未关心。瀛洲影射孤鸿渺，鳌禁难拘野鹤临。烟雨一蓑流舜泽，风花两味壮陶襟。茅檐高出千峰首，凡鸟归来没处寻。

适志诗云：问寝茅檐下，鸡鸣露未晞。髧彼两髦者，怡然下庭帏。菽水甘澹薄，藜鹑御寒饥。斑衣初罢舞，红日上来迟。六艺课诸子，五谷勤四肢。使君问来路，童子云不知。峰头探月窟，山腰系虹霓。尘埃飞不到，天命乐奚疑。

---

① ［清］王龘修 . 高州府志（乾隆）·卷十二·人物（影印本）[M]. 广州：岭南美术出版社，2009：613.

五、弘治三年庚戌科（1490）

第三甲：林廷献，高州府吴川县人。

林廷献，高州吴川县人，字公器，号南峰，于弘治庚戌科（1490）中举。据《弘治三年进士登科录》记载，林廷献出身军籍，为国子生，研习《易经》。他于二十六岁时参加进士考试，名列第三甲。其曾祖父名为崇，祖父的名字不详，父亲名为焕，母亲为陈氏。林廷献有一个哥哥名为廷玉，为监生，另一个弟弟名为廷佑，娶李氏。在广东乡试中，他排第六十名，于会试中列第二百三十七名[①]。

六、嘉靖八年己丑科（1529）

冯彬，字用先，别号桐江，广东雷州卫人，官籍，附籍海康县，国子生，治《书经》，嘉靖乙酉科（1525）第三十九名举人，嘉靖己丑科（1529）第三甲五十二名进士。中进士时三十五岁。冯彬家中排行第一，其曾祖冯高，任千户；祖父冯鉴，通判；父亲冯澜，正术；母亲罗氏。冯彬有兄弟六人，分别为兄长模、桂、桢、椿、权（任指挥金事）；另有弟樘、材、柏、栻、楝、枸。其妻为吴氏。在广东乡试中名列第三十九名，会试中名列第二百三十二名[②]。成为进士后任职于平阳县，因丁忧返乡，服丧期满后补任上海县令。上海习俗中，丧事多以火葬。冯彬倡导以传统礼仪安葬，受到当地民众的推崇。升任御史后，再补任松江知府。其勤政爱民，深受松江百姓的拥戴，有《松岗文集》传世[③]。天启《云间志略》有"郡侯桐江冯公传"。

据万历《雷州府志》记载，冯彬具有聪颖的才智和俊美的外表。他自小以孝顺和友爱而闻名。曾担任平阳县令，因丁忧返乡，服丧期满后补任

① 龚延明主编，邱进春点校．天一阁藏明代科举录选刊·登科录（中）[M]．宁波：宁波出版社，2016：33．

② 龚延明主编，邱进春点校．天一阁藏明代科举录选刊·登科录（中）[M]．宁波：宁波出版社，2016：421．

③ 台湾中央图书馆编．明人传记资料索引[M]．北京：中华书局，1987：619．《松岗集》即《桐冈集》。

上海县令，并有卓越的政绩表现。上海地域辽阔，事务繁杂，难以治理。冯彬上任后，通过削减杂税、节省行政费用、核查隐匿的田产和诡寄户籍的情况，以及核实征收钱粮的任务等措施，精准切中要害，得到百姓的高度称赞。当地习俗倾向于火葬，设有专门用于火葬的场所。冯彬上任后，则力劝民众遵循传统礼法，从葬礼上回归传统习俗。有一名贞洁的妇女，受到婆婆的逼迫而不从，最终与私通者同归于尽。冯彬查访得知详情后，将情况依法处理，并表率其妇之墓。该事记述于副使唐锦的记载中。

由于冯彬表现出色，被推荐升任为侍御史，曾提出边防策略并得到皇帝的赞赏和采纳。他随驾前往承天府时，得到皇帝的赏赐。他出京按察广西地区，大力整肃风纪，各地少数民族莫不震惊畏惧，争相归化。

后来松江府出现缺位，冯彬被升任填补空缺。他到任后即着手兴办学校、抚恤孤老、处理政务时持大体稳定的态度，不苟求琐碎细节，松江百姓无论智愚皆对他表示拥戴。然而，由于他个性谨慎正直被解除职务。

回到故乡雷州后，冯彬深居简出，保持谦逊低调的态度，与乡里相处和睦。他非常怜悯侄女孤苦无依，为她操办嫁妆，视如己出。嘉靖壬子（1552）年，雷州因飓风潮水肆虐，乡民溺死者不计其数。冯彬深表同情，慷慨捐出所有家财帮助乡民渡过难关，广受赞誉。

冯彬对理学和诗词有深入研究，并著有《桐冈集》。他曾修辑郡志，但因时间久远而缺失。此外，冯彬关心家乡雷州的建设，并留下记叙的文字，多收录在万历《雷州府志》。他逝世后被列入乡贤祠祭祀。他的长子冯文照担任兴业县知县；次子冯文爔历任文昌县教谕、兴安府教授，以严谨谦逊著称。

附：

冯彬《雷州西湖诗》

出郭少尘鞅，条风拂袖轻。双堤亘长虹，倏忽移天成。孤亭屹中峙，望望湖水平。匪直兆佳谶，余波灌畦町。跷卤变良畴，岁事足稻秔。嘉绩仰侯德，歌颂声瑢琤。我归自帝阙，衔命欲西征。取道过故里，乘春聊尔行。鼓枻向澄碧，悠然惬素情。伟哉钱塘守，苏堤赫奕名。惟侯继遐轨，誉闻流千龄。我缨愧尘浣，未弄波间清。抚景成新赋，日夕苍烟横。

冯彬《湖潮记》

郡城东南距溟海，缠属而西，会同珠池，地势自北盘旋而至郡。螺冈、新兴诸岭，其负扆也。城西一里，诸坑汇为陂泽，古名西湖。方广数顷。崇阜臂拱，长堤横跨。

宋建环湖八亭，堤设东西广惠二桥。轩楹辉映，波光上下。雷胜概也。南望平畴，有水源发铜鼓，流沿潮汐为南渡。千寻潆回，北入郭之夹右曰溪南桥。舟运萃焉。郡壤涸燥，无川流之泽，商舶之利。城东北远去溪南，人苦负载。湖废潮渐，二桥倾圮。世运推移，水利湮变久矣。

大参张公怀欲兴其利，工不及举。幸我郡守黄公始周览图势，循湖旧址，修广堤岸，建东西二桥。桥设二闸，嵌石板，实圆桩，以防衡薄。东桥闸常闭，以蓄湖源。西闸时启，沿坎导渠，疏流数里，灌溉白沙西洋之田。溪南桥址旧二门，改为三中门，加阔以顺流势。桥上石梁用济行陆，浚沟成港，直抵溪南。潮汐溯达，鼓枻辏进于湖下。溪南阡陌，底奠无虞。凡木石谷粟诸货得以化居，田野润泽，士民乐利，计溪延袤，劳畚锸者四百丈，深一丈，横六丈。从决淤者十余里，宽广如故。桥之措给，悉出自土地。说以使民，民忘其劳，此大较也。肇工癸巳冬，迄于甲午春，二利告成。实雷阳无穷嘉绩矣。纪于石，用垂永久，攸好德也。公讳行可，字兆见，号葵山，蒲阳人。

冯彬《海岸论》

海岸有关于郡政者大矣。盖附郭之田，膏腴万顷，岁熟则粒米狼戾，公私充足。民享乐利之休。否则，阖郡告饥转徙可立待者。何则？洋田土广而深，泥泽而腴，犁番值雨，即可布种。易耨不加而日仰成熟。方之溪涧之田,省力倍数。且计所入又多焉。但洋田有丰歉,视海岸修否。盖田中洼而海势高,所视圩岸障蔽尔。岁飓风作,涛涌激岸,岸坏,咸潮溢入,泛滥无际。村中屋庐人畜,飘丧殆尽。虽洪水患害,殆不过是。况咸潮后,咸卤气发,伤败种苗,必三年乃可耕作。是以人多畏置洋田。故其价值不及溪涧之田多矣。然则修筑圩岸,谓非郡政之至大者乎?但自有此岸以来,旋坏旋修,竟不见屹如山阜,卫护洋田,俾民永享其利者,何哉?无亦用之不得其人,修之不得其法耳。盖余自髫时,每见修筑者,官即冗员卑职,民即耆老,总甲咸以修岸可谋利,夤缘委用,放脱夫役,朘削岸长以求资益,惟补筑坏处以应故事。风潮时作,则岸圮水泛,而害不可支矣。余谓若修岸宜大,更张旧辙,尽核沾利之田。分顷计方,设立岸长。每田一方,约种百石。每田一石出夫一名。百石之田,一长领之。大约通将圩岸量若干丈,计夫若干名,所得岸若干丈,各坐田之处,而不乱。委府佐以管理之。每岁秋成后,督岸长以起夫。岸长率其所辖之夫,以修其所得之岸。每岁用一月增筑其得岸长若干丈,阔若十尺。兴工不已,十年之后可以成丘阜矣。风潮岂足患哉!

冯彬《护城堤记》

郡城东北迤逦而南平畴距海,浩瀚无际。宋始筑岸防海,以开阡陌,即万顷洋也。然海波汹涌,飓作则咸潮触岸,泛溢抵城,田庐稼穑,荡析靡遗。城堞随圮,岁恒患焉。况居城之东北隅者,风气震激处弗宁宇。阛阓中,鲜茂积之家。谓非滨海而风易荡,地夷而气自散,乏庇而居难安欤?议者咸欲去城里许筑堤种植,以资护荫,诚谠论也。第僻郡乏任事之贤,议竟格。

嘉靖辛丑,兵部尚书巡抚都御史闽蔡公征黎驻雷。公备文武才,明达果毅,详敏端重。居数月,百堕俱新。士民乃上筑堤护城之议。公欣然以为可。乃行分守道大参张公岳、分巡道兵备翁公溥重核实之。公阅视亦以为可。

因上成于督府，允示兴举。是岁，壬寅春二月也。惟时兵旅方靖，翁公乃息民力，俟冬始按郡鸠度，堤长七百余丈，阔二丈，高八尺。积税二十五亩。酌邑以分地，度地以兴工，计工以任事。给官资以酬其值，坐正收以豁其税。不伤财而利溥，民乐趋令焉。用日三旬有奇，而长堤横跨，丛植森列，远望如龙蛇伏，环绕都邑，耳目遽改观焉。时高州同知绩溪戴公嘉猷来署郡符，乐观厥成。兴工修补，开石闸六，以泄内流。价易地一区，建亭伐石，以纪其事。

彬曰：刚柔成质，地道乃形。然天成者或不足，必资人力以全之。雷滨海孤城，气脉涣散。是堤之筑，不惟聚气，实以防患，郡政之大者也。然非蔡公抚临周知，则无以主是议于上。非翁公宏才力任，则无以成是举于下。是故长堤之筑，二公之功乎，百世之利也。昔者谢安建埭于新城，民仰而思之。乐天筑堤于钱塘，民安而利焉。今蔡公勋业隆茂，翁公方令闻方起，因迹以纪思，系名以昭远，自当与霄壤俱矣。是役也，肃将以督理者，则有知县杨君澄、班君佩、徐君衍宣。力以责成者，则有照磨陈栋、县丞吴均、主簿何文焕。而劝士以蕃植者，则有指挥张杰焉。是皆协力致勤，于法咸得书。

冯彬《雷州郡学记》

古今设学以养士。学有兴废，政治宣滞因之。洪惟敦崇振饰，易弊为新，以肇化基，以风士类，以效职修，是在良有司耳。雷郡学肇自宋乾道改建府治西，始庐陵戴公之邵也。世运推移，倾举不一。而因仍厥址惟旧，历我弘治西蜀陈公嘉礼志郡，悉鼎新之，以圆郡士。于时殿庑堂斋廊号之设，翼如也。然滨海材木蠹湿易朽，未数十载，而堂斋日旧圮阻。于讲肆时政漫识者悯之。漳泉杨公表谋给赀购木重建，功未举而转秩去。辛卯莆阳黄公剖符临郡，严缜乐易，克称邦干。治阅月而政用乂，乃首勤是役，即废址重建明伦堂广七间，共三十六楹，深广尺度虽如旧制，而高爽坚丽倍之。堂左右翼四斋一十二间，共三十二楹，并时鼎造，轮奂翕然。

适我皇上方隆圣业，制释箴文，以阐道术，采廷议，建启圣祠，以崇本始，皆旷典也。公悉遵议经营辟乡贤祠前余地，建敬一亭五间二十四楹，创启圣祠于明伦堂西，计屋三间共八楹，砖石称是，土木虽浩，而落成之速，更十晦朔焉耳。时地方多警，公处分已定，财不费而力有余，公私便之。训导古田何君琏暨诸僚长宜山钟君庆、琼山吴体乾及生儒，乐观厥成，属彬记之。彬曰：儒道参三才，叙品汇，修业致用，邦家赖之。三代盛时，养士有道，故绩用大而道益明。后世士失所养，学术裂而道益弊。我国家储才敏俊于学，兼采华实以昭实用。法三代也。其课有司大事，首曰兴学校焉。今士之离本秀叶自小其用者，士之罪也。公初服未遑他举，而邀惠于名教。惟慎惟勤，可谓有司之良而知所重者。士游庠校，盍亦知所自养哉！公讳行可，字兆见，别号葵山。风采振立，为政有长者风。荒陬遗黎，赖以为生。将来福履无涘者。时赞成斯举，则有二守青湘陈公邦传、通判长汀戴公惟端、节推马平刘公世祥、知县湖口黄君珏。秉虔协恭，式昭文绩，咸可纪焉。余诸董是役者，录诸碑阴云。

冯彬《重建卫治记》

国家戡定海宇，资运武略，是故疆理中外，咸设卫所，互为控制，盖所以专统驭之权，折窥伺之萌，保承平于亿万载也。维时势崇法备，令严事集，故凡卫治建置皆擅胜一方，岂侈观美哉！威权攸系，御侮弭变，保土固封，理益然也。

雷郡岭海之僻，自罗福纳欵，朱亮祖经略岭海，命指挥同知张秉彝来领卫事，即元宣慰司旧址建卫治。是时，撤旧鼎新，厅堂门库，区画咸备，规制宏伟，有足尚者。洎更岁月，遂各倾圮。署卫事者，计费繁浩，莫由修葺，因仍颓落，成荒陬焉。

嘉靖辛丑岁，兵部尚书蔡公经提督两广，整师靖黎，驻节于雷，见卫治倾废，叹曰："滨海远郡，威武当扬。卫治乃号令自出，而颓垣败砌，蔓芜交封，将何以肃将令而振兵气？况凡属戎士，咸兹统御，可终已也耶？"乃属府同知张檠协署事指挥同知张杰计材鸠力，出帑金七百余。责成张杰重新卫治。杰奉命惟谨，乃即旧基，揣高低，萃木石，计徒庸，励役作，鼎建正厅、首门。而吏宅、退堂、库房、垣墉，咸易圮为新。经营于癸卯夏，落成于甲辰春。一时规模宏邃，景象崇严。非惟改观于昔，抑且垂范悠远焉。

杰乃属彬为记。彬曰：物理环布，有废有兴，气机斡旋，随感而应，人谋不与焉。窃惟卫治颓废，百余年矣。值我公抚临，加意修治，谓非理气当兴，斯或节钺之至欤？且朝廷四方之极，边围振肃，则畿甸乂安，无容忽者。公廊庙重臣，奠宁宇士，崇文振武，以备藩屏之政，此其事事也。替周公告成王曰：其克，诘尔戎兵，以陟禹之迹。方行天下，至于海表。夫以成王御治，化理隆盛。而老臣进告，语不忘兵。今公临御遐方，作新是役，其亦问公之意欤？

公闽人，端宏凝重，镇五岭余八载，盛德丰功，难以悉记。兹乃诣雷事耳。故敢书之。是役也，赞成厥绩，则巡按御史洪公垣、姚公虞暨分守道左参政张公岳、巡道佥事翁公溥，而叼董役之荣，以勤趋事，张杰有焉。因并及之。

七、嘉靖四十一年壬戌科（1562）

莫天赋，字子翼，排行第二，于十二月二十三日出生。雷州府海康县人，军籍，国子生，专攻《易经》。莫天赋的曾祖父是愈良，祖父是桑，父亲是敖，母亲是唐氏。他还有兄长天希、天民和弟弟天然。莫天赋曾娶陈氏为妻，随后又续娶了陈氏。他在广东乡试中取得了第二十八名的成绩，并在会试中排名第一百四十一名。莫天赋在嘉靖四十一年成功登进士第三甲第九十八名，时年三十五岁[①]。

根据《粤大记》的记载，莫天赋具备坚定正直的性格，在己酉年的乡试中脱颖而出，并立下决心保持节操，不随波逐流。壬戌年中进士后，被

① 龚延明主编，毛晓阳点校．天一阁藏明代科举录选刊·登科录（下）嘉靖四十一年进士登科录[M]．宁波：宁波出版社，2016.

任命为莆田县令。在莆田县，他目睹了许多因灾情而流离失所、无法果腹的百姓。因此，他安抚了受苦的百姓，并劝说他们返回自己的家乡。当时城中有一部分贼寇盘踞，他们躲藏在山谷中，结队行动，霸道地掠夺财物和衣物，即使是同乡也不放过。后来，府中的幕僚们开展追查贼寇行踪的行动，捕获了数十人，却也因此株连了许多无辜者。莫天赋秘密向郡守报告了这一情况，并建议采取不同的处理方式。经过他的劝说，贼寇开始收敛恶行，幕僚们也收敛了他们的手，不再胡作非为。

莫天赋见儒生们所穿衣物太短小，不符合礼制，于是为儒生们提供了合适的冠服。金田地区的民众在遭受焚掠后缺乏农资，莫天赋为他们分配了牛和种子，帮助他们重建农业。为了减少争斗，设立了赎罪银，使远近的民众都感到满意和顺服，道路也变得畅通无阻。即使是由卓茂治理的密县、鲁恭治理的中牟县也无法与之相比。三年后，莫天赋被提升为南京刑部主事，当地数百名士民纷纷挽留。后来，泗上孙谋接任县令，他也实行了善政，民众歌谣中传唱："昔有海康，今有泗上。"这表明他离任后仍然受到人们的怀念。莫天赋历任南京刑部郎中和大理知府，在审理案件时始终谨慎行事。致力于减少无名差役的数量和矿金税额，使数百人得以重获新生。

莫天赋在地方上热心社会事务、广施饥民救济，同时抚恤老年群体，积极推动教育发展，培养优秀人才。因此受到了当地民众的赞誉，甚至立碑以记载其善举与政绩。其后升任广西右江道副使，然而在赴任之前不幸离世。雷州的士大夫们称赞其为有学识、有操守的优秀人物。

附：

莫天赋《雷州府城记》

雷郡滨海，为岛夷出没之区。然高城深壕，襟山带海，亘古及今，无有覆隍者。嘉靖甲子夏，淫雨连旬，澎湃横溢，坏民居畜产不可胜计。而郡城之南，楼橹之西，崩陷汩没，大较深二丈余尺，宽数十丈有奇。西北亦如之。盖雷阳所未有之变也。是时绿林巨奸，虽甫宁息，而潢池弄兵小鬼恣其无忌，乘间斗捷。都邑汹汹，神驰色夺。

郡守陆公率属登城循览周视，愕然曰："几不可为守矣。"于是力主修葺，以防意外之变。归而谋之幕府李元溪，使之专董其役。李君受命惟谨，乃命工人陶砖采石，树基填址。日则督工匠补役，夜则戒军兵巡警。是役也，征民力不过十日，费公帑仅数十金。旬月之间，百雉巍峨屹然完局。即有奸细妄意揣摩，以行其所不测，而巍巍天府，孰得凭陵而睨视也。他如镇海有楼，朝宗有阁。陆公一时修补轮换增置，民庶赖以无恐者，将在兹也。以公之才之智而与天行之渗适相搏。公固无如天何，而极力维挽，树干城于千百世，天又无如公何也。陆公名瓒，龙游人，进士起家，今升藩臬。

八、万历十一年癸未科（1583）

邓宗龄，字子振，生于四月二十日，行辈为一，雷州府徐闻县人，民籍，儒士，专攻《书经》。邓宗龄的曾祖父邓植，曾为监生。祖父邓焕，是位儒官。其父邓邦基，担任通判一职。母亲张氏。邓宗龄有一位胞弟名为邓宗京，邓宗龄娶妻莫氏。邓宗龄以广东乡试第六十一名、会试第五十名的成绩，于万历十一年癸未成为第三甲第二百三十二名进士，并被任命为翰林院检讨[1]。

据万历《雷州府志》记载，邓宗龄自幼聪颖过人，博览群书。十九岁时，他以儒生的身份通过了丙子（1576）乡试，之后于癸未（1583）年考中进士，并被选入翰林院庶吉士。他后来补为检讨，名震玉堂。邓宗龄著有《舟中草》一书，在海内广为流传。他精选了数十卷古文，并传于后世。邓宗龄的体态魁梧，气度飘逸，人们普遍认为他具有成为公辅之才的潜力。然而，可惜早逝，未能尽享天年[2]。

① 龚延明主编，毛晓阳点校.天一阁藏明代科举录选刊·登科录（下）·万历十一年进士登科录[M].宁波：宁波出版社，2016.

② ［明］欧阳保修.雷州府志（万历）·卷十七·邓宗龄传（影印本）[M].广州：岭南美术出版社，2009：268.

邓宗龄著有《吹剑斋文集》《玉堂遗稿》《舟中草》。其中《吹剑斋文集》中留有许多他关心家乡地方社会建设发展的文字。此外万历《雷州府志》亦收录，兹录如下。

附：

遂溪儒学，万历十一年，知县卢应瑜改乡贤、名宦二祠于殿西。

检讨邓宗龄记

古者良吏有德于民，民为建祠，岁时俎豆不绝。乡士夫殁，则祭于社，所以为明质也，以示劝也。遂邑僻在海陬，多阙典，至名宦乡贤祠，旷然不举。

邑令卢君来牧兹士，谒学校低徊者久之，曰："某待罪下邑，而使先大夫勋伐不彰，贤士君子声称不著。恣恣湮没，不得比于畏垒之为庚桑也者，何以报之？而规来祀，某甚惧焉。"乃遍谋于博士弟子，惟是博士弟子因举名宦李纲忠定公等十人，乡贤吴公正卿等四人以请，卢君上其事于当道。当道曰："祀典慎重哉！非以劳定国勿举，非仁义教化勿举，非声宏月旦勿举。"卢君因而咨询长老，稽览郡乘，公议乡评，若出一口，乃敢具状以请。于是以李忠定公纲、王公渊、张公天叙、郑公遂、白公若金五人祀名宦。吴公正卿、陈公贞豫、彭公日更、王公吉祀乡贤。当道可其议。橄邑鸠工庀材，构地创祠。卢君奉令惟谨，射择地于启圣公祠前，地卑隘。卢君捐俸金易地益之。庙宇岿然鼎新，乃择日奉主往。卢君率官属博士弟子行礼祠下，而属不佞龄记其事。

夫忠定公以元勋硕辅，流寓岭表海厄，车楢所至，何不可为俎地？固以公重哉！王公从事于天昧草创，为遂邑计长久，置衙舍，立学宫，安集流移。已而校籍定赋，课农问桑，修筑塘陂，以广灌溉。民甚利焉。张公天叙，以儒术润色吏治，岁时延见庠士。娓娓谭说经艺不休。又辟诸舍舍之，士斌斌向于教化，兴于行谊，张公之教也。郑公遂以典幕至，时海潮冲决，圩堤就圮，千顷几沦龙窟。公力任其事，走风涛激浪中，督捷木竹石以障咸潮，万家桑麻无恙。又辟通衢，浚水道便民。贫者捐俸具牛种佐耕。而巡行阡陌，以教稼穑。吏民甚爱敬，相与咏歌其德。今儿孙相继胼仕，人以为善报云。白公若金者，提身清肃。务以道淑世，士子无敢以馈及门。贫者推衣食佐之，士乐循循善诱而诵义无已。乡贤吴公正卿，受平湖书院山长，历知南宁事。所至见思，俸钱自奉亲外，悉以周族党，家无美金。元统为合浦临桂令，当事文章尽为风宪。陈公贞豫以乡举为直指，持风裁凛凛，多匡时略。奏建横山营堡，两邑赖之。彭公日更司理南安，宅心宽恕，把衡平反，民不称冤。寻擢留守司寇，即解绶归里，中推阴德云。王公吉以太学生为温州别驾，擢丞柳州。恤灾捍患有保障功，民祠祀不衰。擢延平守归。

嗟乎！士当日而敷政尚未厌乎人心，平居而操行或不满于众口，况其遗思甘棠，欣慕娇修于世代绵邈之余？耳目睹记之外，其人良有所当，非苟而已也。语曰鄙人何知，飨其利？为有德，岂虚言哉。史称吏治莫盛于汉，而当时所立家奉祀者，自文召朱龚数君子外无闻也。此于二千石，得一切便宜从事，位尊而惠易下达，郑公一渺然典幕耳，乃克表见享有令名，盖诚有足多者。遂自先朝以来，岂乏科第，而王公起家太学，所在著声，士亦在所自树耳。余悲世俗拘挛，猥以资格相催阻。故特表二公之节，以为世劝云。卢君雅有善政，乃克举旷典，以阐休光，甚盛事也，例得并书焉。

邓宗龄《天妃庙记》

雷阳故有天妃祠，祠去南渡河十里许。天妃于海神最灵。诸渡者必走谒祠问吉凶，或中流难起，则舟人匍匐叩神，望赤光荧薄帆樯，则神来也，舟人无恐矣。以故濒海在在置祠，而涠洲孤岛立起海中，沃壤而邻于珠池。亡命啸聚，辄操大艇阑入剽窃，则居民载酒牛酏糈饷之，神恶其弗率也。时见梦于居民曰："若不捕奸，而反以佐奸，罪浮于奸，若不悛，大师且至，吾不能为若庇矣。"涠洲民惴惴大恐，而监司少参王公民顺、参军陈公居仁廉得其状，谓全粤何赖于撮土而令之延蔓以种祸，宜罢之，便乃以事白制府吴公文华，请尽罢涠洲税而徙其民于内地。吴公报可。遂遣材官具舳舻载之。材官以告神，神欣然从也。乃奉其像与父老子弟俱来，悉入郡祠中。而梵宇湫隘，且就颓圮，无以告神灵。王公乃谋于郡守周公良宾、郡丞赵公佑卿、郡倅傅公晏、司理郑公子亨暨海康尹陈公锦，益拓故址，撤其旧而新之。议成，诸公捐金佐费，而以赵公董其役。方鸠工庀材，择良举事而大风倐起，海上波涛人立，大木千章，逐巨浪至。闽南杉木，孔良丰硕，诸公相顾动色，谓神力也。赵公奉令惟谨，朝夕匪懈，未几而工就绪。王公率官属谒庙归，停盖南楼，陈公为治觞相劳。酒数行，白云冉冉起空中，则螭龙挟云昂首，蜿蟺而当前，隐见腾蠚，与波光上下，若翠羽，若紫云，若绚锦，若璘玢，若虹霓之垂耀，若阳和之映琼瑶，若飞云之曳旌旗。观者如堵，啧啧称异，谓为神宫应也。遂扁其额为"龙应宫"。闻之王者，德及重渊，则龙游沼池，蕞尔遐区，何来异物，毋亦珠池澄清，漳海波息，大化淳流，而神物来见，与斯亦奇矣。祠成，前后堂若干楹，左右室若干楹，斋室若干楹，中石坊一座，门楼三楹，轩厂伟丽，八窗洞开。凭栏徙倚，晓云萦青，暮烟横紫，物外奇观，隐隐直堕几席。睇眄四顾，万顷桑麻，耕黎相属，远峰高顶缥缈，若出云端。临瞰长江千帆隐现，欸乃声彻。樵童牧夫，旅客游人，蹑足苍苔，水石若掩映于碧烟翠霭沙汀竹树间，历历可见。则此宫亦旷然大观哉！世称紫府碧虚丛宵明霞之馆，幻诞不列祀典。而是神也，明示吉凶，则当祀。脱危解厄，则当祀。禁邪诫慝，则当祀。父老德神，若坛社何敢忘功，矧奇事多种种可纪，不佞敬为授简，而缀记以垂无极云。

邓宗龄《平南碑记》

粤在岭徼。万里天未厌乱。嘉靖间李茂、陈德乐二酋，束发投夷，鸷鸷雄黠，招党凭陵海上，焚我城社，屠我士女。当事者以粤初适倭变，师疲于行间，则困于转饷，不忍拮据父老，以奉执戟。姑从招抚，以苟旦夕之安。自隆庆壬申迄于万历己丑几二十年，竟尔包藏祸心，阳以从抚愚官司，而阴蓄其不轨。铺前巢宇，棋列绣错，广招闽广亡命以为牙爪，阴结城中豪杰为耳目腹心。扬航枻闯入禁池，则浮艎蔽空，钲吹拂浪，刃接火攻，便于蹶踶栖将士。岁被创夷，不可胜计。海墣愚氓，垂涎利薮，释耒耜而投命。阡陌鞠为茂草，官租萧然告绌矣。四方之剑客奇民逋亡罪隶，蹋鞠击搏，五合六聚，大都白昼之间剽搂莫可诘。富者贳重赀，创船具牛酒给奸，坐而倍收其利。贫者愿效死命，以偿子母金钱。出没粘天浩浪中，走死地如鹜。狂飙猝起，白骨叠萍飘，嫠妇迎魂，野磷夜泣。况其机智布密，官司稍有意向，则抽刃而起。此如未溃之疽，未发则已，发则难收。

万历戊子春，直指蔡公梦说令徙居郡城，冀其悔祸瓦解。乃怙终不悛，聚党侵池如始。大司马刘公初奉命总两粤军事，即征材官诰责二酋，其余党蔡克诚、陈良德等，遂拥众出海指戈内向，协官司必释二酋，公犹未刃加兵也。与直指黄公正色商度，遣使诏谕，庶几待以不死。乃两旬间，响应辐辏，登岸长驱，突袭清澜，焚毁庐舍，烟炎亘天，毒焰且炽。

公曰："若毋乃以故智尝我，吾不敢久逆天诛矣。"乃移镇都，以便调命。命总兵都督佥事李君栋渡海阅师，与副使孙君秉阳督水军材官急击勿失。复命参政徐君应奎，佥事许君国瓒督雷廉诸军，参政熊君惟学、副使黄君时两督高凉诸军佐之。又命黄君精遣坐营崇维积往。命布政使程君拱辰给饷惟时，按察使徐君用检核功惟允，副使赵君善政选精卒，遣督阃邵君曾和往，副使王君民顺饬斥堠毋令挥网，又令琼州府知府周君希贤、雷州府知府林君民止募勇敢籍军输听用。游击沈茂杞、总守备陈震、陈荣、李栋、甘霖分诸道夹击之。又命琼州府同知李维岳、通判刘世懋、署高州事推官傅国材、署陵水事训导林立、琼山县知县莫恃英，征输募士，保障惟严。已而诸道兵并集。乃下令诫诸将曰："敢有狐疑持两端惑军者诛。敢有首鼠进退阻军者诛。"惟是幕府铁钺不敢专，亦不敢贷。又下令戒诸道曰："敢有载酒米饷贼者，法毋赦。敢有盗军情输贼者，法毋赦。"军声大振，贼势甚窘。乃令闪点数人，潜抵郡城。击书约二酋，乘机劫狱，斩关而去。事露，立诛击书者。乃戒期举事，分道并入。一由广海督趣南头诸军以进。

一由硇洲游击诸军自南夹攻。一由吴川督北津白鸽诸军从中击出。诸军用命，所向克邃有功。五旬之间，执馘献俘，旦夕奏捷辕门下。诸酋长以次就缚，余党悉平。

公白状，上大悦，晋俸、赍金帛，劳文武将士有差。是举也，共擒馘六百颗有奇，俘获贼属一百有奇，其沉溺重渊骸骨浮海者不胜计。海壖之间，农不释锄，女不罢织，父兄纨带，稚子咽啸，而享有今日者谁赐也。夫焦烂之功，孰与曲突徙薪之荣？乌附之剂，孰与望色视垣之效？非公神略弘远，迅速成功，则浮渫响应，为贼树党者日益众。又不然则走日本，趋暹罗，勾引异类，各种粤祸无已。虽有十万之材官，全省之物力，恐难措手矣。当公移镇都城时，五色祥云冉薄前旌，又上界列真、先代忠烈授方略，成功悉如左验，岂偶然哉！不佞龄敢稽首献颂。颂曰：五岭以南，是为大荒。丑兹庶孽，敢悖天常。螟我苍赤，毒我边疆。

帝曰：彼丑匪异人类，暂许汝抚庶其化诲。戎性猖狷，兽心匪易，招尔亡命，纳尔魍魉。浮艒轻舰，鼓枻禁池，我有黍稷，则为盗资。我有牛酒，取为盗食。兵无释戈，岁无宁宇。阳为招降，实则奸府。宪臣持议，暂从于徙，彼夫耽耽，鸱张未已。布党连舸，妖氛再煽。鲸浪飞飘，羽书递箭。闻者褫魂，谈者槁面。司马授钺，悯焉兴僭。思我群庶，罹此困苦。自彼起衅，非予志武。乃命元戎，击楫南渡。龙骧虎旅，惊飙迅鹜。乃命藩臬，趋督楼船。鸣钲伐鼓，震荡山川。乃命机宜，诸道并攻。金戈耀日，羽旄全风。结阵横野，悬纛蔽空。桓桓将士，如虎如熊。

公曰：戒哉！兵不在战，先摅厥谋，徐观其变。进无易敌，退无避寇。罪在渠魁，协从可宥。于赫神灵，呵护王师。陈谋授略，如戒如期。焯彼云汉，昭回于天。祥光灿烂，有开必先。天恶神愤，士怒马骄。执俘授首，克不崇朝。势如破竹，算如发机。氛消日朗，波恬浪夷。民安以庆，士饱而嬉。饮至荣勋，嘉锡攸宜。司马鞠恭，再拜稽首。帝德光昭，臣力何有。宾服百蛮，天子万寿。昭格玄穹，灵贶是佑。太史做颂，以彰其绩。勒之贞珉，以示无极。

邓宗龄《新筑东河记》

雷滨海而郡山势蜿蟺，自西北直趋而南，大海环绕其前。郡以前则平沙夷旷，渺然无障。堪舆家者言，谓山不足而取资于河，乃克有济，博士王君率弟子员请于郡守周公，力主其议，乃以白于监司王公许公两公，报可。周公乃率郡丞赵公、郡倅傅公、同司理郑公，暨邑令陈公趣度之。咸捐俸佐费，择期启土，而以郑公董其事。起自天妃宫，迤逦东绕，以合特侣之水。潮汐往返，环抱如带。

是举也，无征民力，无烦官帑，不数月而工就。此皆监司郡邑诸公，悯然念士之甡瘵而教之湮郁也。意欲夺造化，移山川之灵，以授诸士德念无已矣。夫人文与山川，各操其柄，而有志者务人灵地，毋以地灵人。粤无文献，何知有曲江也。曩时论者曰：儒术落穆，则职此之由。即有倜傥之才，下帷之力，岂能超山川而见奇？今大河告竣，川岳改观，藉第令泄泄曰：吾将乞灵于河伯，邀龙于山君，玩日偈岁，耽逐自废，而冀人文之自兴，是兹举为多士累也。何以复诸公，是在诸士哉？河宽二丈，长四百余丈。大石桥一座，小石桥五座。

参政徐君名应奎，鄞县人。参议王公名民顺，今升福建参政，金溪人。金宪许公名国瓒，晋江人。郡守周公名良宾，晋江人。林公名民止，莆田人。郡丞赵公名佑卿，兰溪人。蒋公名一清，宣化人。郡倅傅公名宴，郑阳人。叶公名茂晚，顺昌人。司理郑公名子亨，罗源人。陈公名泰旦，上虞人。邑令陈公名锦，漳浦人。博士刘君名希曾，上杭人。黄君名梦鲤，增城人。王君名弘，高明人。刘君名琮，邵武人。路君名希尧，琼山人。黄君名兆龙，合浦人。而奉委董役者主簿陈君名世楠，侯官人。先后共成厥美，例得并书。

九、天启五年乙丑科（1625）

高魁，字斗仲，高州府石城县人，军籍，乙丑（1625）余煌榜进士第三甲，吏部文选司观政后被授予中书科制诰舍人一职。光绪《高州府志》有其传记①。具体如下：

高魁其祖父高尚节，品德高尚，少年时高魁跟随他的伯父桓之泰和司训，桓之泰去世后，尚节借钱来购买棺材殓葬，竭尽全力护送桓之泰的遗体回乡，当地的百姓都敬佩他的义举。高魁和他的祖父高尚节一样，素来有高尚的节操和大志，未成年时便通过茂才选拔，万历壬子（1612）年的乡荐考试中名列第七。石城位于交通要道，各种徭役繁多，高魁挺身而出，为全邑百姓陈情，请求各属协助，并建议按丁口随粮，永远为百姓谋福利。石城百姓对他的德政感恩戴德。他署理清远教谕后，捐出三百金，修建学宫。后来清远把他列为名宦祭祀。他在乙丑（1625）年成为进士后任职中书，多次上疏言政，触怒了权阉魏忠贤而辞官病归。他的诗中写道："年来北阙几批鳞，愿借尚方志未伸。抗疏匡衡心欲碎，哀时贾谊泪空频。"这首诗充分表达了他忠心爱国的情感。石城把高魁作为乡贤祭祀，清远则把他作为名宦祭祀。

十、崇祯元年戊辰科（1628）

吴鼎泰，字葆中，号阳衢，高州府吴川县人，民籍，崇祯戊辰（1628）刘若宰榜第三甲，历江阴、东明、龙泉三县知县，崇祯九年任调福建按察司照磨。据光绪《吴川县志》记载，有关于吴鼎泰的传记②，具体如下。

吴鼎泰性格孝顺友善，曾因丧失亲人而极度悲痛，以至于身心憔悴。然而，尽管身心受创，他仍坚持完成学业，并在年幼时便以品学兼优而获得奖学金。万历己酉（1609）年，他与弟弟吴鼎元一同在乡试中脱颖而出。崇祯戊辰（1628）年，他成功考取进士。

吴鼎泰在初任江阴县令的六年期间，制定了条鞭法以规范公役与米粮

---

① ［清］杨霁修. 高州府志（光绪）·卷三十七·高魁传（影印本）[M]. 广州：岭南美术出版社，2009：535.

② ［清］毛昌善修. 吴川县志（光绪）·卷七·吴鼎泰传（影印本）[M]. 广州：岭南美术出版社，2009：515.

的征收，同时废除了官户制度，严格管理寄庄，禁止使用脚马，实施了多种政策以节省不必要的开支。他还捐出部分薪水以备不时之需，充实沙田的收入作为军饷，并将仓库迁至青旸以节省运输费用。

担任南闱分校官时，他努力发掘并培养有才华的士子，后被调任他职。人们为表达对他的感激之情，建立了遗爱祠以纪念他的功绩。

在东明任职期间，正值流寇猖獗，而他成功地抵御了流寇的攻击，表现出了出色的领导才能。后来，他被调至龙泉担任官职，依然保持清正廉洁的作风。然而，仅在三个月后，他便辞官归乡，专注于社会公益事业。他不仅设立了祀田以供祭祀之用，还设立了义学以培养人才，并慷慨资助婚丧嫁娶等事宜，深受族人和其他民众的敬爱。

吴鼎泰于崇祯十一年（1638）去世，享年五十六岁。虽然吴鼎泰在外任官，但未忘记关心家乡，尽管他已离世，但人们依然对他充满敬意，并将他列入乡贤之列进行祭祀。他的儿子吴士望在康熙二年（1663）癸卯科举中获得优异名次，其秉性淳朴雅致，曾两度负责编修县志，公正无私的态度赢得了人们的敬仰和信赖。

附：

邑侯金公实政碑记

今之侈□循良者，令民易见德，如倪孺之就哺；令吏易见威，则又俨若神明，概不少下霁。两者皆犄而用之者也，而令难。即不犄用于兹，钱谷、兵甲、礼乐、刑名之篆，谁能以实力副实念者？而令尤难。则夫尸祝畏垒之故可知己。我吴邑跨海，属郡城之西南，鲸鲵鼓浪，时为民害。异境人流劫山坳，闲又往往不乏岁祲，家苦无宿舂之储，岁或有秋，闽贾携赀市稻者一不至，而民又苦化居之维艰。故谚有之："稔与歉患均也。"而令我吴者，不尤难之难哉！余令江州，毗陵去禾川一衣带水，得我公状最悉。公家世簪笏，才名籍籍吴会。闲来莅兹土，又得之戚若友，邮传津津，为之乐道者最真。先是，海寇联艅不下数十号，实逼处此。我公即从道中闻警，奋然以吴邑为己任，单骑而入。寇相诧谓："令君果毅乃尔，可犯乎？"骎骑益奋勇先声，寻扬帆去。此公最初奇绩也。已而奉当事之檄，筑铳台，练土著，俱躬自拮据，务切经久，实□可为海隅保障。邑治倾圮，割俸请建，岁逋税十之三四，至是欣为输纳。不严督赋曹，而绿林自息，囹圄无一至者。讼断片言，形情立折，人比为"犀燃"云。俗椎鲁，好袒跣，一变而雅。子衿辈自校艺而外，勿肯干以私。公为人宅心宽恕，持己刚严，驯柔者饱德以去。□一二豪猾被惩叱，□皆感化焉。此非一实念为之，而令吏民畏威，一时改观，有如是乎？诸当事大相嘉赏，以为粤中循良第一，律以一言华衮，谓是以实力副实念者。坐未及期，止受优异之典达部矣，而实未足表公万一也。远勿具论，其在嘉靖间，有古山黄侯，多惠政，民至今德之。越六十年，而后得李侯石帆至，覃润四封，一准黄侯之芳躅，行且并传不朽。乃李于今仅六年所，而即我公士民实庆有甘棠之□，乃一旦以尊先大夫讣归，谓之何哉？夫黄、李两侯犹藉久道绩我吴，而我公来未期月，即有实心实政啧啧在人耳目，倘得藉以满任考成，知其必能超轶乎两侯，而何天之怙吴之不终也？虽然，为政不论久近，论真，脱令文法吏以涂泽为事，安用久为？公即去，公之实政在也。实政在，公之实心与吴士民之公心自耿耿不磨也，即谓公未去也可。是岁秋大稔，斗米钱数文，闽贾亦源源挟金钱缯布来相易，民用以□，此又黄、李两侯所未易数见者。则所谓令之难而尤难者，更有说矣。公罗变举国之人，□□驰一缄于余，谓前后三公于喁之唱，埙篪之叶，气若出一致，列应合祠立珉，为后来者之嚆矢。余故不辞不敏，援笔为赞，以志永永。赞曰：秀毓鸳湖，祥钟烟浦。实惟我公，秉同簠簋。帝悯东南，简吏兹土。闻警兼程，为制鲸虏。筑台练兵，鼎新堂庑。输课争先，狱号福宇。听断情陈，道屏狊猦。校艺材珍，冠裳是睹。民润甘霖，胥莫文舞。弊薮剔厘，前贤步武。甫十余月，政成贾父。为人虚公，惩赏□取。当事褒嘉，廷纶贲□。天勿惠吴，致公失怙。国人若狂，请祠崇古。余悉公详，志为实谱。

公讳扬华，别字孟南，浙之绣水人，金为著姓云。皆崇祯三年岁次庚午孟夏吉旦赐进士第初授直江阴知县邑人吴鼎泰顿首拜撰。

十一、崇祯四年辛未科（1631）

龙大维，字张卿，高州府石城县籍，题名碑记作"吉安府永新县人"，康熙《江西通志》载"广东中式"，道光《广东通志》载万历四十年壬子（1612）举人有："高州府，龙大维，石城人，第十三名。"崇祯四年（1631）辛未陈于泰榜进士，初授中书科舍人，随后升任吏部文选司主事，并历任掌门司转考功司郎中等职务，最终升任太仆寺少卿①。

十二、崇祯十六年癸未科（1643）

梁羽翰，题名碑作于翰，县志、府志作梁羽翰，原名裕国，号鹊起，雷州府海康县人，民籍。根据康熙《雷州府志》记载："崇祯癸未（1643）年间，杨廷鉴榜上，有梁羽翰，为海康县人，为本朝进士。"②光绪《广州府志》也提及："崇祯十六年（1643）癸未杨廷鉴榜上，《贡举考》记载'当时流寇充斥，道路不通，故至八月才举行会试'。梁羽翰，顺德人，籍贯海康，就读于雷州府学，名列杨廷鉴榜，原名裕国。据《五山志林》所载：前志漏载了林头、梁羽翰二人，广东省、县志均未记载。"③

据嘉庆《雷州府志》记载，梁羽翰以才情出众而闻名，勤奋好学，不遗余力。他于天启辛酉年（1621）取得了乡试的优异成绩，并在崇祯癸未年（1643）成功考取进士，名列第三甲。然而，因甲申年（1644）的重大变故，他选择回归家乡隐居，闭门不出，不追求仕途进取。当时，与他同榜的许多人在朝廷担任要职，然而他却并未因此而心动。

在丁亥年（顺治四年，1647），有与他同榜的赵最担任雷州太守，并

---

① ［清］阮元纂．广东通志（道光）·卷七十五·选举表（影印本）［M］．上海：上海古籍出版社，2002：154．

② ［清］吴盛藻修．雷州府志（康熙）·卷九·选举志（影印本）［M］．广州：岭南美术出版社，2009：558．

③ 《贡举考》即《贡举考略》，有关明清两代科举始末材料的辑录，自明洪武三年（1370年）至清光绪三十年（1904年）止，黄崇兰、赵学增、陆熊祥辑；《五山志林》，清顺德人罗天尺撰。

多次对他进行劝说和安慰，试图引诱他出仕。然而，梁羽翰始终以各自遵循自己的意愿为由而拒绝了这一提议。同年，梁羽翰在家中去世。他的两个儿子因饥荒相继去世。

一、洪武朝

（一）洪武十七年甲子科（1384）

陈九思，雷州府海康县人。

廖谟，雷州府海康县人，原籍江西泰和县，次年中乙丑科进士。详进士条。

林宗溥，雷州府徐闻县人，宣统《徐闻县志》作林宗浦，次年中乙丑科进士。详进士条。

李志高，雷州府遂溪县人，任广西桂平县教谕。

林昶，高州府吴川县樟木人，次年中乙丑科进士。康熙朝《吴川县志》作林和，府志及其他朝县志作林昶。详进士条。

郑镕，高州府吴川县黄坡人，次年中乙丑科进士。详进士条。

顾祯，高州府吴川县平城人，次年中乙丑科进士。详进士条。

易璘，高州府吴川县人，由广西中式，官广西梧州府教授。关于易璘中式时间和省份，万历、康熙、乾隆《高州府志》作洪武甲子广西中式，康熙八年、二十六年《吴川县志》作洪武甲子广西中式，但雍正、乾隆县志作宣德乙卯应天中式，道光府志又作正统甲子广西中式，光绪县志据阮元《广东通志》作宣德乙卯应天中式。《梧州府志》无载，难以确考，仅遵万历府志作洪武举人。

（二）洪武二十年丁卯科（1387）

何炫烨，雷州府海康县人。万历、嘉庆《雷州府志》及嘉庆、民国《海康县志》皆作洪武二十年（1387）举人，但《皇明进士登科考》作洪武十八年（1385）进士，时间有出入，但没有其他材料考证，存此俟考。详进士条。

杨兼济，高州府吴川县人，官湖广靖州学正。按万历《高州府志》作林廉济，康熙、乾隆府志作林兼济；康熙八年、二十六年《吴川县志》作林兼济，雍正县志始作杨兼济，不知何据，此后道光府志、光绪县志等皆作杨兼济；乾隆《直隶靖州志》无载，难以确考。

林原宥，高州府吴川县人，广西兴业县教谕。

（三）洪武二十三年庚午科（1390）

罗真诚，雷州府海康县人，任浙江省奉化县教谕。

何炫焻，雷州府海康县人，历任南直隶太平府、松江府、福建建宁府二府教授，"善启迪，所至以文学著名"①。其兄何炫烨与他同举于乡，登进士，为监察御史。

邵应龙，雷州府海康县人，任江西分宜教谕。

陈厥后，雷州府遂溪县人，福建延平知府。

寥克福，雷州府徐闻县人，广西宜山县教谕。

吴孔昭，高州府吴川县人，官监察御史。

陈璆，高州府吴川县人，由贡生中顺天乡试举人，任福建福州府教授。

（四）洪武二十六年癸酉科（1393）

钱与，雷州府海康县人。

易文荫，雷州府海康县人。

宋继颞，雷州府海康县人。

苏得厚，雷州府徐闻县人，广西修仁县训导。

---

① ［明］欧阳保修．雷州府志（万历）·卷十七·何炫焻传（影印本）[M].广州：岭南美术出版社，2009：261.

陈鹏，高州府吴川县人，广西梧州府知府。

（五）洪武二十九年丙子科（1396）

陈士禄，雷州府海康县人，任广西修仁县教谕。

陈思齐，雷州府海康县人，任训导，升靖江伴读。

陈时懋，雷州府海康县人，任福建福宁县训导。

陈惟恭，雷州府遂溪县人，郢府教授。

贺聪，雷州府海康县人，应天府推官。

陈璘，雷州府海康县人，成县教谕。

黄与，雷州府海康县人，福建安溪县教谕。

陈渊，雷州府遂溪县人，广西平乐县教谕。

王德，雷州府遂溪县人，广西富川县教谕。

吴孔光，高州府吴川县人，云南蒙自县教谕。

孙迪哲，高州府吴川县人，应天中式，广西宜山县教谕。

二、建文朝

（一）建文元年己卯科（1399）

吴宗直，雷州府遂溪县人，中南京榜，任礼部仪制司郎中。吴宗直天性聪明，博通群书，工于文笔，尤以诗见长，"藻思烨然，朝中重之"[①]，所撰写的文昌云氏族谱序流传颇广，为时所诵，祀乡贤。

冯守中，雷州府海康县人，任江西赣州训导。

陈以诚，雷州府海康县人。

黎球，雷州府遂溪县人，浙江盐运司判官。

---

① ［明］欧阳保修. 雷州府志（万历）·卷十七·吴宗直传（影印本）[M]. 广州：岭南美术出版社，2009：266.

（二）建文四年壬午科（1402）

张英，高州府石城县人。

三、永乐朝

（一）永乐元年癸未科（1403）

林文亨，雷州府海康县人，解元，次年中进士。详进士条。

黄本固，雷州府海康县人，次年中进士。详进士条。

林现，雷州府海康县人，次年中进士。详进士条。

周荣，雷州府海康县人，福建顺昌县教谕。

王庸，雷州府海康县人，广西迁江县教谕。

吴文奎，雷州府遂溪县人，广西平乐县教谕。

吴谦，雷州府海康县人。详进士条。

陈乾，高州府吴川县人，四川渠县教谕。

彭完义，高州府吴川县人，湖广通山教谕，旧志作通州学正。

（二）永乐三年乙酉科（1405）

顾秉庄，雷州府海康县人，清平卫经历。

吴愈，雷州府海康县人，广西迁江县训导。

陈贞豫，雷州府遂溪县人，历官监察御史。陈贞豫奉法甚严，洁身自律，"持宪体，有廉洁声"①，徇私干谒之人望而却步。奏请修建横山堡，对稳定遂溪、石城的治安起到了重要的作用，祀乡贤祠。

赵浩然，雷州府徐闻县人，户部主事。

杨永源，雷州府徐闻县人，江西奉新县训导。

王宗裔，雷州府徐闻县人。

陈保，高州府吴川县人，交阯长津知县。

---

① ［明］欧阳保修．雷州府志（万历）·卷十七·陈贞豫传（影印本）[M]．广州：岭南美术出版社，2009：266.

李泽，高州府石城县人，次年中进士。详进士条。

李俊，高州府石城县人，通判。

（三）永乐六年戊子科（1408）

邓观现，雷州府海康县人，任云南晋宁州知州。

王钦，雷州府海康县人，东莱县知县。

唐诜，雷州府海康县人，江西安远县教谕。

吴处义，雷州府海康县人，河南永宁县教谕。

陈本，雷州府海康县人，广西容县知县。

官衍芳，雷州府海康县人。

郭炫，雷州府海康县人。

林成，雷州府遂溪县人，交阯安仁县丞。

陈应炎，雷州府徐闻县人，兵科给事中。

李俦，高州府石城县人，贵州铜仁府通判。道光《高州府志》认为李俦疑似乙酉科李俊，讹一人为两人。但万历《高州府志》记载，二人科分不同，职官不同，应该不是同一人。

黎暹，高州府吴川县人，交阯上兰知县。

梁简，高州府吴川县人，光绪《吴川县志》据雍正《广东通志》补。

龙德辉，高州府石城县人，江苏嵩明州知州。

李殷礼，高州府石城县人，交阯美良驿驿丞。

褟昭，高州府石城县人，交阯陀州判官。

何清，高州府石城县人，广西广信府照磨。

全有志，高州府石城县人，交阯州判。

（四）永乐九年辛卯科（1411）

洪真护，雷州府海康县人。

吴通，雷州府海康县人。

郑甕，雷州府海康县人。

郭鼎，雷州府海康县人。

陈延，雷州府海康县人。

李寔，雷州府海康县人。

陈矗，雷州府海康县人。

黄棠，雷州府海康县人。

尚真详，雷州府海康县人。

蔡从举，雷州府遂溪县人。

陈英，高州府吴川县人，交阯都和典史。

黄俊，高州府吴川县人，交阯王麻州吏目。

陈懋，高州府吴川县人，交阯属县典史。

劳义，高州府石城县人，安徽天长县知县。

（五）永乐十二年甲午科（1414）

张昊，雷州府海康县人，任广西马平知县①，惠政爱民，百姓感其恩，立祠祝之。家居清贫自守，不参加富豪之士的聚会。身自表率，"俗为一变"②。

陈纲，雷州府遂溪县人，广西南宁训导。

陈隆贞，雷州府徐闻县人，江西零县训导。

林观，雷州府徐闻县人。

王廉，雷州府徐闻县人。

陈珩，高州府吴川县人。

杨禧，高州府吴川县人，广西兴安县训导。

杨钦，高州府石城县人，中二十二年甲辰科（1424）进士。详进士条。

陈良，高州府石城县人。

---

① 万历《雷州府志》卷一四《选举志》为"平乐知县"，卷一七《乡贤志》为"马平知县"。

② ［明］欧阳保修. 雷州府志（万历）·卷十七·张昊传（影印本）[M]. 广州：岭南美术出版社，2009：261.

（六）永乐十五年丁酉科（1417）

杨清，雷州府海康县人。

谈源，雷州府海康县人。

李晟，雷州府海康县人。

林密，高州府吴川县人，广西容县训导。

黄荫，高州府石城县人。

（七）永乐十八年庚子科（1420）

李璿，一作李璇，雷州府海康县人，授教职，升知县。景泰初年，广贼黄萧养攻打省城，形势危急，省城几不保。李璿富于才略，临危受命，奉命调士兵二万协同总兵官进讨，诛杀黄萧养，平定叛乱，因功晋江西按察司佥事。不久之后，李璿辞官归田，闭门谢客，清贫自守，以读书为乐，手不释卷，至老不休。死后祀乡贤祠[①]。

林胜，雷州府海康县人，广西富川县训导。

陈蓝，雷州府海康县人。

杨广，高州府石城县人，江西铅山县教谕。

（八）永乐二十一年癸卯科（1423）

武琼，雷州府海康县人，中乡试第二名，任湖广辰州训导。

林岑，雷州府海康县人，任江西会昌县教谕。

文怀本，雷州府海康县人，广西平乐县教谕。

梁琉，雷州府海康县人。

陈仕瀚，雷州府海康县人，中南京乡试。

陈仕兴，雷州府海康县人。

王畿，雷州府海康县人，广西思恩府训导。

彭腴，雷州府遂溪县人，任江西南安府推官，刑部员外郎进阶郎中。"宅

---

① ［明］欧阳保修. 雷州府志（万历）·卷十七·李璿传（影印本）[M]. 广州：岭南美术出版社，2009：261.

心宽恕，有长者风"，老百姓都很敬重他。死后祀乡贤祠 ①。

陈矩，雷州府遂溪县人。

陈吴，雷州府遂溪县人。

吴垫，高州府吴川县人，吴孔光子，云南中式，江西雩都县训导。

吴灏，高州府吴川县人。

黄敏，高州府吴川县人，广西宾州训导。

罗伦，高州府吴川县人，四川雅州学正，旧志作宜山教谕。

全通，高州府石城县人。

四、宣德朝

（一）宣德元年丙午科（1426）

冯翼，雷州府遂溪县人。

陈蕃，雷州府遂溪县人。

（二）宣德七年壬子科（1432）

许昇，雷州府海康县人。

郑文，雷州府遂溪县人，浙江寿昌县教谕。

陈善，雷州府遂溪县人。

孙宏，高州府吴川县人，广西陆川县教谕。

李凤，高州府石城县人。旧志作永乐壬午，误。

（三）宣德十年乙卯科（1435）

陈韶，高州府吴川县人，广西罗城县教谕。

---

① ［明］欧阳保修．雷州府志（万历）·卷十七·彭腴传（影印本）[M]．广州：
岭南美术出版社，2009：266.

五、正统朝

（一）正统三年戊午科（1438）

符玑，雷州府海康县人。

庄麟，雷州府海康县人，任广西贵溪县教谕。

李昕，雷州府海康县人。

李珏，高州府吴川县人，广西平乐府训导。

易恒，高州府吴川县人，天顺八年（1464）任江苏如皋知县[①]。

李冕，又作李勉，高州府吴川县人。其官职道光《高州府志》、光绪《吴川县志》作大名知县，但民国《大名县志》作章丘进士，嘉靖十六年（1537）任[②]，此前无李冕。从他中举至嘉靖时任职知县，已达百年，因此大名知县李冕非吴川人，府志、县志有误。

林球，高州府吴川县人，广西横州知州。

（二）正统六年辛酉科（1441）

冯哲，雷州府徐闻县人，江西高安县训导。

陈瑗，高州府吴川县人，经魁。

（三）正统十二年丁卯科（1447）

陈琳，雷州府海康县人，亚元，任广西洛容知县。

凌霞，高州府吴川县人。今存其《吴川八景》诗：跃耀朝阳出海东，浮光翠色耸文翁。限门浪蹴输飞雪，通驷波涵映碧虹。樵唱丽山烟景外，渔归极浦夕阳中。等闲一览凭高久，月满延华淡霭笼[③]。

李潽，高州府吴川县人。见进士条。

---

① ［清］扬受延等修. 如皋县志（嘉庆）·卷十二·秩官志（影印本）[M]. 台北：成文出版社有限公司，1970：874.

② 程廷恒等修. 大名县志（民国）·卷十四·职官志（影印本）[M]. 台北：成文出版社有限公司，1968：704.

③ 政协湛江市委员会学习和文史资料委员会编. 湛江文史 [J]. 内刊，2004（23）：239.

六、景泰朝

（一）景泰元年庚午科（1450）

何钺，雷州府海康县人，中第七名。

梁裕，雷州府海康县人。

林惠，雷州府海康县人。

陈达，高州府吴川县人，福建德化县教谕。

吴濬，高州府吴川县人，广西横州学正。

萧惟昌，高州府吴川县人，由顺天乡试中式。详见进士条。

黄信，字达士，高州府石城县人，泉州知府，亦见化州。年少时被倭寇俘获，备极艰险。脱身逃归之后，发愤报仇，于是练习武艺，攻读兵书，"将请缨为系倭计"。十八岁时，从事儒业，举茂才。景泰庚午，登贤书，授泉州长史。不久后擢升为泉州郡守。当时闽中倭寇气焰颇盛，有犯城之势，城中文官皆胆战心惊，不可终日。唯独黄信运筹帷幄，修缮战具，固守城池，精选猛士数十名，抄小路出其不意击贼。倭寇溃败，俘获斩杀甚多。黄信上奏战功，为当权者所忌，郁郁不得志，遂解甲归田，不久后去世[①]。

（二）景泰四年癸酉科（1453）

史孜，高州府吴川县人，浙江浦江县训导。

梁守正，高州府吴川县人，山东金乡县教谕。

七、天顺朝

（一）天顺三年己卯科（1459）

冯鉴，雷州卫官生。冯鉴"器格严重，幼有奇志"，中天顺三年（1459）举人，选授浙江湖州通判。他以公正廉洁自律，到任之后，首先革除粮长馈遗陋习。才过了三个月，因父亲去世丁忧而回家，服丧期满，补湖广永

---

① ［清］黄安涛修．高州府志（道光）·卷一〇·黄信传（影印本）[M]．广州：岭南美术出版社，2009：350．

州府通判。他忠于职守，壹意革除弊政，除正税外，额外羡余一无所取，一年之后，声誉赫然。但不久接到母亲去世的消息，他即刻启程回家，郡守以金相赠，出境之际，将郡守所赠之金封还。丧满后，他再次补任黄州府通判，但不久即病逝了。冯鉴才高望重，为时所重，孝顺父母，友爱兄弟。他共有兄弟五人，兄冯钦袭千户，弟冯钊也学有所成，任向武州同知，冯錯、冯钺也皆有所成立①。

（二）天顺六年壬午科（1462）

陈玄，雷州府徐闻县人。万历《雷州府志·选举志》作海康人，本传又作徐闻人，他的祖父是洪武初国子监学录陈渊，徐闻人。其成化三年（1467）任广州府南海县教谕，万历《南海县志》亦作徐闻人②，据此其应为徐闻人。陈玄因重孝义而闻名于时。为学注重穷理尽性，"克缵家风"，任南海教谕，造士有方，从游甚众。尝注《本朝名臣录》，死后祀乡贤祠③。

八、成化朝

（一）成化四年戊子科（1468）

罗章，雷州府海康县人，郁林知州罗绅之子，任江西袁州府训导。万历《雷州府志·选举志》作罗璋，本传又作罗章，嘉庆《海康县志》亦作罗章。他任职时教养士类，孜孜不倦，志节高尚，五十岁时即辞官归田，授生课徒，吟咏自得，学问人品为时所重，太守魏瀚礼敬有加，"每有建置，征文以纪"，所著有《宜阳唱和》。罗章之父罗绅"廉介寡欲，不俯仰于时"，由胄监任郁林知州，时值蛮贼肆掠抢夺，罗绅协同哨守相机却敌，城赖以保全，

---

① ［明］欧阳保修. 雷州府志（万历）·卷十七·冯鉴传（影印本）[M]. 广州：岭南美术出版社，2009：262.

② ［明］刘廷元修. 南海县志（万历）·卷四·职官志（影印本）[M]. 广州：岭南美术出版社，2007：58.

③ ［明］欧阳保修. 雷州府志（万历）·卷十七·陈玄传（影印本）[M]. 广州：岭南美术出版社，2009：266.

招抚头目胡公威等三千余人，妥善安置陆川诸属邑，贼乱得以平定[①]。

附：

罗璋《南渡千寻》诗：

城南十里水洋洋，臣浸千寻未可量。潮信有期消长易，舟航齐涉往来忙。渔人网集乘明月，贾客帆归带夕阳。几度临流清可掬，濯缨何必问沧浪。[②]

罗璋《怀坡堂记》文：

雷郡西半里许，有天宁寺。规创自唐，历五季宋元，兴废不一，郡志可考也。山抱水回，宅幽高峻，巍然为一郡伟观。宋苏文忠公轼谪儋耳，道经于雷，爱其胜，寓居于此。因书"万山第一"四大字扁其门。笔力雄劲，观者属目。正殿后，旧有雷音堂，年久倾圮，遂为榛莽瓦砾之场。成化辛丑，余姚魏公奉命来守，德政覃敷，民物匜阜。暇日访古思幽，骋月放怀。如寇莱公祠，英山雷庙，横舟、岁寒、思戴诸亭，皆创而新之。

尝览旧志，慨先贤之遐斥，遂因雷音堂旧址，辟地除荆，鸠工聚材，重建屋五间，饰以华彩，翼以耳房，环植花木。兴工于己巳春，落成于孟夏。集郡寮案大夫燕饮斯堂，酒酣，谓众曰："天下名山，不为不多。名贤表而出之，乃称胜景。昔眉山苏子，寓居于此，因有'万山第一'之称，则此刹固由苏子而得此也。今吾来守斯邦，追慕芳踪，斯堂之构，可扁之曰'怀坡'，庶几表吾仰止前贤之心也。"

命璋记之，璋不敢辞，窃谓事有旷世闻风相感者。苏公一代伟人，文章节概为当世所重。居朝廷，相天子，匡济天下，固宜也夫。何官立翰林，职止侍从，遭元祐之党，远谪万里，冒鲸波。非惟当时惜之，后世之人闻

① ［明］欧阳保修.雷州府志（万历）·卷十七·罗章传（影印本）[M].广州：岭南美术出版社，2009：262.

② ［明］欧阳保修.雷州府志（万历）·卷二十·艺文志（影印本）[M].广州：岭南美术出版社，2009：301.

其风声节概，犹景仰不已。今郡守公少掇巍科，居台端以风节自持，为时权幸所嫉，拟之苏公，心同迹同。苏公以才见忌，播迁黄冈、儋耳，公亦以直见谪守嘉定、雷阳，时有后先，而迹之同，固无后先焉。斯堂之扁为"怀坡"，岂非公有感于苏公而然乎？

呜呼！苏邈耳！流风遗韵，百世犹存。公以宏才硕德，允为时望，立朝謇谔，作郡贤良，使后人挹其清芬，想其风采，宁不以今日之怀坡者怀公乎？因书为记①。

林廷璋，高州府吴川县人。

刘直卿，雷州府徐闻县人。

（二）成化七年辛卯科（1471）

莫卿，雷州府海康县人，江西泰和知县。

李芳，高州府吴川县人，南京兵马司指挥。

（三）成化十年甲午科（1474）

梁从义，雷州府海康县人，官徐闻县训导。

吴朝玉，高州府吴川县人，由胄监中式，湖广长沙府通判。

（四）成化十三年丁酉科（1477）

陈暹，高州府吴川县人，广西容县教谕。

林廷瓛，字公器，高州府吴川县人，中弘治三年（1490）庚戌科进士。

（五）成化二十二年丙午科（1486）

刘铋，雷州府海康县人，监生，中南京乡试，福建汀州、广西南宁推官。

林荣，高州府吴川县人。

---

① ［明］欧阳保修．雷州府志（万历）·卷二十二·外志（影印本）[M]．广州：岭南美术出版社，2009：308．

九、弘治朝

（一）弘治二年己酉科（1489）

王冀，雷州府遂溪县人，弘治四年（1491）任福建德化县知县[①]。

（二）弘治五年壬子科（1492）

高鸿，高州府吴川县人，江苏淮安府教授。

（三）弘治八年乙卯科（1495）

陈天骥，高州府吴川县人。

陈缵，高州府吴川县人。

（四）弘治十一年戊午科（1498）

张德，雷州府海康县人。

张安，雷州府遂溪县人，正德九年（1514）任福建惠安县知县[②]。

林经，雷州府海康县人，广西临桂知县。

（五）弘治十七年甲子科（1504）

林凤鸣，雷州府海康县人，领弘治甲子乡荐第七名，国子监助教，历道州知州。林凤鸣参与了实录的编纂，为政兴修学校，以孝悌教民，为官三十余年，清介不污，不攀附权贵。辞官归乡，行李萧然，囊无余物，"郡守林恕特加敬礼，比有利病，亲往咨之"[③]。

附：林凤鸣《送海康唐邑令序》文：

欲知令之贤，观之于民而已。苟贤欤，则政无不举，恩无不洽。在，则

---

① ［清］鲁鼎梅修．德化县志（乾隆）·卷十一·秩官志（整理本）[M]．德化：德化县地方志编纂委员会，2019：289．

② ［明］张岳修．惠安县志（嘉靖）·卷十一·秩官志（影印本）[M]．上海：上海书店，2014：10．

③ ［明］欧阳保修．雷州府志（万历）·卷十七·林凤鸣传（影印本）[M]．广州：岭南美术出版社，2009：263．

民仰之；去，则民留之。久，则愈思之而不忘也。夫令，故诸侯职也。于民最为亲，饥者赖以食，寒者赖以衣，疾痛呻吟者，赖抚摩而扶济。苟非其人，在一日则为一日之害，推之惟恐其不去也，肯留之乎？海康僻在海隅，正统天顺年间，毒遭兵凶，凋敝为甚。且去京师为最远，来官者多肆暴虐，愚民敢怒不敢言，盖非一日矣。侯来莅政甫及三年，遽起归兴，邑之老幼争欲留之于府，又言之于监司，情词恳至。侯何以得此于民哉！夫父母之于子也，鞠育保护，无所不至。故为子者，一日不忍其去。今民亲侯也，犹视其父母。则侯之视民犹子也，不言而可知已。观今日之留，则后日之思，石焉以纪，祠焉以报，亦不言而可知矣。侯家业世儒，尊甫伯叔俱由贤科为县令，为提举。兄由黄甲为郡守，仿傚俱出自科贡为典膳，为邑令，接武联芳，声称赫然。侯之贤其所自乎兹。入朝而归，乡之士夫父老称道其美，如出一口，且欲言以赠，予敬而喜之，为序其事。①

十、正德朝

（一）正德二年丁卯科（1507）

罗奎，雷州府海康县人，罗绅孙，罗章子，正德间任福建武平知县，康熙《武平县志》误作海丰人②。长于诗文。

（二）正德五年庚午科（1510）

林显，高州府吴川县人，浙江绍兴府教授。

（三）正德八年癸酉科（1513）

莫钦，雷州府海康县人。

陈策，高州府吴川县人，其官职道光《高州府志》作琼州府教授，光

---

① ［明］欧阳保修. 雷州府志（万历）·卷二十·艺文志（影印本）[M]. 广州：岭南美术出版社，2009：298.

② ［清］赵良生修. 武平县志（康熙）·卷六·官师志 [M]. 北京：北平图书馆藏本，无出版年份，第三页。

绪《吴川县志》作陵水教谕，万历《琼州府志》嘉靖时教授陈策作徐闻人，徐闻陈策是岁贡，《徐闻县志》有载。康熙《陵水县志》正德间教谕陈策正作吴川人，因此府志有误，他为陵水教谕[①]。

（四）正德十一年丙子科（1516）

林秉全，高州府吴川县人，由胄监中式，任福建建宁通判。

十一、嘉靖朝

（一）嘉靖元年壬午科（1522）

吴淮，高州府吴川县人，通判。

（二）嘉靖四年（1525）乙酉科

陈时雍，雷州府海康县人。年少之时家境贫寒，力学不辍，领嘉靖乙酉乡荐，"操履仪度有先辈风，时后进多出其门"。陈时雍小时候失去了父亲，孝事寡母，爱友孤弟，尽心尽力，人无间言。当时内宦赵兰镇守珠池，恣行剽掠搜刮，百姓苦不堪言。陈时雍带领当地读书明理有识之士向当权者据理事言，最后赵兰被革职而去，为雷州百姓除了一害。死后祀乡贤祠[②]。

附：

陈时雍贺《郡守杨鉴湖先生转秩序》：

士君子之达也，莫不欲行其道于天下。然必职业修举，名彰位晋，而后道可行也。载观今之作郡者，盖有素无闻，望未□□而辄迁。秘政外饰，竞获跻乎华要，而世每以为贤为能，间有夙夜匪懈，尽其分之所当，为不衔焉。以求知于世贤，劳数载而陟明未及，岂时左数奇耶，抑篷篰戚施，

---

① ［清］潘廷侯修. 陵水县志（康熙）·卷六·秩官志（影印本）[M]. 广州：岭南美术出版社，2007：70.

② ［明］欧阳保修. 雷州府志（万历）·卷十七·陈时雍传（影印本）[M]. 广州：岭南美术出版社，2009：262.

上官为之先容，而端廉恬静，毋乃以为拙耶？何名实综核之未尽公也？龙溪杨鉴湖公，以名进士守吾雷。持己秋毫不苟，待物穆如清风。其施于政，据法循理，视民所利病而兴革之。剔强弭暴，而不纵恶，煦妪小民而不惠奸。未尝哓哓于劝学而士咸以文行相粹励。徭役均，狱讼平，盗贼息，而裨海凋疲之民苏矣。议者谓公有清白奉公之志，有宽厚恺悌之风，有不工进取之洁，有不畏强御之勇，诚确论也。盖其所猷为，皆可告诸天而对人言，期无愧于心，无负于国而已耳。积久，德懋芳声四达，不求人知而人知之。是岁长至之月，君子道长之时也。两淮治盐之命，自天而下。郡之士民莫不喜公道之大明焉。

余谓煮海之利国计匪轻，非公任之而谁可？况通方具宜游刃盘错，尤士之达材者，吾知公冰霜之操愈厉，必推其所福雷民者而施之。夫理财在于安人，人安矣，而财宁忧不足乎？治最著而命德雄能之典，将焉往运使之位，能久縻公乎哉！今日之行，非公他日受大任之地欤？彼巧宦固无足道，无基而骤进，亦岂君子之所安哉？公真贤能者也。虽然忠与孝两难全，闽与浙为便道。而荣膺敕封，尊公大宜人寿且康宁。公之斯行，联弟兄偕子姓，舞彩称觞其前，以承高堂垂白之欢，享天下第一之乐。古今人所深愿而罕遂者以遂矣。由是益得大展厥蕴，一心经济而泽润生民，又将后天下之乐而乐公之乐，容有涯涘。夫遂溪尹张君惠以公尝矜某之愚，役某言为公贺。余义有言也。不容以不文辞，遂书以复。[1]

冯彬，字用先，雷州卫人。见进士条。

萧廷辉，高州府吴川县人，嘉靖二十六年（1547）任江西永新县知县，同治《永新县志》作神电卫举人[2]。

（三）嘉靖七年戊子科（1528）

高文举，雷州府海康县人，嘉靖十八年（1539）任高州府石城县教

---

① ［明］欧阳保修．雷州府志（万历）·卷二十·艺文志（影印本）[M]．广州：岭南美术出版社，2009：297．

② ［清］萧玉春修．永新县志（同治）·卷九·职官志（影印本）[M]．台北：成文出版社有限公司，1975：724．

谕①。

李德贞，高州府吴川县人，嘉靖三十年（1551）任南直隶天长知县，"诗文清逸，政事爽朗"，任上修建县前楼、左右钟鼓楼，次年因病卒于任②。

（四）嘉靖十年辛卯科（1531）

冯世华，雷州卫官籍，湖广保庆府通判。

陈时亨，雷州府海康县人，陈时雍从弟，由选贡任恭城训导，中广西乡试举人。秉性淳厚，友爱兄弟，兄弟间分田产，把肥沃的好田让给弟弟。有人问他这样做的原因。他回答说："我弟弟还弱小，所以帮助他一点。"陈时亨"生平与物无竞"，有发生争执者，往往彼此相劝说："我们为什么不能学学时亨兄弟呢？"③

（五）嘉靖十九年庚子科（1540）

詹世龙，雷州府海康县人。嘉靖中由选贡任广西桂林府训导，庚子科中广东乡试举人，转琼州府文昌县教谕，教士倡导以德行为先。詹世龙自幼敦厚诚笃，以孝友著称于时，曾从学于湛若水门下。后选任江西乡试分考官，所取者皆彬彬文士。不久后升广西平乐知县，北陀背化已久，詹世龙设法招抚，地方得以安定，士民立碑纪其功绩。擢升上思知州，建城辟路，兴学恤民，百姓十分拥戴他。辞官之后，"结茅潭津，讲解心性，后学宗之为典型"④。

---

① ［清］蒋廷桂修．石城县志（光绪）·卷七·人物志（影印本）[M]．广州：岭南美术出版社，2009：137.

② ［清］江映鲲修．天长县志（康熙）·卷二·职官志 [M]．清康熙十一年（1672）刊本，第九页．

③ ［清］刘邦柄修．海康县志（嘉庆）·卷六·陈时亨传（影印本）[M]．广州：岭南美术出版社，2009：259.

④ ［明］欧阳保修．雷州府志（万历）·卷十七·詹世龙传（影印本）[M]．广州：岭南美术出版社，2009：263.

附：

詹世龙《石峎岭》诗：

宇宙沧桑变，乾坤浩劫灰。神工开混沌，灵斧斫崔嵬。

绝壁凌霄起，双峰跨海来。洞中涵太极，鳌背拥蓬莱。

窈窕琼为阙，璘珣玉作台。烟露真景象，风月净尘埃。

篆久无人识，林空有鹤回。石床虚夕照，丹灶冷秋槐。

松盖摩苍霭，虹桥锁碧苔。泉从银汉落，芝傍素云栽。

客醉孤亭暮，猿啼万壑哀。昙花香拂袖，瑶草色侵怀。

玄览穷三岛，疏观畅九垓。兴随天籁发，诗就雨声催。

铁笛凭虚弄，仙筇蹑磴回。杳然迷出处，恍佛入天台。①

詹世龙《西湖》诗：

自笑生平野趣多，结茅聊傍白鸥波。渊明斗酒花三径，范蠡扁舟雨一蓑。

石泼泉声穿砌落，天边雁影带云过。晴宵洗耳桥边月，啸咏沧浪濯足歌。②

詹世龙《天宁寺》：

浪迹寻幽兜率宫，草堂松坞飒仙风。夕晖影落林间塔，归鹤声传涧底钟。

苔经雨过阶砌绿，鼎炉香霭篆烟红。蒲团共坐安禅处，色色何曾便是空。③

（六）嘉靖二十二年癸卯科（1543）

李尚德，高州府吴川县人，嘉靖三十五年（1556）任福建福安县知县，

① ［明］欧阳保修 . 雷州府志（万历）·卷二十·艺文志（影印本）[M]. 广州：
岭南美术出版社，2009：302.

② ［明］欧阳保修 . 雷州府志（万历）·卷二十·艺文志（影印本）[M]. 广州：
岭南美术出版社，2009：302.

③ ［明］欧阳保修 . 雷州府志（万历）·卷二十二·外志（影印本）[M]. 广州：
岭南美术出版社，2009：309.

因城陷去职①。

（七）嘉靖二十五年丙午科（1546）

邱凌霄，雷州府海康县人，隆庆二年（1568）任福建南安县知县②。居乡恬淡，与物无竞。

（八）嘉靖二十八年己酉科（1549）

莫天赋，雷州府海康县人，中嘉靖四十一年（1562）进士。详进士条。

周元宾，雷州府海康县人。

（九）嘉靖三十四年乙卯科（1555）

陈素蕴，字鸣盛，雷州府徐闻县人，任福建诏安知县。他素有才名，好吟咏。当时徐闻从成化戊子以后，科目缺九十年，陈素蕴平时常以脱颖而出自期，嘉靖乙卯赴试，作诗曰："八十八年徐士恨，今秋奋起待人龙。"当年果然考中举人。从此之后，徐闻登第者不断。他后来任诏安知县，有惠政，但不幸在任上病逝了。陈素蕴弟弟文彬、素著，都得到了他的悉心教导，也都考取了功名③。

（十）嘉靖四十年辛酉科（1561）

邓邦基，雷州府徐闻县人。岁贡邓植孙，邓焕子，弟邦髦同科举人，子邓宗龄高中进士。他曾任福建兴化府通判。

① ［清］张景祁等修．福安县志（光绪）·卷十六·职官志（影印本）[M]．台北：成文出版社有限公司，1967：152．

② 戴希朱纂．南安县志（民国）·卷十九·职官志（影印本）[M]．上海：上海书店，2000：89．

③ ［明］欧阳保修．雷州府志（万历）·卷十七·陈素蕴传（影印本）[M]．广州：岭南美术出版社，2009：267．

附：

邓邦基《城南月池记》：

吾邑山水，故称奇胜。左盘石龙，右踞石虎。三墩宾其南，双丫主其北。群山之蒙，委蛇迤逦，而大海绕其前焉。崒嵂汪洋，相距百里许，联如走练，莹若玉壶。芙蓉紫盖，鉴湖白云与之博巧斗奇，真天地间有数山川矣。

徐自正统己巳由海安迁于宾朴，既非向明宣郁之义，而民之隶役于公者，攸往为甚难。门之外陆田数顷，地原高亢，水易枯竭，堪舆家以为不利。先是，建宁谢侯发谋经略之，而未暇也。今上官法令详密，公帑之藏，计铢两不敢苟费，有司稍有动作，足以蔑吏。吏之修名誉者，辄以土木为戒。况陂池兴坠，不以考课，孰肯加意而举行之哉！

西溪张侯下车之初，首谙民瘼。凡兴利除害，靡不悉心阐饬。徐旧城堞卑委，蕞尔弹丸，当沿海之冲，实可隐忧。侯建议当道增高各三尺，周围墩台一十二座，东西南三门各筑围城，真可以备不虞而御外侮，境内安枕矣。城北实县治，靠屿门，故障闭嫌于寥旷。侯每登临，必嗟叹之。乃召匠鸠工，规制弘拓，不再阅月而落成，峨然为山岳增色。寿亭侯祠焉。凡有御旱辄祷祀之，其应如响。非若修冥福，证功果为也。徐之西路一带，珠崖通衢，直冲环带，为县治厄。凡莅兹邑者，鲜以显荣克终。侯因地象宜更道于演武台之阳，周遭环绕，车马蓊集，若履康庄，公私称便。士隶海隅，习慕诗书礼乐之化。然不有以重恤其私，则资身困于无荣。侯出赎金，置买学田，计年入租，用以代耕。而作其气，士之赖其资赡者，怀珍抱奇，不啻云蒸雾拥，然每厄于科第。侯因别驾林公罂魁星碑于明伦堂之侧，乃建楼绘帐，愈增其事焉。楼建于敬一葳之后，其木石资值皆取诸俸而不藉于公。嗣是，紫气勃勃动，干将莫邪连茹汇征之士，岂可以指计哉！

侯莅任匝三载，而鸿猷峻烈赫然振著若此。宜其义问昭宣，而奖劝交檄，非偶尔也。乃于公余之暇，周览远眺，翛然有出尘之想。辟南门面于县治，前门凿月池，鞭石为台榭，襟莳花木，苍翠交霞。徐之景概，最为奇观。长阔计二百余丈，深一丈余。诸君乐其成以记。见属顾基，土人也。既不能执畚锸，杂佣役，以胥供事之劳，今得操笔砚以图成功，固所愿焉。夫天下之水，巨浸莫如江海，细流则曰溪涧，次之则汇而为池。盖池受崖谷后委会泓潆而成之，蛟龙不侵，澎湃不警，航舰不通，辐辏纷华所不至。而郁然，零灿然。萦辽廓眇，忽触之，易于乘兴。故豪人达士，多寄傲之，以箕踞其间。文中子设帐于白牛，子美开堂于浣花，元结怡情于浯水。人以池托，池以人胜。垂之往牒，其芳可掬也。侯之凿是池也，得无有取于此乎？夫上君子所至，凡一山一泉、一石一壑，足当心意，皆可以取适一时。天下后世宝为异迹，学士大夫侈为美谈，顾簿书为伍者，日琐琐焉。至于山石之美，泉壑之佳胜，可以一览而乐者，亦垂睫不顾曰："吾暇乎哉！其胸次超羁，不啻霄壤径庭矣！"

余按状而得其景焉。啼鸟饶舌，女夷鼓歌。滩漱金沙，浪浮桃蕊。青丝以拖蓝，波浡浡而抛赤者，池之春也。维夏则菱茨贴青，荷莲递馥，水晶风动，莎草放茵，其顾之莫有烦热者乎！及彼兰秋，古镜如开，冰纨为熨，韬涵太虚，吞月住云，乌鹊倒飞，芙蕖逆植，殆所谓绮绾绣锁，合形效技者则然矣。秋而复冬，玉壶迎霜，黄芦摇白，狎鸥汩没，待腊得舒，其诸秘光拂静，凛冽生棱者乎？侯与客一二侣，登其台，披襟坐啸，风飕飕下，衣袂皆飞，拍掌浩歌，俯仰宇宙。把三墩双丫之奇特，驾石门龙床之俏丽，而瀚海荡漾，咸在胸臆中矣。席罢客嘻嘻而去，民之环池观听者，林林总总，悉鼓舞于春风太和之化，将不与此池同活泼哉！侯固将以其自适者适其民，而民亦将以侯之所适者与池共永也。斯非作记之意欤！是役也，其财捐诸俸赎，而不费于公。其助取诸义倡而不劳于使。始于万历甲戌年，讫工于次年乙亥。噫，可谓易矣。是为记。[①]

邓邦髦，雷州府徐闻县人。他是邓邦基弟，岁贡邓宗相父，任国子监学正，升任知州。邓邦髦为政清廉简易，诘奸摘伏，有"神君"之称，"凡

---

① ［明］欧阳保修. 雷州府志（万历）·卷二十·艺文志（影印本）[M]. 广州：岭南美术出版社，2009：287－288.

州中利病宜因革力详上台，为民请命，州人祠之"①。

（十一）嘉靖四十三年甲子科（1564）

陈文彬，雷州府徐闻县人，由广西乡试中式，任湖广随州知州。陈文彬是举人陈素蕴弟，贡生陈素著兄，天性孝友，俸禄与亲族共分，后来锦囊所兵变都有赖于他的调解才解决②。

十二、万历朝

（一）万历四年丙子科（1576）

邓宗龄，雷州府徐闻县人，邓邦基子，中万历十一年（1583）癸未科进士。详进士条。

邓邦瑞，雷州府海康县人。

（二）万历七年己卯科（1579）

陈大训，雷州府徐闻县人，广西荔浦知县。

（三）万历十三年乙酉科（1585）

柯时复，字起之，雷州府海康县人。他天性嗜古，博览群书，对词、赋尤为爱好，曾模仿杜甫《同谷诗》作《七歌》，意调悲壮，传诵一时。尝游成均之学，当时福清叶台山公任司丞之职，以柯时复为入室弟子，并在柯时复返乡之际，以诗相赠。柯时复为人简约，不事繁文，常穿布衣，徒步而行，到僧舍则怡然而止，剪蔬以食，煮茶以饮，淡然忘归。万历二十一年（1593）徐闻大旱，柯时复为文暴祷者三日，终降大雨。二十四年（1596）灾荒疾疫并作，柯时复罄尽家产买米谷以赈灾民，煮粥通衢以食饥民，作义冢以

---

① ［清］王辅之修. 徐闻县志（宣统）•卷一三•邓邦髦传（影印本）[M]. 广州：岭南美术出版社，2009：544.

② ［清］王辅之修. 徐闻县志（宣统）•卷一三•陈文彬传（影印本）[M]. 广州：岭南美术出版社，2009：550.

掩埋腐肉残骨。他为人孝友，居父丧时，哀毁尽礼。柯时复十分喜欢佛学，辟一庵于寺侧，欲静摄见性，偶得疾而卒，人谓其有"怀奇未展"之憾。时人对柯时复评价颇不一致，甚至有谓其破家为烧炼术，终无所得而怏怏而终者。柯时复究心玄理，其详不可得而知，"然要之博学娴文，简约疏宕，亦翩翩逸兴士也"①。

附：

柯时复《雷阳对乐池罢采碑记》

粤稽珠玑作贡，昉自虞夏矣。毋亦曰礼文所需，职分攸然系也乎。要以不问多寡，不立期会，俾民自致其土之所有耳。迨秦开疆，百粤尉屠睢采南海之珍以献，而蚌胎荧荧无胫而走天府矣。宋署媚川都卒三千人，备采珠役。而熙宁间始立官监之。正德初雷池罕产珠，乃罢守，而以廉守者兼之。嘉靖时抚臣言不便，并罢廉守，以其事责兵备道等官，犹数年一采。大约所获珠，不能倍于费，与以金易珠何异？而奔命为疲，要之出自合浦之渊，而对乐寄空名焉耳。

我皇上御宇几三十年，有所须珠宝，咸给内帑金贸进，不忍烦海外民，真超越前代事也。迩以贾珠乏绝，罔称梜箧，爰命内臣采廉珠池，时戊戌秋月也。其明年，又命督税太监李凤，抵雷采珠。与廉画海为界，莫或侵越，越者法。而二厂奸人耽视矣。檄到，则厂署馆舍错绣如斗，城内外取办仓促，官劳民病。

己亥冬，参政林公如楚镇以雅静，阳饬戢而阴调停。总兵黎国耀勒部曲，善固疆围。署府务倅吴贡珍，昕夕规措，理冗弹变。海康令何复亨、遂溪令袁时选、徐闻令莫敢齐供亿如礼，两全官民。惟节推张应麟署海防实专领焉。日与大珰周选风涛中。焦荛兵食细务，毋媵腰陨机，毋跆籍召谴，始杜两池之争，终解千艘之乱。

---

① ［明］欧阳保修．雷州府志（万历）·卷十七·柯时复传（影印本）[M]．广州：岭南美术出版社，2009：265.

是役也，调民船四百有奇，募商船称是供。役千余人押船，守港军兵二千六百名。费粮四千石。旗仗什物莫绝，用帑金四千余，而馈饷转送之私不与也。计所获珠，不满百两，且商船作奸，太横出则侵界，速构去则掠民。取赏宁独虚劳，几挑大祸。所赖李公与二三任事者，运机权消之。

夫李公老成仁厚，入雷目击暴骨，戚然动念，捐赏棺埋之。时有奸人匿名雠陷善良者百余人，焚不问所过，秋毫无犯。及开采无珠，乃以其状奏上诏罢采，永为后鉴。雷民鼓舞，祝颂李公之德不衰。

柯生时复曰：禹恶衣服而令民贡采，其故可绎也。夫珠不取则礼废，取则民疲。两利之术，其用以时乎？其采以地乎？闻东莞海产异珠，宋元每取给焉。寻以劳多获寡罢之。珠蚌亦遂绝。雷令者类是。故前产而后不产，地何心焉？圣王因地竭有意乎？必采之也，采于廉以为礼，罢于雷以为民，则可谓德配神禹哉！与是举者，勤王事，一时休民力，且世世声诸来祀不朽[①]。

柯时复《同王宗伯游天宁寺怀坡堂》

胜地招携景物迎，尚书履到上方清。坐中欲演风幡句，檐底初悬法雨声。湖海恰欢今日酒，碑题重见古人情。前因未了犹多病，为悯维摩偈未成[②]。

吴廷彦，高州府吴川县人，福建兴化府通判。

（四）万历十六年戊子科（1588）

骆上乘，雷州府徐闻县人，广西庆远府推官。

骆效忠，雷州府徐闻县人，万历三十年（1602）前后任广西郁林州知

---

① ［明］欧阳保修. 雷州府志（万历）·卷二十·艺文志（影印本）[M]. 广州：岭南美术出版社，2009：289－290.

② ［明］欧阳保修. 雷州府志（万历）·卷二十二·外志（影印本）[M]. 广州：岭南美术出版社，2009：309.

州^①。骆效忠"为政清简",有"一帘秋月"之称,先世遗产全部推分给兄弟,并增置义田以赡养宗族中的贫乏之人。邑人皆高其义,死后祀乡贤祠^②。

林起鹭,雷州府海康县人。林起鹭年少之时即专心向学,有远大的志向,声色货利,无动于心。他终日以文章典籍是务,淡泊寡欲,不入公门,不营俗务。"壬辰卷已中式,值填榜以数字未驯裁落,时论惜之。"归家后孜孜向学,家业全部听从堂兄主持,不问出入,以孝友著称于世,人人对他都没有非议之言。但很可惜他没有考中进士便去世,然他"保志完行",是士民的典范^③。

莫尔先,雷州府海康县人。莫天赋子,中北京乡试。以孝谨闻。

（五）万历十九年辛卯科（1591）

袁刘芳,字信斋,雷州府海康县人,雍正《广东通志》误作刘袁芳。他最初任湖南新宁县知县,"丰裁凛然,建寅宾馆、福德祠,重修江口桥石墩,士民立生祠祀之(《湖南通志》)"。因此,他擢升绍兴府同知,时海塘被海水冲袭垮塌,他亲自实地查勘,率领民工抢修,终因疲劳过度病逝。但他的功绩昭然,因此"绍人思焉"^④。道光《新宁县志》作万历三十六年(1608)任^⑤,但误作安福人;乾隆《绍兴府志》作袁刘方,万历四十一年(1613)任,但误作吉安人^⑥。安福县是吉安府所属县,吉安与安福均无举人袁刘芳。道光《广东通志》所引《湖南通志》即作广东人,因此《新宁县志》及《乾

---

① ［清］邱桂山修．郁林州志（乾隆）·卷十·职官志（影印本）[M]．台北：成文出版社有限公司，1967：121．

② ［清］王辅之修．徐闻县志（宣统）·卷十三·骆效忠传（影印本）[M]．广州：岭南美术出版社，2009：545．

③ ［明］欧阳保修．雷州府志（万历）·卷十七·林起鹭传（影印本）[M]．广州：岭南美术出版社，2009：265．

④ ［清］阮元纂．广东通志（道光）·卷三百·袁刘芳志（影印本）[M]．上海：上海古籍出版社，2002：243．

⑤ ［清］安舒修．新宁县志（道光）·卷十九·袁刘芳传 [M]．清道光间刊本。

⑥ ［清］李亨特修．绍兴府志（乾隆）·卷二十六·职官志（影印本）[M]．上海：上海书店，1993：609．

隆府志》均有误。

梁见龙，雷州府徐闻县人。崇祯九年兄弟举人梁秉忠、梁秉恕父亲。

（六）万历二十二年甲午科（1594）

郑继统，雷州府海康县人。

（七）万历二十五年丁酉科（1597）

陈于升，雷州府遂溪县人。未仕，卒。

（八）万历二十八年庚子科（1600）

何起龙，雷州府海康县人。

（九）万历三十四年丙午科（1606）

钟万鼎，雷州府徐闻县人。

（十）万历三十七年己酉科（1609）

欧阳宣臣，雷州府徐闻县人。未仕，卒。

吴鼎泰，高州府吴川县人，吴绍邹长子，中崇祯元年（1628）戊辰科进士。详进士条。

吴鼎元，字仁衢，高州府吴川县人，绍邹次子，吴鼎泰之弟，万历己酉与兄鼎泰同举于乡。官江西袁州府司理，折狱明允，升广西太平府推官，"奉诏讨河南贼，设策剿抚，渠魁李荆楚授首，诸贼悉平"。以此功升四川顺庆府同知[①]。

（十一）万历四十年壬子科（1612）

吴士奎，雷州府海康县人。

高魁，高州府石城县人，中天启五年（1625）乙丑科进士。详进士条。

---

① ［清］黄安涛修. 高州府志（道光）·卷一〇·吴鼎元传（影印本）[M]. 广州：岭南美术出版社，2009：348.

龙大维，高州府石城县人，中崇祯四年（1631）辛未科进士。详进士条。

（十二）万历四十三年乙卯科（1615）

陈其峨，雷州府遂溪县人，岁贡陈王猷长子。

周东兴，雷州府海康县人，崇祯八年（1635）任江西石城县知县[①]。

吴应祥，原名一善，改名应祥，高州府吴川县人，亚魁，徐闻县教谕。他天性端庄严谨，潜心向学，至诚无欺，廉洁自守，一心以成就后学为怀。但困顿科场，七上公车不第。母老家贫，始授雷州徐闻教谕，"辟门凿渠，改学建署，徐之士称颂之"。崇祯十年丁丑科（1637）会试时，他旅寓南雄寺中，因疾病去世。他去世不久，升广西象州知州，惜人已经故去[②]。

（十三）万历四十六年戊午科（1618）

冯肩玉，雷州府徐闻县人。

潘玉，雷州府徐闻县人。

十三、天启朝

（一）天启元年（1621）辛酉科

梁裕国，雷州府海康县人，后改名梁羽翰，中进士。详进士条。

黄方中，雷州府徐闻县人。

邓元鹏，雷州府徐闻县人。

麦伦，高州府吴川县人，浙江嘉兴府通判。

吴鼎和，高州府吴川县人，吴绍洛之子，吴鼎元从兄弟。绍洛是崇正间儒官，五个儿子皆学有所成。吴鼎和少年丧偶，有人劝其续娶，毅然自矢，

---

① ［清］郭尧京修．赣石城县志（顺治）·卷五·官秩志［M］．清顺治间刊本。

② ［清］黄安涛修．高州府志（道光）·卷一〇·吴应祥传（影印本）［M］．广州：岭南美术出版社，2009：348.

不再复娶，"生平笃志嗜学，志期远大"，但不仕而卒 ①。

（二）天启四年甲子科（1624）

韩日进，雷州府遂溪县人。

（三）天启七年丁卯科（1627）

梁永年，雷州府海康县迈坦村人，崇祯年间湖广东安县知县 ②。梁永年持己端方，苦志力学，中举人后任湖广东安县知县。他在任期间，宽刑薄赋，振作士气，使社会得到有效治理。但后来因山贼劫掠县城，他被革职回籍。他回籍之后，家居十余年，以教读为生，勤勉细心，启迪后学。他为人孝友，是乡里士民的榜样。此外，他虽然是举人，但从不因私利奔走公廷。因此，他在乡里有很高的威望 ③。

陈魁修，雷州府遂溪县人，于陛子。

刘传鼎，高州府石城县人。

十四、崇祯朝

（一）崇祯三年庚午科（1630）

陈向廷，雷州府徐闻县人。

（二）崇祯六年癸酉科（1633）

胡懋昭，雷州府海康县人。

梁南津，雷州府徐闻县人。

龙逢圣，高州府吴川县人。

---

① ［清］黄安涛修.高州府志（道光）·卷一〇·吴鼎和传（影印本）［M］.广州：岭南美术出版社，2009：348.

② ［清］吴德润修.东安县志（乾隆）·卷二·秩官志［M］.海口：海南出版社，2003：22.

③ ［清］刘邦柄修.海康县志（嘉庆）·卷十六·梁永年传（影印本）［M］.上海：上海书店，2003：417.

　　黎民铎，高州府石城县人，甲戌会试乙榜。其父黎敬为人敦厚，富有同情心，元旦邻居家有人去世，当时习俗以元旦出钱财为不吉利，敬独不以为然，慨然出资相助，所教六子，皆因其材而成之。黎民铎素有大志，潜心力学，"恬淡家居，杜绝干谒"，日以著书垂训为事，有《易经旨意》《汶塘诗集》二编传世[①]。

（三）崇祯九年丙子科（1636）

　　梁秉忠，雷州府徐闻县人，举人梁见龙子。

　　梁秉恕，雷州府徐闻县人，举人梁见龙子。

（四）崇祯十二年己卯科（1639）

　　陈绍颜，高州府吴川县人，经魁。

　　陈参雨，高州府吴川县人。

（五）崇祯十五年壬午科（1642）

　　陈联第，高州府吴川县人。

---

　　① ［清］黄安涛修．高州府志（道光）·卷一〇·黎民铎传（影印本）［M］．广州：岭南美术出版社，2009：349．

一、顺治十五年戊戌科（1658）

洪泮洙，字献统，号垂万，雷州府遂溪县芦山（今湛江麻章区太平镇芦山村）人。父洪玉铉，府学生员。洪泮洙生于明天启元年（1621）正月二十二日，中崇祯十五年壬午科（1642）广东乡试第八名举人，清顺治十五年戊戌科（1658）会试以书经中式第七十八名贡士，殿试中式第三甲第一百八十七名进士，分通政司观政①。在中进士前，他任琼州府琼山县教谕②；在康熙三年至七年（1664—1668）任安徽休宁县（道光《遂溪县志》本传误作福建省）知县③。他为官"政尚宽简"，但是对于破坏社会教化之事务，即使有强大的势力支撑，他也毫不犹豫将其严格处理。他在任时，有豪奴状告其主人，所告之事的虚实尚待审问清楚，但他认为奴告主这种有悖伦常的风气不可助长，因此根据律例先将该豪奴下狱治罪，得到休宁百姓的称赞。此外，他还重视文化教育，重修儒学大门，从坤位移至巽位，希冀休宁县文运复兴。

① 顺治十五年登科录［M］. 日本内阁文库藏本。
② ［清］王赟，邓井红、邓玲点校.（康熙）琼山县志·卷六·秩官志［M］. 海口：海南出版社，2006：142.
③ ［清］廖腾煃修. 休宁县志（康熙）·卷四·职官志（影印本）［M］. 台北：成文出版社有限公司，1970：467.

康熙八年（1669），他辞官回到雷州，卜居在城西古楼巷西湖边，常与友人游览西湖。他是清代雷州第一位进士，作为享有声望的地方士人，他十分关心家乡的建设。他乐育人才，其最著名的学生就是后来官至福建巡抚的陈瑸。他教授陈瑸举业，往来唱和颇多，其中有"岁序频催前辈老，江山留待少年雄"之句，显示出其豪迈气概。康熙二十三年（1684），大水冲毁雷州沿海海堤，他与陈瑸四处奔走筹款修复，"环海田庐永利赖焉"①。

洪泮洙善诗文，在府志和县志中录有《湖光岩山水记》《游西湖记》《协镇潘洪宸平雷绩记》《堤岸记》《寇莱公论》《遂溪八景诗》等诗文数篇，道光《休宁县志》载有其《新建儒学大门记》一篇，其他多已散佚。他一生主要在家乡度过，因而诗文多反映家乡重要事务和生活美景，如他在顺治十八年（1661）游览家乡名胜湖光岩时，便写下了著名的《湖光岩山水记》，其文曰：

邑东南六十里，地势自湖母岭盘旋而南，石峰兀突，岩壑荫翳，中有湖宏渊莫测，字曰"湖光岩"，初名陷湖。宋靖康，有僧琮师居焉。建炎三年，李忠定公纲来雷，止其地，手题"湖光岩"三大字，勒之于石，湖光岩是以得名。

岩南数里许，跨海，隋铁耙县是也。东瞰沧涛，西北巩县舆，遂称第一山。奇壁千霄，古扃渊邃；大士庄严，罗汉布列；修竹茂松，时与湖相掩映，洵胜概也。等而上之，崔嵬幽深，非攀树援梯，未易到其境地。如来妙相，如在天际，然皆天然奇巧，不烦造作者。左旋石室连绵，有岩名曰"七星"，仄径云封，道仅通鸟。从水浒湾环而入，鱼跃鸟喧，别有天地，避乱者时依之。右旋，旧有白衣庵趾，宋邑人纪应炎读书处。后人相沿率馆于此，咿唔之声，与风木泉声并之。问津利往，水引渔者；花藏仙壑，春风不知，未许俗入问也。

吾家去湖岩三十余里，时逐队往还。乘兴而游，力倦而归。其间曲径奥室，未能周历。顺治辛丑秋之重阳，夕揖诸英少同游，欣然再宿，颇领此佳趣，

<hr>

① ［清］喻炳荣修.遂溪县志（道光）·卷九·洪泮洙传（影印本）[M]. 广州：岭南美术出版社，2009：288.

倏然出尘之致，真与王摩诘之辋川，柳柳州之钴鉧，杜甫之浣溪，元结之浯水，并足千古。若夫俯仰高深，凭吊者，芦山主人洪泮洙也①。

寥寥数百字就把湖光岩美景描述得尽收眼底，不输唐宋名家的小品文。他在游雷州伏波祠时，写下了两首苍劲有力的怀古诗《和伏波将军旧祠元韵》："孤舟伏浪薄云烟，俯瞰鲛龙感化先。威震绿林新主眷，名垂青史旧勋传。交南日暖波常靖，合浦春深花自妍。毅烈凌霜光俎豆，擎雷山下四时天。耀日忠肝照碧波，勋高南史未曾讹。古智遗泽凭云护，两祠凝烟带雨过。饮马开山移物远，横舟冲浪济人多。每谈往事思前哲，矍铄当年志不磨。"②此外，他热心家乡文化事业，康熙十二年（1673）和二十四年（1685），他主持编撰了《雷州府志》和《遂溪县志》两部重要志书。

康熙四十三年（1704），他在家去世，享寿九十四岁。

二、康熙三十三年甲戌科（1694）

陈瑸，字文焕，号眉川，雷州府海康县（今雷州市）东湖村人。他生于清顺治十三年（1656）五月二十三日，习书经，中康熙三十二年癸酉科（1693）广东乡试第三十四名举人，次年会试联捷中式第一百二十四名贡士，殿试中式第三甲第三十一名进士③。

陈瑸世为农家出身，但他是中国历史上著名的廉吏。康熙三十八年（1699），他授古田知县，不久调台湾知县，历任刑部主事、郎中、四川提学道佥事、台湾厦门道、偏沅巡抚、福建巡抚等职。他历经二十年，从知县渐擢至巡抚，始终如一地秉持清廉品行。他在任四川提学道佥事时，"清介公慎，杜绝苞苴"，而大多四川官员"加派厉民"，康熙因此"诏戒饬，

① ［清］喻炳荣修．遂溪县志（道光）·卷十一·艺文志（影印本）[M]．广州：岭南美术出版社，2009：355．

② 莫廉等编．雷州碑刻[M]．广州：岭南美术出版社，广东人民出版社，2013：15．

③ 康熙三十三年登科录[M]．日本内阁文库藏本。

特称瑛廉"。不久因福建巡抚张伯行的举荐,他调任台湾厦门道,在台湾"以正学厉俗,镇以廉静,番、民帖然。在官应得公使钱,悉屏不取"[①]。康熙五十三年(1714),他升任偏沅巡抚,就任便条奏"禁加耗,除酷刑,祟积谷,置社仓,崇节俭,禁馈送,先起运,兴书院,饬武备,停开采"十件大事,打击贪腐,整饬官场,整顿吏治,安抚民生。不久,他进京朝觐,向康熙帝奏言:"官吏妄取一钱,即与百千万金无异。人所以贪取,皆为用不足。臣初任知县,即不至穷苦,不取一钱,亦自足用。"以此为基础阐述他的廉政思想。康熙对此十分赞赏,对左右大臣说:"此苦行老僧也!"[②]次年,他调任福建巡抚,厉行清操,康熙因此颁上谕赞叹道:"朕见瑛,察其举止言论,实为清官。瑛生长海滨,非世家大族,无门生故旧,而天下皆称其清。非有实行,岂能如此?国家得此等人,实为祥瑞。宜加优异,以厉清操。"[③]康熙后期政治腐败,吏治废弛,贪污横行,在江南还发生了两江总督噶礼和江苏巡抚张伯行二人互参案。陈瑛"出淤泥而不染",为官二十载,始终秉持清廉操守,因而被康熙视为"国家祥瑞"。康熙五十七年(1718),陈瑛因病卒于任,康熙再颁上谕曰:"陈瑛居官甚优,操守极清,朕所罕见,恐古人中亦不多得也。"康熙认为陈瑛这样的清廉官员古所罕见,因此赐谥"清端"[④]。

陈瑛一生清廉,是名垂千古的清官,但也是政绩卓著的治世能臣。他为官十分勤勉,且实事求是,以民为本,促进地方社会经济的发展。他初任古田知县时,古田"丁田淆错,赋役轻重不均,民逋逃迁徙,黠者去为盗",这些积弊的原因"皆由册胥飞洒诡寄,额数浮溢所致"。因此,他亲自到各地晓谕百姓"各认本户输纳,其浮额悉惟册胥是问",以此百姓赋役均平,"数十年痼弊,一旦顿清"。公事闲暇之余,他考课诸生,砥砺品行;夜间还

---

① 赵尔巽. 清史稿·卷二百七十七·陈瑛传 [M]. 北京:中华书局,1977:10091.
② 赵尔巽. 清史稿·卷二百七十七·陈瑛传 [M]. 北京:中华书局,1977:10091.
③ 赵尔巽. 清史稿·卷二百七十七·陈瑛传 [M]. 北京:中华书局,1977:10091.
④ 赵尔巽. 清史稿·卷二百七十七·陈瑛传 [M]. 北京:中华书局,1977:10092.

巡行乡里，"询父老疾苦，闻读书、纺绩声，则重奖赏，有群饮高歌者严诫谕之"。此外，他还修缮学宫，兴建屏山书院，促进古田教育文化的发展，因而得到古田百姓的爱戴①。之后他调任台湾知县，当时台湾"初隶版图，民骁悍不驯"，遂"兴学广教"，"在县五年，民知礼让"②。升调去任之日，"街号巷哭，相送数十里"，此外"建生祠三所，春秋祀之"③。康熙四十九年（1710），他复调福建，任台湾厦门道，兼理学政，"民闻其再至也，扶老携幼，欢呼载道如望岁焉"④。他在台湾"新学宫，建朱子祠于学右，以正学厉俗，镇以廉静，番、民帖然"⑤，"清操绝俗，慈惠利民"，有力地促进了台湾社会的发展。康熙五十三年（1714）出任偏沅巡抚时，他罢免"纵役累民"的湘潭知县王爰溱，包庇他的长沙知府薛琳被降三级调用。针对湖南情形，他向康熙上疏，提出了十大施政纲领：一是禁加耗以苏民困；二是禁酷刑以重民命；三是枭积谷以济民食；四是置社仓以从民便；五是崇节俭以惜民财；六是禁馈送以肃官箴；七是先起运以清钱粮；八是隆书院以兴文教；九是饬武备以实营伍；十是停开采以防民患⑥。康熙对他的施政纲领十分满意，下旨实行。不久，他调任福建巡抚。此时虽已年近花甲，但他仍十分勤政，"昧爽治政，夜分乃罢"，在任上"凡所经营学宫、祠庙及桥梁、道路、坝闸之类，次第毕举"⑦。因此，陈瑸不仅是一位廉洁的清官，更是一位卓有政绩的实干家，为官一方造福一方。

---

① ［清］章竟可修. 古田县志（乾隆）·卷五·名宦·陈瑸传（影印本）[M]. 台北：成文出版社有限公司，1967：163－164.

② 赵尔巽. 清史稿·卷二百七十七·陈瑸传[M]. 北京：中华书局，1977：10091.

③ ［清］章竟可修. 古田县志（乾隆）·卷五·名宦·陈瑸传（影印本）[M]. 台北：成文出版社有限公司，1967：164.

④ ［清］范咸纂. 重修台湾府志（乾隆）·卷三·职官·陈瑸传[M]. 台北：台湾银行印行，1962：135.

⑤ 赵尔巽. 清史稿·卷二百七十七·陈瑸传[M]. 北京：中华书局，1977：10091.

⑥ ［清］李瀚章修. 湖南通志（光绪）·卷一百三·名宦·陈瑸传（影印本）[M]. 上海：上海古籍出版社，2002：705.

⑦ ［清］范咸纂. 重修台湾府志（乾隆）·卷三·职官·陈瑸传[M]. 台北：台湾银行印行，1962：135.

　　陈瑸也十分关心家乡的建设。雷州半岛社会生产的发展有赖于海堤等水利工程，因此修筑水利工程是雷州半岛的重要政务。清初由于战乱及禁海迁界，雷州半岛海堤少有修筑，损毁严重。康熙二十三年（1684）台风大作，沿海海堤损毁严重，修筑海堤"以捍洋田，以卫民居"，刻不容缓。陈瑸此时是府学生员，"生斯长斯，念切梓谊忧深国恤"，遂与他的老师、遂溪县进士洪泮洙商议修筑海堤事宜。他们二人将修筑海堤计划上报官府，得到批准，官民合力按原来规模修复了沿海大堤，沿海农田得到防护，有效地保障了雷州半岛社会生产的发展。康熙三十三年（1694），雷州又遭台风侵袭，沿海受灾严重。堤岸是百姓生产、生活和生命的屏障，因此他呼吁雷州百姓捐资修堤，九月便以募集到的资金雇人修筑海堤，议定每丈海堤工钱两千文或一千五百文不等，仅一个月时间，张字号数百丈海堤就基本修竣。但大灾之后，百姓受困，募集的资金杯水车薪，他因此渡海去琼州求助雷琼道台党居易。党居易听完他的诉求后，捐助银一百两，同时命他回去继续募捐。陈瑸回来后继续募集资金，但仍远远不够。此时正好新任雷州知府刘星到任，陈瑸遂寄希望于此，在康熙三十四年（1696）正月慨然写了《上刘府尊书》，向他介绍了雷州水利建设情况、受灾损毁情况、灾民状况以及当前施政要点，甚至堤岸修筑方法都详细呈明，敦促他修筑沿海堤防，"作民主兴此大役"。然而，此公是例监出身，仅是个"高财生"，没有真才实学，毫无治术，数年都没有修筑。知府坐视不管，陈瑸只好依靠民众的资助继续修堤，幸好得到海康知县刘某（名字各志无载）以及雷琼道台党居易的支持，从而在康熙三十四年（1695）春基本完成了海堤的修筑。之后，陈瑸宦游在外，雷州的海堤年久失修，损毁严重，洋田生产难以为继。康熙五十五年（1716）五月，陈瑸已任福建巡抚，遂提请康熙修筑雷州堤岸，得到准许。他在康熙五十六年（1717）十二月奏请从福建巡抚衙门公费银中调拨五千两，同时，捐出自己的养廉银五千两，交广东省督抚转发府县支用。随后工部及广东省督、抚、道、府等各级官府合力修筑海堤，新修堤岸最大的改进是"易土塘以木石"，将原来的土筑堤岸改成木石砌筑，"堤岸自是永固，乡人蒙其利"①。同时，陈瑸还奏请"后遇有潮水崩伤，动帑修理"，得到康熙的许可②。此后，堤岸的修筑有了官费的保障，同时对于失职官员也有惩处制度，从而有力地保障了堤岸修筑的良性循环。

陈瑸在文学领域也有很大成绩，他为官二十年，宦游各地，留下大量文学作品。他去世后，其后人将其遗稿整理成《陈清端公文集》，于乾隆三十年（1765）刊行于世，由当时著名学者顾镇、周煌、孙人龙为之作序。文集有奏疏、详文、启事等公文五卷，序、碑记、祭文等两卷，诗歌两卷，包括五言七言古诗、五言七言律诗、五言七言绝句等各体，还有数十首咏史诗。这些文学作品是他一生宦游和生活的写照，体现了他清廉刚正的品行和务实肯干的作风。道光六年（1826），雷州举人丁宗洛搜集他存世诗词辑为十卷，单独刊行为《海康陈清端公诗集》，当时著名诗人蒋祥墀、叶绍本、张维屏、陈钧为之作序。蒋祥墀说他的诗"力宗古法与不必绳束于古"③，丁宗洛则认为他的诗"天怀静谧，景取目前，颇与邵尧夫（邵雍）相似"，"词旨平易又颇类白香山（白居易）"④，诗词朴实自然，深受后人称赞。如《志气诗》："卧到更深怒一颠，苍天困我为何因。骄人傲物皆由富，忍气吞声只为贫。闲居独守方寸地，豪家不过几文钱。从前常勉青云志？男作乾坤一样人。"这首诗措辞简略，但富有万丈豪情，水师提督窦振彪即十分喜欢这首诗，在家乡读书时就常常背诵这首诗。他热爱家乡，很多诗文是描写家乡美景，其著名的"雷阳八景"诗，用最简单的话语描绘了雷州靓丽的风景，如《东海波恬》："十二名川海自东，元圭八载告成功。驾山蓬岛摇空碧，浴日桃都射晓红。雾作蜃楼归蟹眼，云抒贝锦出鲛宫。如今正是澄清日，盛世车书南北同。"《西湖翠拥》："几番载酒泛西湖，

① 赵尔巽. 清史稿·卷二百七十七·陈瑸传 [M]. 北京：中华书局，1977：10091.

② ［清］刘邦柄修. 海康县志（嘉庆）·卷二·地理志（影印本）[M]. 上海：上海书店，2003.

③ ［清］蒋祥墀. 陈清端公诗集叙 [A]. 海康陈清端诗集 [C]. 道光六年（1826）刊本。

④ ［清］丁宗洛. 补编陈清端公诗全集序 [A]. 海康陈清端诗集 [C]. 道光六年（1826）刊本。

把酒临风兴不孤。相国声名人爱寇，状元消息谶留苏。参差树木迷僧刹，历乱烟云入画图。胜迹废兴浑似梦，只应何戴绍前模。"《四库全书总目提要》的编者评价《陈清端公文集》时说："是集凡文七卷，诗一卷，皆非当行，然瑛居官以廉介称，其节概足以自传，亦不必以文章传也。"[①]编者肯定陈瑛的清廉品行，但是对其文学作品不甚看重。然读其诗文则不尽其然，其诗文淳朴自然，没有文人雕琢习气，许多作品不失为文学价值较高的好作品。

三、雍正二年甲辰科（1724）

黎桢，高州府石城县人。题名碑、《明清进士题名碑录》《清朝进士题名录》、道光《广东通志·国朝进士》等作黎桢，碑录载其"更名正"；雍正《广东通志》、道光《广东通志·国朝举人》、光绪《高州府志》、嘉庆《石城县志》等作黎正。据雍正十二年其自作《汶塘黎氏族谱序》落款为"赐进士出身奉直大夫户部山西清吏司员外郎前户部山东司主事五世裔孙桢叩首"；另据其进士同年，原任广东巡抚、吏部尚书的王安国所作《户部黎公墓志》载："公讳正，榜名桢，字端伯，号建峰。其先自肇之高明仙村，迁居石邑，积德行仁，五世而及公。"[②]据此黎正本名桢，故在族谱序言中自署"桢"，而改名"正"，应是避雍正名讳。黎桢先祖从肇庆府高明县迁居石城县，历五世而至黎桢。他生于康熙十七年正月初四日，康熙五十九年（1720）考中举人，雍正二年（1724）殿试中式第三甲第八十六名进士，雍正七年（1729）任户部山东司主事，后升任山西清吏司员外郎等职。

黎桢生性孝顺友善，沉潜好学，淳厚谨慎，其好友王安国便称其为人如鹤立鸡群之中。他才能突出，"洁己裕民，王公大人，咸器重之"[③]，但他富有气节，为官守正不阿，从不阿谀奉承。因此，他的官衔升迁缓慢，

---

① ［清］永瑢等纂.四库全书总目提要·卷一八四［M］.清刻本。

② ［清］王安国.户部黎公墓志［A］.转引自张荣芳.清代石城县黎正进士考论［J］.广州文博，2016（1）：40.

③ ［清］王安国.桢公母陈太夫人寿文［A］.转引自张荣芳.清代石城县黎正进士考论［J］.广州文博，2016（1）：42.

而又遭上司屡次恶语中伤，使他难以施展才干。雍正十二年（1734），他称病辞官归里。他归里后，深居简出，衣食朴素，待人和善，不以功名和官职夸耀示人。他早年丧父，侍奉继母十分孝顺，同时敦宗睦族，组织族人修建家庙，修缮祖先坟茔。对自己的产业他从不热心，仅在城郭附近有薄田数亩，房子也仅够一家居住。他对此毫不在意，反而出资修建别墅作为教育子孙的学校，亲自课读。有来请教的后学生童，他都孜孜不倦地教导，谈论经史和文艺，昼夜不休。王安国对黎桢的为人和学问十分钦佩，在任广东学政时数次拜访他，黎桢与之交谈的都是跟民生有关的事情，从不涉及个人私事，而他作为有功名的乡绅，没有公事不入公门，对于亲人朋友的私人请托，他都严词拒绝。闲时他也喜欢作文吟诗，其诗清新脱俗，别具一格，如《宛在轩中》："坐对青山面碧池，此中真趣有谁知？飘然一我全无物，八极神游自在时。"

乾隆八年（1743）三月二十三日，他在家中去世，享年六十六岁。

四、乾隆二十二年丁丑科（1757）

林闹阶，字隽升，号云衢，高州府吴川县下街（今吴川市吴阳镇霞街村）人。他生于雍正四年（1726）[1]，家世清贫寒素，但他从小好学，家贫不能入学读书便勤苦自学。乾隆二十一年（1757），他三十一岁时考中广东乡试举人，次年联捷成进士，殿试中式第三甲第八十五名，奉旨归班铨选。乾隆三十二年（1767）三月，他才选授山西省平阳府灵石县知县，然而上任仅五十四天便挂印辞官。灵石县地处偏远，经济落后，百姓生活贫苦，但偏偏又有重要的驿道经过，官员往来频繁，"供帐繁扰，往往征贷民间"，极大加重了百姓负担。他上任后，为官清廉，"不生事以扰民，不息事以疲民"，关心百姓疾苦，希望改善民生，促进社会经济的发展，因而深得当地百姓爱戴。但是积弊太深，他难以转变现状，又不忍看着百姓受苦，

---

① 秦国经主编．清代官员履历档案全编（19）[M]．上海：华东师范大学出版社，1997：287．

因而只好无奈辞官归里，"去任之日，父老奔走哀号"①。离任时，他写了《菩提寺留别老父诗》："滞雨连宵凄复凄，夜深无语对菩提。慈悲孰济群生苦，定慧吾惭四大迷。山叠奇峰围郭险，水蒸灵石触云低。归心也共钟声断，泪带秋声落叶啼。"②从诗中可以看出他对改变现实的无奈，也可见其对灵石受难父老的不舍之心。归里之后，他以读书自娱，以授徒为生，生活清贫，但"了无荣辱之色"③。

林闱阶善诗文，辞官归隐之后的诗多描写家乡景色，颇具田园诗特色，清新自然。如《东海朝阳》："瞳瞳瑞霭跳金丸，倒映西峰坠晓寒。鸡唱扶桑才一线，腰成楼市已三竿。烟开鳌背清光黑，雨过龙鳞照耀丹。徐福业兮何处去，朝来谁为洗铜盆。"《文翁耸翠》："平湖落尽簇高冈，削出苑峰俯大荒。雨过春烟飞黛碧，月明秋水上葭苍。海中鳌断蓬遗股，岭外天开岳一方。千载名同人化蜀，笋班罗列在偏旁。"《极浦渔归》："芦荻溪边暗酒家，渔人沽酒傍芦花。朝飞轻艇随饥鹭，夕棹残阳向宿鸦。灯火满江看渐近，榜歌沸水听逾哗。卖鱼夜趁滩头市，醉倒无扶卧白沙。"《丽山樵唱》："牧笛先闻山上山，樵歌又出翠微间。斧声入韵珠喉啭，柴担无弦野调闲。曲间云林深处度，腔从泉石转中弯。鹃啼鹤唳相赓和，归路牛羊听鸟蛮。"④以简单清新之笔，将乡村田园自然风光、百姓风情描述得细致入微。此外，林闱阶还擅长医术，常以医术行善乡里，还著有《药性赋》一书。但通行的《药性赋》一书不是其作品，据学者考证是明代严萃所作。

五、乾隆三十六年辛卯恩科（1771）

陈昌齐，字宾臣，一字观楼，或曰号观楼，雷州府海康县南田村人（今

---

① ［清］林闱阶. 灵石解组纪略［M］. 林卓才. 斗南一老. 岭南状元林召棠传［M］. 广州：广东人民出版社，2012：21.

② 李钦主编. 吴川古今诗选［M］. 北京：中国华侨出版社，1999：30.

③ ［清］李高魁修. 吴川县志（道光）·卷八·林闱阶传（影印本）［M］. 广州：岭南美术出版社，2009：146.

④ 李钦主编. 吴川古今诗选［M］. 北京：中国华侨出版社，1999：30.

属雷州市调风镇）。他的先祖从福建莆田迁至琼州，至其曾祖陈士奇时始寄居雷州府海康县，遂为海康人。他的祖父陈大用，附学生员；父亲陈河书，恩贡，品行笃厚，处世谨慎。陈昌齐出生于乾隆八年（1743），天生"赋姿颖绝，至性过人"，十一岁母亲去世时，极尽丧礼，以致哀伤过度损毁身体。他天资聪颖，乾隆二十四年（1759）十六岁时即考中生员，乾隆三十年（1765）二十二岁时中式拔贡，五年后即中庚寅科（1770）广东乡试举人，次年联捷成进士，殿试第二甲第四十八名，朝考钦点翰林院庶吉士。三年学习之后，他散馆考试名列一等，授编修，充三通馆、四库馆纂修官。乾隆三十九年（1774），他任甲午科湖北乡试主考官，次年任乙未科会试同考官，尽心阅卷，所选拔的都是当时名士。不久他历升赞赏、中允，但乾隆五十年（1785）考试翰詹时名列三等，降为编修。陈昌齐为官清廉刚正，不谄媚上官，当时和珅秉政，见他才能出众想罗致门下，希望他能前往拜谒，但他认为和珅并非翰林院掌院学士，没有前往拜谒的道理，自始至终都没有前往。因此他的官职迁转十分艰难，从散馆授七品编修起，十余年才升为六品的中允，而又因考试不入上等而复降为七品编修，才能和抱负都难以施展。

乾隆五十五年（1790），他升任河南道御史，嘉庆元年（1796）升兵科给事中，严格巡视中、西二城，"风规肃然，奸宄屏迹"。但嘉庆二年（1797），他父亲去世，解职回籍丁忧，三年服除后改刑科给事中。嘉庆年间，各路海盗和秘密结社蜂起，对清王朝统治造成极大威胁。陈昌齐生长在海滨，熟悉海盗情形，因此他数次上疏论述海盗、匪徒剿捕事宜。他认为："洋匪上岸，率不过一二百人，陆居会匪助凶行劫。沿海居民皆采捕为生，习拳勇，谙水势，匪以利诱，往往从匪。可以为盗，即可用以捕盗。宜令地方官明示，有能出洋剿捕，或遇匪上岸，奸擒送官验实者，船物一概充赏。被诱从匪者，能擒盗连船投首，免罪。则兵力所未及，丁壮亦必图赏力捕。仍令地方各官稽户口，编保甲，以清其源。于各埠访拿济匪粮物，各市镇严缉代匪销赃，俾绝水陆勾通之路。庶几洋面肃清，地方宁谧。"①海盗成分复杂，一部分是劫掠为生的匪徒，一部分是沿海渔民以及陆上土匪投充，他们往往协同劫掠港埠和市镇。因此，陈昌齐认为要剿灭海盗，首先是将为盗的渔民转为缉盗的助手，重赏缉捕海盗的渔民，转害为利；其次是严查保甲，监察渔民的活动，清理盗源；第三是打击销赃和断绝接济，使海盗无利可图，势单力薄，从而达到清除海盗的目的。他的剿捕策略是针对海盗的切实情形，有一定的可行性，因此"疏入，召对称旨"②。

嘉庆九年（1804）二月，嘉庆帝驾临翰林院，陈昌齐以原翰林的身份参与宴会，获赐《余书室全集》《九家集注杜诗》等书，以及笔砚、鞋绢等物品，因此他的书房称为"赐书堂"。四月，他外任浙江温处道。当时大海盗蔡牵势力正盛，劫掠福建、浙江沿海。他到任后，悉心了解海盗情形，修造战舰，挑选训练水师，同时详细绘制福建、浙江海洋地图，积极应对海盗的侵扰。他对水师官兵礼待有加，但对于玩忽职守或敷衍塞责的官兵则当面斥责纠正。他与水师提督李长庚交往最深，二人的海防思想基本一致，因而在处理事务时相得益彰，毫无掣肘。嘉庆十二年（1807）四月，一等侯、大将军德楞泰巡视福建、浙江海防，他主张实行海禁，认为海禁之后不用几个月便能将海盗全部清除，批评陈昌齐等的海防政策使渔民与海盗沟通，加重盗患。德楞泰虽然长期带兵打仗，在镇压苗民起义、白莲教起义等战争中屡立战功，但他对海防情形不甚了解，海禁其实是难以奏效的策略，然而迫于他的官威，大部分官员对此不敢发表评论。陈昌齐深谙海防，不惧上官，对德楞泰直言："环海居民耕而食者十之五，余皆捕鱼为业。若禁其下海，数万渔户无以为生，激变之咎谁任之？"③沿海百姓对于依海而生，

---

① 赵尔巽．清史稿・卷三百六十二・陈昌齐传 [M]．北京：中华书局，1977：11399．

② ［清］阮元纂．广东通志（道光）・卷六十六・选举志（影印本）[M]．上海：上海古籍出版社，2002：247．

③ 赵尔巽．清史稿・卷三百六十二・陈昌齐传 [M]．北京：中华书局，1977：11400．

海禁阻断其生计，恐怕海盗没有剿除，沿海百姓反被激起动乱，得不偿失。德楞泰听后才认识到自己策略的疏忽，对他连连称赞。嘉庆十四年（1809）七月，因失察温州委员擅用刑讯一案，陈昌齐被吏部议定降四级调用。他能力突出，江南、福建大员都想办法避免他被调走，但被他坚决拒绝。为官数十年，他仅得四品官员，他也早已看透官场情形，因此借机辞官归里。他任温处道五年，"未尝强取民间一物"，深得士民爱戴，因而去职时"士民攀舆送者几及万人"①。

他返回故乡雷州后，主讲雷阳书院，不久任书院山长。同时，他还主纂《雷州府志》和《海康县志》。嘉庆二十三年（1818），他受两广总督阮元聘请，总纂《广东通志》，并主讲粤秀书院。陈昌齐在为官及辞官后，长期在书院讲学，"论文课士，娓娓不倦，尤谆谆诲人立品敦行，为先学者宗之"②，在教育事业领域取得了很大成就。他在任雷阳书院山长时，作《戒雷阳书院诸生书》《与诸生讲实学书》《与诸生论实艺书》等文章，告诫书院学生惇崇实学，砥砺品行，追求上进。作为乾嘉时期著名学者，陈昌齐最精考据之学，擅长经学、地理学、诸子学以及音韵学、天文学领域的考证。经学考据著作主要有《〈经典释文〉附录》《〈大戴礼记〉正误》等书，音韵学著作有《〈楚辞〉辨韵》《历代音韵流变考》等书；地理学著作除所主编各志之外，还有《地理书钞》一书；诸子学著作有《〈吕氏春秋〉正误》《〈荀子〉考证》《〈淮南子〉正误》《〈新论〉正误》《〈管子〉正误》等，数量最多；天文学著作有《测天约术》《天学脞说》《天学纂要》等。他的著述浩繁，部分刊刻行世，但大部分已经散佚失传。他的考据成就在当时已被人所称颂，清末梁启超在看其《〈荀子〉正误》之后也评价说"皆有所发明"③。他精于考据，但不拘泥于成说，如他在天文学验算时，

---

① 吴茂信.陈昌齐[M].广州：广东人民出版社，2008：74.

② ［清］阮元纂.广东通志（道光）·卷六十六·选举志（影印本）[M].上海：上海古籍出版社，2002：248.

③ 梁启超.中国近三百年学术史[M].北京：中国人民大学出版社，2012：241.

将"正弧三角形改六法，取利玛窦之省除法；取穆尼阁之不分线法，凡以求简易也"[1]，融合中西方长处，这在封闭保守的清代是极为难得的。此外，他亦擅长诗文，生前诗文编为《赐书堂集钞》刊行，由著名学者王念孙作序。他的诗有些是典型的学者诗，主张将儒家说教融入其中，如《和谢明府（邦基）浚元书院落成二首》："为寻废迹剔茨荆，重构书堂聚秀英。文向周官参郁郁，理从羲易悟生生。性源肯使因挠浊，心镜还须借莹明。上蔡语传真学的，功夫吃紧要矜平。净几疏棂喜面湖，如鱼得水更依蒲。储才合拟山多梓，论器居然夏日瑚。泽雾文成容豹隐，培风力厚壮鹏图。兴仁讲义机先握，始信循良属大儒。"但诗毕竟是有感而发，因此很多诗是抒发他的内心情感和对历史的感怀，如《元日忆家》（其一）："双髻山高尺五天，分明滕室厂山前。三旬泪雨滋秋草，千里沙地锁暮烟。丙舍有人应肯构，泷冈片石定堪传。惊心岁月堂堂去，忍著鲜衣对绮链。"《太平桥》："不堪回首念前朝，满目风波锁寂寥。村雨多迷椰子树，人烟惟有太平桥。"

陈昌齐编纂《广东通志》和主讲粤秀书院时年逾古稀，嘉庆二十四年（1819）他因年老力衰想辞去粤秀书院教职，但被阮元及广州士绅、书院学生极力挽留而作罢。次年九月，《广东通志》基本纂成，他便辞馆归里，十二月在家中辞世，享年七十八岁。

六、乾隆四十五年庚子恩科（1780）

陈圣宗，字统姚，号芷江，高州府吴川县芷寮（今属吴川市吴阳镇）人。父陈志仰，敦睦品行，乐善好施，为乡里所敬重。陈圣宗天资聪颖，读书可一目十行，过目不忘，对儒家经术有精湛的理解，中乾隆三十三年戊子科（1768）广东乡试举人。按照清代科举制度规定，考中举人之后必须去北京参加会试，但他生性十分孝顺，向官府呈请在家终养父母之后才进京参加考试。对宗亲他也十分友爱，他的堂弟陈圣宏很小时父亲便去世

---

① ［清］陈昌齐. 测天约术·序 [M]. 上海：上海古籍出版社，2003：269.

了，依靠陈圣宗父母抚养长大。但陈圣宏成家后仍很贫困，生计维艰。陈圣宗见此竭力周全，爱护有加，在后来任惠州府教授时，仍担心他的生计，将六十石田租拨付给他，让他衣食无忧。

陈圣宗在父母去世之后才于乾隆四十五年（1780）进京参加考试，并一举考中进士，殿试第三甲第一百零一名，朝考后归班铨选，乾隆四十七年（1782）任惠州府教授。在任职期间，他诲人不倦，认真教读生员，此外还心系民生，关心百姓疾苦。他在任时发生了民众暴乱事件，博罗县百姓因水旱等灾害生计艰难，被迫聚集府城寻求出路，与官府发生冲突，导致府城戒严。他登上城墙，率领乡勇抵挡，同时前往暴乱百姓之中询问缘由，极力劝说百姓退回乡里，为解决暴乱发挥了重要作用。因此，两广总督吉庆对他十分器重。陈圣宗任惠州府教授一直至嘉庆十年[1]，前后达二十四年，培养了大批人才，后于六十二岁时去世于家中。在长期的读书与教学过程中，他对儒学有独到的理解，著有《四书讲说》等书。闲时以诗文自娱，生前诗文辑成《芷江文稿》一书[2]。芷寮处于南海之滨，陈圣宗考中进士对社会产生了重要影响，状元林召棠在《芷江陈圣宗像赞》中云："祥麟一角，威凤九苞。文明朱鸟，萃于南郊。骎骎骏足，一日千里。奇峰千云，拔地而起。猗欤先生，兴于海邦。龙文百斛，健笔独扛。少歌鹿鸣，壮饔绫饼。群彦唏声，时髦附景。丰湖汪汪，芹藻猗猗。先生来止，经师人师。既兴其秀，亦锄其奸。讯囚献馘，在泮闲闲。士轨怀芳，受和薰德。示民不佻，君子是则。其德克明，其声则英。有子式谷，勖哉仪型。"[3]晚清著名外交家陈兰彬在拜访其故居后，题其门联曰："百年燕翼惟培善；万里鹏程在读书。"[4]

其长子陈文瑞，为生员，亦才能出众。

---

① ［清］刘溎年修. 惠州府志（光绪）·卷十九·职官表（影印本）[M]. 上海：上海书店，2003：303.

② ［清］黄安涛修. 高州府志（道光）·卷十一·陈圣宗传（影印本）[M]. 广州：岭南美术出版社，2009：363.

③ 转引自王书第. 敦礼自守陈圣宗 [L].《湛江日报》2022.4.4（A8）.

④ ［清］陈兰彬. 陈兰彬集诗赋·楹联 [M]. 广州：广东人民出版社，2018：142.

七、嘉庆二十二年丁丑科（1817）

周植，字商侯，号湘园，雷州府遂溪县那仙村（今属遂溪县建新镇那仙东村）人。他的父周立福，廪贡，子四人皆中生员，他排行最小。周植从小聪明颖悟，才思敏捷，长大之后师从著名学者、乡贤陈昌齐先生，在广州粤秀书院学习肄业。当时大多数学生喜欢诗词文学，而他致力于经世致用之学，因此得到老师陈昌齐的器重。嘉庆九年（1804），他考中甲子恩科广东乡试举人，十三年后考中嘉庆二十二年丁丑科（1817）进士，殿试第三甲第九十九名，朝考后归班铨选。

道光元年（1821），周植题补为江西吉水县知县，此前短暂署理江西兴国、新淦两县知县。其间，他十分重视文教的发展，捐俸银修建书院，购买书籍赠送给读书用功的学子，鼓励引导他们积极上进。吉水"为豫章首县"，社会经济和文化教育发达，考中的进士和出任各级官员的人数非常多，因此，历任吉水地方官大多夤缘攀附各级官员，奔走不暇。周植任知县·年余，"悉绝馈献"，不与上官同流合污，刚正不阿，因而引起上官的不满，被调到一般县城做知县。他虽然为官仅两年时间，但已经看透官场的黑暗和腐败，因此借机辞官归隐。

回到家乡后，周植修建了数间房屋，名曰"怀堂"，作为教育族中子弟的地方。后来，他应邀主讲徐闻贵生书院，授课深入浅出，孜孜不倦，"士争趋之，斋舍至不能容"[①]。晚年，他致力于经学研究，著作颇多，但基本没有刊印行世，因年代久远，大多已经散佚失传，现存有《五经注解一卷》《四子书注解五卷》《怀堂家礼订疑十卷》等。《怀堂家礼订疑》是其代表作，该书取《仪礼》《戴记》及朱子《家礼》可疑之处加以考辨，对于世俗违礼之事也做了订正，共分10卷。首先是《通礼》，作为总论放在前面，后面则分别叙述冠、婚、丧、祭四礼；对《丧礼》的考证为最详，占全书十分之六，每一礼又分若干子目，纲目清楚；先引诸书，加上本人的按语，

---

① ［清］周植. 怀堂家礼订疑 [M]. 民国十七年（1928）抄本。

内容丰富翔实[①]。其按语综博精深，有很多发明之处，并非浅尝轻试者可与之相比，可见周植对此做过精深钻研，因而才能为古人拾遗补阙[②]。

八、道光二年壬午恩科（1822）

蔡宠，原名蔡思铭，字宠三（县志本传作儇三），号兰曜，行一，生于乾隆四十年（1775）十月十八日，雷州府海康县六枳村人（今雷州市客路镇乐只村）[③]。他的祖父名蔡钟乾，父亲蔡国琏，父为廪贡生；伯父蔡国珠、蔡国瑚，国瑚是拔贡。五岁时，他的父母相继离世，由他的二伯父国瑚抚养长大。蔡宠天生聪明，读书勤奋，得到伯父母的喜爱，对他悉心培养。蔡国瑚和同乡著名学者陈昌齐友善，相互之间往来较多，蔡宠因此受知于陈昌齐。陈昌齐见蔡宠用心学习，便将其收入门下，后来将女儿陈佩瑶许配给他。陈佩瑶继承了父亲的才华，多才多艺，蔡宠与她成婚后在北京生活，二人相得益彰，加之陈昌齐的教导，他的学识有了极大的提高，奠定了日后成就科举功名的坚实基础。蔡宠未中生员，后来捐纳成为国子监生，嘉庆十三年（1808）以监生中式戊辰恩科顺天乡试举人，但该科会试未中。会试失利后，他愈益勤勉学习，遍览岳父陈昌齐在北京的藏书，见闻和学识更加广阔。后来陈昌齐主讲广州粤秀书院及任河南监察御史、浙江温处道时，他都随侍左右，问学不辍。陈昌齐辞官归里后，他独自在北京生活学习，"攻苦坟籍，学益博"[④]，终于在道光二年（1822）中式壬午恩科会试第五十二名贡士，殿试第三甲第十名，钦点即用知县。

道光三年（1823），蔡宠出任山东省即墨县知县，但他"淡于宦情"，不喜欢官场，因此没多久就以疾病为借口告归家乡。道光九年（1829）时，他再度出任即墨知县，但仍不久即告归，主讲雷阳书院。虽然他无意做官，

---

① 舒大刚. 儒学文献通论下 [M]. 福州：福建人民出版社，2012：2182.

② 罗志欢. 岭南历史文献 [M]. 广州：广东人民出版社，2006：46.

③ 来新夏. 清代科举人物家传资料汇编 [M]. 北京：学苑出版社，2006：89.

④ 梁成久纂. 海康县续志（民国）·卷二十·蔡宠传（影印本）[M]. 广州：岭南美术出版社，2009：833.

两次出任知县的时间都很短，然而他在任时认真负责，关心民生。即墨县干旱缺水，他便率领士绅百姓到城隍庙祷雨，因不久即下起大雨，于是他在《告城隍疏》云："雷封百里，神所凭依，雨泽愆期，人犹有憾。求民之瘼，以食为天。夏有愆阴，岁将安抑。谷不熟饥，而菜不熟馑，民则何辜。兹者，即墨一区，长赢五月，正当烧雉行水之辰，乃有曰僭恒阳之象。离离苗黍，田胥如惔而如焚；涤涤山川，神岂不闻不见。宠摄官承乏，就列乖方，蒿目悯农，鼠思负疚，天降之疾，不敢移民。神兹有灵，庶无罪岁。敬施供觎于兀寺，冀驱旱魃于源渊。设坛为场，不遑安席，回天有力，靡爱斯牲，伏愿驾飞龙而上征吁天请命，纵巨鱼乎大壑，击水为霖，指天上之云门，作人间之渠口。立生上尺，实好实坚，不害三时，既优既渥，神阴阴兮克相，雨我公田，泥滑滑兮兴歌。艺之荏菽，岁其暮矣，祝簞车之满，盈神之格，思奉稰樽以报赛。炼云生水诚非人力所能施，求牧与刍愿藉神功以免戾。"① 告疏措辞有力，将即墨水旱现状、百姓生活与愿望、神功职能等一一阐述明了，希冀神明体恤下情，降甘霖以解救百姓。此外，他也关心地方教育和人才培养，在即墨县试时，他撰写了一副对联悬挂在文场考堂上，云"示诸童"："我亦过来人，岂肯负初心，明明报应还要子读书孙识字；尔无真本事，休想得案首，小小关防却是钱不到命难凭。"② 县试是科举考试之始，因此，这副对联即是他对人才培养高度负责态度的体现，也是他砥砺操守的体现。

蔡宠由伯父母抚养长大，因此他对伯父母非常孝顺。在他中进士前，伯父已经去世，但他对伯母时时馈问，礼敬备至。在他中进士后，伯母也去世了，他忍痛写下诚恳痛切、感人肺腑的《祭伯母文》。他高中进士，又是陈昌齐之婿，社会地位高，人脉关系广阔，但他为人正直耿介，从不为私利奔走公门。辞官之后，他长期主讲府城雷阳书院，即使如此，知县等长官也

---

① 梁成久纂．海康县续（民国）志·卷二十·蔡宠传（影印本）[M]．广州：岭南美术出版社，2009：833－834.

② 梁成久纂．海康县续志（民国）·卷二十·蔡宠传（影印本）[M]．广州：岭南美术出版社，2009：834.

很难会其面。他擅长教育，培养了大批人才，也为雷阳书院的发展作出了极大的贡献。他常常勉励学生要学会"自反"，"每谓人苦知有己，不知有人，故遇事皆恂恂退逊，若无能也"①。他也是这样要求自己的，对于朋友即使是至交好友迎送之间也以礼仪为准，役使下属奴婢也未尝凌厉声色。在社会上，他乐善好施，遇到乡里亲友求助，他即使典质衣物也在所不惜。

蔡宠耕耘学海数十年，学养深厚，对《诗经》、朱熹《四书集注》《昭明文选》等书有深入研究，到老仍日日诵习不辍。在文学艺术领域，他"好骈俪，多沈博绝丽之作，诗赋词曲靡弗工。书法虞永兴深入堂奥，尤研精孙虔礼书谱，在京邸事八法者多求指授，今人得墨迹片纸，皆珍宝之"②。

他的诗在当时就受到推崇，而受其骈俪文创作的影响，他的诗辞藻更为复杂多样，多用典故参差其中，学理性更强。如《过项羽墓偶题》："长陵风雨暗松揪，小谷城东蠹蟊邱。不忍梧羹烹若父，终教肩髀葬蚩尤。甘心地下韩彭醢，余恨生前妾马休。抔土安能藏厉魄，田横岛外有神州。"《寒月》（选二）："游子河梁冬夜阑，中州月到此间寒。马盘积雪迷鸡塞，雀抱枯枝死纥干。远碛合围狼焰直，荒城隐堞角声乾。清辉玉臂人千里，解向云中雁影看。""姮娥不死亦无欢，碧海苍天夜夜单。潜处太阴真耐冷，剧怜高处不胜寒。罡风作恶金波散，仙乐凝悲桂露团。若有秋坟鲍家鬼，凄凄唱彻玉钩残。"可见他的诗歌风格与久居家乡的前辈同乡不尽相同。所作诗文后来集为《谱荔斋诗文存》，不分卷数。晚年，他卜居在府城内西南隅，后于道光二十三年（1843）去世。

---

① 梁成久纂. 海康县续志（民国）·卷二十·蔡宠传（影印本）[M]. 广州：岭南美术出版社，2009：834.

② 梁成久纂. 海康县续志（民国）·卷二十·蔡宠传（影印本）[M]. 广州：岭南美术出版社，2009：835.

九、道光三年癸未科 (1823)

林召棠，字爱封，号芾南（县志本传作字芾南），生于乾隆五十一年（1786）正月二十八日，高州府吴川县下街人（今吴川市吴阳镇霞街村人）。祖父林邦瑞，监生；父亲林泰雯，副贡。林召棠的祖父和父亲博学多才，他天资聪颖，自幼秉承家学，勤勉努力，小小年纪就成为远近知名的名士。十八岁时，他参加童试，得到学政姚文田的极大赏识，称他为"海滨俊才"，并选补他为附学生员。之后他七次岁试皆名列优等，嘉庆十一年（1806）补廪生；嘉庆十七年（1812）岁试，学政程国仁见到他的试卷之后大为赞赏，"以大器目之"，选拔他为癸酉科拔贡，称他必入翰林之门，并将他收入门下，命他进入官署随侍学习。后来他跟随程国仁宦游各地，前后近十年。随程国仁学习对他的成才是十分重要的，他数次乡试皆未考中，不免心灰意冷，程国仁不但指导他学习，还积极鼓励他不懈努力，继续考取功名。林召棠虽然是程国仁学生，但二人实际是亦师亦友，感情深厚，林召棠回家时，程国仁为他写了《赠别诗》两首："井梧摇雨乍经秋，有客怀归未可留。匹马鞭丝天北极，片帆云影海东头。征衫裋褐君能遣，病骨支离我欲愁。岭上梅花三万树，何时携手赋重游。""画就罗浮赠向谁，天涯五载许相随。文章白发存知己，桃李青春有凤期。听雨湖西闲放艇，寻泉岕项记题诗。悬知此去情欢洽，酒渴香醋啖荔枝。"[①]诗中体现了二人真挚的情谊。

嘉庆二十一年（1816），在经历七次乡试失败之后，他终于考中丙子科顺天乡试举人，但随后两次会试皆不中。然而他并未气馁，又得到程国仁等师友的支持，继续寒窗苦读，等待新一科的考试。道光三年癸未科（1823）会试，林召棠名列前茅，中式第二十八名贡士，不久殿试高中榜首，成为粤西历史上唯一的一位状元。据记载，林召棠在殿试时写错了一个字，科举考试十分重视书法和字迹，若写错了字被磨勘查出是要受到处分的，因此他心中不免大慌起来，但是他转念一想，对自己说："此时下笔无不错

---

① ［清］杨霁修. 高州府志（光绪）·卷三十九·林召棠传（影印本）[M]. 台北：成文出版社有限公司，1967：585－586.

者，即收拾误字，心手慌忙，亦必不佳。"① 就这样淡定地完成殿试，没有再出现错误。道光帝看到他的试卷之后，十分欣喜地说道："今科得一佳元，一字笔误偏旁，非关学问。"② 因此，将他钦点为一甲第一名，高中状元。林召棠高中状元在粤西历史上来说无异于破天荒的大事，时任高廉道叶申万在听到他中状元后兴奋地写下《贺及第诗》曰："科名自古重词垣，况复摩空赋殿元。五百成仙超品籍，九重知己感君恩。桂林佳话欣连壤，滋圃风流仰接源。今日海隅荒可破，谁家不愿勉儿孙。大罗天上列星垣，争咏霓裳为状元。二百年来传盛事，八千里外颂皇恩。花开铁树真惊异，醴涌金泉孰问源。太息吾闽风物陋，几曾制锦荷天孙。"③

状元例授翰林院修撰，不久他请假回家省亲，衣锦还乡，家人倍感荣耀。他不久回京任职，但道光五年（1825）他父亲去世，随解职回籍丁忧。道光八年（1828），他服除回京复职，次年考试翰詹名列一等留馆；道光十一年（1831），他被钦命为陕甘乡试正考官。作为正考官，他认真负责处理各项考务工作，秉公校阅试卷，务求真才，后来的江西巡抚张芾、四川按察使牛树梅、淮阳道路慎庄、翰林院庶吉士呼延栻等都是他当时选取的名士。但次年，他以母亲年老须回家赡养侍奉为由，"飘然解组"，辞官回家。林召棠突然辞官实际上是因为看透晚清官场的腐朽黑暗，不屑于与贪官污吏为伍。当时大学士穆彰阿秉政，林召棠回京时正值他寿庆，在左右的催促下向他进献五百两白银作为贺礼，但他拒而不受。不久，他居然向林召棠索借二万两白银，林召棠官职低，俸禄少，又为官刚正，因此根本无法筹措银两，因而愤而辞官，从此不再出仕。他辞官后，同年好友、著名学者黄爵滋写了《送林芾南假旋吴川诗》："故人今夕酒，游子旧时衣。凉月一帆去，秋云万里飞。到时梅乍发，梦里客先归。独我劳南望，萧然理素徽。"

---

① ［清］牛树梅. 省斋全集·卷四［M］. 清同治十三年（1874）刻本。

② ［清］毛昌善修. 吴川县志（光绪）·卷七·林召棠传（影印本）［M］. 广州：岭南美术出版社，2009：536.

③ ［清］毛昌善修. 吴川县志（光绪）·卷七·林召棠传（影印本）［M］. 广州：岭南美术出版社，2009：536.

另一同年好友，后官至湖北、山西巡抚的常大淳写下《送林莳南归养四联诗》表达对他的情谊和不舍："兹行不为忆鲈鱼，乞赋归来慰倚闾。待茸旧堂荣昼锦，每逢佳日导安舆。淮南桂树秋风晚，庾岭梅花小雪初。津吏无烦迎候远，一船江月载奇书。少年才笔冠词流，冰鉴高悬华岳秋。山水遭逢名士助，烟霞性格古人求。横江渡口迎桃叶，系艇湖心访石头。若过六朝金粉地，登临莫抱古今愁。刻烛传觞几度过，瀛洲高会近如何。酒兵大户当场怯，诗律长城扫陈多。吾辈文章争气谊，晚秋风日剧清和。遥知听水听风夕，宫漏迢迢想玉珂。图成家庆蔼春晖，话到君恩喜笑微。麟脯瑶池充夕膳，鹤绫金字绚宫衣。庭前伫月深深立，陌上看花缓缓归。尘土东华如见忆，鸿书遥盼日边飞。"[①]他十分钦佩林召棠的才华，称其"才笔冠词流"，除对其情谊的表达，还表达了对其辞官后恬淡生活的羡慕。咸丰帝继位后，有意起用道光时期的被抑制的有才干的官员，向朝臣问到林召棠及同科榜眼周开麒、探花王广荫等人是否在朝为官，当时诸人除林召棠外都居官职。王广荫与林召棠有私交，见咸丰帝有意起用他，便写信劝他出仕做官，其他一些往日同僚也有意保举他做官，但他宁愿在书院执鞭教书，作其安适自在的"状元先生"，也不为高官厚禄所动出来做官。

辞官后不久，他受两广总督卢厚生的聘请，主讲肇庆端溪书院，前后长达十五年，是在端溪书院讲学最久的学者之一。端溪书院是清代广东四大书院之一，对广东教育的发展具有重要影响。林召棠执教时治学严谨，教导有方，培养了许多知名人才，如户部尚书罗惇衍、陕西巡抚冯誉骥、庶吉士梁巍、广宁知县刘汝新等。虽然他远离官场，但是他仍十分关心政治和国家发展状况。道光十九年（1839），钦差大臣林则徐奉命到广州查禁鸦片，他特地就一些重要的民生吏治等问题请教林召棠。林召棠与林则徐是故交，他大力支持林则徐禁烟，林则徐特书"彩衣荣似三公衮，珂第祥留五色云"联相赠。鸦片战争期间，他作诗写道："上将虎符新授钺，小夷螳臂敢称兵？"

---

① ［清］毛昌善修. 吴川县志（光绪）·卷七·林召棠传（影印本）[M]. 广州：岭南美术出版社，2009：537.

希望清军迅速将英军打败。但后来清军战败，他十分愤懑，作诗写道："丈夫生才贵有用，右挈雕戈左俎豆。安得水犀万强弩，末派龟鱼齐馘首。"希冀出现有才能之士拯救危难。道光二十六年（1846），他因母亲去世回籍丁忧，遂辞去教职，杜门不出，在金莲庵附近建寄庐居住，名曰"四十树桃花禅屋"。他在屋旁种植花草，春暖花开时命童仆携杖徜徉其间，或在莲塘边饮酒，或在梅树下吟诗，闲暇时焚香静坐看书，生活平淡惬意。虽然他高中状元，但他辞官之后从不干谒地方官谋取私利，待人平易友善，从不当面斥责他人，邻里有矛盾的都积极帮忙调解。对于家族事务他十分热心，祠堂因风雨侵袭倒塌，他捐钱倡修；族侄林鹤龄在北京病逝，在归葬时他出资抚恤其诸弟；捐助资产建造房屋给贫困族人居住。他在晚年时仍与其弟、恩贡生林召桐一同居住，教导子孙用心读书，培养品德，以骄奢淫逸为戒，因此一家其乐融融，同治六年高廉道陆心源特书其屋曰"高贤里"。

林召棠博通经史，又喜作诗文，是晚清广东著名文学家，所作诗文后来辑为《心亭亭居诗草杂存》《心亭亭居文存》《心亭亭居笔记》。他的诗文得到当时学界的推崇，同时期的学者、道光六年（1826）进士、番禺陈其琨在《心亭亭居诗草杂存序》中赞道："读其诗，出笔高超，吐词秀拔，五言尤工，具体唐贤。盖先生伦常之地，知大本之所存。于世间一切富贵利达，漠然无所动于中。故其为诗冲淡如王、孟，幽深如韦、柳。虽所作不多，譬之享太牢者，得一勺之泉，一杯之露，饮而甘之。至泉之清，露之洁，本原具在，自有脱然于埃壒之表者。"[1]林召棠学识渊博，淡泊名利，因而诗文能达到唐人的境界。他长期在家乡闲居，其诗往往体现家乡生活的恬淡美好，如《极浦渔归》："芦荻初花枫叶黄，卸帆收钓好相将。雨来雁外群裳响，月上鸥边一笛凉。远火有时明蟹籪，小亭真合唤鲈乡。羁臣莫便轻吟啸，一枕沧波梦正长。"《丽山樵唱》："夕阳何处下归樵，袅袅清歌度远飙。野色苍凉无牧笛，岚光浓丽上烟霄。声含乐岁丰鱼稻，

---

① 黎向群. 临事无疑知道力 读书有味觉心闲——陈其琨其人及其书学成就初探[J]. 岭南文史，2014（4）：62.

梦有奇情幻鹿蕉。倦斧好留棋畔坐，人间栖凤爱长条。"[1]他的文章更是一绝，叙事或气势恢宏，或温文尔雅，为其夺魁奠定了基础。同治十一年（1872）十二月，林召棠在家中去世，享年八十七岁。他去世后，各界社会名流纷纷写诗赠联哀悼，其中，高廉道济宁孙楫《挽林殿撰诗》写道："卅载侍先祖，得见公联书。望之若古人，向往殷跂予。后公十五科，记我通籍初。登瀛齿既冠，作赋羞拘墟。曩年建英簜，潘州驻轩车。侧闻月旦评，喜近公里间。壮岁策大廷，弁冕光璠玙。弗羡黑头公，辞荣脱簪裾。一棹归去来，钓游林下居。清芬溯家训，懿规读书庐。身教严孙曾，秀蔚森阶除。曾不至官府，复不劳舟舆。怀玉周老聃，散金汉二疏。古之乡先生，贱子非过誉。暍来再奉使，问讯公何如。皆云鲁灵光，道履弥安舒。孙枝克绳武，拔萃才新储。先后六十年，同科衍经畬。方期阅三秋，鹿鸣重乐胥。公胡不少留，返真凌太虚。前事有朕兆，海风恣狂嘘。典型在枌社，遗文藏石渠。诸老久凋谢，公归更无余。再世叨年家，从政材似樗。未能奠灵几，质言聊悃愊。还忆趋祖庭，泫然增唏嘘。"[2]这首挽诗回顾了林召棠的一生，除了表达他对林召棠才情、作风的钦佩外，还表达了对斯人已逝之后大清文化光辉的没落的伤感之情。

附：

林召棠状元殿试卷 [3]

制曰：朕仰承昊苍眷佑，祖考诒麻，履位以来，于今三载，幸海宇乂安，国家无事。思与天下臣民同乐太平，允臻上理。而朕怀兢业，惟虑风化之未淳，主术之或息，听言之未广，民生之未裕，周咨博采，罔敢少康。尔多士弹冠而来，必有嘉谟，用裨朕治。学校者，人才之本，风化之原也。

---

① ［清］林召棠. 心亭亭居诗草杂存 [M]. 广东人民出版社，2007：566.

② ［清］毛昌善修. 吴川县志（光绪）·卷七·林召棠传（影印本）[M]. 广州：岭南美术出版社，2009：537.

③ 邓洪波，龚抗云编著. 中国状元殿试卷大全下 [M]. 上海：上海教育出版社，2006：1766－1772.

虞廷有教胄之训，周官重成均之职，化民成俗，实基于此。朕躬临辟雍，讲学兴礼，非徒盛三雍之上仪，修汉唐之故事也，亦惟多士观听，庶知向风耳。夫礼乐何以防民？教训何以正俗？师儒何以有得民之责？庠序何以为明伦之地？崇儒重道，何以驯致太平？讲让兴贤，何以潜消匪僻？建首善以励天下，何以远迩会归？端士习以振民风，何以本末维系？辅世长民之道，明德新民之学，必有能识其要领者。毋第以环林璧水，徒以揄扬之词进也。

自古求治之主，罔不躬行节俭，为天下先，然考其心迹，诚伪判焉。茅茨土阶，绨衣卑领之世尚已，三统而降可得而言。汉文帝衣绨履革，蒲席韦带，屏雕文之饰，惜中民之产，其视初元建平之代，罢齐三服官、易帷帐、去锦绣者何如也？厥后令辟亦知克己，焚翟裘、毁筒布，以萧何壮丽之对为非雅言；又其甚者，一冠三载，一衣屡浣，俭矣。然或盛衰殊途，始终异辙，岂徒俭不足以示国欤？抑务名不求其实欤？朕仰思《禹谟》勤俭之训，永怀《商书》俭德之言，欲使天下黜华屏欲，治登淳古，何道以致之？

朕观郅治之世，必有论思献纳之臣辅翼左右，而人主亦复虚衷下问，翕受敷施，所以上下一德，民受厥福也。尧有衢室之问，舜有总章之访，夏禹闻善则拜，殷汤好问则裕，文武咨询于虞虢，访问于箕子，帝王御宇，未有不以询事考言为先务者。后世令主，非无勤勤之言，恳恳之求，然或疏纩上辟，刍荛下遗，白兽之尊徒设，肺石之函莫启，即有听纳，或慕虚名，急于进言，未遑详察。盖非明不足以察其言，非断不足以行其言，若泛然受之而无所别于中，将亦悠然容之而莫能区处于外矣？取舍之宜，厥惟艰哉，明断之本，可得闻欤？

昔大禹尽力于沟洫，以备水旱之虞，其功尚矣。然因其利而利之者，代不乏人，故郑渠凿而秦人富，蜀堋成而沃壤兴。汉唐循吏，所以衣食其民者，莫不以行水为急务。畿辅大川有五，南北运河、永定、清河、滹沱是也。今欲南北运河入海之路畅达，何以使下游无阻？滹沱会合之水甚众，何以免横溢之虞？清河以两淀为渟蓄，何以疏瀹深通？永定为山水所会归，何以沙淤不积？或者又谓治河之吏，知有堤而不知有河，密于修防，疏于浚导；营田之吏，知有田而不知有河，利其淤垫，忘其涨塞。夫五行之材，水居其一，用之善则灌溉可资，用之不善则泛溢为患，将欲兴利除害，何道而尽善焉？

凡此四者，皆经国之大猷，立政之本务。夫蓄疑而不问，主术之疏也；博学而不达，士林之恧也。考之于古，验之于今，何去何从，孰得孰失，多士其悉言无隐，朕将亲览焉。

臣对：臣闻致治本于育才，正俗先乎谨度，听葳规斯能综众善，勤疏浚所以庆安澜。稽诸往藉，《诗》咏作人，《易》严节制，《书》著从绳之美，《礼》有修防之文，茂矩崇仪，秩然赅备。伊古帝王斟元立极，握符阐珍，庠序修明，轨仪端肃，询事与考言并慎，随山与导水兼宜，皆本持盈保泰之心，以懋成五登三之治。用是渐仁摩义圣化隆焉，去华崇实民风茂焉，集思广益政理平焉，陂泽涤川地利尽焉。猗与盛哉！所为被润泽而大丰美，受厚福以浸黎元者，恃有此道也。

钦惟皇帝陛下，布辟雍之雅化，敦浑穆之淳风，酌众论以权衡，登寰瀛于清晏，固已臻淳熙而还质悫，赓喜起而奏平成矣。乃圣怀冲挹，荛菲不遗，体至善之无穷，冀迩言之可采，进臣等于廷，而策以讲学、崇俭、纳谏、治水诸大政。如臣梼昧，有若涓流撮壤，奚补海山？顾当对扬伊始之辰，敬附敷奏以言之义，敢不勉述前闻，备陈诵习，以效管窥蠡测之一得乎？

伏读制策有曰：学校者人才之本，风化之原也，化民成俗实基于此，而引求辅世长民之道，明德新民之学。此诚政治之首务也。臣考米廪虞庠，教胄聿开乎妫典，东序右学，隆义嗣启于两朝。乡询五物，士论三升，咸荤荤而济济矣。《诗》曰：于乐辟雍，文王之学也，镐京辟雍，武王之学也。古者天子有视学之典。燕礼食礼，四代兼修。合舞合声，三时备举。发德音，记惇史，所由朝廷有菁莪之化，多士美蔼吉之誉也。西汉三雍兴于孝武之代，明堂辟雍修于元始之年。建武中兴，投戈讲艺，车驾亲临。中元之间，其礼备举，桥门圜观听之人，羽林悉通经之士。其后，顺帝阳嘉、灵帝熹平，嗣举隆仪，勿替敬典。降及魏晋唐宋之间，余风犹被焉。夫王者讲学行礼，所以训迪多士，使知向方也，岂徒美鼍鼓之于论，夸骂旗之焜耀云尔哉！礼明乐备所以防民，一德同风所以正俗。重师儒之选而论道秉德，万方有归化之诚；谨庠序之修而教孝劝忠，天下明人伦之义。崇儒重道，久且驯至乎太平；讲让兴贤，即以潜消其匪僻。建首善以励天下，而是行是训，咸遵王道之荡平；端士习以振民风，而无党无偏，悉纳群伦于轨物。时雍风动，不即在环林壁水之间哉！圣天子阐千古之心传，迈百王之治法，贤才蔚起，仁让风行，复临雍讲学，明至道以示群英，海澨山陬，有不研经而砥行者哉！

制策又以自古求治之主，罔不躬行节俭，以为天下先，而因考心迹诚伪之判。此返璞还淳之至意也。臣谨按：《逸周书》曰：不为骄侈，不为靡泰。《礼记》曰：国奢则示之以俭。是岂爱财惜费，为唐魏俭啬哉？盖民生有欲，圣人不能绝之使无，而以礼为防。先王所为，节而不过。因其情，制其物，与之等级，戒其侈淫，自古范民之道未之有改也。然制之于下，防其流，非以清其源；谨之自上，正其本，即以礼其末。《禹谟》美勤俭之训，《商书》崇俭德之言，《周礼》王后服膳有不会之文，而司服、膳夫各有成宪，则其谨而不过可知也。各守尔典，无即慆淫，天下所由式化乎！夫茅茨土阶、铁织衣挛领之世，尚已。三统以降，可得而言。汉文帝衣绨履革，蒲席韦带，屏雕文之饰，惜中人之产。其时家给人足，几致刑措，非即俭之效欤？厥后，令辟亦知克己，焚翟裘，毁筒布，以萧何壮丽之对为非雅言。又其甚者，一冠三载，一衣屡浣，可谓俭矣。而或盛衰殊途，始终异辙，非俭不足示国，则务名而不求其实耳。夫俭出于诚，则心无逸欲，而天下皆化其风。俭饰于伪，则外矫纷华，而兆人且窥其隐。心术所存，从违即判已。皇上躬尧舜之温恭，崇夏商之忠质，黜华敦朴，已风行四海矣。

制策又以郅治之世，必有论思献纳之臣辅翼左右，将求上下一德，民受厥福也。臣惟尧舜之圣，度越臣工，可以独行不惑矣。而《典谟》所载，曰畴咨，曰弼谐，戒面从美，师锡罔非，求善纳诲，冀臻上理。衢室之问，总章之访，所由开万世帝王之大法也。三代之隆，夏禹闻善则拜，商汤好问则裕，文王询于八虞，咨于二虢，武王访《洪范》于箕子，受《丹书》

于尚父。明试敷奏，非帝王御宇之先务哉！夫独断者勇于自信，而听言太广，用人太骤，又无以核其实，而或失所折中。故必先明而后能察其言，至断而后能行其言。隐恶扬善，执两用中，抉择所以能精也。翕受敷施，九德咸事，推行所以尽利也。欲其能明必先穷理，而后不惑于疑似之交。欲其能断必先去私，而后不溺于依违之见。惟明且断，聪明斯称天禀，勇智乃为天锡也。岂虑旒纩上辟，而乌菟犹下遗哉！皇上圣德日新，渊衷下济，人无不尽之怀，亦理无不析之蕴矣。

制策又以大禹尽力沟洫，以备水旱之虞，而因求兴利除害之善政。臣惟畿辅地势广衍，诸川巨海汇于津门，堤防疏导，厥功要矣。诸川之中，滹沱、漳河最大。滹沱即《禹贡》卫水，水势湍急，同于桑干，源出山西繁峙县东北泰戏山，曰青龙泉，回环九百里，入直隶界，会井陉水，至献县分为二派。一派东流，与漳河合，至青县与运河合，至天津合白河、桑干诸水入海。一派北流，经子牙河，至静海县，与清水河合，至西沽北，与白河、桑干合，又东南合运河，而二派复合。合流既众，横溢之虞所当备也。漳河旧名葫芦河，为滏、洺诸水之委，清浊二源，分流至交漳口而合，至广平县分为二，至天津而俱入于海。源委既远，疏导之方所宜详也。夫治河之吏知有堤而不知有河，密于修防，疏于浚导；营田之吏知有田而不知有河，利其淤垫，忘其涨塞。将因势利导，并收厥功，如虞集之议海田，何承矩之耕水田，可仿其法矣。皇上俯念民依，勤求底绩，不且安流如镜，资灌溉以为丰年哉！

若此者，承明金马不足言选俊也，沈珠抵璧不足言返淳也，肺石路鼓不足言达情也，郑渠蜀堋不足言兴利也。蜚英声，腾茂实，备哉灿烂，真神明之式乎！抑闻荷饼檬之化者，则仰天之弥高，感光大之恩者，则冀地之弥厚。臣伏愿皇上，教思加广，俭德永崇，理明而研益精，轨顺而防益豫，则我国家万年有道之隆基诸此矣。

臣末学新进，罔识忌讳，干冒宸严，不胜战栗陨越之至。臣谨对。

十、道光六年丙戌科（1826）

林联桂，初名家桂，字道子，一字辛山，高州府吴川县塘㙍新村（今吴川市塘㙍镇田头屋村）人。林联桂出生于乾隆三十九年（1774），比状元林召棠还大十二岁，据说他出生时有星星降落到他家里，因此他后来的书房称为"见星庐"。林联桂自幼聪颖，才思敏捷，在嘉庆六年（1801）二十八岁时成拔贡，九年（1804）中式甲子科广东乡试第六名举人，但之后科举考试生涯比较坎坷，久困场屋，直到道光六年（1826）五十三岁时才考中丙戌科第三甲第七十八名进士，钦命分发直省以知县即用。

道光八年（1828）夏，林联桂委署靖州绥宁知县。绥宁县汉苗杂处，社会文化落后，因此他就任后十分重视发展文教。当时绥宁县虎谿书院的修缮费用以及教师的薪俸都很微薄，每年的田租收入才一百八十余石。他捐献养廉银添置田租二十余石，又设法倡捐，使田租增加至四百余石。他还扩建书院两廊房屋，供来求学的学生居住。此外，他还亲自上课训导学生，他担心与学生交流时语言不通，便将其对儒家经典的阐释刊刻成书分给学生阅读。当时《绥宁县志》已经九十多年没有重修了，当地举人袁龄等在嘉庆二十一年（1816）时曾呈请知县陈新续修县志，但不久因陈新离任而终止，后任知县亦主张修志，但因各方意见不一而告罢。林联桂了解上述情况后，即命袁龄、胥善道等先赴靖州请求知州将正在付梓的《靖州志》恢复绥宁首县，继而补充修改《绥宁县志》原稿，至其审定完稿，仅三月而告成①，他便遴选当地士绅进行重修完善。道光十年（1830），他正式选授湖南宝庆府新化县知县。新化县向来以习俗剽悍著称，大部分朝廷任命过来的官员都将此视为"畏途"，避之不及。他到任后，发现民风淳朴，百姓都很容易受到感化，士子也乐于向学，因此感慨道："这么好的地方，谁说是难以治理的地方呢？当官的只知道埋怨百姓，不知道自我反省，还自相诋毁这个地方的社会习俗悖谬反常，简直是通过欺蒙百姓来自欺欺人，

---

① 绥宁县志编纂委员会编．绥宁县志［M］．北京：方志出版社，1997：841．

这怎么行呢？"① 新化县百姓听说他的话之后，十分感动。他是科举出身，又是著名文人，因此，喜欢通过科举事业诱导启迪县里的士子努力学习，在闲暇时还将士子集中到县衙大堂考试，自己也屏退仆从一同考试。他关心民生疾苦，县属穷乡僻壤，无论寒冬酷暑他都前往实地考察，远近的乡民听说县太爷来体察民情都赶过来观看汇报情况，他见到这种情形也十分高兴。新化县所属乡村，他基本到过，因此，后来将考课士子的诗文编辑为《古梅一百二十村观风集》，名噪一时。林联桂任新化县知县达六年之久，他平易近人，为官清廉刚正，深得民心。道光十三年（1833），他一度署理晃州直隶厅通判。道光十五年（1835）八月，他调任邵阳知县，政治清明有声，但在任仅四个月就因病去世了，时年六十二岁。他为官清廉，去世后都没有资财办理丧事。新化、邵阳两县百姓得知他去世，都十分悲恸和惋惜。

林联桂虽然只做到了知县一级官员，但他博学能文，以诗文著称于世，状元林召棠即称其"以积学能文章鸣"。在年轻时，他与客人对诗，洋洋洒洒，一日可得数十首。他活跃于清中期诗坛，与张维屏、黄玉衡、黄培芳、谭敬昭、吴梯、黄钊合称"粤东七子"。他喜欢交游，在成年之后便喜欢与先贤及各地文人交游，参加各类诗词文会，开怀畅饮，唱和往来，汲取各家所长。同郡学者吴徽叙谓其文章"卓荦倜傥，声生势长，繁称博引，以气自豪"，清代著名学者、诗人赵翼称其诗歌"雕劖万品，牢笼众态，格律不一，雄骋莫当"②。林联桂中举之后长期在北京生活，当时顺德进士黄玉衡官侍御史，与他以及盛广文、谭敬昭、吴梯、黄培芳、张维屏、黄钊等八人经常组织文酒宴会，唱和题咏。嘉庆二十二年（1817），他与常恒昌、吴坦、宋联秀、李元杰等进士以及丁宗洛、庞艺林、张大业等举人组织诗社，或隔月一会，或每月一会，甚至半月一会，每次诗会都持续好几天，创作的诗歌"丛丛

---

① ［清］黄宅中等修. 宝庆府志（道光）·卷一百十一·政绩录·林联桂（影印本）[M]. 台北：成文出版社有限公司，1967：1654.

② ［清］毛昌善修. 吴川县志（光绪）·卷七·林联桂传（影印本）[M]. 广州：岭南美术出版社，2009：538.

如束笋"。他的诗文著述宏富，主要有《见星庐诗稿》八集、续刻十四集、《见星庐古文》三集、《见星庐骈体文》二集等。

他的诗歌既有短短数语的绝句，如《读杜拾遗集》"稷契空期许，风骚自正声。纽怜何太监，解谥杜文贞"①；也有长达数百言的古体诗，如《重九登特思山》："吴阳地极东南溟，河奔川门海水腥。凌山擢谷莫已乱，冯夷乃奏天帝庭。帝日汝岳功职地，回障狂澜惟汝寄。岳拜帝命顾盼雄，泽国之旁树一帜。兹山酷似大将旗，众山辐辏皆偏裨。云蒸霞蔚变招拂，风声雷鼓纷驱驰。海王河伯帖帖服，屹立终古坚不移。我来着屐蹑山腹，鸡栖牛喘猿板木。石角需需足跂跂，遗却囊萸并插菊。仰睇绝顶秃而尖，古原上露一骷髅。一回彳丁一战恐，前推后挽倩童仆。相牵曲径沿蚊穿，岩烟岚气当空填。上山人上下山下，往还飞鸟相摩肩。奋身轻企凌山冢，藉草小坐汗犹煎。挥汗摇扇未及已，一切到眼皆俯视。低原万块如瓜皮，村落点点聚蝼蚁。海外一痕界卵天，奚青坳堂覆杯水。俯首蹲足真如婢，大叫奇绝得未曾，远山浮空攒青来，始诧化工神若此。欲作供奉呼吸声，一通帝座骇天耳。欲携谢朓惊人句，一问玉皇香案史。如此壮游喜欲颠，夕照斜下西山偏。同伴拉手如缒下，悬崖一缕长绳牵。半道险石忽截断，先行踣踣坠飞鸢。我行几曾敢阔步，此身局蹐形如拳。须臾降原没山足，一片余地平如毡。回望旧时所游处，峰巅一髻微云卷。"②他亦善填词，如《御阶行·喜家苪南廷对第一》："长安一日看花过，四远名扬播。前番庄氏此吾家，余外更无三个。文章华国，盐梅变鼎，一代贤良贺。当年吉梦灯前卧，授笔灵官座。果然双管大如椽，先把芳名呼破。百花头上，群仙袖领，操券先书左。"虽然他数次会试落第，但在得知宗亲林召棠夺得状元后，十分兴奋，提笔填下这首词，字字难掩其高兴之情。

此外，林联桂还是清代著名的文学评论家，主要著作有《见星庐赋话》《见

① ［清］林联桂. 见星庐诗稿［M］.《清代诗文集汇编》系列，上海：上海古籍出版社，2010：572.

② ［清］林联桂. 见星庐诗稿［M］.《清代诗文集汇编》系列，上海：上海古籍出版社，2010：566.

星庐馆阁诗话》等。《见星庐赋话》作于道光二年（1822）间，他肯定赋的文学地位，否定"壮夫不为"的说法。他在书中将清代馆阁赋作为律赋正宗，因此，全书大部分偏于探讨分析清代馆阁律赋的名家之作。虽然在论及唐人骈赋与古人骈赋用韵之差别时，隐然以唐人骈赋限韵者为律赋，于骈赋与律赋之异同语焉不详，逻辑上亦不能自圆其说，但全书评论清代馆阁律赋达二百三十余首，多系整段整篇引录，往往指出某篇为某次馆课赋题，且论及卦名赋、干支赋、数目字赋、禁体赋、回文赋等独特形式，于清代律赋研究有重要价值[①]。《见星庐馆阁诗话》约成于道光三年（1823），专门论述馆阁体诗歌。他认为："唐诗各体皆高越前古，唯五言八韵试帖之作不若我朝为大盛。法律之细，裁对之工，意境日辟而日新，锤炼愈精而愈密，虚神实义，诠发入微，洵古今之极则也。"因此学好馆阁诗就可以作好其他诗体，而不必再从唐诗中寻求法门，他作此诗话初衷即为此，其言："学者诚能于馆阁诸诗，博观约取，则试律思过半矣。"[②] 书中上卷评述本朝名公关于馆阁诗之理论及辑刊之举，对毛奇龄以来关于试帖与八股关系之见解有所梳理，尤对纪昀之作推崇备至，又列举试帖诸名作品评之，兼以为诗例。下卷摘句论对偶、取意、用字、起法等修辞、技巧问题，详叙对偶中之卦名对、假对、干支对诸法。作者于前代选本、总集寓目甚多，书中综合有清一代学者论试帖之说，堪称试帖诗研究之集成性著作[③]。

十一、道光二十四年甲辰科（1844）

杨鳣，字仲升，号槐庭，雷州府遂溪县下官村（今属雷州市辖）人，生于嘉庆三年（1798）。他的曾祖和祖父都是读书人，父亲杨林山据传是国子监生，堂兄杨晃岱是道光十七年（1837）举人。道光十五年（1835），

① 傅璇琮总主编.中国古代诗文名著提要·诗文评卷 [M].石家庄：河北教育出版社，2009：497.

② ［清］林联桂.见星庐馆阁诗话·卷一 [M].道光三年（1823）富文斋刻本。

③ 傅璇琮总主编.中国古代诗文名著提要·诗文评卷 [M].石家庄：河北教育出版社，2009：498.

他考中乙未恩科广东乡试第三名举人，至道光二十四年（1844）考中甲辰恩科第三甲第七十名进士，引见后分发直省以知县即用。道光二十八年（1848）三月，他任直隶井陉县知县，但仅一月便挂印而归①。清朝后期政治腐败，官场黑暗，官员贪污成风，杨鱣对此非常失望，不愿置身污垢之中，遂辞官归隐。回到家乡后，他也不与官府交往，不久掌教雷阳书院，勉励学生以端品力行为务。

杨鱣善诗文，工书法，今雷州东岳庙存有其题写的"兴云致雨"匾，笔法丰腴典雅，有晋唐古朴之风。他的诗文大部分已经流失在历史的长河之中，只有部分篇章散落在各类史志文献中。民国《海康县志》收其文一篇《劳氏族谱序》，如下。

传曰：言之无文，行而不远。士君子立言当世，要必有考据，于古始足以取信，于今而可传于后。如海邑劳氏，世居邑东偏滨海之图阁村，为望族。族旧有谱，缘与海为邻，潮水为患，迭遭沉没。乾隆间，天民公爰为掇拾残缺，采摭旧闻，及诸断碣之间传一二者，编次成帙，用敷贻后人。休迄于今，几及百年，族父老忧其有创始于前，而无善继者于后也，复命吾友清如协诸兄弟辈续辑之。清如不敢辞，谋诸兄子方洎诸弟侄辈，竭尽心力，准之经传、《史记》《汉书》及历代史、诸子百家之散见者，以类为谱之，题曰《图阁示别》也。

有同县而非族者也，其序世系源流于谱前，《唐书》宰相世系表及欧阳氏、苏氏谱皆然，盖古谱序法也。首之以世系图，是《史记》年表及欧阳氏谱所列。世系全为表式，以谱本同于表也。图以五起数，自上方下而杀之，曰子、曰孙、曰曾孙、曰元孙，盖礼服穷于元孙，据张晏说也。谱始咸公，其后人无可考，中间不知凡几世，缺所不知，欧阳氏谱例也。安公以后，世次房分邈无显证，仅依旧谱书之，慎也。有子注生几子，无子注名下，亦欧阳谱例也。详谱生卒，古法也，据子云家牒与周氏谱也。茔之域、墓之位，各以罗经分方隅，形

① ［清］常善修. 续修井陉县志（光绪）·卷十九·职官志（影印本）[M]. 台北：成文出版社有限公司，1968：78.

家法也。记以茔墓，据杨氏谱也。详字与爵及妇族，《世说》注所引诸谱也。隋唐经籍志家传入传记，家谱入谱系，各不相属。今载传于谱，以传亦得称谱，亦欧阳氏谱例也。妇曰原配，据《晋书》礼志文也；曰继配，据王介甫、葛源墓志文，介甫又据《仪礼》也。夫殁而妇守节者亦书尤志也，记女之所适，据《世说》注引谢氏、袁氏谱也。古法不记迁徙，今记之，从欧阳氏也。入谱之岁，古无明文，庾会终于十九，阮脩卒未弱冠，二氏之谱载焉，今从之，亦据《世说》注引文也。至后人犯前人之讳，误也，因其误而书之，礼无追改也。支派失传，亦书，荀氏家传例也。

君子谓清如之精于谱也，其殆可以传于后已，抑吾尤有进焉者。董子有言，凡衣裳之生也，为盖形暖身也。然而五彩饰文章者，非以为益肌肤、血气之情也，所以贵贵尊尊而明夫上下之伦，使教函行使化易成也。兹谱也，其有合于斯意也夫。

他在谱序中将其体例源流交代的十分清楚。《雷祖志》收录他写的《庙晋谒敬占七律一首纪之》诗："冬去春来春复春，是何大力转鸿钧。躬游黍谷才闻律，家在桃源自识津。瘴雨蛮烟消冷气，光风霁月载精神。"[1]

十二、咸丰三年癸丑科（1853）

陈兰彬，字荔秋，高州府吴川县黄坡村（今吴川市黄坡镇黄坡村）人，生于嘉庆二十一年（1816），行三。祖父陈景清（尧佐），父陈训行，耕读传家，皆孝亲正直，乐善好施[2]。他从小聪明好学，在五岁时即就读化州长岐镇旺岭村李氏宗祠家塾，道光十四年（1834）十八岁时考中生员，次年即补廪膳生。道光十七年（1837），他考选优贡生，入北京国子监学习，留心经世致用之学，"名动京师"。道光二十六年，他再赴北京参加乡试，

①　［清］刘世馨纂. 雷祖志（嘉庆）·上卷 [M]. 嘉庆庚申重编本。

②　［清］陈兰彬著，王杰，宾睦新编. 陈兰彬集 5 陈兰彬年谱 [M]. 广州：广东人民出版社，2018：215.

乡试失利后游历西北各省，"潜心于古今兵事得失之故，及山川扼塞之要"①。咸丰元年（1851），他考中辛亥恩科顺天乡试举人，但次年会试落榜，至咸丰三年（1853）终于考中进士，殿试二甲第七名，朝考钦点翰林院庶吉士，充国史馆纂修官。在朝考后，兵科给事中吴廷溥保举陈兰彬往直隶桂良军营效力，但他并不愿意去。咸丰六年（1856），庶吉士散馆考试，他改任刑部主事，不久充《道光实录》校对官。

咸丰七年（1857）十二月，陈兰彬受两广总督黄宗汉奏调，回广州办理洋务，次年正月钦差大臣胜保奏调他前往直隶军营差遣，但不久又回广州办理洋务。"时番舶麇集港澳，外人动挟兵力相要，公抗刚怀柔，遏迩咸服，此公任交涉之始"②，在广州办理洋务奠定了他之后从事外交事业的基础。咸丰九年（1859）五月，因其母去世，陈兰彬去职回籍丁忧，次年受聘为高州高文书院山长，并与茂名举人陈颐等倡捐重修书院。十二月，广西三合会首领陈金釭占据广西岑溪县水汶地方，准备进攻高州信宜县。陈兰彬飞书向广东布政使伊霖告急，自己则率乡兵抵抗。次年二月，陈金釭攻陷信宜，聚兵进攻高州城，由于清军增援未能得手，转攻其他地方。此后三合会军与清军在高州相持数年，同治二年（1863）九月清军进攻信宜县，陈金釭据险固守，一时难以攻下。陈兰彬协助清军剿灭石骨、黄塘两处的三合会据点，顺利攻破其他守军，陈金釭被部下杀死，余部投降。陈兰彬因助剿有功，被朝廷加四品衔，赏戴花翎。在丁忧结束后，他回京复职，处理刑部积案。同治四年（1865），他父亲去世，又去职回籍丁忧。在丁忧期满后，他先去直隶任职，后又回刑部。同治八年（1869）正月，在直隶总督曾国藩奏请下，陈兰彬入其幕府任职。次年，因黄河大水成灾，他奉命前往大名府赈济灾民，结合实地考察，著成《治河刍言》一书。不久，曾国藩调任两江总督，奏请调陈兰彬至江南办理机器制造局事宜。陈兰彬

① ［清］朱祖谋．总理各国事务大臣都察院左副都御史兼署礼部左侍郎陈公神道碑［M］．汪兆镛．碑传集三编·卷一七［M］．微尚斋书钞本。

② ［清］朱祖谋．总理各国事务大臣都察院左副都御史兼署礼部左侍郎陈公神道碑［M］．汪兆镛．碑传集三编·卷一七［M］．微尚斋书钞本。

能力出众，办事效率高，曾国藩十分欣赏他的才干，说："该员实心孤诣，智深勇沉，历练既久，敛抑才气，精悍坚卓，不避险艰，实有任重道远之志。"[①]之后，他被曾国藩安排担任上海机器局总办。

曾国藩等洋务派官员希冀通过学习西方技术挽救清王朝统治，但洋务需要专门人才，因此他早有派遣学生出国留学的想法。同治十年（1871），根据广东香山人容闳的方案，在丁日昌、李鸿章、曾国藩等商议之后，奏请清政府分批派遣幼童赴美国学习，限期十五年。派遣留学生出国学习"固属中华创始之举，抑亦古来未有之事"，而负责带领幼童出国的官员"联络中外，事体重大"，"非坚忍耐劳、志趋卓越者，不足以膺是选"。此事官员的委派事关重大，必须具备坚忍不拔的毅力和突出的才能，不过在曾国藩心里已经有了合适人选。同治十一年（1872）正月，曾国藩上《奏陈选派委员携带幼童出洋肄业及应办事宜折》，推荐陈兰彬及容闳带领幼童出国。他认为，陈兰彬"夙抱伟志，以用世自命。把其容貌，则粥粥若无能，绝不矜才使气，与之讨论时事，皆能悉烛几微，盖有远略而具内心者"，具有使节的才能和气魄，而容闳在美国居住最久，熟悉环境和习俗，因此命陈兰彬为正委员，容闳为副委员，"常川驻扎美国，经理一切事宜"[②]。曾国藩等推荐陈兰彬为正委员，除了其能力和资历外，还有两个因素的考量，一是减少来自守旧官僚对派遣幼童赴美的阻力，二是加强对幼童传统礼教和中学的教育[③]。陈兰彬是翰林出身，在这两方面来说无疑都是极佳人选。七月初九日，陈兰彬、容闳率领首批三十名幼童从上海搭船出发，取道日本，于八月初十日抵达美国金山港，再经此搭乘火车抵达纽约。他们在康涅狄格州哈特福市创设"出洋肄业局"，办理幼童留美相关事宜。

陈兰彬赴美事实上正式开启了他的外交生涯。他在美国主要的事情就是管理留美幼童的学习和生活，除安排幼童进入美国学校学习外，他还负担中

---

① ［清］曾国藩 . 曾国藩全集 12 奏稿［M］. 长沙：岳麓书社，2011：117.

② ［清］曾国藩 . 曾国藩全集 12 奏稿［M］. 长沙：岳麓书社，2011：567.

③ 谢放 . 岭南近代文化与社会转型［M］. 广州：中山大学出版社，2016：198.

学的教学。他对幼童的管理和安排、教学都十分妥当，李鸿章即赞其"布置督率，悉臻周妥"。而在此之外，他还做了一件意义非常重大的工作。同治时，在清政府与西班牙建交后，允许西班牙招募华工到其殖民地古巴等地工作，之后大量华工被招募甚至是被拐骗到古巴工作，但实际上华工是充当苦力，遭受非人剥削和残酷虐待，大量华工不幸死亡。同治十二年（1873）六月，总理衙门照会各国禁止贩卖中国人口，并且照会西班牙禁止招募华工出国，但西班牙商人反而以违约为由，要求中国商人赔偿。但各国使节有意偏袒西班牙，因此总理衙门决定派遣使节前往古巴考察华工实情，而此时陈兰彬正在美国督导留学生，熟悉外国情形，又因被拐华工大部分是广东人，便于交流，无疑是当时最恰当的人选。李鸿章在给总理衙门的公函中指出："陈主事人极朴实，晓畅事理，至古巴后当能相机酌办。渠籍隶粤东，稔知粤民被拐出洋受苦已多，该处果有凌虐实迹，亦必察访明确，不至为外人所欺骗。"[1]因此，清政府便派陈兰彬前往古巴调查华工受虐事件，同时委派的还有江汉关税务司、英国人马福臣及天津关税务司、法国人吴秉文。同治十三年（1874）正月，陈兰彬与吴秉文从美国出发前往古巴，与先期到达的马福臣进行了为期将近两个月的华工调查，查看各处工所、卖人行、工场及官方监狱，访问华工，详细了解华工受虐情况。在看到同胞受虐惨状之后，他感到痛心疾首和深深的耻辱感。九月，他将考察经过及结果呈报总理衙门，其中提到华工受虐情形惨不忍睹。

据各华工供禀："系由中国被拐骗来者居十之八。船上数月打伤、自尽、死亡已不止十分之一。迨装到夏湾拿发卖为奴，其买在人家铺店者无几，业经受虐。至买入糖寮者，人数较众，尤为凌虐不堪，其工夫过重，其饮食过薄，其做工时刻过多，其被棍撞、鞭拷、锁闸等诸般荼毒又最甚，递年各处打死、伤死、缢死、刎死、服毒死、投水死、投糖锅死者累累不绝。现时折手、坏脚、瞎目、烂头、落牙、缺耳、皮开肉裂指请验伤者已复不少，凌虐实迹人所共见。

---

① ［清］陈兰彬著，王杰，宾睦新编. 陈兰彬集 5 陈兰彬年谱［M］. 广州：广东人民出版社，2018：251.

况工满合同年限之后，工主多不给满工凭据，仍勒令再做数年或十数年，依然照常受虐，倘不肯允，即送工所锁押修路，并无工银，与官监人犯一律，务使华工必由工所出雇与商人，立新合同，俟其满日复送工所，如此者至再至三，各华工不但不得回国，并不得自行觅工。且自咸丰十一年二月后来者，概不发满工执照，人人可以拘拿，即旧有执照之华工，无论在途在室，巡役等随时搜验，常被将执照销毁，送入工所，受虐更属无穷。"①

华工的惨状与奴隶贸易无疑，令人发指。他的调查将西班牙殖民者罪行昭然天下，也成为总理衙门大臣与外国谈判的有利证据。正是"有此详细供词以为依据"，使总理衙门得以有理有据地与西班牙及各国使臣展开谈判，并处于主动地位。西班牙在后来最终妥协，与清政府签订了《会订古巴华工条款》十六条，明文废止契约工制，规定出国华人是"情愿而往，自由往来"的移民，享有与其他大国同等待遇，绝不能用强制和骗诱方法来对待②。

同治十三年（1874）十一月，陈兰彬取道日本回国，在天津拜会李鸿章之后赴北京，继续办理古巴华工相关事宜。光绪元年（1875）底，清政府任命他为出使美国、古巴、秘鲁公使，成为首位驻美公使。出使异域十分艰险，因此，清政府在第二年升授他为正三品的太常寺卿。光绪四年（1878），陈兰彬正式出使美国。他出使任务，首先是保护古巴和秘鲁两地的华工，光绪六年（1880）他两次前往古巴，帮助期满契约华工恢复自由。美国加利福尼亚州在光绪三年（1877）发生经济危机，当地工人迁怒于华工，发起大规模排华运动，洗劫华人区，迫害华工。陈兰彬抵达美国后即前往旧金山调查，奏请在旧金山设立总领事保护华工。光绪六年（1880）九月，美国丹佛市发生排华暴乱，导致一名华工死亡，十余人受伤。他得知后即命令驻旧金山总领事前往调查，并向美国政府提出抗议，要求惩治凶手，赔偿损失。但美国政府以无权干涉地方政府事务为由推诿，仅由地方政府

---

① ［清］陈兰彬著，王杰，宾睦新编．陈兰彬集 4 古巴华工事务［M］．广州：广东人民出版社，2018：5．

② 杨智友．晚清海关［M］．南京：江苏人民出版社，2017：111．

缉拿凶手而已。陈兰彬在美洲的护侨行动取得了极大的社会效应，在古巴、秘鲁"侨民脱奴籍庆生还者不可以数计"，而东南亚各岛"羁旅鼓舞讴歌，深知祖国可依赖"，"皆云此举有以收既涣之人心使之聚也"①。

陈兰彬出使美国另一件重要事务是接续之前的任务，管理督导留美幼童，但由于诸多因素的干扰，最终导致清政府撤回留美幼童的结局。他与容闳一同前往美国负责幼童留学事务，二人虽然相交和共事甚久，但实际上二人在诸多方面都有很多分歧。容闳自言与陈兰彬"无论外交方面，教育方面，意见咸相左"，甚至视陈兰彬为拘谨畏事、保守守旧之人，"可知陈亦极顽固之旧学派，其心中始早不以遣派留学为然"。他认为陈兰彬对留学生与外国人一起学习、交流十分反感，经常与留学生发生冲突，厌恶和鄙视留学事业，"平素对于留学事务所，感情极恶。即彼身所曾任之监督职务，亦久存厌恶之心。推彼意想，必以为其一己所受纯洁无瑕之中国教育，自经来美与外国教育接触，亦几为其所污染。盖陈对于外国教育之观念，实存一极端鄙夷之思也"②。他在后来的回忆录中说是陈兰彬推荐保守派吴嘉善接任委员，最终导致出洋肄业局被裁撤，他心中的"伟大事业"被迫终止。但从陈兰彬行事来看，他并不反对留学事务，对留学生的管理和督导也十分合理，他准许留学生改穿美式服装，改变了美国人对中国留学生的不良印象。在留美幼童留存的书信及回忆中，对吴嘉善多有指责，但绝少有对陈兰彬的批评③。从新近研究来看，恰是容闳本人所作所为导致出洋肄业局被裁撤。肄业局被参奏裁撤与吴嘉善直接相关。吴嘉善是江西南丰人，咸丰二年（1852）进士，翰林院编修，与陈兰彬一度在翰林院共事，陈兰彬出使美国时他自愿跟随前往。吴嘉善最初在肄业局供事，但他并不热心留学事务，反而营求肄业局总办职务。之后他出任西班牙参赞，与容

---

① ［清］朱祖谋. 总理各国事务大臣都察院左副都御史兼署礼部左侍郎陈公神道碑 [M]. 汪兆镛. 碑传集三编·卷一七 [M]. 微尚斋书钞本。

② ［清］容闳. 西学东渐记 [M]. 长沙：岳麓书社，1985：136－137.

③ 谢放. 岭南近代文化与社会转型 [M]. 广州：中山大学出版社，2016：198.

闳密谋获取总办职务。容闳在李鸿章处极力夸奖吴嘉善，并推荐他担任总办，而李鸿章也将此意转达了陈兰彬。但容闳在回忆录中说是陈兰彬推荐吴嘉善继任总办，阴阳颠倒。陈兰彬在光绪六年（1880）十一月给李鸿章的咨文中说："本年回美，力劝子登（吴嘉善）以整顿。虽子登系纯甫（容闳）所推荐，交谊比别人较好，而总觉收拾不来。"① 容闳推荐吴嘉善之事，李鸿章自然知晓，不必多言，而其仍旧说谎自然是意气用事，诋毁陈兰彬。吴嘉善无非营求当官，对肄业局管理松散，局务废弛。陈兰彬出任美国公使时在肄业局暂住，"见存局之经史人谱等书，皆束高阁。幼童之来竭者，多系第一批认识诸人，余外零枣。每询调考巡课各旧章，似不复举办，含糊答应，已知其诸务废弛，久将不可救药"②。肄业局本负责管理督导学生，但在吴嘉善管理下"诸务废弛，不可救药"，但他又将责任推卸给容闳，指责容闳纵容学生专学美国人的运动和游戏，不务学习。局务废弛自然不符合清政府初衷，光绪六年（1880）十一月，江南道监察御史李士彬奏称："洋局之废弛如彼，该学生等或习为游戏，或流为异教，非徒无益，反致有损，关系实非浅鲜。"因此他奏请"确查洋局劣员，分别参撤；其入教各生，一并撤令回华，免兹流弊"③。总理衙门在多次与李鸿章、陈兰彬等函商后，于光绪七年（1881）奏请裁撤肄业局，撤回全部留美学生。因此，肄业局被撤实际上与容闳及吴嘉善有很大干系，但在是否撤局的重要关头，陈兰彬胆小怕事，极力撇清与肄业局的关系，不敢收拾残局，担心卷入容闳与吴嘉善的阴谋和权力斗争之中④，同意吴嘉善提出的撤局方案，最终使李鸿章与总理衙门奏请撤销了肄业局，留美培养人才策略因此终止。

肄业局被裁不久，陈兰彬任满回国，受到慈禧和李鸿章的器重，赏二

①　［清］陈兰彬著，王杰，宾睦新编 . 陈兰彬集 1 奏折等 [M]. 广州：广东人民出版社，2018：244.

②　［清］陈兰彬著，王杰，宾睦新编 . 陈兰彬集 1 奏折等 [M]. 广州：广东人民出版社，2018：244.

③　朱有瓛主编 . 中国近代学制史料 [M]. 上海：华东师范大学出版社，1983：344.

④　李文杰 . 日暮乾清门 [M]. 上海：上海人民出版社，2020：166.

品顶戴，任太常寺卿、宗人府府臣，次年升任左副都御史，并出任总理衙门大臣，兼署礼部左侍郎、兵部右侍郎等职。光绪十年（1884），他辞去所有职务，告老还乡。回到家乡，他再次主讲高文书院，为家乡培养人才。他热心家乡文化事业，先后主纂和参编《高州府志》《吴川县志》《石城县志》等志书。他学识渊博，出入经史文学，一生著述颇丰，主要有《诗经札记》《毛诗札记》《治河刍言》《使美记略》《使美百咏》《同馆赋钞》《同馆诗钞》《泛槎诗草》《重次千字文》等，具有一定的文化和史学价值。

陈兰彬忠贞爱国，虽然辞官在家，但仍十分关心国家发展。光绪二十年（1894）甲午海战北洋水师全军覆没，陈兰彬"念骄兵实损国威，扼腕咨嗟，宿病顿剧，遂不起。易箦时以外侮内忧涓埃未报为恨"。十二月，他在家去世，享年七十九岁。陈兰彬为清代中国外交尽心尽力，做了很多开拓性的工作，清末著名学者朱祖谋在其墓志铭中高度肯定了他的贡献："公习兵略，夙窥九边，涉历重瀛，使节已专，侨氓绝域，跼地吁天，拯之护之，俾跻于涧，职典属国，仪尊汉官，公娴邦交，喉舌是传，逊矣江湖，恋阙惓惓，决皆时局，赍志九原，螭趾方峙，元石载刊，铭辞不灭，昭兹亿年。"①

十三、同治二年癸亥恩科（1863）

符兆鹏，字遄飞，号抟九，雷州府海康县和家上村（今雷州市白沙镇和家砖村）人，生于道光十一年（1831）。他天资聪颖，咸丰六年（1856）即以廪生资格考中乙卯科广东乡试第十一名举人，同治二年（1863）中式癸亥恩科进士，殿试第三甲第十九名，朝考后归班铨选。

同治八年（1869），符兆鹏授任安徽太湖知县，在任上倡捐重修城池，重建文庙，使文庙规格、气象焕然一新。此外，他组织士绅重修《太湖县志》，该志"体例完备、纪事简洁、收罗丰富，序、志、传、图、表诸体

---

① ［清］朱祖谋. 总理各国事务大臣都察院左副都御史兼署礼部左侍郎陈公神道碑［M］. 汪兆镛. 碑传集三编·卷一七［M］. 微尚斋书钞本。

并用，为后世留下了极为珍贵的史料"①。光绪元年（1875），他转任涡阳知县，不久转任桐城县令，但光绪三年（1877）复任涡阳县令，两年后去职，六年（1880）复任，直至光绪九年（1883）去职，之后光绪十一年（1885）再度复任涡阳知县②。涡阳县在同治三年（1864）才设立，"立县未久，地偏民塞，榛狂浑噩，习为故常"，民风剽悍，文化落后。他就任后极力推进文教的发展，聘请原任教谕刘志存及李钟俊等名宿主讲县义正书院，选拔县里数十名优秀学生入读，捐献自己的养廉银来增加学生的廪饩银两，严定规章，勤加训导，每月都要进行考核。书院的发展使资助的乡绅不断增多，符兆鹏还不时接待这些乡绅，向他们请教教学方法，提高教学质量。在他的努力下，涡阳县读书风气逐渐兴起，往年参加童试的童生只有四百人左右，三年后翻了一倍，达八百多人，岁试、科试考列优等的生员"日浸月盛"，涡阳县的士人将他比为西汉蜀郡守文翁，"自立县以来一人而已"③。符兆鹏宅心仁厚，以德化民，振兴文教，对涡阳县的发展具有十分重要的意义。据说在光绪七、八年间，安徽西北部许多州县发生蝗灾，蝻蝗遍野，但唯独涡阳县没有，人们都认为这是知县符兆鹏实行德政感化的结果。

　　光绪十二年（1886），符兆鹏调任安徽桐城知县。桐城凤称"人文渊薮"，文教发达，但当地"狡猾健讼，诪张为幻"，许多地方官难以发觉隐蔽的案情，使讼棍屡屡得手。为了打击这种健讼现象，符兆鹏办理讼案十分认真细致。每次办理人命、盗窃等重案时，他都担心有所过失使讼棍有机可乘，因此专门派遣心腹手下暗中前往案发乡村察访案情真伪，从而在公堂上可以迅速明确地分辨讼棍控告的真假，对于弄虚作假的讼棍予以严厉惩处，"由是棍徒畏法敛迹远扬，而冤民得以剖雪焉"④。桐城虽然是文教发达的胜地，

---

①　太湖县地方志编纂委员会．太湖县志［M］．合肥：黄山书社，1995：849.

②　黄佩兰修．涡阳县志（民国）·卷七·职官表（影印本）［M］．台北：成文出版社有限公司，1970：166－167.

③　黄佩兰修．涡阳县志（民国）·卷七·名宦（影印本）［M］．台北：成文出版社有限公司，1970：190.

④　梁成久纂．海康县续志（民国）·卷二十一·符兆鹏（影印本）［M］．广州：岭南美术出版社，2009：852.

但是符兆鹏在巡视时发现桐城文庙年久失修，颓坏倾倒。文庙是一县主要的文化教育和礼仪祭祀场所，他率先捐献银圆六百，向士绅倡导募集资金，并亲自督率修复。桐城地方社会经济较为发达，但无论丰收还是歉收，县里总有一个地方谎报灾情不交或少交赋税，"劣绅蠹吏借以敛钱，署内亦得染指"，实际上是地方豪绅和各级官吏沆瀣一气，贪污赋税钱粮，破坏民生。符兆鹏久任地方，早已识破这些伎俩，因此下令严格禁止和打击这种现象，保障民生的发展。光绪二十年（1894），他任安徽凤阳知县，兴利除弊，促进了凤阳社会秩序的稳定和社会经济发展。他一直在安徽任职，所任皆有政声，因此得到安徽巡抚、顺德举人邓华熙的赏识。光绪二十三年（1897），邓华熙举荐他担任直隶和州知州，"清勤明决，在任三月，棍徒敛迹"。次年，邓华熙又奏请由他担任直隶六安州知州，此时他已经年近古稀，但仍兢兢业业为国为民。光绪二十七年（1901）年，符兆鹏因积劳成疾，病逝在任上，终年七十岁。

符兆鹏学识渊博，喜欢藏书，家中四壁都放满了图书典籍。在闲暇时，他喜欢与两三位朴学耆儒一起讲经说史，或者在书房静坐读书，吟诗写作。他尤其精于写作科举文章，因此在光绪丁卯、庚午、丙子、己丑四次担任乡试同考官，历次皆悉心校阅试卷，最后取中举人六十二人，"俱称得人"。他在各地皆重视文教，培养人才，希冀通过选拔人才振兴时局。光绪十七年（1891），他曾作《辛卯江南乡试奉和钱监临闱中纪事》表达他求贤若渴的愿望，如下。

桂花香里秣陵秋，玉宇高寒忆旧游。

妙理缲丝抽细茧，雄文操刀解全牛。

六朝词赋推开府，千古江山纪润州。

南国储才多异宝，漫将瓠落说庄周。

皖江校试密关防，三载经师戒志荒。

取士识超臯相马，得人梦应牧驱羊。

登龙增重文章价，附骥追随礼乐场。

秋老黄花矜晚节，春来桃李发奇香。

当年分校慎评衡，轻重渐难燕雀平。

埋剑自森冲斗气，焦琴谁识爨桐名。

燕台骏市千金价，云海鹏抟万里程。

得士群公能报国，文章鸣盛偏和声。

　　江南人文渊薮，历代人才辈出，因此他希望选拔真才为国效力，振兴时局。光绪十八年（1892），又作《壬辰仲春桐川试士和阅卷幕宾姜麓门赠句》："春风二月早莺啼，良友南针路指迷。相马群空幽冀北，论文烛剪夜窗西。五君高韵怀颜监，百里循声愧不齐。樽酒他年思李杜，浩歌一曲暮云低。"① 这些诗作都表达了他追求贤才的愿望。

　　符兆鹏为官三十余年，但仅做到正五品的直隶州知州②，问题不在于他的能力，而是当时的世道。李鸿章在回复沈葆桢的信函中，称符兆鹏"以名进士历任太湖、涡阳、桐城，俱有政声。……桐、太两邑人士，多称其贤"③。他任职各地皆勤于政务，务于实际，清理社会积弊，发展文教，做了很多有益于社会民生的事务。但他清廉正直，与当时腐朽的官场世道格格不入。他曾四次在涡阳任职，"皆踆蹌失意而去"，原因就在于"泥古不达时势"④。所谓时势，无非阿谀奉承，贪赃舞弊，但他宁愿固步不前也不与这样的时势同流合污，去世后身无余财。他虽然没有高升，但他的品行得到士绅的一致赞赏。他去世后，太湖县名士也是他的女婿赵继修撰挽联云："读书

---

　　① 梁成久纂.海康县续志（民国）·卷三十四·艺文志·诗征二（影印本）[M].广州：岭南美术出版社，2009：1271.

　　② 王书第《清代廉吏符兆鹏》（《湛江日报》2020年7月27日A6版）一文指出符兆鹏"曾任都察院左都御史，经筵讲官左都御史署正红旗汉军都统等职"，不知何据。且不论左都御史是否属实，汉官任八旗官职不符合清史常识。

　　③ 顾廷龙，戴逸主编.李鸿章全集35信函七[M].合肥：安徽教育出版社，2008：517.

　　④ 黄佩兰修.涡阳县志（民国）·卷七·名宦（影印本）[M].台北：成文出版社有限公司，1970：190.

几三十年，作宦几四十年，为端人循吏，合几七十年，世皆汶汶，公独铮铮，方期尊宿，长留传赋，学诗衍佳口；慈厚乃报以困，清廉乃报以贫，极正直宽平，乃更报以惨，天道茫茫，予怀耿耿，太息灵光，遽堕泰山，梁木永哀思。"这副挽联正是他一生真实的写照。与他共事的幕僚也撰挽联云："五载作主宾，若论服官，公是循良之最；一进嗟言别，期如结局，我疑天道无知。"① 符兆鹏这样有能力的循良官员得不到重用，真是天道无知啊。

十四、光绪十六年庚寅恩科（1890）

李晋熙，字春卿，小字阿庆，号芸友，雷州府海康县邦塘南村人，生于道光二十九年（1849）。他的曾祖李斐然，岁贡生，官新安县学训导；祖父李暾曤，岁贡生；父李杜，廪贡生，琼州府委用训导，均为雷州名士，但都不得志于场屋。李晋熙幼而聪颖，秉承家学，在雷州地方逐渐声名鹊起。他童年时期的启蒙教育由其祖父训导，过目不忘，每日能诵读上万言，深得祖父喜爱，经常对他说："阿庆，吾知汝异，曰决不作阿翁教馆觅食耳！"他十五岁即考取生员，不久考补增生，同治九年（1870）庚午科广东乡试，他的试卷本已取中，但因策论中有一个错别字，而被改为副榜。该科副考官是翰林院编修谢维藩，他非常欣赏李晋熙的文才，在同治十二年（1873）授为山西学政时，将其招入幕府，帮助他校阅试卷。同时，谢维藩作为老师指导李晋熙的学习，使他的学业得到很大的进步，"文学益充，美郡中名宿交推"，前辈举人陈乔森尤称其"奇俊不可及"。光绪十一年（1885），他中式乙酉科广东乡试第六十六名举人，光绪十五年（1889）己丑科会试未中后，他考取景山官学教习，在北京任职。次年，他中式庚寅恩科进士，殿试第二甲第一百一十五名，朝考钦点翰林院庶吉士。他是清代雷州半岛三位庶吉士之一，也是雷州半岛最后一位进士。光绪十八年（1892），李晋熙散馆授工部主事，充则例馆纂修，补虞卫司主事。光绪三十二年（1906），

---

① 冯伟等主编. 雷州古今楹联选 [M]. 呼和浩特：内蒙古人民出版社，1998：105－106.

因清政府改革官制，将工部并入商部，改为农工商部，他以原官改任农工商部主事，记名仓场监督，以知府用。宣统二年（1910），铨选为安徽滁州直隶州知州。

李晋熙一生秉持文人气节，清廉正直，从不巴结权贵，拒绝一切贪污纳贿，因此在中央担任了十余年的主事，没有升迁过一级官阶，但他都淡然处之。对于现实政治他有自己的主张，但如宋代苏东坡一样，"一肚皮多不合时宜"，因此不被当局看中。然而他做事尽职尽责，十分关心国家政治的发展。甲午战争时清政府惨败，同意割让台湾来求和，他义愤填膺，但又无可奈何，只能通过写咏史诗来表达他的忧愤情怀和爱国热忱。战后，兴起了著名的维新运动，主事康有为尤其提倡变法，发起强学会等组织，讲演新学，京城上至公卿，下至普通士民，都去听讲。康有为有意拉拢李晋熙变法，但他不喜欢变法，当面斥责拒绝，康有为只好悻悻然而去。光绪二十六年（1900），英、俄等八国联军侵入北京，慈禧太后携带光绪帝仓皇西逃，京城大小官员也纷纷逃窜，李晋熙抱着必死的决心留在北京，收拾残局，等待慈禧太后与光绪帝归来。

李晋熙在中进士前父亲就去世了，尚未好好尽孝，留下终生遗憾。因此，他对母亲非常孝顺，"米则精粲，膳则肥甘"，对其弟晋焘亦十分友爱，照顾备至，但自己十分节俭。他在家乡时布衣蔬食，崇实黜华，设馆收徒补贴家用，而且不怕吃苦，邦塘村距离府城有十数里，他都是走路往还。他最喜欢读书，所得薪俸大部分用来购买典籍，在茶余饭后独处读书，一本书，一壶酒，怡然自得。他选授知州时，正好他的母亲去世了，他接到家报时，悲痛得晕厥在地，苏醒之后按照丧礼的规定赤足步行奔丧，每天只喝水不进饮食。回到家之后，他更加哀悔悲痛，导致旧病越来越严重，不久也去世了，得年六十二岁，此时距他母亲去世还不足百日。他去世后，同乡京官、度支部左参议曾习经等四十八人将他的事迹写成奏疏，呈请礼部代奏，请求援引浙江巡抚聂辑规成例，将他列入《国史·孝友传》。但次年辛亥革命爆发，礼部还没来得及进奏，清王朝就灭亡了。他孝顺、清正，但性情急躁耿直，因此与他处事的人不能有缺点，"时相过从，论文和歌，硕彦耆儒，数人而已"。平时谈论国家大事时，慷慨激昂，"一若目无余子，可谓湖海豪士"。

李晋熙家学渊源深厚，又聪颖好学，因此学问渊博，然"毕生精力，尽萃于诗"，他对自己最满意的也是诗，尤其是集句诗。集句诗就是集合古诗文句子成一首诗，非学问深厚、博闻强识不能为。李晋熙"唐宋诸名大家集，讽诵略皆上口，储材宏富，时贯缀成语，若自己出，脍炙一时"。其自作古体诗"横奇突兀，山岳罗胸"，近体诗"踔厉发扬，意态雄杰"。如《秋怀》："望断中原未止戈，霆兵十万渡黄河。地频大海夷氛恶，大限长江杀气多。秣马黑山无赤兔，移军白日有苍鹅。书生自叹深宵舞，风雨秋灯看太阿。"《旅怀》："野云踪迹走天涯，伏枕深宵有所思。定省晨昏怜弟弱，操持衣食仰亲慈。青灯自照还家梦，黄叶应催作客诗。北雪纷纷南雁远，乡书未达转生疑。"以神来之笔将乱世的家国情怀写得入木三分，感人至深。晚清著名学者贵恒评价其诗曰："即景咏古诸作陶写性灵，发抒怀抱，温柔敦厚之意溢于行间。而集句则花团锦簇，组织精丽，如天工造就，无斧凿痕。"《漉云斋诗集序》)。他的文章多散佚，留世著作以诗为主，有《漉云斋诗存》四卷、《漉云斋集句》十二卷、《李晋熙呈文》等。

附：道光十八年（1838）进士黄树宾，初名黄洵，中嘉庆二十三年戊寅恩科（1818）顺天乡试副贡；道光十七年（1837）更名黄隶昌，中顺天乡试举人；次年又更名黄树宾，联捷成进士。他的祖籍是高州府吴川县，是例贡黄祖香子，但他幼年侨居江南泰州、扬州，后寄籍顺天大兴县参加科举考试，由此考中进士。按照科举籍贯制度，他是大兴人，题名录亦作大兴人，因此不入正编，仅此附注。

附

清代武进士

1. 李志浩 雷州府徐闻县人，今徐闻县海安镇北关村人，字函川，康熙五十六年丁酉科（1717）乡试中武举人，中雍正元年癸卯恩科（1723）武进士。

2. 张琳　雷州府徐闻县人，今徐闻县海安镇人，雍正元年癸卯恩科（1723）武进士。

3. 易中　高州府吴川县上杭人，乾隆四年己未科（1739），驻京提塘官。

4. 吴培超　雷州府徐闻县人，今徐闻县迈陈镇青桐村人，乾隆六十年乙卯恩科（1795）武进士。

5. 吴国栋　雷州府海康县人，光绪九年癸未科（1883）武进士，殿试二甲第四名，钦点花翎侍卫，后任乾清门侍卫。

一、康熙朝

（一）康熙二年癸卯科（1663）

吴士望，第十四名，高州府吴川县上郭人[①]。

吴士望是明崇祯戊辰科进士吴鼎泰长子。吴鼎泰是上郭吴氏第二十一世祖，长期在江浙一带，如江阴、龙泉等地为官。吴鼎泰次子是吴士衮，为贡生。此多少说明吴家是书香门第。吴阳上郭村位于吴川市西南面，村落地形呈长方形。《吴川县志》载：吴川县有四大巨族，分别是三柏村李氏、上郭村吴氏、霞街村林氏、乾塘村陈氏。据吴川旧县志和祠堂碑刻记载："吴川吴氏世为望族，宗支藩衍，冠盖相仍，文儒继踵。"据不完全统计，自宋至清，上郭村共产生有银青光禄大夫、光禄寺正卿、御史、两淮运使、南宋临安知府、正议大夫等共76名仕宦，以致粤西地区对村庄有"科甲名宗"的赞语。正所谓："光禄绪先开，嗣后泽被夔府，功播淮州，仕宦绵绵勿替；木铎声传远，从此宴歌鹿鸣，名题雁塔，科甲济济相承。"（现吴阳上郭吴氏宗祠对联句。）

---

① 该名次是指参加广东乡试考取的名次，顺天乡试者不列，举人名次参考《广东贡录》《清历科广东乡试录》。部分举人生年参考《清历科广东乡试录》推算，但该生年一般指官年，与实际生年可能存在出入。

史载，吴士望禀性高雅，曾经两次参与《吴川县志》的修撰，有"公正服人"的声誉①。传说吴士望中举后曾任江浙地区富阳知县。查清光绪《富阳县志》，清朝的知县其载者有：朱永盛（陕西人，顺治年、康熙年知县，康熙三年卒于任上）、徐启业（辽东镶黄旗人，康熙三年任）、牛奂（长治人，康熙九年任知县）、赵禄星（辽东人，康熙十四年到任）、武廷适（大同人，康熙十九年任）、袁丕基（长洲人，康熙十九年任）、钱晋锡（太仓人，二十年任）、周崇雅（三水人，二十五年任）、李琯（高阳人，二十九年任）、刘懿（三十四年任，籍失）、卫伯献（三十五年任）、李秀发（三十九年任）、郭杰之（四十年任，籍失）、多永俄（满人，康熙四十一年署）、战效曾（直隶人，乾隆三十六年"由嘉善县奉调至任"）、恽敬（江苏武进人，乾隆五十九年奉选至县）……除知县外，县丞、教谕、训导、典史，皆不见吴士望之名。吴士望任职浙江富阳不知道是否有误？有关吴士望的仕宦情况，还需要寻找更多的材料始知。吴士望曾参与修撰吴川县志。

（二）康熙十七年戊午科（1678）

谢景福，第二十名，雷州府海康县人。

道光《广东通志》载其为海康籍、南海人，隶雷州府学，本姓邹；嘉庆《海康县志》作邹景福；《广东贡士录》作邹景福、南海人。谢景福后被委派为某地知县，嘉庆《海康县志》："邹景福，知县。"②具体情况不详。

（三）康熙二十年辛酉科（1681）

谢振基，第二十八名，雷州府海康县人。

道光《广东通志》载其为海康籍、顺德人，本姓马；嘉庆《海康县志》作谢振基；《广东贡生录》作马振基、顺德人。其他情况不详。

---

① ［清］毛昌善修．吴川县志（光绪）·卷七·吴士望传（影印本）[M]．台北：成文出版社有限公司，1967：266．

② ［清］刘邦柄修．海康县志（嘉庆）·卷五·选举志（影印本）[M]．广州：岭南美术出版社，2009：212．

（四）康熙二十六年丁卯科（1687）

翁与义，第二十一名，雷州府海康县人。

翁与义在雍正五年（1727）任浙江安吉州知县[①]；浙江安吉县一直归属浙江湖州府管辖。明正德二年为升州——安吉州，仍属湖州府。到乾隆三十九年降县，属湖州府[②]；注说陈寿《三国志》的晋朝裴松之曾在此地任职。"金石略十"载，雍正五年三月翁氏在县学立"御制训饬士子碑"[③]。

（五）康熙二十九年庚午科（1690）

丁兆启，第十三名，雷州府海康县扶柳社调铭村人。

有文献曰丁氏后为"巴东、秀水知县"[④]，巴东在重庆，秀水则在浙江。秀水县在浙江嘉兴地带，属浙西地区。查清《嘉兴府志》卷三十七"官师二"，丁兆启是在康熙五十六年任秀水知县的，"丁兆启，海康举人"，任期二年，康熙五十八年（1719）由顺德举人张鸣宰接任[⑤]。丁氏有子丁居诚[⑥]、丁继誉[⑦]，而后期曾为清官陈瑸立传的丁宗洛则为丁兆启的曾孙。丁宗洛，字正叔，号瑶泉，增贡丁居诚子——丁居诚后被恩赐举人，訾叙分发训导，后中嘉庆十三年戊辰恩科（1808）顺天乡试举人。丁宗洛之兄丁宗闽亦为

---

① 嘉庆《海康县志》言其"安吉州知州"。［清］刘邦柄修.海康县志（嘉庆）·卷五·选举志（影印本）[M].广州：岭南美术出版社，2009：212.

② ［清］宗源翰等修.湖州府志（同治）·卷一·建置志[M].台北：成文出版社有限公司，1970：100、36、108.

③ ［清］宗源翰等修.湖州府志（同治）·卷五十五·金石略十[M].台北：成文出版社有限公司，1970：1052.

④ ［清］刘邦柄修.海康县志（嘉庆）·卷五·选举志（影印本）[M].广州：岭南美术出版社，2009：212.
广东省雷州市政协文史委员会编.雷州市历代人物传略·雷州文史[J].内刊，1995（2）：230.

⑤ ［清］许瑶光等修.嘉兴府志（光绪）·卷三十七·官师二[M].台北：成文出版社有限公司，1970：893.

⑥ 增贡，在嘉庆朝82岁时赐举人及检讨。见［清］刘邦柄修.海康县志（嘉庆）·卷五·选举志（影印本）[M].广州：岭南美术出版社，2009：250.

⑦ 监生，后貤封修职郎、授职县丞。［清］刘邦柄修.海康县志（嘉庆）·卷五·选举志（影印本）[M].广州：岭南美术出版社，2009：245、250.

举人；其弟丁如金（字石季，号浮山），则为曾祖丁兆启编纂《丁兆启年谱》一卷，并曾在时礼岭建"收葬字纸灰冢"，是嘉庆、道光间恩贡。由此可见，调铭丁氏自丁兆启起，即步入读书、官宦之家族。丁兆启的族侄丁汝旼后也中举人，并担任安平县知县。

丁兆启在秀水任职期间，曾撰有《功过格》一册，共有三十六页。虽页数少，但据言时人读之，"犹足发人深省"[①]。上海李林松（嘉庆朝户部主事、广东副主考）曾有言曰："董子云，正其谊不谋其利，明其道不计其功。朱子以为此接物之要。……（丁宗闽）手抄其先世所行《功过格》示余，虽寥寥数语，然亦足见其奕世清芬，遗训不堕，进德修业，余于生焉有厚望已。"陈昌齐则曰："余读之竟悚然而起，曰有是哉，吾今而知君（按，指丁宗闽）之族之所由兴而兴，且未有艾也。"[②]

（六）康熙三十二年癸酉科（1693）

陈琰，字文焕，号眉川，第三十四名，雷州府海康县南田人。

次年考中进士。详见进士条。

（七）康熙三十五年丙子科（1696）

陈国球，第一名解元，雷州府遂溪县人。

在康熙年间前往贵州天柱县担任知县[③]。天柱县是多民族居住的地方，"上控黔东，下襟沅芷，囊百蛮而通食货，顺江流而达辰常"[④]。在明万历二十五年始在天柱县设置知县。陈国球能在天柱县顺利任职期满，亦说明他具有一定的能力。陈国球的下一任天柱县县令是雍正朝洪兴运，他是云

---

① 梁成久纂. 海康县续志（民国）·卷二十五·艺文一·海康人著述（影印本）[M]. 广州：岭南美术出版社，2009：971.

② 梁成久纂. 海康县续志（民国）·卷二十五·艺文一·海康人著述（影印本）[M]. 广州：岭南美术出版社，2009：971－972.

③ ［清］林佩纶等修. 续修天柱县志（光绪）·卷六（影印本）[M]. 成都：巴蜀书社，2006：239.

④ ［清］王复宗汇辑. 天柱县志（康熙）·上卷 [M]. 台北：成文出版社有限公司，1968：37.

南昆明人，举人。

陈元起，第十四名，雷州府海康县人。居住在南关外，父亲陈瑞麟。康熙三十五年（1696）以增贡生的身份中丙子科举人，在康熙五十五年被委任为广西永福知县。当时永福县归属桂林府管辖。县东与阳朔接壤，西与柳州府雒容县交界，南与平乐府荔浦接壤，北与同为桂林府管辖的永宁州相接。据记载，当年陈元起前往永福县任职时，只带一个仆人，并没有带家属。他清廉勤奋，一心为民。在永福县任职八年，"案无积牍，门绝苞苴"。"苞苴"指"贿赂"之意，门绝苞苴，即杜绝贿赂。正所谓是"门绝苞苴使，家惟薪菜钱"。长期的清廉仕途，致陈元起到其因病而还乡，却是囊里空空如洗，连回乡的钱都没有。

据《广西通志辑要》卷四载，永福县知县额俸"编俸银二十二两零，养廉银六百五十两，盐规养廉银一百两，耗羡养廉银一百三十七两一分七厘"[①]，似乎不低了。永福部分民众见陈元起如此清贫，于心不忍，聚钱赠予他。陈元起因实在无钱返乡，勉强接受"十余金"，其余的全部退还永福乡民。民众纷纷誉之可与"刘宠选一钱"相媲美。刘宠是东汉名臣，相传刘宠任会稽太守时，恪守公法，非义之财不取分毫，平时衣食俭朴。在他的治理下，会稽民生安定，财物殷足。离任时，民众感恩，赠钱表意。刘宠见会稽长者长跪不起，只好取一文，以示不负会稽父老的深情厚谊。后历史以"一钱太守"称官吏洁身自好，为政廉洁。刘宠也以廉洁名扬天下，成为官吏的楷模。

陈元起是陈瑸的学生，学习刻苦。后来他对陈瑸评价曰："其好学也，群书靡不淹贯；其诲人也，督课必加精严。"[②]由此可见陈瑸对他的影响。

（八）康熙三十八年己卯科（1699）

陈彝鼎，第五十四名，雷州府海康县人。

---

① ［清］沈秉成修. 广西通志辑要（光绪）·卷四·桂林府［M］. 台北：成文出版社有限公司，1967：89.

② 丁宗洛. 陈瑸清端公年谱［M］. 道光六年（1826）上东署不负斋刻本。

康熙三十八年己卯科,是士绅陈简命之子。中举后曾任河南宜阳知县。《宜阳县志》卷七对陈彝鼎记载有:"康熙五十七年知宜阳县事,有断制,有谗言不入,爱民礼士,改建学宫南向。以盗案□悞,邑人惜之,祀名宦。"①河南是中华文明的发源地之一,当地人文化水平是比较高的,陈彝鼎能够在当地位列"名宦"之列,说明他任宜阳知县期间,很有政绩,始能获取当地人的认可。

(九)康熙四十四年乙酉科(1705)

林春泽,第四十四名,高州府吴川县霞街人。

其父林绳正——后因林春泽中举之因素,被赠文林郎。林家后从吴川迁居雷州。史载,林氏少负异质,为邑绅陈景濂所赏识——陈后在康熙五十年中举人,常给予他学习方面的指导。康熙四十四年,林春泽年仅十九岁即中乙酉科举人②。这也为他在乾隆三十年重赴鹿鸣宴奠定基础。据史载,为了奖励那些中举的学子,政府会在放榜的次日,举行一场宴会,专门宴请那些新科举人和内外帘官等,这种宴会叫"鹿鸣宴"。"重赴鹿鸣宴",这是指那些中举满六十周岁依然健在的举人,只要符合条件,就可以重赴该科的鹿鸣宴。这里有礼遇乡贤耄德的意思③。林春泽中举后,曾担任湖北黄安县县令。任职期间,洁己爱民,刑清政简,请封后即奉敕归,杜门娱亲,至乾隆三十年乙酉科重宴鹿鸣。鹿鸣宴后的十年,"又十年而卒",即1775年前后,时年89岁。

(十)康熙五十年辛卯科(1711)

梁良幹,第三十四名,雷州府海康县人。

---

① [清]谢应起等修.宜阳县志(光绪)·卷七·职官志(影印本)[M].台北:成文出版社有限公司,1968:552.

② [清]毛昌善修.吴川县志(光绪)·卷七·林春泽传(影印本)[M].台北:成文出版社有限公司,1967:273.

③ [清]梁绍壬.两般秋雨盦随笔·重宴鹿鸣纪事·卷四[M].//本社编.清代笔记小说大观.上海:上海古籍出版社,2007:5502-5505.

陈景濂，号东海，第三十九名，高州府吴川县人。

陈景濂居吴川城西山嘴巷，其父亲陈舜系，刻苦自励，好济人之急，著有《乱离见闻录》。《乱离见闻录》记录的是明清鼎革时期，吴川地区社会上发生的一些事情，对后人研究该时期吴川的历史具有不可替代的史料功能。据史载，陈景濂，年少时即"苦志好学，工文章"，与茂名余麟傑齐名。吴川、茂名当时皆归于高州府管辖。对于陈景濂的才华，时任高州太守魏男、郑梁深都给予极大的赏识。康熙四十四年（1705）陈景濂中了乙酉科副榜；康熙五十年（1711），中辛卯科举人，可惜他未曾出任官职，即逝。雍正《吴川县志》记录陈景濂写当地风景的一首诗《特呈山》："地极东南水拍天，层波□拥翠峰连。星悬北阁承朝露。影到前村起暮烟，飒飒潮风岚气靖，峻峻石径浪袍□。巨灵为恐狂漏倒，特敕崇□障百川。"①

陈居诚，第六十名，雷州府海康县南田人。是雷州地区名绅、进士、福建巡抚陈瑸的次子，中举人后曾在雍正五年（1727）担任东莞教谕②。

（十一）康熙五十六年丁酉科（1717）

陈居隆，第二十七名，雷州府海康县南田人。为陈瑸长子，雍正元年（1723）举孝廉方正，赐六品衔。在雍正五年会试中中明通第二，后授刑部江西清吏司主事，但陈居隆以母年老不就职，并告归雷州老家"终养，家居数十余年"。当年陈瑸病逝于福建，亦是陈居隆"自闽扶梓归粤"，且归途中"官僚赙金悉辞不受"。在赡养母亲之余，在家乡"教授生徒"，平淡生活③。有子陈子翼。

---

① ［清］盛熙祚纂修. 吴川县志（雍正）·卷十 [M]. 广州：岭南美术出版社，2009：432.

② 叶觉迈修. 东莞县志（宣统）·卷四十二（影印本）[M]. 台北：成文出版社有限公司，1967：1452.

③ ［清］刘邦柄修. 海康县志（嘉庆）·卷六·陈居隆传（影印本）[M]. 广州：岭南美术出版社，2009：263.

（十二）康熙五十九年庚子科（1720）

黎桢，又作黎正，第三名，高州府石城县人。中进士。详见进士条。

邓恒山，第三十三名，雷州府海康县人。相关情况不详。

曾在《雷祖志》撰有一跋，现摘录如下。

《雷祖志跋》

圣作为经贤，述为传。先儒记事则为史。经与传，汉唐以后无敢名矣。至于史，非有学才识三者，难使后人遵信。我雷在前朝，虽身死而历代封诰不绝，尊敬不已。老少男妇咸识为雷祖。陈其姓，文玉其讳者，出世之由，升遐之异，记之野，乘传之老，人至今不泯。虽非经传曷云，史书而记其真，表其实者，畴则无心。如庄公所志，历朝显应，历朝诰封，自是千古不靡。至犬有九耳，白日升天，或疑为诞然；而禹龟商鸟巨迹之事，编时因何不删？则今日之相传者，皆前日亲见者之子若孙也。岂有乃祖乃父而肯以此事乱传之子孙耶？今琳等属王后裔，振振绳绳欲将旧志付之梓人，一以荣祖，一以垂后，而合州改为雷州，亦得知所由来焉。恒山，雷人也，生于雷，长于雷，敬述数语以传于雷。异日者我王光化昭德遍及天下，圣天子下采王之实绩以垂万世，应知余言之不谬。雍正五年三月跋。录《雷祖志》[①]。

李惟乔，道光《广东通志》作李继乔，第四十一名，雷州府遂溪东海岛龙好村县人（今属湛江市经开区东海岛）。

中举人后拣选知县；卒后葬于中间塘北边岭，墓地坐北向南，有碑。相关事迹不详。

附：

康熙十一年壬子科（1672）举人庞显，原高州府石城县那良人，寄籍广西陆川中举，因此不列入正榜中。

---

① 梁成久纂．海康县续志（民国）·卷二十七·艺文志三（影印本）[M]．广州：岭南美术出版社，2009：1063.

嘉庆《雷州府志》、道光《遂溪县志》康熙二十六年丁卯科（1687）有举人温时夏一人，但道光《广东通志》及《广东贡士录》均作东莞人，雍正《东莞县志》等有录。据《东莞县志》载，温时夏字余友，《春秋》，遂溪学。由此来看他是隶属遂溪县学，但不是籍隶遂溪县，也就不是遂溪人。

嘉庆《雷州府志》、嘉庆《海康县志》康熙五十二年癸巳恩科（1713）有举人梁肇华一人，雍正《广东通志》有载，但道光《广东通志》及《广东贡士录》无载。据道光通志载：梁绍华，东莞人，本姓叶，郝志（即雍正通志）作梁肇华、雷州人。雷州和海康方志应该是据雍正通志将梁肇华作为海康举人，但道光通志考证其为东莞举人梁绍华，雍正《东莞县志》及《广东贡士录》均作叶绍华。据此，梁肇华非海康举人。

二、雍正朝

（一）雍正四年丙午科（1726）

黄中美，本姓吴，第十四名，雷州府徐闻县人。

有文献曰黄氏曾任东莞教谕[1]。但查《东莞县志》没有发现黄中美的姓名，雷州地区担任东莞教谕的有两人，一为陈居诚（陈瑛次子），雍正五年任；一为欧阳正，廪生，乾隆五十九年任。另在道光二十二年有徐闻人吴辉宏任训导。

庞正先，字静斋，第七十八名，高州府石城县那良人。

庞正先是举人庞显三子。史载，庞正先幼年勤读父亲的藏书，"博涉经史"。在雍正朝中举人后，清高廉正，与民平和。他在任茂名高文书院（又名南岳书院、笔山书院，明朝吴国伦建）讲席时，"课徒严肃"，乐于栽培出身寒微而才能杰出的人，"郡邑人士多赖成材"。在家乡修缮宗祠时，尽心尽力，不遗余力。同时将自己的余钱累积，购置田产，田产所得，"永

---

① 广东省雷州市政协文史委员会编. 雷州市历代人物传略·雷州文史（第2辑）[M]. 内刊，1995：230.

为族人课文奖赏，今后嗣繁衍游庠食饩者十余人，咸称德报云。"①

（二）雍正七年己酉科（1729）

吴国伦，第四名，高州府吴川县上郭人。雍正七年（1729）己酉科经魁。

吴国伦是贡生吴士衮的曾孙，家世以读书出仕而著称。他由岁贡中雍正七年己酉科经魁。吴国伦一生喜爱读书，已达"嗜学"的地步，同时亦善于学习各项技艺。中举后，在家乡从事教育事业数十年，"登贤书者，多出其门，邑人咸敬仰之"②。

民间有传吴国伦曾任曲江学正，但查《曲江县志》不见所载，《吴川县志》选举志只记："吴国伦，上郭人，己酉科经魁，有传。"吴氏传记中亦不涉及曲江学正。《曲江县志》卷一表二有涉及教谕或训导的吴川人为：吴树锦，吴川人，拔贡，乾隆二十年（1755）任县丞或教谕或训导③。

何茂荷，第二十三名，雷州府遂溪县人。

何茂荷性格严谨，日常注重仪表，常常是服装端庄、严正。在家乡任教时，对喜爱学习者尤有好感，常常给予奖励。东海岛一带的"学者自乡荐以下皆其门下也"。家乡对他的德行极其敬仰，乡民在义学门前勒碑称赞他这种品行④。

（三）雍正十年壬子科（1732）

蔡位卿，《广东贡士录》作蔡惠卿，第三十四名，雷州府遂溪县朴节碌里村人。

蔡氏出身于贫苦家庭，家庭以耕为业。为生计，他常设教于雷阳遂良两

---

① 钟喜焯修. 石城县志（民国）·卷七·人物志下（影印本）[M]. 广州：岭南美术出版社，2009：1007.

② ［清］毛昌善修. 吴川县志（光绪）·卷七·吴国伦传（影印本）[M]. 广州：岭南美术出版社，2009：272.

③ ［清］张希京修. 曲江县志（光绪）·卷一·职官表（影印本）[M]. 台北：成文出版社有限公司，1967：21.

④ ［清］喻炳荣修.（道光）遂溪县志·卷九·何茂荷传（影印本）[M]. 广州：岭南美术出版社，2009：288-289.

书院；教学中，蔡氏教法严正，严格要求学生。同时他性格严正，若非公事，从不主动拜见官长；对此，乡里乡亲比较敬重他。中举后，他被选为东莞教谕，可惜未赴任时即卒。

附：嘉庆《雷州府志》、嘉庆《海康县志》雍正四年丙午科（1726）有举人林骥一人，道光《广东通志》《广东贡士录》等均作新会人，乾隆《新会县志》作新会麻园人。因此《雷州府志》和《海康县志》有误。

三、乾隆朝

（一）乾隆元年丙辰恩科（1736）

符缉中，《广东贡士录》误作周缉中，第九十三名，雷州府海康县人。

（二）乾隆三年戊午科（1738）

王定九，字乾用（民国《中江县志》记为字乾元），号和斋，第一名解元，雷州府海康县调风镇禄切村人。

后任四川中江知县。地方志载，王定九从小即发奋读书，民间传言为"夏天一盆水，冬天一盆火"；曾就读于雷阳书院，与徐闻人柯启齐名。王定九的文章讲究，以清简而著称。虽王定九遗留后世的著作不多，但却是能够自成一格，归属于朴学。中举后，在乾隆三十年（1765）前往四川中江县担任县令。中江县归属潼川府，位于成都"北二百一十里，在潼川府西一百二十里。列嶂云横，群峰壁立。毗连八州县界，分西北两川，实成都之门户，潼郡之咽喉"①。在中江任职的八年时间里，王定九兴利除弊，留心民瘼，为民服务。如重建县内的斗山书院，引导县内重视教育，从而"士风丕振"。而面对前来诉讼的民众，王定九以和为贵，"开导多方，恳切之意，溢于言表。挟忿而来者，往往归好而去"。在任期间，面对破旧、多倾圮的中江县城，他"易土为石"，修缮县城。王定九的努力也获得了中江人

---

① 谭毅武等修.（民国）中江县志·卷之一·疆域 [M]. 成都：巴蜀书社，1992：643.

民的认可，他"解组归时，士民作《攀辕图》以送之"，并"士民祠祀之"①。可见他在当地的德政清誉。

中江县人孟邵（曾任翰林院庶吉士、贵州道监察御史等）曾撰有《王邑侯〈攀辕图〉序》一文，现附录之。"稽古吏道之良，厥惟教养。此其道上以之课下，下以之应上，而能大懋其绩者百无二三。盖非有真学问、真经济则弗能因地置官，修废举坠，以尽其教之养之之实。故往往守土者，或藉口龚黄，夷考其行，恐未必捍患宁人，维风训俗，遽登一方于和乐之休也。兹于邑侯和斋王老父台而有异焉。侯自乙酉岁以粤东名元铨授中邑，下车之日，恂恂若书生，讵知侯以学问发为经济，次第而毕张之。盖其时，中邑城垣久废，奉檄大修，侯则不烦帑资，善为劝捐。於是鸠工伐石，较短絜长，即风雨寒暑督筹靡懈，不二年，而金汤永固，启闭维严。其卫吾民以宁谧者何大也！城西滨河夏秋泛滥，久滋民患，兼有碍于城基，侯则先捐廉俸为一邑倡，由是四郊乐输，踊跃从事，侯更经营图度因势利导，内筑沙堤，外建石堤，狂澜既靖，不特城基可以保障，而百年来洪水为灾可以永息。其登吾民于安堵者何溥也？学校乃民风所系，中邑书院旧有屋数椽，不足多聚生徒，侯则鼓励士庶庀材兴工，恢廓其讲堂，增列其书舍，高其开闳，缭以周垣，既延师以指授，每于公余之暇，不厌再三亲诣而课训之。由是士气蒸蒸丕变，其导吾人以陶淑者何厚且切也！其听讼狱，则如秋霜之洁，请托不行，而民情无弗平矣！其待善良，则如春阳之温煦，育备至而民气无弗乐矣！至若因舆情之爱，修复前侯谢公之生祠，而父老之心又无弗允惬矣！以故七载莅事，雨旸时，若水旱无闻，士乐诗书，民安耕凿，属在冥冥若长锡其和而助其化，此非具真学问、真经济亦何能于教养两大政，炳炳麟麟若斯之，可歌可咏可法可传耶？余自辛卯请假旋里，快睹其纲举目张有如此，我邑人士方冀观其久道化成之绩，而侯以贤劳积倦，志切拂衣，买舟河干，行将东下，白叟黄童争相告语借寇无从如离襁负，既勒去思碑

---

① 　[清]刘邦柄修.（嘉庆）海康县志·卷六（影印本）[M]. 广州：岭南美术出版社，2009：265. 及民国《中江县志》卷之五。

以志不忘，复绘《攀辕图》以叙属余，余谨恺切，详言书之卷首，以助清白吏归装之空官橐云。时乾隆三十九年岁次甲午仲秋之吉。"①

黄增美，第八名，雷州府海康县人。概况不详。

柯启，第三十五名，雷州府徐闻县鹰峰新村人。

宣统《徐闻县志》载："柯启，乾隆戊午乡荐，两中己未壬戌科明通，少颖悟好学，能文，日构十余义。"据说，柯启与王定九在雷阳书院读书时，两人常常共同学习，共同进步。王定九在考课中亚于柯启，但后在科举考试中，王定九排第一名，柯启则排第二名。当时乡人以三国时的周瑜与诸葛亮来称誉两人。柯启去世时年仅四十一岁②。

黄家汉，第五十八名，高州府吴川县木约村人。曾参与兴修吴川志书。

（三）乾隆六年辛酉科（1741）

李林恢，第六名，雷州府遂溪县山尾村人。

乾隆六年（1741）辛酉科举人。他少年父亲去世，家境贫困，但却有志气，面对别人的馈赠，能够做到"遗辄辞不受其事"。母亲日常也教导他要培养心志，有目标。李林恢在供养母亲时亦能做到和睦相处，尽量使母亲快乐。李林恢的文章工于文藻，"所作时艺一时传诵之"。李林恢为人正直，虽家境贫困，但一生之中从没有因为人情而替别人作文。"时府县试间，有传递之弊，能文者偶一为之，惟林恢则虽至亲重赌，不能得其只字。"李林恢曾经求学于蔡位卿，当老师蔡位卿卒时，却能够为老师"制义服，服之终二年心丧"。他曾经同别人说："学未尝不师称也，生平耳目无非礼之视听。"李林恢这种尊师的品格，一直为学者所敬仰③。

王锡扁，扁又作匾，《广东贡士录》误作黄锡扁，第十六名，雷州府

① 梁成久纂.（民国）海康县续志·卷三十二·艺文八（影印本）[M].广州：岭南美术出版社，2009：1201.

② ［清］王辅之修.（宣统）徐闻县志·卷十三·柯启传（影印本）[M].广州：岭南美术出版社，2009：545－546.

③ ［清］喻炳荣修.（道光）遂溪县志·卷九·李林恢传（影印本）[M].广州：岭南美术出版社，2009：289.

遂溪县东海岛北山村人（今属湛江市经开区东海岛）。

当王锡扁为诸生时，了解到东场盐户灶丁长期被商人剥削，深受其苦，乾隆二十二年，已经中举的王锡扁于是就此事撰写了一份报告书，上送到县府以及省城相关衙门，让官员们了解实情。不久，东场盐户的状况得到改善，他们煮晒出来的盐在缴纳完成规定的课税之后，就可以自由买卖，并非一定要交由商人来销售。据了解，清中期以后，广东制盐改煮为晒的转变，使得沿海盐田得以开发。雷州府辖内的盐场，明代以来有武郎、东海二场，到了嘉庆年间，拓展到武郎、谭斗、新寮、马留四厂与郡城、乌石、龙滚三埠。

伍象两，第二十八名，高州府吴川县麻文村人。概况不详。

黄镇东，字岱山，第六十六名，雷州府海康县徐闻角厢村人。

乾隆六年（1741）辛酉科举人，曾任香山教谕。他少年时父亲即去世，随即"奉养寡母，未尝有闲言"。黄镇东勤奋好学，文章写得比较好，"以华瞻为主，而为无脑肠肥俗态"。中举后，他曾在家乡"设帐授徒，多所成就，邑中称宗匠焉"[1]。领乾隆辛酉乡荐，乾隆四十五年出任香山教谕。光绪《香山县志》卷十载：清朝刚成立时"定儒学教谕一人，训导一人。康熙三年大县裁训导，十五年复设"[2]。在香山任教谕期间，对士子"加意寒畯，香山人士尤敬重之。"

（四）乾隆九年甲子科（1744）

苏大赓，第十名，雷州府遂溪县人。生平不详。

麦国树，第十九名，高州府吴川县院村人。

乾隆九年（1744）甲子科举人，恩赐翰林院检讨，后授征仕郎；他的夫人洪氏被封为孺人，父亲麦廷英被赠征仕郎。麦国树曾参与兴修吴川志。

莫汝励，第二十名，雷州府海康县人。祖父为拔贡莫吾昭，父亲莫秉

---

① ［清］王辅之修 .（宣统）徐闻县志 · 卷十三 · 黄镇东传（影印本）[M]. 广州：岭南美术出版社，2009：546.

② ［清］田明曜修 .（光绪）香山县志 · 卷十 · 职官表（影印本）[M]. 上海：上海书店出版社，2003：177.

直为府学岁贡，兄弟莫汝濬为海康县学岁贡。

（五）乾隆十二年丁卯科（1747）

邓际清，第五十五名，雷州府海康县人。乾隆四十六年（1781）担任广州府番禺县教谕①。

宋允中，第六十八名，雷州府海康县符村人。后中乾隆十九年（1754）甲戌科明通榜。雍正五年（1727），朝廷准于会试落选的举人中挑选一些文理明通者，在正榜之外另续出一榜，即"明通榜"。入明通榜可以授以教职。由于后来明通榜人数增多，在乾隆五十五年（1790）停录。宋允中于乾隆四十一年（1776）任河北广昌知县②。广昌为燕赵之地，汉时"郦食其所谓塞飞狐之口是也"③。清时广昌"东西广七十五里，南北袤一百十五里"，东与易州交界，南与唐县毗邻，西至宛平，北达蔚州。宋允中有子曰宋景煜，另一子宋景熙在乾隆四十二年中丁酉科顺天榜举人④。

莫亮，第六十九名，雷州府海康县黎郭村人。是岁贡莫蔚发的儿子。莫蔚发另有一子莫京（字昌五），亦为读书人。黎郭村是雷州地区的名村，村庄民众普遍姓莫，为单姓村。传说黎郭村太始祖为莫舆，为元朝赐进士，曾官至制督察院左都御史。

莫亮在乾隆十二年（1747），中丁卯科举人，并在乾隆朝任山西蒲县知县⑤。莫的下一任蒲县知县也是广东人崔时泰。清时蒲县属山西隰州管辖，东与洪洞县交界，南至吉州放马岭，西至隰州仵城，北与汾西县毗邻，"（东

---

① ［清］李福泰修.（同治）番禺县志·卷九·职官表二［M］.台北：成文出版社有限公司，1967：69.

② ［清］刘荣等修.（光绪）广昌县志·卷三·职官表［M］.台北：成文出版社有限公司，1969：212.

③ ［清］刘荣等修.（光绪）广昌县志·卷一·疆域说［M］.台北：成文出版社有限公司，1969：71.

④ ［清］刘邦柄修.（嘉庆）海康县志·卷五·选举（影印本）［M］.广州：岭南美术出版社，2009：213.

⑤ ［清］托克托欢修.（光绪）蒲县续志·卷六·官师续［M］.南京：凤凰出版社，2005：478.

西）广一百三十里，（南北）袤一百六十里"①。莫亮不惧路途艰辛，前往蒲县为官，亦属不易。

（六）乾隆十七年壬申恩科（1752）

林邦琠，第三十一名，高州府吴川县霞街人。

乾隆三十五年任江西分宜知县②。霞街林氏是吴川当地的大族，族中出读书人不少，如乾隆朝丁丑科进士林闱階、粤西唯一的状元林召棠等皆出自霞街林氏。大致而言，在清朝，"知县掌一县之政，令其佐——县丞、主簿分监狱囚；如无丞簿，则兼领之"③。事务是比较繁重的，权力也是比较大的。林邦琠在任江西分宜县知县期间，"居官清正，民多爱之"④。

陈尹东，第五十七名，高州府吴川县泗岸人。

其子陈张元后在乾隆五十二年（1787）中丙午科举人，另一子陈张仲是庠生。有文献记载陈尹东中举后曾担任过湖北武昌知县等："陈张元，字肇发，流泗岸人，父尹东，乾隆十七年壬申举人，署当阳武昌知县。武昌值湖水为患，拯□济饥民赖以苏，后改番禺教谕。"⑤但查相关的武昌方志，却不见陈尹东任职的记载，如在光绪《武昌县志》卷十一"官师"记载：乾隆三十四年山东人吴世雯出任武昌知县。而之前的署任者王嵩高（何处人氏未明）⑥。（同治）《番禺县志》里面"训导"一栏有载："陈尹求，吴川人，举人，

---

①　[清]巫慧修.（乾隆）蒲县志·卷之一·地理[M].南京：凤凰出版社，2005：417.

②　萧家修等修.（民国）分宜县志·卷十·职官[M].台北：成文出版社有限公司，1975：1988.

③　[清]钟桐山修.（光绪）武昌县志·卷十一·官师[M].南京：江苏古籍出版社，2001：517.

④　[清]毛昌善修.（光绪）吴川县志·卷七·林邦琠传（影印本）[M].台北：成文出版社有限公司，1967：283.

⑤　[清]毛昌善修.（光绪）吴川县志·卷七·陈尹东传（影印本）[M].台北：成文出版社有限公司，1967：281.

⑥　[清]钟桐山修.（光绪）武昌县志·卷十一·官师[M].南京：江苏古籍出版社，2001：519.

乾隆三十四年任。"① 此处的陈尹求应是陈尹东之误。或者陈尹东在乾隆三十四年署武昌知县时间较短，即被调往番禺任训导——而不是番禺教谕。

（七）乾隆十八年癸酉科（1753）

李实发，字收圃，号长亭，第五十九名，雷州府遂溪县人。

曾任廉州府教授，史载他"自少家贫，力学树艺养亲"。稍长后，前往县城学宫求学，成为生员，不久经考试取得廪生资格，享受廪膳补贴。"膺乾隆癸酉科乡荐"后，在县城遂良书院主讲。在教学中，他采用谆谆引导的教学方式，先要求德行，随后与学生相讨文章，相互勉励，启迪学生。1761年（乾隆辛巳），他与老师一起前往京城参加春闱试。考完后，一起返乡。出京城数日后，老师忽然发病。李实发衣不解身，亲自服侍老师吃药。不久，老师病逝在旅店。当时，李实发已经是"囊橐尽罄"，身无分文。无奈之下，他"卑礼"恳求旅店借钱购买棺木入殓老师，然后沿途乞讨、借贷，备受艰苦扶送老师棺柩返乡。面对他这份尊师的举动，乡人称赞他"侍师之诚，真不愧人生有三事之如一也"②。乾隆四十七年他前往顺德担任教谕之职，一直至嘉庆六年③。由于成绩突出，在嘉庆六年又升任廉州府学教授④。在廉州府期间，他厚培人才，颇受当地读书人的爱戴。他以年86岁逝于任上之时，廉州读书人甚至自发"捐赀随棺至遂，送葬钦州冯鱼山诔之"。史载廉州各界人士，都永远怀念他的教育之恩。

陈国成，第七十一名，高州府吴川县博掉人。

史载陈国成"为人磊落不羁，娴于吟咏"；中举后，被分发至浙江任试

---

① ［清］李福泰修.（同治）番禺县志·卷九·职官表二［M］. 台北：成文出版社有限公司，1967：69.

② ［清］喻炳荣修.（道光）遂溪县志·卷九·李实发传（影印本）［M］. 广州：岭南美术出版社，2009：290.

③ ［清］郭汝诚修.（咸丰）顺德县志·卷九·职官表［M］. 台北：成文出版社有限公司，1967：705－706.

④ ［清］张堉春修.（道光）廉州府志·卷十七·职官表［M］. 广州：岭南美术出版社，2009：362.

用知县。到任后，上司见到他，"即以异才"来比喻他，让他前往钱塘县代理官职，处理县务。在钱塘代理县务期间，虽然事务繁重，但"卓有异政"，钱塘绅民亦以"时雨清风"来比喻他。不久，上级计划让他"题补仙居"知县，可惜未到任已去世[①]。按：民间有传陈国成曾任浙江仙居、钱塘知县，署处州府同知。但查清代光绪《仙居县志》未成所载，此也适合《吴川县志》所言的"题补仙居，未到任卒"相吻合。同时查清光绪《处州府志》及光绪《杭州府志》皆不见"处州府同知"与"钱塘知县"有陈国成之名，应该民间流传不确。另在光绪《杭州府志》中有关钱塘县县丞方面，在乾隆四十四年后的李凤生一栏，有曰："乾隆间任，以下至道光初无考。"不知道是否陈国成于此期间代理县丞？陈国成的孙子"（陈）鑽唐，字研斋，增广生，以诗鸣（《淡园诗话》）"[②]。

（八）乾隆二十一年丙子科（1756）

林闹阶，字云衢，第二十二名，高州府吴川县霞街村人。

居吴川县内的马蹄山，乾隆二十一年（1756）丙子科举人，次年连捷进士。详进士条。

陈潼潇，潇亦作"浚"，第二十三名，雷州府海康县人。乾隆十八年癸酉科（1753）拔贡，其他情况不详。

陈腾泗，第六十四名，雷州府海康县人。在乾隆五十年（1785）任福建沙县知县[③]。

① ［清］毛昌善修.（光绪）吴川县志·卷七·陈国成传（影印本）[M]. 台北：成文出版社有限公司，1967：274.

② ［清］毛昌善修.（光绪）吴川县志·卷七·陈鑽唐传（影印本）[M]. 台北：成文出版社有限公司，1967：274.

③ 梁伯荫修.（民国）沙县县志·卷六·职官 [M]. 台北：成文出版社有限公司，1975：281.

（九）乾隆二十四年己卯科（1759）

骆宗朱，第六十五名，高州府吴川县人。

《吴川县志》载其任揭阳教谕。查乾隆四十四年《揭阳县正续志》[①]及清王崧修的光绪《揭阳县续志》[②]，因里面的知县、教谕等材料不全，皆不见骆宗朱的姓名。骆氏其他情况不详。

（十）乾隆二十五年庚辰恩科（1760）

邹宗泗，道光《广东通志》误作邵宗泗，第五十九名，高州府石城县木西人。其他情况不详。

吴元功，字敏子，号健斋，第六十名，高州府吴川县上郭人。是岁贡吴霁云的大儿子，弟弟吴元方是乾隆六年辛酉科（1741）武举人。史载，吴元功"处丰履厚，谦蔼可挹"[③]。对于家乡各种慈善公益事情，都是积极参与捐钱，尤其在救助贫困、捐助棺木收殓等事情，不计其数。对于他的这种高尚行为，官府也是多次给予表彰。

陈秀东，第六十一名，雷州府遂溪县人。其他情况不详。

（十一）乾隆二十七年壬午科（1762）

林香宾，第四十五名，高州府吴川县人。

为廪贡林紫云孙，岁贡林世宪子。林香宾弱冠即中举人，为人倜傥好义。有孝廉某身故无嗣，其妻准备改嫁维持生活。他听说后，捐赠资财使其保存名节。乾隆三十九年（1774）十二月他出任广州府增城县训导[④]，但未满

---

① ［清］刘业勤修.（.乾隆）《揭阳县正续志·卷四·职官志 [M].台北：成文出版社有限公司，1974.

② ［清］王崧修.（光绪）揭阳县续志·卷二·职官志 [M].台北：成文出版社有限公司，1974.

③ ［清］毛昌善修.（光绪）吴川县志·卷七·吴元功传（影印本）[M].台北：成文出版社有限公司，1967：273.

④ ［清］赵俊修.（嘉庆）增城县志·卷十·职官志（影印本）[M].广州：岭南美术出版社，2009：573.

一年就在任上去世了。其子林鹏翀，廪贡，官廉州府训导 ①。

（十二）乾隆三十年乙酉科（1765）

官介，字石庵，第三十三名，雷州府海康县人。

史载，官介性格比较刚直，做事严谨。即使是家庭的事情，亦是有板有眼，严肃如朝廷那样行事。如日常前往拜见他的兄长、庠士官维扬，即使是闲余的会见，也是等兄长叫坐始能坐下。年至六十岁之余，在教育子弟学生之时，也是要求整齐严肃。在官氏看来，对待先儒要心存敬意，为人要严肃，这既是为儒之道，亦是从政之道。所以他的门下几乎均是为人比较清高，比较自信甚至自负，或者喜爱直言不讳，有一股名士风流的味道，不喜欢与社会坏风气同流合污之人。有一年会试归乡时，坐船到了一个名叫瑞虹湖的地方，适遇湖面风浪大作，所坐船只几乎要翻覆，同行同榜之士子仓皇失措，高州举人李愈青等，亦面如焦土，"坐不宁席"。唯有官介正襟而坐，对众人说道："若是上天要将我们大家葬身鱼腹，我们'委心受命'就可以。不然，应该是没有什么危险的，我们安心即可。"不一会儿，湖面风浪平息下来，船只安然行驶过湖，船只上面的布帆甚至都没有什么破坏。同船之人对官介的冷静都表示钦佩。②

（十三）乾隆三十三年戊子科（1768）

陈圣宗，字统姚，第十八名，高州府吴川县芷寮人。后中戊子科进士。详进士条。

劳而泰，第十九名，雷州府海康县图角村人。岁贡劳觉世子。其他情况不详。

邓肇翰，第六十八名，雷州府海康县人。赐国子监学正，"长于文学，

---

① ［清］毛昌善修．（光绪）吴川县志·卷七·林紫云附林香宾传（影印本）[M].广州：岭南美术出版社，2009：521.
② ［清］刘邦柄修．（嘉庆）海康县志·卷六·官介传（影印本）[M].广州：岭南美术出版社，2009：265.

巡抚王安国亟称之"①。他的一个学生吴挺椿（字灵长，号寿山），墨坑村人，很有才华。有一年，广东巡抚王安国巡视雷州，邓肇翰还向王氏推荐吴挺椿。邓肇翰更详细情况不清楚。下面是他的一篇文章《扬炯公祠尝资册序》。

"礼曰，人本乎祖，冬至之祭，所以报本也。兹凤辇国相、国辅、凤池、国珍兄弟五人，原与启璧、郁茂等，共有祖上遗田六斗，分为三股轮耕，三年一周辇等一股。历年轮耕所得租谷积息已有钱七十余千，其积而不散者，期其渐臻饶裕为本股之祖扬炯公立专祠祭资，以妥先灵而报本也。然事久则弊生，赀多则难统。既命其子辈汝樑、汝柱总领钱项生息，犹虑他人或有欠负，则通众协追，不得专累樑、柱两人。而长辈五人尤不得染指一毫，倚长拖欠，难以势禁而理谕也。他年赀本丰，积鸠工建祠，拜冬报本，奕奕寝庙，衣冠济济，长幼献酬，交欢其中，非特祖宗之幸，亦子孙之光也。辇等属余叙其事于册首，不容辞焉。乾隆丁未冬至日钦赐国子监学正肇翰识。"②

（十四）乾隆三十五年庚寅恩科（1770）

陈昌齐，字宾臣，号观楼，又署瞰荔居士，第九名，雷州府海康县调风南田村（附城南田为陈瑸故里）。次年中进士，详进士条。

（十五）乾隆三十六年辛卯科（1771）

吴子振，第二十一名，雷州府海康县人。具体情况不详。

（十六）乾隆四十二年丁酉科（1777）

吴文，第六十五名，雷州府海康县洪客村人。

曾任某地试用训导。教学很有成绩，培养了不少人才。他的老师吴玉几

---

① 梁成久纂．（民国）海康县续志·卷二十七·艺文志（影印本）[M]．广州：岭南美术出版社，2009：1063.

② 梁成久纂．（民国）海康县续志·卷二十七·艺文志（影印本）[M]．广州：岭南美术出版社，2009：1063.

也是洪客村人,吴文与举人吴登第、贡生杨绳武、杨绳昌等曾在其门下求学。

宋景熙,雷州府海康县人,顺天乡试中式。举人宋允中子,具体情况不详。

(十七)乾隆四十四年己亥恩科(1779)

丁汝旼,亦作丁汝旻,字仲穆,号东铭,雷州府海康县调铭村人,顺天乡试中式。是举人丁宗洛、丁宗闽两人的族叔,中乾隆四十四年己亥恩科(1779)顺天乡试举人,在乾隆六十年(1795)任河北安平知县①。安平时属深州管辖。其疆域,东与饶阳接壤,西至深泽,南与深州毗邻,北至蠡县。辖十五社、一百五十四村②。丁汝旼"知安平县事"时,遇到前来诉讼的案件,往往详细思考,不会轻易、草率地给予定案,考虑的是诉方与被诉方的情况,"情度理期两造诚服"。有一年,安平发生水患,作为县令的他"躬履勘,按户给赈,灾黎咸沾实惠"。嘉庆丁巳年(1797),关东大军由畿南赴豫,安平协助"雇车马,稽核严明,吏胥不得为奸"。丁汝旼的儿子丁奇琯,为官安远知县时,也是颇有政声的③。其祖父丁兆昌(岁贡),因其而被貤赠文林郎,祖母周氏貤赠太孺人。父亲丁秉忠(监生)赠文林郎,母亲陈氏赠太孺人。据地方志载,丁汝旼官安平时,丁宗洛"依之"。深州王铭祖称当时丁宗洛"寓安平十余年,艰苦万状",这都是他亲眼所见④。

下面是丁汝旼撰写的《丁氏族谱序》:"县绅陈昌济序曰,乾隆甲辰春,丁穆庵来京应礼部试,携其所为族谱稿本示余,属以序。余读之再四,然后知穆庵用心之勤,而其笃于宗族之谊,尤非矜侈族望饰人耳目者,之所能齐其肩背也。尝考自宋以来,为族谱者,首欧阳氏、苏氏。欧阳氏五世

---

① [清]吴汝纶纂.(同治)深州风土记·记七·职官[M].南京:凤凰出版社,2005:106.

② [清]吴汝纶纂.(同治)深州风土记·记一·疆域[M].南京:凤凰出版社,2005:8-9.

③ 梁成久纂.(民国)海康县续志·卷二十·丁宗洛(影印本)[M].广州:岭南美术出版社,2009:836.

④ 梁成久纂.(民国)海康县续志·卷二十·丁宗洛(影印本)[M].广州:岭南美术出版社,2009:835.

则迁，上承高祖为元孙，下系元孙为高祖。其谱世增而不世变。苏氏断自高祖，其下凡适子易世皆得自为谱，其谱世迁而世变。二家之学，皆欲以谱法合于古者小宗之法，而不知其有必不可合者也。今夫统族人以奉祭谓宗，祖分而祭亦分，故一族不止一宗，著族人之序次谓之谱。祖分而族不分，故一族当同一谱，必如欧阳氏之法则。夫人之生未有不始为孙曾，而其后渐为祖祢者，而必以元孙别自为世，以传于九族之亲之说，于礼言，不已拘乎，必如苏氏之法则。无论散而难稽也，就其见于吾谱者，问夫高祖以前，而茫弗记忆矣。今穆庵所为谱，自一世以至于十百世下，而数之不可胜穷也，而不必以元孙，此本欧阳氏之法则而通之者也。自一世以至十百世□而推之不可胜纪也，为之厘以房次，此举苏氏之法而变之者也。折先哲之衷以成一家之故，传之万万年，俾咸弗替夫尊祖敬宗，修族之意，是不可以风乎。丁氏于吾乡为巨族，忠厚传家，诗礼启后，学宦之荣，数十传矣。兹谱成吾知，必有读而思思，而奋益恢先绪鼓舞而振兴之，绳绳者，正未可量也。此穆庵之志也。书此以为之序。"①

（十八）乾隆四十五年庚子科（1780）

廖廷瑜，第四十四名，雷州府遂溪县人。具体情况不详。

（十九）乾隆五十一年丙午科（1786）

陈张元，字肇发，第二十名，高州府吴川泗岸县人。父亲是举人陈尹东，弟弟是庠生陈张仲。曾任福建安溪知县。史载，张元性格慈孝，平淡待人。至母亲逝而持家时，相待父亲的妾也是有孝道，母亲的兄弟及乡邻都没有闲话。既失怙恃事，庶母视异，母弟乡邻无闲言。中举后，在乾隆六十年（1795）大挑前往关中任职，"署孝义厅"。任职期间，安抚民众，增加辖内的粮食储备，通过各种途径将官仓的粮食补足。时值白莲教叛乱还没有得到彻底平息，各项军队开支比较大。陈张元司职军需局出纳，他严厉杜绝各类陋规，

---

① 梁成久纂.（民国）海康县续志·卷二十五·艺文志（影印本）[M]. 广州：岭南美术出版社，2009：974.

拒绝腐败，能够做到"丝毫不染，有廉直声"。陈张元历署汧阳、泾阳县事（《汧阳通志》误作渭阳），爱民如子，重视教育，境内的书院学校都给予关照。因为政绩卓著而被推荐前往福建安溪任知县。在安溪，他对待诉讼之事，对待双方，皆如家人，绝不采用严刑拷打。但对待恶霸类，陈张元则是"翦除凶横，特具风力"。当时县内"有巨猾积案垒垒，莫敢谁何"。他设法擒来伏法，"阖邑肃然"。他任知县时，安溪的官厨由于清贫，常常是一天才做饭一次。等到陈张元"以忤上官"，遭受罢职时，他清贫如洗。当地民众甚至争相给予买菜钱。遭罢官二年，陈张元卒于寓所，当地民众捐钱，始得棺木入殓，才能叶落归根[①]。

（二十）乾隆五十四年己酉恩科（1789）

黄清雅，第六名，雷州府海康县人。具体情况不详。

陈璋润，字方流，第九名，高州府吴川县泗岸人。史称他性格平和，学习优秀，日常不苟言笑，读书很有见解。他少年写起作文来，风格颇似国策，有政治见解。后来，他"潜研性理，涵养既窔"，文风也渐渐归于平淡。当时人称之为古文经的高手，有别于今文经。陈璋润生平交友比较慎重，"交与之游者，久而弥见其真"。他中举十年后，曾与同乡人、同榜举人李元琳一起上京考试。回程路上，李元琳不幸卒于旅途。他"润竭蹶归榇，定其嗣而后去"。嘉庆九年陈璋润任钦州训导[②]。嘉庆二十五年（1820）他升任琼山教谕[③]。在琼山任教谕的有不少雷州半岛的人士，如洪泮洙（遂溪人，进士）、林隆徽（吴川人，优贡，道光二十四年任）。在琼山担任教谕期间，将琼山籍文人如丘濬（明朝进士，曾任礼部尚书，文渊阁大学士）等人著

---

① ［清］毛昌善修.（光绪）吴川县志·卷七·陈张元传（影印本）[M]. 台北：成文出版社有限公司，1967：281.

② ［清］张埙春修.（道光）廉州府志·卷十七·职官二 [M]. 广州：岭南美术出版社，2009：369.

③ ［清］李文恒修.（咸丰）琼山县志·卷十三·职官志（影印本）[M]. 台北：成文出版社有限公司，1974：1168.

作印刷，"以教多士"。他的儿子陈敏元，是岁贡生①。

李元琳，又作李元彬，字蓝田，第十七名，高州府吴川县那罗人。

他的父亲是贡生李自畅。李元琳少年时丧父，奉侍母亲慈孝，"终身如一日"。后来，他在外地时，遇到双亲的忌日时，从不参与宴会活动。他曾在家乡设立家塾，延师教子，学生有七人。李元琳志趣高远，在乾隆五十四年中举人；本铨选担任海丰教谕，可惜的是他与同年生陈璋润赴京考试回程中去世。一说到他的去世，士人皆为之可惜。李元琳一生交友众多，可谓是"友教四方，远近云集"。李元琳曾参与修撰《吴川县志》②。

吴登第，第六十七名，雷州府海康县人。道光《广东通志》误作"海庆人"

少年时，吴登第曾与吴文（洪客村人，后为举人）、杨绳武（后为贡生）、杨绳昌（后为贡生）等在洪客村吴玉几门下求学。

（二十一）乾隆五十七年壬子科（1792）

钟涛，字云川，第十四名：高州府吴川县九有村人（九有村今属湛江坡头区管辖）。

其父钟锡豪，为人正直谦和，侍奉继母讲究孝道，能得到继母的欢心。钟锡豪对待宗族事务比较热心，抚养孤侄如同自己的儿子一样，亦曾捐赠尝田来建筑祖祠，对待敦宗睦族之事比较上心。著有《朱子治家格言翼》一卷。在其父亲的影响之下，钟涛也讲究孝道，少年丧父的他，事事顺应母亲。当他母亲去世时，钟涛大悲，在家居丧三年，从没有吃过荤菜，更不会饮酒。钟涛与长兄钟克敦、弟弟钟道，都勤于学习，能够博览群书，尤其精读于《三礼》《尔雅》等。成年后的钟涛，很有父亲的风范，甚至有过之而无不及。当听说吴川县修缮黉宫欠缺资金时，钟涛"毁宅以广学基，复竭力捐题，为一邑倡"。对于宗族内的修撰族谱、修建宗祠、"赈荒助乏"等事务，

① ［清］毛昌善修.（光绪）吴川县志·卷七·陈璋润传（影印本）[M]. 台北：成文出版社有限公司，1967：282.

② ［清］毛昌善修.（光绪）吴川县志·卷七·李元琳传（影印本）[M]. 台北：成文出版社有限公司，1967：282.

钟涛都是热心参与。钟涛的儿子钟迪谟，传曾担任廉州教授，铨选为"按察司知事"[①]。

龙图光，第七十一名，高州府吴川县梅箓人。具体情况不详。

何斯懋，雷州府徐闻县西村人人，顺天乡试中式。清乾隆五十七年（1792）壬子科顺天榜，曾任内阁中书。对于内阁中书一职，清朝朱寿彭《安乐康平室随笔》卷一有载："京署各官，最重资格，其中若翰林、若御史，以及内阁中书、军机章京、吏部礼司员，对于同僚之先进者，不论年齿，皆称为前辈。"何斯懋相关情况不详。

（二十二）乾隆五十九年甲寅恩科（1794）

林懋昭，字德光，第二十五名，高州府吴川县霞街人。

林氏的父亲林复瀚，庠生，少年丧失双亲，独力抚养两个弟弟，三兄弟感情比较好。当两个弟弟相继去世后，林复瀚悲痛欲绝，乃至病倒，第二年即卒。林懋昭在乾隆五十九年（1794）甲寅恩科中举，此时他丧父已久——三岁时，父亲已病逝。长期以来，林懋昭侍奉母亲，讲究孝顺，以"养亲为乐"，即使中举后，亦因之不肯出来当官。其兄林懋修（字淑庐），敦品励学，尤其擅长书法——书法仿虞世南，"能以悬笔作小楷，读书临帖之暇，正襟危坐，不事奔竞尔"。林懋修为乾隆己酉科拔贡，曾任封川教谕不到一年，随后回家与弟弟林懋昭一起奉养母亲。据载林氏两兄弟皆参与吴川地方志的修撰[②]。

丁奇玺，第三十六名，雷州府海康县人。道光《广东通志》误作"海廉人"，具体情况不详。

---

① ［清］毛昌善修.（光绪）吴川县志·卷七·钟涛传（影印本）[M].台北：成文出版社有限公司，1967：284.

② ［清］毛昌善修.（光绪）吴川县志·卷七·林懋昭传（影印本）[M].台北：成文出版社有限公司，1967：283.

（二十三）乾隆六十年乙卯恩科（1795）

黄炳，字文峰，第五十五名，雷州府遂溪县人，世居城内。

地方史载，黄炳品行敦厚，平和待人，为人机智，喜欢学习。在乾隆六十年（1795），他高中乙卯科举人，时年26岁。后大挑一等，"膺挑典以知县用"，被朝廷分发广西，委任为兴业县知县；"历署博白、贵县、兴安、武缘、罗城各县事。"①担任官职期间，黄炳廉洁爱民，无论是在贵县、兴安，还是在博白、武缘、罗城等地，都有着为官循良的声誉。当时，百色地区地处边境之地，社会并不是很安靖，多有盗案发生。不少前任官员都遭受弹劾处理。有封疆大吏看重黄炳的才华，故委任黄炳担任百色同知——清朝时同知为五品官②。经过黄炳的努力，百色这些盗贼都被擒获，老百姓的生活也得以安守。同时前任官员也免受处罚。朝廷特别表彰黄炳的成绩，根据功劳，计划提拔更高官职，惜黄炳因病卒于任上。病逝时，黄炳两袖清风，身无分文，在得到同僚们的捐助后，才入殓归葬。对此，百色民众都很感激，一直称誉黄炳的情操③。

梁光国，字用甫，号砺山，第六十八名，雷州府遂溪县人。

嘉庆《雷州府志》及道光《广东通志》作梁光国，《清历科广东乡试录》亦作梁光国，道光《遂溪县志》作梁洸国，《广东贡士录》误作梁国光。

梁光国自幼聪颖，喜欢学习，受到增贡生梁廷的关照，在年仅16岁时即前往县学求学。在学习中，对待所学知识，他能够阐明文章的深层道理，概括文章的主要意思；写起文章来也是独具见解。后领乾隆六十年（1795）乙卯科乡荐，高中举人。梁光国事亲笃孝，早晚都亲自侍奉母亲；其母寿龄过百。梁光国即使年逾六十岁，对父母还是念念不忘。梁光国性格严谨，

---

① ［清］喻炳荣修．（道光）遂溪县志·卷九·黄炳传（影印本）[M]．广州：岭南美术出版社，2009：290－291．

② ［清］陈如金修．（光绪）百色厅志·卷六·职官[M]．台北：成文出版社有限公司，1967：88．

③ ［清］喻炳荣修．（道光）遂溪县志·卷九·黄炳传（影印本）[M]．广州：岭南美术出版社，2009：291．

为人端正，出入都讲究礼节。乡人有染恶习者，都很害怕他，不敢面对他。但他对后辈时常启迪教育，不计较个人的得失。日常他居住在县城的北门外，自我修养；若不是公务之事，他几乎不入县城。

附：

道光《广东通志》乾隆三十九年甲午科（1774）有雷州府海康县举人成业奇一人，嘉庆《雷州府志》、嘉庆《海康县志》均无载，《广东贡士录》《清历科广东乡试录》作海阳人，光绪《海阳县志》据采访册载入，则海康实为海阳之误。

四、嘉庆朝

（一）嘉庆三年戊午科（1798）

李上猷，第二十五名，高州府吴川县三柏人。后迁居梅菉，中举人后任琼州府会同县教谕，曾参与吴川地方志修撰。儿子李滋康是廪生。孙子李星祥（字魁楼）是岁贡生，有美誉。

吴河光，字星海，第五十八名：高州府吴川县水潭人。

其父吴举廷，廪贡生，"少孤力学，友爱无间。郡城开设文明门，经营筹划，厥功居多"。吴河光，少年时天资敏慧，在诗词方面尤其擅长，自小负才名，是嘉庆三年（1798）戊午科举人，曾任云南江川知县、陆琼知州，曾参与《吴川地方志》修撰。史载吴河光性格豪爽，喜欢外出游历，结交友人，饮酒作诗。训导江西欧阳□赠吴星海诗：陈思得句敏一一……全却扫风性耽吟，哦古意俱冥讨五六七。言中斯理锤炉造，花鸟亦吾徒雪月。原自好点掇薛荔。墙活泼芙蓉沼当共，登嵯峨一啸众山小，归来巡檐笑便如，百事了辞吟君欲，眠眠醒诗魂……系今昔倏焉通释道楚骚经痛哭南华减烦。恼焚香诵君诗一诵香一袅[①]。吴河光作起诗来，雄顿挫深，很有唐朝的格调。吴河光虽

---

① ［清］毛昌善修.（光绪）吴川县志·卷七·吴河光传（影印本）[M]. 台北：成文出版社有限公司，1967：292.

贵为举人，却心牵民众。光绪《吴川县志》在记载"林绍祖"时说道："吴川征比急，穷民负累者众，登门乞为缓颊……高州通判某……以吴民滋事，上诉大吏委员审鞫。（林）绍祖与举人吴河光挺身出，为贫民剖析源委事得直，饥民获济出。"由此可见吴河光性格之一斑。吴河光在云南江川任知县时，"刻苦自励"，做到廉洁奉公，时人誉之为"廉吏"，惜病逝于任上。吴河光的家庭环境好，祖父吴勳，"与伯兄主持族事，能化顽悍，合族无双字于公门。卒后数十年，族人道及，犹肃然起敬焉"[①]。族弟吴国绫，也是举人。

下面收录一些吴河光撰写家乡的诗词[②]。

《特思山》：势落平芜尽，飞腾有此山。凌空开翠障，排闼供螺鬟。云雨亘天末，风烟控百蛮。孤高为物忌，怜尔碧屏颜。

《漫兴》：空山履綦绝，寂寞类僧家。夜雨芭蕉叶，秋风芦荻花。谁分怜意气，去矣惜年华。兀坐殊无赖，前村日又斜。

《春晚江村》：竹屋炊烟接，前山晚翠流。碧云合天末，白鸟下中洲。野步风吹面，村行花掷头。江潭多杜若，欲采动离忧。

《田家》：茅屋横斜住，三家自一村。榕阴朝系犊，篱落午归豚。织夜灯连户，锄春草满园。雨风殊太厚，耕凿复何言。

《游湖光岩借宿北厢》：寺势摩崖出，湖光排闼来。人从天外到，山向水中开。峰翠林间合，岩云夜半回。幽奇探未遍，晓上读书台。

《登麻斜炮台》：炮台南枕广州湾，一派崩涛撼远山。要地原来跨两郡，偏隅今竟佑重关。潢池盗弄秋氛里，铜柱依微落照间。庙算百年严斥堠，诸君何以谢戎班。

麦实发，道光《广东通志》作麦宝发，字嶷圃，第九十一名，高州府吴川县院村人。

其父麦珽，乃郡增生，一度"杜门奉母，以一经训"。麦实发生性平和，

① ［清］毛昌善修.（光绪）吴川县志·卷七·吴勳传（影印本）[M].台北：成文出版社有限公司，1967：275.
② 林济仁主编.传奇水潭[Z].内刊，吴川，2013：146.

外貌俊美，性格善良，对待父母讲究孝顺。自幼起，麦实发即对书籍喜爱，达"酷嗜"的程度，对于各类经史子集、性理方面的书籍，他都能做到背诵有加。麦实发写起作文来，讲究正统，中规中矩，"不涉时蹊"。在嘉庆三年中举后，曾一度前往京城参加会试，可惜不中，遂归家奉养双亲。麦实发性格平和，喜交朋友，中举后，往来朋友更多。往来间，常常谈文咏诗，朋友们都奉他"为文坛圭臬云"。

吴川似乎文风颇浓，读书人不少，如村内的麦嘉光"壮游黉序"，其父麦玑，岁贡生，官江西广信府教授。麦嘉光第三子麦峻，岁贡生，官福安教谕；麦嘉光第四子麦伦，明天启举人，官至嘉兴通判[①]。村内麦崇光为康熙年间岁贡，曾任顺德训导。

文在中，第三十五名，高州府石城县人。嘉庆十五年（1810）署江西吉水知县[②]。

梁安邦，第二十二名，雷州府遂溪县人。具体情况不详。

李羌和，亦作李羗和、李姜和；道光《广东通志》作李羗和，也作李姜和，第三十八名，雷州府遂溪县人。曾任石城县教谕、崖州学正等。民国时期《石城县志》载："李姜和，遂溪举人，嘉庆十八年任。案，郡志，姜作薑。"[③]

陈应龙，第二十二名，雷州府遂溪县人。具体情况不详。传其曾选顺德县儒学，不知道是教谕还是训导，但查咸丰《顺德县志》皆不见所载，抑或是未入职。

王居敬，第八十七名，雷州府遂溪县人。嘉庆十五年（1810）雷州知府雷学海重修《雷州府志》，总纂陈昌齐邀请王居敬参与修纂。

①　［清］毛昌善修.（光绪）吴川县志·卷七·人物列传（影印本）[M].台北：成文出版社有限公司，1967：516.

②　［清］周树槐修.（道光）吉水县志·卷十九·秩官志 [M].清道光间刊本。

③　钟喜焞修.（民国）石城县志·卷九·官职志文职表（影印本）[M].台北：成文出版社有限公司，1974：473.

（二）嘉庆五年庚申科（1800）

杨发祖，第二十六名，高州府吴川县人。其父杨宗誉，住吴川中街，中街亦被称为李屋巷，以李姓族人为聚居主体。

（三）嘉庆六年辛酉科（1801）

林鸣玉，道光《广东通志》误作林鸣五，第七名，高州府吴川县塘禄人。事迹不详。

丁宗闽，又名宗增，字凝重，号海山，第九名，雷州府海康县调铭村人。恩赐举人丁居诚之子。丁氏家族在清代颇负盛名，据地方志载："当乾隆嘉庆之际，调铭丁氏科名鼎盛，宗洛仲兄宗闽，族叔汝旼，族昆弟奇玺、奇珺皆登乙榜；宗闽与弟恩贡生如金修谨好学，宗洛撰《逸周书管笺》，两人匡襄之力居多。"[①]丁宗闽中举人后，以大挑二等初选博罗县学训导。时用名"丁宗增"，时间为嘉庆二十五年（1820），见《惠州府志》卷二十"职官表下"[②]。其弟丁如金回忆称："仲兄计偕（举人入京会试）北上，司训罗阳。"（见丁如金《逸周书管笺注序》）后调钦州学教谕，奉满提升知县。丁宗闽曾担任过澄迈署教谕、文昌县署训导等职，皆用"丁宗增"之名。丁宗闽能歌善文，被誉为姑娘歌"歌王"。两广总督阮元赠予他"亚魁"牌匾，同考试官李心庵赠予他"文魁"牌匾。嘉庆十五年（1810），雷州知府雷学海重修《雷州府志》，陈昌齐邀请丁宗闽等人参与修纂。另有记载，丁宗闽曾与四弟丁如金协助三弟丁宗洛著述，担任校对、修改等事务。陈钧《逸周书管笺序》谈道："宗洛著《逸周书管笺》时，（宗闽、如金）两人匡襄之力居多。"道光十三年（1833），丁宗闽卒于家，享年68岁。

丁宗闽曾作有《贺宗洛刻"陈清端公年谱"既成而作》一诗："臣卯当年毓异胎，异人隔世果重来。何惭韶石中兴相，不信琼山天下才。鸿业

---

① 梁成久纂.（民国）海康县续志·卷二十·丁宗闽（影印本）[M]. 广州：岭南美术出版社，2009：836.

② ［清］刘湘年修.（光绪）惠州府志·卷二十·职官表（影印本）[M]. 上海：上海书店，2003：344.

百年斯灿著，鱼撼双页肯轻开。结缘翰墨怀先德，同证莲花最上台。十六春秋岁序迁，独怀先哲创编年。甘棠遗爱清风久，常棣敷荣旭日鲜。一段苦心相印合，千秋佳话自流传。残编会魏难绳武，对此僧幢折幔悬。"在海南澄迈任教谕期间不仅参与《澄迈县志》的修纂，且留有《石花洞记》（署名为丁宗增）等著作："石花洞。在石（石+矍）港之外耳，其名者得之渔人，恨未亲见之也。昔有好奇之士，结伴而游，见有岿然高者，曰炮台；见有垒然如联珠者，曰烽墪。此石（石+矍）汛，去石（石+矍）港不远矣，无所为石，亦无所为洞也，不数武水声澎湃，水势浩渺，耳得而闻，目得而见，此石（石+矍）港矣。亦无所为石，无所为洞也。矧石而洞，洞而石生花哉。于是群相谓曰，石花洞。岂桃花源耶，此渔人不及彼渔人耳。顷之，有驶船而来，哇哇然，笑诸君之疑石花洞也，石花洞亦无怪诸君之疑也。夫石花虽产石洞，而兹花之现。定于五月五日午时，询其洞，则在港中，询其石，则在水底，至询其花，渔人乃谞然曰，诸君，其听予状之富贵家，有红珊瑚，不必言。若黑珊瑚多树之篱落，诸君其皆见乎？曰得之矣？未也。其张如扇，其平如屏，其枝树，虽交而不似黑珊瑚之纠结，曰得之矣？未也。比黑珊瑚，嫌其贱；比红珊瑚，嫌其贵。而谁知五色具备之纷披之。不仅所言珊瑚二色也，曰得之矣？未也。初则微劲，久亦不朽，世所谓富贵之花非其花，隐逸之花非其花。即如刘郎之所栽，周子所爱，都非其花，曰得之矣，犹未也。探花之法，使善没者，持利铲入深渊，如铁网之取珊瑚焉，曰得之矣，犹未也。海水不易清，非其时则不清，石花不易见，非其时则不见，时乎，时乎，何岁无之，而何人得？言已刺船而去，缘延港边，似告以其处。游者因忆人家净几，上清侯母，乃即此花与，归以告予曰，为我记之。予考《桂海虞衡志》，有海柏，有海松，范至能之所笔也。兹顾以石花名，石有洞，不闻其藏于水，洞有花，不闻其产于石，即质之有宋格物之儒，不啻庭前阶下竹耳。吾独于非其时之不清，非其时不见，喟然而叹曰，五月五日时，诸君慎勿错过。若使米南宫见之，必呼兄而拜之，渔人之言不予欺也。遂书之为石花洞记。"①

陈宗绪，字缵甫，第十四名，雷州府海康县城外苏楼巷人。中嘉庆辛酉恩科举人。嘉庆二十一年（1816），陈宗绪大挑二等——其子、同为举人的陈文焕则为同年大挑一等②。大挑是清朝乾隆年间制定下的一种科考制度，为的是让已经有举人身份但又没有官职的人有一个晋升的机会，在乾隆十七年（1752）成为定制。三科（原为四科，嘉庆五年改三科）不中的举人，由吏部据其形貌应对挑选，一等以知县用，二等以教职用。每六年举行一次，意在使举人出身的士人有较宽的出路，名曰大挑。嘉庆二十五年（1820）陈宗绪任广州府顺德县训导③。

苏楼巷似乎文风很盛，除了陈宗绪、陈文焕父子为举人外，陈宗翰（字墨卿）为廪贡生，署化州学教谕、澄迈县学训导；陈宗器（字肇甫），曾任山西试用巡检、署太谷县主簿；陈步举（字扬之），担任江苏试用巡检；等④。嘉庆十五年（1810），雷州知府雷学海重修《雷州府志》，总纂陈昌齐邀请陈宗绪参与修撰。

丁奇琯，雷州府海康县人，顺天乡试第二十二名。

丁奇琯，字葭圃，号云浦，又号筠圃，雷州调铭村人，以监生中嘉庆六年辛酉恩科顺天乡试举人。丁奇琯生于乾隆十一年（1746）正月初十日，其父丁汝旼，曾任职河北深州。丁奇琯小时天资聪颖，后成为国学生，文名甚盛。中举之后，考补国史馆誊录、议叙知县。不久，选授江西赣州府安远县知县，署定南厅分防同知，江西赣州府知府⑤。

① ［清］谢济韶修.（嘉庆）澄迈县志·卷九·艺文记（影印本）[M]. 台北：成文出版社有限公司，1974.

② 梁成久纂.（民国）海康县续志·卷十五·选举志（影印本）[M]. 广州：岭南美术出版社，2009：738.

③ ［清］郭汝诚修.（咸丰）顺德县志·卷九·职官表 [M]. 台北：成文出版社有限公司，1967：706.

④ 梁成久纂.（民国）海康县续志·卷十五·选举志（影印本）[M]. 广州：岭南美术出版社，2009：739.

⑤ 梁成久纂.（民国）海康县续志·卷二十·丁奇琯（影印本）[M]. 广州：岭南美术出版社，2009：836.

丁奇琯初次离京去安远当知县时，从兄丁宗洛作诗四首赠他。诗题为《都门送从弟云浦奇琯官江西安远四首》，表达丁宗洛对其致仕的愿望以及惜别之情："势不能归遂两歧，三年集首此将离。友于倍切他乡客，别恨惊逢落地时。愧我雁门庐未弃，可怜君羊版御疑。宦途正按归途去，怒怒乡思曷自持。""枕被长期破寂寥，无如车乘赋翘翘。鱼因浪暖求烧尾，柳值风和学折腰。旅邸尚留花葶丽，行旌已挟酒廉招。赠君唯有区区意，不禁相随驿路遥。""翘首郎官近太微，天星今已向南辉。大江保障环章贡，循吏休风溯贾韦。百里云光连岭峤，十年鲤对奉庭闱。循声勉续家声旧，越檄何殊附帝畿。"果然，出仕后的他，不负众望，勤政爱民，"有政声"。道光二十九年（1849）卒，享年74岁。

雷州市调风镇调铭村为雷州市历史文化名村，坐落于雷城东南边最高山脉仕礼岭脚下。这里山环水绕，钟灵毓秀。当地有堪舆家曾曰：村案朝于千顷良田；明堂非常秀丽，背靠一脉明山，日、月、星三墩拱照，龟、蛇二墩守护。整个地形宛如鲤鱼戏水，人才于此振兴。清代康熙至嘉庆年间，村里仅有300多人，却先后有7人中举（丁兆启、丁汝旼、丁奇玺、丁奇琯、丁居诚、丁宗洛、丁宗闽），70多人考取各等贡生、廪生。分别任知县、知州、知府等职的有16人，授职九品以上者48人，是号称"文擎雷阳"的"举人村"。

（四）嘉庆九年甲子科（1804）

林家桂，字道子，一字辛山，第六名，高州府吴川县塘㙟村人。嘉庆九年中举人后改名联桂，中道光六年丙戌科（1826）进士。详进士条。

戴尚礼，第十六名，高州府石城县（今廉江良垌三角塘）人。

据相关文献谈及的戴瑚、戴尚游所载，三角塘地方学风不错："戴瑚，字商彝；戴尚游，字立之，俱三角塘人，岁贡生。瑚性温厚，接物和平。建宾兴、修文庙，皆尽心经理，邑人钦服。铨授海康训导。在任重游泮水，章督学赠经，师人范囿。（戴）尚游性谦诚朴素著。咸丰间，勤办军务，肃清县境,以功保奖,授文昌学后,皆以老致仕。"[1]戴尚礼,为嘉庆九年(1804)甲子科举人,民间相传戴尚礼后任广州府番禺县教谕,但查同治《番禺县志》卷九"职官表"没有见记载。

李士忠,字诚卿,第六十一名:高州府吴川县中街人。吴阳中街,位于吴川市西南的吴阳镇内,村落地形呈长方形;因巷子内以居住李姓人居多,又称李屋巷。方志载,李士忠少年聪颖,颇有文名。历史上中街富有读书气氛,村子内读书人颇多。如村落开基祖李穆为南宋进士,李穆长子李凌云为南宋淳祐丙午科解元,其所建的极浦亭长期为村内的学堂。清嘉庆朝前后有李元翰、李士龙、李士麟等人。李元翰为李政之父,是国学生;李士龙,廪贡生,曾任海康训导、遂溪训导、海南景苏书院山长等职;李士麟,嘉庆拔贡生,曾任澄海教谕等职[2]。

李士忠,生性忠厚,讲究孝道,奉养母亲至本性,深得生母的欢心。李士忠有胞弟两人,因种种原因,生活陷于贫困之中,不能"自给",他遂将自己的薪酬所得分取部分来资助兄弟,做到"甘旨必同"。李士忠曾经获取到一些"布帛菽粟",也将这些所得分解,将部分物资分给贫困的胞弟来赡养家庭;李士忠如此的举措居然长达二十年,而没有一点"吝心"。当时县城学政姚文田、知府杜安诗,都因为李士忠如此的品格而对他相当器重。在嘉庆九年中举人后,李士忠随后获丁丑大挑一等,"发北直里门需",可惜的是第二年即去世[3]。

周植,第六十五名,雷州府遂溪县人。父亲周立福,后嘉庆二十二年丁丑科(1817)中进士。详进士条。

萧昇,号星垣,高州府石城县人,顺天乡试中式。廪生萧玢孙,廪贡

① 钟喜焞修.(民国)石城县志·卷七·戴尚礼传(影印本)[M].台北:成文出版社有限公司,1974:667.

② [清]毛昌善修.(光绪)吴川县志·卷七·李士忠传(影印本)[M].台北:成文出版社有限公司,1967:284、293.

③ [清]毛昌善修.(光绪)吴川县志·卷七·李士忠传(影印本)[M].台北:成文出版社有限公司,1967:283.

萧光秀子。他自幼秉承家学，读书卓越，选嘉庆六年（1801）辛酉科拔贡，九年（1804）中式顺天乡试举人，署湖南石门、鄱县、桃源、桂阳、零陵等县知县。他为官时"善政宏敷，口碑载道，士民皆制锦赠匾"。他在石门知县离任时，县里士绅争相饯行，赠送诗文。后来他任清泉县知县，在任上秉公查办恶劣监生罗东扬、讼棍殷之辂，"合邑悦服"。匪徒赵金龙结伙作乱，萧昇积极筹集军饷物资支援前线，立有军功。军部将其军功奏报朝廷，他得以从优议叙，委派代理衡州府通判。但在赴省城交接时遽遭疾病故，卒年七十一岁。他为官清廉，家眷因此几乎没有资财返回故里。长沙知府何其兴得知后，带头倡捐，使他们得以返回家乡。他前后为官二十余年，"廉正如此，诚不愧古之循良也"[①]。

（五）嘉庆十二年丁卯科（1807）

李实，字秀夫，第五十九名，高州府石城县（今廉江新民大路边）人。生于乾隆二十七年（1762）年，四十六岁时考中举人。史载，李实幼时聪颖好学，阅读的范围包括不少经史典籍，"为文雅有，先正魄力"。少年时参加相关考试就名列第一，随后进入县学求学。中举后，李实经过大挑，先为某地教谕，不久又担任廉州府训导。平时为学严谨，严肃端庄，严守操节，要求学生也是严厉有加。李实离职后，"足不履公庭，手辑学庸，解学者多传之"[②]。

罗秀凤，第六十名，高州府石城县（今廉江雅塘陀村）人。生于乾隆三十一年（1766），四十二岁时考中举人，留有著作《梧冈诗集》。罗秀凤幼时家境较好，其父亲罗世宝，年轻时风貌英俊，反应敏锐，有远见，讲策略，平时对待宗族各类活动，讲究族规，遵循礼法，且热心乡里公益事情，乡里的水利设施年久失修，他遂带领乡人不仅修筑陂渠，而且部分地方还

---

① 钟喜焯修.（民国)石城县志·卷七·萧昇传（影印本）[M]. 广州: 岭南美术出版社，2009: 1023－1024.

② 钟喜焯修.（民国）石城县志·卷七·李实传（影印本）[M]. 台北: 成文出版社有限公司，1974: 664.

开圳导水，周围不少异姓村庄都深受其益。附近村落曾有很厉害的盗匪，为害乡里。罗世宝出面带领乡人，想方设法剿灭这股盗匪。石城知县王德茂对于罗世宝这种品格，深为看重，根据惯例，赐予他冠带①。

（六）嘉庆十三年戊辰科（1808）

孙大焜，字南瀛，第十一名，高州府吴川县唐基人。父亲孙亘修。孙大焜生于乾隆四十二年（1777），三十二岁时考中嘉庆十三年（1808）举人，随后通过大挑，获得出任知县的机会。孙大焜初署福建尤溪知县，后调寿宁任职；不久补沙县知县。孙大焜每到一地担任知县时，到任之始，"即祷城隍庙，以清慎自矢、振兴文教、整饬风俗"。当其时，尤溪之开山书院、寿宁之鳌阳书院、沙县之梅冈书院，在孙大焜到任之前，"均有名无实，或并院基而无之"。到任后，孙大焜就"创复堂宇，置田亩，给膏火"，并到处延请名师前来授课。同时"定章程以垂永久"。孙大焜对地方文化名人遗址也给予重视，如修缮"朱子祠堂，及故进士邓景枢墓，且为之立后。访李忠定纲寓轩故址，树之碣"。寿宁、沙县两地的社稷神祇诸坛，及城隍后寝，长期以来，由于没有人管理，都已经是"荒烟蔓草"的景况，孙大焜到任后，遂根据礼仪进行整理。沙县黄陇、登云二陂，原来可以"溉民田万余亩"，但由于长期没有管理，造成破败不堪，废坏已久。孙大焜任职不久，就"捐囊金七百"，向社会倡捐资金来修复，造福民众。每到一地任职，孙大焜皆"考校士子，力拔真才，前茅之士，见取于学使者，每试十常七八。案无大小，随狱随结"。尤溪、寿宁两县都是地处偏远的贫僻之县，"习俗颓弊，伦纪不明"。他就"明示章程，整顿化导，不遗余力"。到孙大焜准备到下一地任职时，民众"诗歌钱送者"，塞满了道路两旁。他在此三县前后任官九年，治绩可谓是炳著。并有两年担任考官，也收获一些人才。可惜的是因为别人的"罣误"——即别人的过失或牵连而受到处分。处分后他就归隐家乡

① 钟喜焯修．（民国）石城县志·卷七·罗秀凤传（影印本）[M]. 台北：成文出版社有限公司，1974：660.

吴川，主讲高文书院。孙大焜性格喜欢读书，对古籍比较喜爱，曾经筑楼藏书数万卷，"法帖名画充牣其中"；同时，他对古文尤其擅长，著有《执兰山房集》。咸丰三年卒，年七十五。子毓兰、佩兰，都是诸生出身。邑人、清朝状元林召棠有《题孙南瀛晓度庐构图》一诗，是说孙大焜的。诗曰："来时月落千山树，马蹄踏寒桥路去。日春风万即丝桥，边柳色萦春旗使。君种花河阳县一，路飞花掠人面五更。□首望庐沟五云，晴拥双凤楼。"①

易文成，第十四名，高州府吴川县上杭人。其父是岁贡易业镐（后改名重申），生于乾隆五十一年（1786），二十三岁时考中举人，具体事迹不详。

李玉茗，字柏垒，第十六名，高州府吴川县中街人。生于乾隆四十三年（1778）。他的祖父是李培曾，父亲李远锦，后因其功名被封修赐郎，赠文林郎。传说李远锦非常讲究孝道，因他在出生的第二天母亲就去世，故每当自己生日时就杜绝一切酒肉，"竟日号泣"，即使到八十岁时仍然如此。在嘉庆十三年（1808），三十一岁的李玉茗考中举人，后选龙门训导、花县教谕。

李玉茗十岁即虔诚于祭祀，曾"自购栖椲七箸，敬谨什袭过家祭用之"。道光六年，李玉茗经过大挑二等，被选为龙门训导；任龙门训导期间，学堂的学生都"爱之如父兄"，相互之间形成教学相长。道光十三年，由于"丁父忧"，李玉茗要归吴川家乡，送别时，不少送别者甚至送到邻县始泣别。在吴川家乡期间，李玉茗在家里设帐授徒，为家乡培养后学；并在家乡倡建川西书院，设立西水宾兴馆，筹集资金津贴考生前往考试的舟车费。当是时，朝廷对鸦片实施烟禁，李玉茗积极响应，在家乡"严当事议"，倡导以茶易烟，并将收获到鸦片悉数焚毁之。嘉应吴兰修、番禺梁信芳，两人是李玉茗同年生也；同年生还有晚辈的、南海人曾钊，他们都被朝廷所器重。李玉茗皆向他们致洋洋千余言书，大致的意思是："鸦片当禁，惟不可太急，且言禁烟非策，必为外夷借口，后果如所言。"道光二十一年，原计划被

---

① ［清］毛昌善修．（光绪）吴川县志·卷七·孙大焜传（影印本）[M]．台北：成文出版社有限公司，1967：291.

任命知县的李玉茗，因其他原因，"改校官选花县教谕"。李玉茗刚到任时，时任花县训导、八十岁的罗定人江某，"病卒，无子"。李玉茗遂亲自前往视看，"含殓赆其丧以归"。生员任某前来拜见，但李玉茗知道任某并非因为学问之事来访，就拒绝了。当其时，恰逢是冯云山倡议反抗朝廷，"任某以同党罹重辟，性喜扶植良善，诸生非罪株累者，必曰其冤"。在花县十年，由于处事公正，士子们对李玉茗皆是出自内心佩服；当地重要士绅骆秉章家族更是对李玉茗推重有加。咸丰元年，李玉茗告老还乡。可惜的是，归家不久，李玉茗即去世，时年75岁。

李玉茗"善诗古文辞，每脱稿，人即传诵，愿不自爱。惜遗稿多散佚。生平自奉俭约，冬一裘，夏一葛，敝箧萧然，尤严义取，身后不名一钱"。他的儿子李文澜，字镜帆，是道光乙酉科拔贡生，"天资卓越，于文尤长古学"，可惜年仅41岁就去世。儿子李文淮，字小莲，是道光丁酉科拔贡生；儿子李文泰，是同治九年举人，后选用主事加员外郎衔，有当时广东十大才子之称[①]。

陈文焕，字宛玉，第三十四名，雷州府海康县城外苏楼巷人，是举人陈宗绪之子。陈文焕生于乾隆四十八年（1783），二十六岁中举，并于嘉庆二十一年丙子大挑一等，试用东河知县[②]。

蔡思铭，字惧三，号兰躔，后改名宠，雷州府海康县南乐社乐只村（今雷州市客路镇高桥客区乐只村）人，顺天乡试中式。嘉庆十三年中顺天榜举人，道光二年（1822）中进士。，详进士条。

丁宗洛，字正叔，号瑶泉，雷州府海康县（今雷州市调风镇调铭村）人，顺天乡试中式。

曾任试用训导、淯州州同等。调铭村为文化名村，村内颇有读书风气。丁宗洛出身书香世家，高祖丁鸿猷，附生；曾祖丁兆启，是康熙朝举人；

---

① ［清］毛昌善修．（光绪）吴川县志·卷七·李玉茗传（影印本）[M]．台北：成文出版社有限公司，1967：290.

② 梁成久纂．（民国）海康县续志·卷二十·陈文焕传（影印本）[M]．广州：岭南美术出版社，2009：738.

父亲丁居诚，是增贡生，恩赐检讨；丁宗洛是丁居诚的第三子。叔父丁居亮是增贡生。丁宗洛中举后不久，被选授山东济宁州同知。历署昌邑、乐陵、曲阜等县事，长期在外为官。

丁宗洛为人俭朴，不讲究奢侈生活，以读书为乐；如举人陈钧曾称他"俭朴如布衣，醇谨如耆儒，讲理学、谈道艺如老师傅"[①]。即使贵为州同，仍然是"旧袍古帽"，居住之处是"客舍荒落殊甚，旧书满颓案，法帖文墨狼藉而已"，没有什么讲究。丁宗洛任济宁州同知时，曾在州署大门两侧亲笔书一对联曰："吏□莫作长官看法律要与诗书通。"或者在丁宗洛看来，朝廷官吏可以通过自身的清廉来管理社会，这也许受邑人陈瑸的影响，陈瑸曾以清廉而著称。陈瑸有言："官吏妄取一钱，即与百千万金无异。"[②]丁宗洛在外为官二十多年，一直都是"尽心民事""清介不苟"，时时为民众着想。据言有一年夏天，济宁大旱，丁宗洛亲自协助知州进行抗旱救灾，"躬诣绛山取水"。灾后，当地农业由于歉收，民众生活困苦不堪，他遂将家乡祖辈遗留下来的一百亩田产变卖，把所得的款项拿到济宁进行救灾。他的举动感动了济宁民众，"州之人爱之敬之，潜移默化"。后来还有一次蝗灾，当时济宁发生了很有影响的"蝗灾"，此时丁宗洛已是年老体弱，但仍然冒着烈日，带领民众前往田野"捕蝗"，保存庄稼。丁宗洛这次"百里祈雨，烈日捕蝗"的壮举，再次感动了当地民众，被民众到处传颂。《济宁州志·宦绩传》载其曰："清介不苟，安贫嗜学，百里祈雨，烈日捕蝗。博书之外，讨论古今。历年代理县缺，有政声。"翰林院编修王赠芳（江西庐陵人）曾赠以"文政有声"之匾[③]。

丁宗洛虽然学优而致仕，但却一直"不忘秀才本色""仕不废学"，日常仍然"劬书博古"，考订经籍，笃志著述，著作颇丰，著有《大戴礼管笺》

---

① 梁成久纂.（民国）海康县续志·卷二十·丁宗洛传（影印本）[M]. 广州：岭南美术出版社，2009：835.

② 赵尔巽. 清史稿·卷二百七十七·陈瑸传 [M]. 北京：中华书局，1977：10091.

③ 雷州历史文化丛书编委会编. 雷州名贤 [M]. 广州：岭南美术出版社，2013：135.

十三卷、《逸周书管笺》十六卷、《海康陈清端公年谱》二卷、《陈清端公诗集》十卷、《梦陆居课艺》五卷、《五经经义》《挥汗录》《四书余义》《增订雷州府志》《古合外志》《连阳丛话》《连阳余闻》《雷阳黎献集》《不负斋文集》《一桂轩诗钞》《梦陆居诗稿》《梦陆居诗话》《顾甑集》《驿春集》等。陈清端公即陈瑸，是清朝著名清官，康熙曾曰："朕亦见有清官，然如陈瑸者，实罕见。"为了弘扬乡贤的清廉精神，丁宗洛虽"客于数千里之外"，仍然不辞艰辛地搜集、编辑陈瑸的史迹及诗文等。辽阳王朝干曾在《陈清端公年谱》序言中说道："丁君竟数年精力，举公之一言一行，无不搜集，蔚成臧篇，俾览者于此如亲见清端公之状貌，而聆其议论，究其行事。在公无憾然，则了君之为人，亦可知矣。丁君之作史，亦可概见矣！"

道光二十一年（1841）十一月，丁宗洛因病卒于济宁宦署，葬于山东济宁北郭外"季家庄之赵村"。

附：

丁宗洛自序《增订雷州府志》①

《雷阳黎献集》自序：忆嘉庆壬申癸酉间，洛待试南宫，闻续修《雷州府志》，初成。阖郡议论沸腾，莫可究诘，然未见其书也。迨丙子丁丑，有友人遗新志一部，且附以书曰，此志殊不足观。洛急读之，因覆友人曰，大凡著作之难，非握管自为，不知其中难处。局外呶呶皆隔鞋搔痒耳。新志颇有体大思精之目，其间小疵，类或缘分校之，咎未可。概归咎于总裁，虽然为先达解谤，后生贵有虚心而为全书折中。儒者贵有特识，吾闻当日之肆为攻击者，不过以人物太滥，列女太杂，艺文删削过多，此洵新志之疵类，要其瑜不掩瑕，不仅在此。尝考宋景定《建康志》，全书后有补遗一卷；国朝《萧山县志》，全书外有刊误三卷。虽二书缘起各自不同，然吾本之以辑此书，即合补遗刊误，以为纲补遗云者，远不考两汉魏晋六朝之书，

---

① 梁成久纂．（民国）海康县续志·卷二十七·艺文志（影印本）[M]．广州：岭南美术出版社，2009：978．

近不稽唐宋元明之史，奚怪其有所遗也（各门皆有遗漏，今惟大者列□专卷）、刊误云者，大之不及《广东通志》《大清一统志》，小之亦不见各府州县志，亦奚怪其有所误也（有体例之误而歀式附之，有援据之误而字画附之，有文义之误而语句附之，今皆逐条各见）。然而二义实相出入，故篇页繁多者立为专卷，余则皆随门办证，望文申说，以便省览。《四库书目》以毛大可，《萧山县志》刊误，殿都县志之后注云，一使阅志书者，知其附会夸饰，大概如斯。不可引为证据，一使作志书者，无稽之谈不足当通人之考证，因而知所戒，以雷志例之。洛所以兢兢于此焉，然又有说地方之利害，民生之休戚，士气之兴替，风俗之淳浇，莫不赖资守令，以加意维持，实力振作。陆稼书先生宰灵寿修县志，以名儒儒笔，咨询邑中父老，各门皆三致意，故其书简而要大，有关系于地方。洛今借办订之编，以寓防维之道，与此例不相刺谬。宋罗原撰《新安志》，自序曰，儒者之书，具有微旨，不同于钞，取记簿识者题之，是盖区区之意也。广求载记，屡更体裁，阅三十年而始就绪，至艺文之删削者，不特据旧志，以酌补，而且搜寻往昔，哲掫采时贤备录之名，曰《雷阳黎献集》，即缀增订全编之末。

（七）嘉庆十五年庚午科（1810）

吴懋清，字廻溪，又字澄观，第二十二名，高州府吴川县水潭人，生于乾隆三十九年（1774），是吴光礼的长子。吴光礼，字德谦，别字溥渊，太学生，"以耕读世其家，子二：懋清、懋基"。吴懋清在三十七岁时考中嘉庆十五年（1810）举人。

吴懋清有一弟弟吴懋基——他后来也中举人。兄弟两人情感很深，相互友爱，同时也是处于亦师亦友之中。吴懋清的母亲洗氏——后封为孺人，"性严顾，乐施予"，因而吴懋清常常提前储备一些钱物来备用，"或不怡，则下气卑容，陈说古今可喜事，宛转动听，得欢笑乃已"。吴懋清非常讲究孝道，"年逾五十犹跪受杖责，不命不敢起也。遇父忌日，辄陨泣，置祭田筑庙妥茔，自祢以上"。当年吴川沿海多有海盗出现，吴氏遂"奉母迁茂名之赤岭横塘乡所居，重峦窈壑，蔚荟数里"。吴懋清不仅讲究孝道，对待亲朋好友，也是尽力相助。如曾"割产与贫姐"，"舅氏族姻无告者"，吴氏也常常给予衣食，扶持其婚丧之事。"从兄位三，自信宜病归，卒舟次，俗忌以尸入，懋清与弟共舁之，殓正寝如礼。"吴川当时亦算穷乡，故乡人多有争讼斗殴。吴懋清时常据理调节。面对吴氏的调解，民人亦相互退让，渐渐往平和的社会发展。

吴懋清年十二即能诵十三经，年二十四补县学生，二十六岁"居溥渊公忧，服阕食饩，试辄冠曹"；三十四岁中丁卯副榜，三十七岁领庚午乡荐；三十八岁会试不第后，"留京过夏，与连平颜伯焘、海康陈昌齐、定安张岳崧、同邑林召棠交善，因以求天下贤者学益广大。四试不第，归养不复出，惟潜心撰述，至老不衰"。道光二十五年，吴懋清去世，时年七十二岁。

吴懋清湛深经术，曾为吴阳学宫主讲，时有学生孙祖贻[①]。吴懋清长期致力于经学，笺注义疏皆有涉猎，"手撰述十三经、国语、离骚、诸子、史及形家言，合所为诗赋、杂文，为卷凡二百十有四。"这些著作学术水平还是比较高的，在他去世三十年后，"郡人先后以懋清所著书签学使者，呈国史馆、钱塘阁学汪鸣銮，称其为学不务立汉宋之名，而实事求是，实与汉氏之学相近。又云其著书详审，精密博而能通，无凿空之谈，无门户之见识者，韪其言"。

吴懋清的配偶易氏，是武进士易中的孙女、武举人易业富的女儿，有妇德。吴懋清有儿子四人："方翱，字云图，聪明疆（言已），道光甲午优贡。方翱以亲老弟少，不忍远离膝下图进取。庶弟士彬，九岁与同卧，起制竹牌书字，详析音义，昼夜督课，以为常治家橐，无私财，训族存尝，条条井井，年四十七卒。士彬，辛酉拔贡生。士彦，廪贡，中书科中书。士参，廪贡，先训导。"邑人、中国第一位驻美公使陈兰彬曾有《题吴方翱像赞》一文。另，吴士彬为易孺人所出，娶林召棠的女儿为妻。

---

① ［清］毛昌善修．（光绪）吴川县志·卷七·吴懋清传（影印本）[M]．台北：成文出版社有限公司，1967：300.

附吴懋清诗二首及两份传记。

《山居》（吴懋清）："家在藤崖石岫中，四围春色一山松。买舟欲访张无路，知在云深第几重。"

《怀昆源弟》（吴懋清）："连床风雨幼相偕，数载分离各一涯。弟落魄如云里雁，我吁拙似井中蛙。年多错过知同恨，貌少相逢那遣怀。惟有高悬徐榻榻，倚门尽日听敲柴。"

陈乔森《吴廻溪先生家传》[①]："廻溪先生，姓吴氏，讳懋清，字澄观，高州吴川人。世居水潭乡，以避海氛，奉母迁茂名之赤岭横塘乡，其郡人谓之横塘先生。父，讳光礼，有隐德，事载邑乘。先生年十二，能诵十三经，稍长，益肆力于笺注义疏。汉唐以来，作者皆搜别纂录，以为生古人后，读书始得如是。三十四中副榜，越三年中式举人，辛未会试不第，馆京师。于时，连平颜公伯焘、海康陈公昌齐、定安张公岳崧、与邑人林公召棠皆推重之，名籍都下。先生容质朴伟，其学巨储而约举，喜深湛之思，其为文抉经源道，汇于古人之法，其沛乎独得，则又置身今人之上，而不苟随，故卒无所遇。癸未再报罢，遂浩然归，著书自娱。既林公召棠亦告养归，以女妻子士彬，盖始终尊其德也。所居重峦窈窱，蔚荟数里。而长子方翱，号聪明强记，日葄花竹，捡图书，瀹茗侍，有以自乐。故暮年虽病目，精思不衰。其教人以敦行为本，稽古为先，言动必遵绳墨，时出所著诱后进。学者以列弟子籍为荣。道光癸卯，年七十矣，以老不赴铨，例得京职，授中书科中书衔。明年方翱殁。常储钱帛食物以需。遇父忌日，辄陨涕。置祭田、筑庙、妥茔、自称。以上其伯父有足疾，侍养如父。弟懋基亦举于乡，屡困礼部试，出为校官，代教子治家二十年。又割产与贫姐、舅氏，为从子侄失所者婚娶。画恒业，岁饥则罄囷赈。距乡二里许鉴江涨发，常购柩瘗流尸。先是左右乡多讼斗，自先生情枏而理噢之，咸退让而谨良焉，是以知不知皆谓先生笃行君子也。余不及见先生，先生殁十六年，始与士彬为同年生，屡造其庐，获次其遗书。

---

① 林济仁主编．传奇水潭[Z]．内刊，吴川，2013：105．

凡先生所著，有《尚书解》五卷，《尚书古今文测》七卷，《尚书三文订讹》六卷，《古今尚书问答》二卷，《尚书订定古本》七卷，《诗经解》五卷，《诗经测》九卷，《毛诗订本》七卷，《毛诗复古录》六卷，《周官测》七卷，《周官郑注订讹》十二卷，《仪礼测》八卷，《大戴礼记测》十三卷，《春秋传注订讹》一卷，《纂辑十三经注疏》十九卷，《四书解》十二卷，《四书榷解》十卷，《论语考》八卷，《孟子考》八卷，《朱文公仪礼通解弗》一卷，《国语韦注订讹》四卷，《地理杂著》十八卷，《天问测》一卷，《诗赋杂文》十三卷。论曰：'国朝学尚根底，故多通经致用之儒，即或不见知，犹抱残守缺不自悔也，先生其一矣。尝过其游息之地，手所植松万事，谡谡烟水间，邻里萃聚其下，言其盛德。先生苟得志，此非徒独善，明矣，乃遂不得施设，惜哉！'"

[清]杨颐《吴懋清像赞》[①]："公之貌质而伟，公之神暗而腴。学则朴，行若愚，矻矻者心耶；式族党，化乡间，矻矻者力耶。研郑贾，砥程朱。旁通百家，衷于儒。尊不在爵德可模；富不在禄理为糈。七品章服何舒舒，孝廉之科名实符。予生也晚，不获亲丰采、奉步趋。诵其文，读其书，交群与纪。展遗容，太息而欷歔，呜呼！敦善不怠，今则无瞽宗之祀，金曰：俞！公乎，公乎；古之人与，古之人与。"

吴家骏，字敬斋，第二十九名，高州府吴川县上郭人。生于乾隆四十五年（1780），三十一岁时考中举人，考授直隶州同，参与撰修吴川志。史载吴家骏少年聪颖，颇有智慧。在十三岁那年参加道试，当时的学使戴衢亨见到他的试卷时，对他的学识表示肯定，并同意"饷以资食"，让他前往县学参加学习，"补弟子员"。有一天，授课结束休息时，戴衢亨学使用烟竹指着吴家骏的肚腹说道："尔年许小，尔腹何多书也。"清朝茂名一名有才德的女人梁统素《赠十二岁吴秀才》诗："异品应从上界来，琼枝未蕾即花开。入场共识奇童子，谒圣齐呼小秀才。投檄终军方少艾，□

---

① [清]毛昌善修.（光绪）吴川县志·卷七·吴懋清传（影印本）[M].台北：成文出版社有限公司，1967：292.

鸡王勃尚婴孩。阿谁诞此宁馨物,未冠声名播九垓。"1801 年(嘉庆辛酉),吴川县进行科举选拔,教谕罗礼绵特报二人,一人是林联桂,另一人是吴家骏。在此科考试中,"联桂贡,家骏陪之"。1810 年,吴家骏中举。此后,吴家骏多次前往京城参加考试,可惜都不中。在吴家骏晚年,他曾被朝廷授直隶州州同,但他并没有前往赴仕,一直在家乡教书度日。吴家骏的儿子璷光、瑄光、迪光,都是诸生身份。

邑人林召棠曾有《题吴家骏像赞》一文述及吴家骏:"崧岑先生,少负异禀,髫龄入泮,亭亭玉立,往来亲串,家子始束发,就塾见而慕之。又十余年,同为县学生,辂轩按试,恒互为甲乙。然先生沈酣载籍,文采溢发。予愧弗逮也。先后登贤书,会集京邸,尔后人事牵缀,里居日浅,不获数数。再合道光戊子,予谢病归跧伏敝庐,先生归道山已十稔,贤子孙能读书、继先业。蓉江世讲奉先生遗照,属题敬赋,短诗二章。'梦中锦段赠邱迟,年少才华玉树枝。犹忆挥毫珠琲粲,长廊风定日斜时。牙籤(签)触手富琳琅,气吐晴虹夜有光。壮志生平酬未尽,楹书留付白眉郎。'"①

李玉华,道光《广东通志》误作李玉翠,字璞垒,第六十一名,高州府吴川县中街人。生于乾隆三十四年(1769),祖父是廪生李若香。李玉华性格谦虚,为人平和,易接近人,人称之"古道照人"。李玉华本来家境不错,有一定积蓄,但因为兄长李玉芳(庠生)被海盗张保仔所掳(张保仔为当时著名的华南海盗联盟的首领),他倾尽家产才将兄长赎回,随后家道中落。他少年时负有文名,四十二岁才中举人。晚年任连州阳山县教谕,"卒于任"。

(八)嘉庆十八年癸酉科(1813)

林之麒,第六十八名,高州府石城县(今廉江石城扬名水村)人。生于乾隆六十年(1795),年仅十九岁便考中举人,但具体事迹不详。

吴懋基,字角峰,第七十名,高州府吴川县人。吴光礼少子,举人吴懋

---

① [清]毛昌善修.(光绪)吴川县志·卷七·吴家骏传(影印本)[M].台北:成文出版社有限公司,1967:293.

清的弟弟，生于乾隆四十三年（1778），三十六岁时考中举人。嘉庆十四年（1809），他原被选中为国史馆誊录官，但随后因为大挑二等，遂任嘉应州学正。任职期间，他裁减境内每年参加考试的生员"册纸之费"；对于新进入县学的学生，不收"束脩"之费。有一年嘉应州遇大饥，他"力赞官绅发粟"，以助民众度日。后因为丁忧，他始归吴川老家守孝。吴氏兄弟情谊深厚，吴懋基虽然在外乡授徒，但逢年过节都回家与兄懋清共桌吃饭，且"寝连床，讲论问答，诸子侄环侍，每夜三鼓始就寝"。道光十三年吴懋基任番禺教谕，在职期间获得兄懋清殁，于是在署内设灵位祭拜，"朝夕奠哭"。道光二十八年以教谕身份兼任番禺训导①。吴懋基罢官归乡，适逢长侄吴方翱病故。面对"诸庶侄幼，兄未葬"的情况，吴懋基泣曰："兄有手择金钗，为我寿圹者，吉推以葬兄。"吴川地贫瘠，士子多寒峻，赴乡参加会试者，往往面对费用而苦恼；且川西一带向无书院。吴懋基与封职陈毅行、举人李玉茗、学正李伟光等倡议捐赀，设宾兴膏火，建川西书院，培植邑内人才。吴懋基年七十八而逝，著作有四书《得一日志》二十卷②。

附吴懋基诗一首，《院阶有草一丛向北者半变为书带形感作》："入言芳草最多情，况复横斜似带形。每向凉宵毛雨后，秋蛩竟效读书声。"③

（九）嘉庆二十一年丙子科（1816）

张元祥，第二十五名，高州府石城县（今廉江埌山龙）人。生于乾隆四十七年（1782），三十五岁时中嘉庆二十一年（1816）举人。史载，张元祥少年时即聪颖好学，思想敏锐，20岁前后就举茂才。茂才之后，张元祥更加发奋学习，博览群书。不久以拔贡身份高中举人。然后通过大挑一等的资格分发山东知县，历任山东潮城、历城、莱阳、阳信知县，改升福

① ［清］李福泰修．（同治）番禺县志·卷九·职官表二［M］．台北：成文出版社有限公司，1967：67．

② ［清］毛昌善修．（光绪）吴川县志·卷七·吴懋基传（影印本）［M］．台北：成文出版社有限公司，1967：293－294．

③ 林济仁主编．传奇水潭［Z］．内刊，吴川，2013：148．

建兴化汀州、泉州、福宁知府，升督粮道并署延建邵汀、漳龙道记名按察使，赏戴花翎，"所至皆有声名"。后在七十八岁那年逝于任上①。

林召棠，高州府吴川县霞街人，顺天乡试中式。嘉庆二十一年（1816）丙丁科顺天乡试举人，后高中道光三年癸未科（1823）状元。详进士条。

黄中润，原名黄中流，雷州府遂溪县人，顺天乡试中式。后经过大挑，被授予教谕职，借补廉州府灵山县训导。

（十）嘉庆二十三年戊寅恩科（1818）

吴国绫，有的文献作吴国祯，有误，第六十名，高州府吴川县水潭人，监生。生于乾隆四十年（1775），四十三岁时以监生身份考中举人，后官琼州府定安县教谕。吴国绫"工制艺，设教数十年，习举业者咸取法焉。淡静寡言，不涉俗务，晚官定安教谕，亦卒于官"②。

（十一）嘉庆二十四年己卯科（1819）

林鹤龄，字仙屿，第二十四名，高州府吴川县下街人。隶属于吴川名族霞街林氏，生于嘉庆四年（1799），二十一岁便考中举人。父亲林元相，讲孝道，当年其母病时，曾经咬指以血书写誓书，披发对天发誓，愿意自己减龄用来延长母亲的寿龄；十年后，其母恰在林元相所言的日月逝世，当时人们对这件事都感到惊奇。

林鹤龄少有清秀相，"风神朗映"，由于聪颖，时人称之"神童"。他在十六岁时补弟子员，十九岁在县学获得补助；二十岁时曾"捷贤书一试"。中举后曾获得推荐而参加京试，可惜不中，后卒于京邸，时年仅二十七岁。著有《水经注图》《汉书节略》二书③。

---

①　［清］蒋廷桂修.（光绪）石城县志·卷七·张元祥传（影印本）[M].广州：岭南美术出版社，2009：186.

②　［清］毛昌善修.（光绪）吴川县志·卷七·吴国绫传（影印本）[M].台北：成文出版社有限公司，1967：292.

③　［清］毛昌善修.（光绪）吴川县志·卷七·林鹤龄传（影印本）[M].台北：成文出版社有限公司，1967：284.

五、道光朝

（一）道光二年壬午科（1822）

戴凝相，第十名，高州府石城县人。生于乾隆四十五年（1780），今廉江良垌三角塘村人，通志作平城人，平城是吴川的旧名，但《清历科广东乡试录》《广东贡士录》等都作石城人。良垌三角塘村，与化州笪桥相邻，村落居民以戴姓为主。

袁元黼，字绣五，号文峰，第二十七名，雷州府海康县调贤社西山村人。生于乾隆四十七年（1782）年，中举后大挑教谕，借补肇庆府阳春县训导。其父亲袁嘉猷，因为袁元黼阳春县学教谕之故，"貤封修职郎"，母亲庄氏"貤赠孺人"①。据传，袁元黼性格沉稳，热心公益事务，曾在咸丰七年（1857），"合属绅士"倡建宾兴祠（也称旧宾兴祠），祠在城南门内②。袁氏并有一文记述这件事。

袁元黼祖父叫袁丙山，字南仁，"轻财尚义"③。据县志载，雍正年间，邻村有盗窝，常四出抢掠耕牛"宰沽"，并埋牛骨地下。因这帮盗贼恃有豪绅庇护，"积年莫敢谁何"。袁丙山无所畏惧，前往参将署"揭其奸，请兵剿捕。掘地得牛骨数百担"，致盗魁于正法。乡人感其德，持槟榔感谢他。袁元黼深受其祖父影响，"为人气度雍和，敦古道"。在咸丰三年，他与同邑人庄汝濂赴京考试。庄氏于京卒，袁元黼不仅为他捐赀，且将庄氏棺枢"长途跋涉九千里"，运回故里。袁元黼为官阳春时，"阳春地贫瘠，陈死枯骨无力掩薶桂多委弃丛莽间"。他"见而尽然聚薶得义冢一百三十二所，勒碑为记。复捐俸贷息备久远修酸需"。他这种义举深得当地老百姓的挂念。光绪年间，同县人陈天叙到阳春为官时，当地老百姓还前来询问袁元黼后

---

① 梁成久纂．（民国）海康县续志·卷十五·选举志（影印本）[M]．广州：岭南美术出版社，2009：744.

② 梁成久纂．（民国）海康县续志·卷十二·学校志（影印本）[M]．广州：岭南美术出版社，2009：683.

③ 梁成久纂．（民国）海康县续志·卷二十一·袁元黼传（影印本）[M]．广州：岭南美术出版社，2009：844.

人的情况，"犹津津道当日之所为，叹羡不置"①。袁元黼致仕后，曾在家乡主讲雷阳与瀵元两书院，并热心家乡的公益事业。无论是修缮宾兴祠、煜公祠、藤家桥，抑或督修城垣，袁元黼都是带头"倡造"。对乐善好施之举更是不遗余力。光绪二十三年东西洋受海潮浸淹，他"购米平粜"。光绪二十八年，英风社"谷不登分"，他"给钱谷恤饥"。日常也是"为病者医药；死者敛瘗"。"又慕范文正公之义田疾革时，命其子洵瀛等给田宗祠，值谷百石；为族人延师教读；及穷窭（按，指贫寒，无财备礼之意）家婚丧，助乐善至老不倦"。

林锡爵，第五十六名，高州府吴川县下街人。生于乾隆四十四年（1779），四十四岁时考中举人。祖父林邦瑞，字泽轩，乾隆时岁贡，"弱冠食饩，文名藉甚，与族弟闱阶齐名"。族弟即林邦珖，为乾隆十七年（1752）举人，曾选江西分宜县知县，"居官清正，民多爱之"。

史载，在日常生活中，林锡爵能够传承家风，"品格端方，非分不取"。中举后，以大挑身份被选为河南镇平教谕，可惜的是到任一年就去世了②。

（二）道光五年乙酉科（1825）

陈璆，有的作陈璘，应有误，道光《广东通志》《清历科广东乡试录》、民国《海康县志》皆作陈璆。陈璆字磬如，号玉堂，第八名，雷州府海康县柳絮巷人。生于乾隆五十八年（1793），三十三岁时中举，其他情况不详。

庄汝廉，原名景寅，字达三，第四十九名，雷州府海康县调贤社坡仔村人。生于乾隆五十二年（1787），三十九岁时中举，其他情况不详。

（四）道光八年戊子科（1828）

陈秉文，字朴初，第四十二名，高州府吴川县大坡（现为坡头乾塘大

---

① 梁成久纂.（民国）海康县续志·卷二十一·袁元黼传（影印本）[M].广州：岭南美术出版社，2009：844.

② ［清］毛昌善修.（光绪）吴川县志·卷七·林锡爵传（影印本）[M].台北：成文出版社有限公司，1967：283.

坡村）人。生于嘉庆三年（1798）。乾塘陈氏是雷州半岛陈氏发源地之一，历史上有名的越南王陈上川、第一位驻美公使陈兰彬等出自乾塘陈氏大宗。三十一岁时，陈秉文中式道光八年（1828）戊子科第四十二名举人。

陈秉文幼时家贫，但苦志力学，曾跟从举人吴国绫游学，时吴国绫比较欣赏其聪颖、反应快，"教以简练揣摩之法，制艺思沈力厚，深得前明及国初诸名家气息，讲解四子五经书义，滚滚如悬河，得课卷应手，绳削精熟，不假思索"。这些内容都是参加科举学子们所推崇的。陈秉文性格直率，不喜欢混迹于官场，对此，当时不少士人对他比较看重[①]。

（五）道光十二年壬辰科（1832）

陈谟明，字缉亭，号小田，第三十七名，雷州府海康县人。生于嘉庆八年（1803），雷州黎郭社黎郭村人，他的儿子陈观成也是举人。陈谟明先在道光八年戊子科（1828）中副榜，道光十二年（1832）终于考中举人。陈谟明热心栽培家乡士人，邦塘李韶绎曾经跟随他学习，"经年从学，大获裁成"，也高中举人。

（六）道光十四年甲午科（1834）

郑粤英，第六十七名，高州府吴川县新场人。生于嘉庆三年（1798）。新场现归属湛江坡头区，郑姓是该地的大姓。郑氏三十七岁时由附生中道光十四年（1834）举人，曾任潮州府揭阳县、广州府番禺县教谕。

（七）道光十五年乙未恩科（1835）

杨鳣，第三名，雷州府遂溪县人。生于嘉庆三年（1798），三十八岁时中举人，后中道光二十四年甲辰科（1844）进士。具体情况见进士条。

黄直光，第三十七名，高州府吴川县盘石人，吴川副贡。生于嘉庆三年（1798），二十八岁中道光五年乙酉科（1825）副贡，三十八岁时中道

---

① ［清］毛昌善修.（光绪）吴川县志·卷七·陈秉文传（影印本）[M]. 台北：成文出版社有限公司，1967：297.

光十五年（1835）举人，其他情况不详。

（八）道光十七年丁酉科（1837）

杨晃岱，字东屏，第三名，，雷州府遂溪县夏广村人。生于乾隆五十七年（1792），道光二年壬午科（1822）副贡，道光十七年（1837）四十六岁时才考中举人，后选潮州府普宁县教谕。

史载，杨晃岱"自少聪慧，博览群籍，为文捷而工，素励廉，隔场中虽重贿不能得其只字"。在1832年，道光壬午科副榜。传杨晃岱一生为人正气，严谨有加，"人有不善不敢与之闻知，而遇人困乏，常行赒恤，雷阳书院旧规必孝廉以上方可主讲，适有越分□此席者，岱力持公议，排阻，后复□。其人老贫，难以自给，因己出金二百，托旧好之书相馈，以令其可受其轻财重义，类如此，士林咸敬之"①。

卓赓濂，字静川，别字宗周，又字莲亭，行一，号小溪，第十四名，雷州府海康县武郎社土庙村（今雷州唐家镇土庙村）人。嘉庆二年（1797）八月初五日出生，道光五年乙酉科（1825）拔贡，道光十七年（1837）举人。其祖父卓玉琏是岁贡，儿子卓椿龄为附生。中举后，卓赓濂曾任职广州府顺德县学教谕，加内阁中书衔。

卓赓濂温文尔雅，"宅心和厚，蔼然可亲"，曾与副贡符国球等人一起跟随乡里名儒吴岐山（字仁卿，章嘉村人）学习。成名后，卓赓濂热心家乡公益事业，光绪六年，"合县绅士"倡建印金宾兴祠（俗称新宾兴祠），祠在城内西南隅②。乡里名绅李韶绎参加乡试前曾随同他办理"阖郡团练"，督修郡城外之双溪炮台。在雷阳书院先正阁内有其名位③，原因或许有二，一是他长期任教于雷阳书院，一是他也参与雷阳书院的修缮工作。

---

① ［清］喻炳荣修.（道光）遂溪县志·卷九·杨晃岱传（影印本）[M].广州：岭南美术出版社，2009：291.

② 梁成久纂.（民国）海康县续志·卷十二·学校志（影印本）[M].广州：岭南美术出版社，2009：684.

③ 梁成久纂.（民国）海康县续志·卷十二·学校志（影印本）[M].广州：岭南美术出版社，2009：678.

卓赓濂"工制举，文浑浩，流转近方灵皋。选拔后文名大噪，问业者众"。"主讲雷阳书院十有余年，著籍门下，前后千余人；咸同间郡中掇高科游庠序者，强半当年执经弟子。又年高德劭，上而长官缙绅，下而士庶，无不仰之如高山，爱之如冬日。生平于书，无所不窥，尤致力经学。顺德李登瀛撰《四书尊经臆解》，多援其说。卓赓濂亦给李氏该书书写序言，其中有曰：'……四书经秦火之余，间有重出、错简之章，讹谬之字，朱子逐一厘定之。厘定既多，不无过当。后儒因其间有过当之处，吹毛求疵，群起与朱子角，互为辩驳，是亦文人相轻之过。然讲学家顾不求甚解，人云亦云，其因文考义订字，以期合乎圣贤立言之本旨，亦几几难之是。则泥注之失，与背注同岁癸丑。余司铎大良，相传为人文之薮，邑中人沈潜经学，代不乏人。李子仙洲，淹雅士也，精于训诂，斋居课徒之余，出所著尊经臆解，相示其主意，以经文为宗而旁搜博考，证以儒先之说。集注中有字义未协者，据经文以正之。经文中有集注未及者，出己意以衍之。不区区于全经疏解而剔讹补阙，要归于章无疑，句句无疑字而后已……'"①

而对于京城雷阳会馆，卓氏曾有一文记述其概况，也有对他在京参加考试时，热心乡公益事务的记录。现录之以存史料："雷阳旧有馆，久废不治。数十年来郡人士之游京师者，咸于新馆栖息焉。道光癸卯，袁繡（绣）五、杨仲升、陈辑亭与濂将应春官试，蔡兰臞先生集而商之，曰：新馆创始于陈观楼先生，为郡人士谋旅处者，虑至周而谊至笃。历时既久，栋之朽者，日以折，墙之欹者，日以剥落。今不修且将圮。遂乃躬为倡捐，郡人踊跃醵金，得八百余两属。濂等董其役先生手书颠末以记之。抵京日，就所捐赀估计工料，先将前二进十九间撤其旧，从新修葺轮奂丹艧视。昔有加既成砻石为碑，钤记岁月，并标乐捐名氏，竖于中进之南墙。时后进十一间，尚无恙也。越庚戌，濂复应春官试，则见败瓦颓垣，非复前时栋宇之旧矣。因思前人创守兼勤，如兰臞先生归赋遂初犹殷殷焉，为郡人士谋广厦之庇，今乃旋修，

---

① 梁成久纂．（民国）海康县续志·卷二十一·卓赓濂传（影印本）[M]．广州：岭南美术出版社，2009：845．

不克全复旧规，任其半就倾圮可乎哉？爰议重修。一时选拔邓君炳如、吴君海洲、李君丹九、林君屿南、廖君梅南议，皆允合。乃会计数年所入馆租，并捐生喜金得三百余两。又致书于王雨山太守邮寄伍拾两，鸠工庀材，诹吉兴筑，阅月告竣。于是前后三进共三十间堂庑厨院，周垣重门，一律完固，焕然更新焉。是役也，竟兰臞先生未竟之绪，并借以仰答观楼先生创业之勤，继自今郡人士以事来京者，至如归聚，而处乡谊于此，敦学业于此讲观摩，砥砺相与有成，将见掇巍科登仕方，且联翩，继起宏骏业于无穷也。"①

（九）道光二十年庚子科（1840）

罗士奇，字芬甫，高州府石城县廉江雅塘镇陀村人，顺天乡试中式。道光二十年（1840）庚子恩科顺天榜举人，后曾任廉州府教授，内阁中书衔。

史载，罗士奇"秉姿聪颖，为文沉雄精到，由拔贡领顺天乡试，为府尹香山曾望颜所器重，主讲松明书院，士林宗仰，从子汝彦亦门下"。咸丰年间，邻近的广西土匪侵犯家乡，当时知县王锡诰邀请罗士奇及其从子罗汝彦一同办理军务，屡次击败进犯的土匪。当时，源自广西的匪犯对石城多有进犯。咸丰三年七月，广西博白人"朱十四寇境，知县张书玺督师剿败之"。同月，"朱十四率党数千是月十一日劫石角三合等墟，知县张书玺请兵高廉道伊霖调守备陈瑞麟督兵勇进剿失利。潮勇吴昌李臣林雄阵亡。八月二十二三数日至急水石岭，大肆焚掠四乡，居民不胜荼毒。九月初石城兵勇进营合江与战，又不克"。随后，这朱十四的队伍转战青平，在青平被围剿②。咸丰八年，广西人"朱十一、李六等率党是月初间寇石湾村。十七日窜扰蒙村等处，知县聂尔康谕附贡生黄选青督勇进剿"。后来双方在石岭墟发生鏖战；广西人队伍转移到塘蓬墟，不久又退回广西的阴桥墟。咸丰十一年（1861）原在清远起义的一支洪兵义军——陈金釭部转战粤西境，

---

① 《雷阳新馆记》，梁成久纂．（民国）海康县续志·卷十二·学校志（影印本）[M]．广州：岭南美术出版社，2009：689－690．

② ［清］蒋廷桂修．（光绪）石城县志·卷九·纪述事略（影印本）[M]．广州：岭南美术出版社，2009：249－250．

随后"分股扰太平店，逼近（石城）县治。"罗汝彦建议，目前境况危急，就"先出赀筹办军实，募劲勇佐"来抵挡义军。后来知县敖翊臣击败这股义军。"嗣有流寇夜劫村庄铺户。汝彦授策兵勇，缉捕。卒获贼惩办"。罗士奇因为军功被授廉州教授，罗汝彦"亦得叙选训导"[①]。罗士奇的妻子钟氏，后被赠孺人。

七、咸丰朝

（一）咸丰元年辛亥恩科（1851）

陈兰彬，高州府吴川县黄坡人，顺天乡试中式。咸丰元年辛亥科（1851）顺天乡试举人，咸丰三年（1853）考中进士，详进士条。

（二）咸丰二年壬子科（1852）

吴抡兰，字子英，号东庭，第四十七名，雷州府海康县武郎社墨坑村人[②]。，生于嘉庆二十五年（1820）。其祖父吴挺椿，副贡，后因吴抡兰之故，被赠奉直大夫；吴抡兰的父亲吴腾万，后被奉直大夫加三级，晋赠朝议大夫，而因为孙子吴应铨之故，加赠中宪大夫。吴抡兰中举后被授工部额外主事、虞衡司行走；后因为儿子吴应铨之职位，被赠封中宪大夫。吴抡兰的妻子陈氏亦封恭人。"吴应铨，字叔衡，安揽社墨坑村人，兵部额外主事、职方司兼武选司行走"[③]。

附一篇《杜陵吴氏源流》[④]所载的吴抡兰传记。"公抡兰，字子英，号东庭，

① 钟喜焯修．（民国）石城县志·卷二十六·艺文志（影印本）[M]．广州：岭南美术出版社，2009；1019－1020.

② 梁成久纂．（民国）海康县续志·卷十四·选举志（影印本）[M]．广州：岭南美术出版社，2009；715．按，同书介绍其儿子吴应铨（字叔衡），为安揽社墨坑村人（第741页），结合后面涉及吴氏族亲介绍，武郎社或为短暂行政单位，安揽社墨坑村也许更加适合。

③ 梁成久纂．（民国）海康县续志·卷十五·选举志（影印本）[M]．广州：岭南美术出版社，2009；741.

④ 以上皆摘录吴璧光主编．杜陵吴氏源流[M]．北京：中国文史出版社，2019；1001.

始祖十九世孙，增贡生腾万公四子也。其人敏而好学，读书手不释卷。年十八进于庠。三十岁补廪膳生；是科正逢考拔之期，公应考，前二场俱冠军，至三场揭晓，榜首则为李韶绎夺公拔元，人皆议主司之不公焉。然拔茅不遂，食饩归家，即书联以见志云：'何用羡拔茅，妙手留攀丹桂；至今方食饩，利牙可啮红绫。'此可见公之自信，取科名以拾芥耳。至咸丰壬子科举于乡，公志稍慰，自是族人推公续修谱书，较前代诸公所修体例更为明备。不一年西海妖魔突起，有邓老克、符之扬等倡首，为多（按，此处雷州话音，即'刀'之意）子会，驱迫平民入会，有不肯入者，辄抢人家财粟，以应匪丁，其意盖欲蓄兵粮以图不轨，攻进郡垣。公探知情形，誓不与匪俱生，即邀西海良民，设立保甲以抵御之，并请府宪郭派兵协剿，尽灭会匪数百人，而西海人士仗公之力得以安全，要皆踊跃欢欣，赠送木联以颂公，云：'修己以治人，崇正高邪，梓里间咸资保障；黼家还黻国，安上全下，茅庐内早裕经纶。'而公盖不以此为计较也。桑梓既安，晋京供职，为工部主事。在官应考会试，二科荐卷，一科备中，是科广东进士批取五名，总裁错取六名，当抽出一一名，即公试卷，是命数之奇，非文第之谷也。公不得为吾族首开甲榜，以副族曾祖良翰公之所望，云不戚戚于怀焉。虽居官称职，由主事钦加员外郎衔，又何足惜哉。从此，功名志淡，仕宦心灰，而目将失明，遂辞官旋里，是时年已五十九岁矣；倘得天假数年，在族中教诲子弟，为后辈师资，岂不幸甚！奈天不愁遗一一老，年方六十，遽归道山。族人哀之，如丧考妣焉。妣陈氏，诰封四品恭人，晋封三品淑人，生子四：长子应锷，国学士；次子应望，庚子科恩贡生；三子应铨，历任兵部主政；四子应蝴，国学士保举州同。"

江国华，第四十九名，高州府石城县廉江良垌镇岐岭人。生于道光十六年（1836），十七岁时即以附生身份考中举人，后历任安徽太平黟县知县，即补同知，赏戴花翎。岐岭似是风水宝地，属地读书人辈出。如江宗泗，清朝岁贡生，"课文讲义，士之有造者多出其门"①。江宗尧，"居贫力学，恬淡自甘，构一草堂，题曰蔚竹，读书其中，数十年手不释卷"。江至东，廪生，"少颖悟，喜读书"。江会东，"布政司经历职，秉性醇厚，多谋略"。江应元，廪贡生，"少聪敏，博通经史，旁究医卜星算诸书"②。

（三）咸丰六年补行乙卯科（1856）

符兆鹏，《清历科广东乡试录》作符兆朋，字抟九，第十一名，雷州府海康县塘尾社和家上村人。生于道光十三年（1833），二十四岁时考中举人，后考中同治二年（1863）癸亥恩科进士，事迹详进士条。祖父为符森楠，后因符兆鹏貤赠中宪大夫；父亲符建邦，字佐国，"以子兆鹏封文林郎、晋封中宪大夫"。

劳思澄，字清如，号竹园，第二十六名，雷州府海康县大埠（埔）社图角村人。祖父劳觉世，岁贡生，"增生劳应震、举人劳而泰父，曾主讲雷阳书院，著有《学庸集解》。顺德学教谕"。其父劳重绍"以子思澄赠奉政大夫"③，母亲陈氏。乾隆三十年戊子科举人劳而泰则是劳思澄的伯祖。劳思澄生于嘉庆十四年（1809），十五岁即中生员，但至四十六岁时才选为岁贡，又两年后才考中举人。

劳思澄原籍为广东石城，先祖在明代中叶才从石城迁往海康。石城湍流村民众普遍姓劳，传雷州半岛劳氏皆源自该地。劳思澄早年有慧颖之名，曾在邦塘李斐然门下求学——李氏门下除了劳思澄外，著名者还有李韶绎、莫炯、卓鸿盘等人。李斐然，字成之，塘尾社邦塘南村人，岁贡李曒曜的父亲，廪贡李杜的祖父，清代进士李晋熙的曾祖。李斐然曾以府试第一名的成绩考中生员，只不过因为家贫，长年以授徒为业。他所在之处必严格设立学规，

① 钟喜焯修.（民国）石城县志·卷七·江宗泗传（影印本）[M].广州：岭南美术出版社，2009：999.

② 钟喜焯修.（民国）石城县志·卷七·人物志（影印本）[M].广州：岭南美术出版社，2009：1004、1011、1016.

③ 梁成久纂.（民国）海康县续志·卷十五·选举志（影印本）[M].广州：岭南美术出版社，2009：744.

尽心讲解，即使私塾有内侄偶尔违反纪律，他也严厉责备违规学生，并辞退。在十五岁那一年，劳思澄被补为县学官附生。咸丰六年（1856）劳思澄以岁贡生的身份高中举人，按照惯例，他被授任为顺德教谕。

劳思澄童年丧父，为此他悲伤异常而毁损其身。他的弟弟去世比较早，弟媳一直守寡至死，为此，他向朝廷申请建贞节旌坊来纪念。对于劳氏宗族的耆老谨厚者，每当有疾病时，他都亲自前往探视。对于他们的丧礼，他也亲自祭奠，"必哭临燕居林下，诸后进侍从，辄引先哲忠孝友爱、轻财重义事再三恳谕，吁嗟叹息，若以不及古人为恨"。凡宗族之事，劳思澄都比较热心，如宗族建筑祖祠，资金不足，他捐钱致宗祠落成。并在大小宗房的宗祠"捐钱三百千缗，储为延师课读"。不仅宗族之事，劳思澄热心，乡内的公益之事，他也是劳心劳力。同治二年，雷州发生海潮灾害，东洋一带数千户皆被淹没殆尽。海潮退后，劳思澄"捐赀埋骼"，并联合乡绅"督修长堤，履视周详，不惮劳瘁"。他常常对于自己家庭不富裕而不能全部资助而感到甚为歉意。即使到顺德为教谕后，也是"节缩俸糈有羡余于族之贫窭者，娶妻葬父母，具获欣助"。

劳思澄热衷读书，对于古籍，往往反复阅读，以求作者的意旨。一旦获得书籍的思想，他心中都有一股快感。劳思澄"早岁用不足多藉，授徒自赡，以提学试，屡冠其曹。问业者众，脩脯日丰"。中举后，他曾在县内的濬元书院以及遂溪遂良书院担任讲席，教导学生。他的教育方式是，先教学生的品行，再教学生以文艺，"及其门者，多谨饬敦本，论文一以清真雅正为宗，谓于此可以端心术也。性朴质坦直，由中达外，无戏言、无饰词。"

劳思澄虽然教学严格，但爱生如子，"及后学科场贫家婚丧之用，县士子应乡试，代纳卷资两科；又纳雷州阖属卷资一科。有归途乏舟车费者，并周给焉"。"在校官任教诸生，一如主讲书院时，门下贽见恒戒，以勿拘常礼非分之钱，一文不取也。李晋熙其外孙，亦每于署中受其训励者"。《海康县志》编纂者之一、邑人梁成久回忆道："成久父早岁读书濬元书院，与同研席，思澄后虽贵，不忘车笠之谊，恒有以下之。光绪初元，假旋在郡邸与父相过从。成久时方童，观场则质以论语首章、朱集注所训解，督之背诵乡党篇。复自为之讲解及诵说。国初诸老文艺数篇，皆隐寓教思非苟焉。也有族子克一，字协于，廪贡生，家酷穷，惟以课徒糊口，数断炊，不受人一饭一文钱之馈，制行最为艰苦卓绝。尝馆外有富家姬夜奔，坚拒去，亦未尝以语人也。思澄佩其人。之官后犹时贻书问讯之族人。岁贡生佐文，夙承思澄杖履，饫闻其绪论。门下陈天叙亦信人，其述状及墓志如此。成久且闻之父曩昔所称道，大较从同，为参次本末著于篇。克一事，亦佐文言然。"在光绪二年（1876），劳思澄在送顺德学生前往省城参加秋试时，逝于省城广州，时年70岁[①]。

（四）咸丰十一年补行戊午、辛酉科（1861）

刘瑞禾，字秀亭，第十五名，雷州府海康县徐闻安揽社琛来村人（槟榔园，时为雷州管辖）。生于嘉庆二十四年（1819），四十三岁时考中举人，后以大挑二等身份，任职肇庆府新兴县教谕[②]。

陈观成，原名受祁，字仰之，第四十八名，雷州府黎郭村学副贡生。父亲是举人陈谟明。他生丁道光十五年（1835），咸丰元年辛亥恩科（1851）广东乡试副榜，后中咸丰十一年（1861）广东乡试举人。后在同治二年（1863），参加癸亥恩科春闱试，不中，同年考试的陈乔森也不中，是次考试，张之洞以探花金榜题名。其时张之洞在翰林主持风雅，他们亦常诗酒往还，切磋学行。陈观成当时和陈乔森同寓于雷阳会馆，其声名亦大噪一时，但越两载陈观成却不幸殁于旅邸。陈乔森悲痛欲绝，哭之以诗："贤愚虽愚趣，荣贵群欲希，怀辛历寒暑，锱尘空满衣，思家万里路，谁知绝生归。凄凄旅祭少，咽咽灵爽微，穷交唯我在，乡梦犹并飞，不死返尔枢，食言终愧肥。"

---

① 梁成久纂.（民国）海康县续志·卷二十一·劳思澄传（影印本）[M]. 广州：岭南美术出版社，2009：850-851.

② 梁成久纂.（民国）海康县续志·卷十四·选举志（影印本）[M]. 广州：岭南美术出版社，2009：716.

且"为之棺殓祭吊，并归其葬，时人义之"[①]。

陈桂林，后改名陈乔森，字一山，号逸山、颐山、逸珊、木公、擎雷、山农者，第六十五名，雷州府遂溪县人。生于道光十三年（1833），中举后才改名为乔森。陈乔森少年时就聪颖不凡；咸丰六年（1856），郡学使殷寿彭，"按试雷州"，考试题目是拟潘安《仁秋》与柳宗元《乞巧》二赋。陈乔森应试的赋，可谓是"摛词古雅、哜葴八代"，殷寿彭学使视之为"殊才"。咸丰九年（1859），殷寿彭继续担任郡学使，然后将陈乔森选拔为辛酉科拔贡生。正是在这一年，陈乔森中式举人。这一年一起中式的雷属三县还有海康西黎社郭村陈观成、安揽社琛来村刘瑞和[②]。

同治初，陈乔森由东海迁徙雷州，并在府城东闉（按，瓮城的门）建筑居住，并将居所按照园林格局构建。其中一区命名亭榕，"垞有亭楼、池沼诸胜，花竹翳（医）如羊肠路绕。外则回塘环之，嚣尘远隔，不知结庐在人海也"。传说，陈乔森状貌魁梧，性格豪爽，喜欢结交朋友。他初到雷州居住时，"雷州诸先达无不过从文字，轰饮迨计"。等到礼部考试在京城举行时，陈乔森更是广交当世士夫。当时寓居的京城雷阳会馆，来访的车马之多，可谓是"骈填"。他"与文昌潘部郎存、归善邓鸿胪寺卿承修、宜都杨举人守敬"等人，尤其能够相谈契洽。当时张之洞在翰林主持风雅聚会，陈乔森也常常前往把酒言诗，他的才名在圈子里面一点都不差。当时潘邓等人任职京城，大家又相互交好，建议陈乔森在京城居住，但他却不肯。后来陈乔森游历于湖北，好友彭玉麟亦曾将他推荐到曾国藩幕下，但陈乔森只在曾氏幕下任职一段时间就感到厌倦，遂辞职回到家乡雷州。其后在家乡的雷阳书院担任主讲，时间长达三十余年，为家乡培养了大批人才。

陈乔森任雷阳书院期间，"束脩所入，强半以为三径资，穿池叠石，编竹排花，岁无虚日。平昔知好所，觊贻古钟鼎、太湖大理英德诸石，罗

---

① 梁成久纂．（民国）海康县续志·卷四十五·前事志（影印本）[M]．广州：岭南美术出版社，2009：1547．

② 梁成久纂．（民国）海康县续志·卷四十五·前事志（影印本）[M]．广州：岭南美术出版社，2009：1547．

列充牣。居室中,亦如置身丘壑。有两螺杯,大如斗,朝夕浮白。磐石上朋侪至,皆挈与之饮,盘杯狼藉,犹洗盏更,酌然去留,自如不恌情。酒酣以往,则拂霜毫,写字作画,以应求者,每一画竟必题诗其上,纚纚百数十言,不假思索,一如宿构,其才诚天授也"。光绪年间,好友张之洞来粤担任总督之职,他体谅陈乔森在雷州"脩薪菲薄",遂让陈乔森兼任广州黄埔水师学堂、潮州韩山书院讲席,薪资以补家用。同时,张之洞"又以海安蔗糖,捐银千余圆,充雷阳脩脯及肄业者膏火费,并列雷阳为广东六大书院(与广雅端溪越秀越华羊城并称)"。到德清人许振祎抚粤时,也因为之前与陈乔森交好而将他"延为上宾。""钱塘汪提学使鸣鸾赴琼过境,即款门与晤。昆明马提督维祺衔杯殷勤,诚意惟恐不至下。而雷属文武官吏缙绅学子联欢之缟纻、问字之壶觞,尤几于应接不暇也。与乡人处,若无分泾渭,了了皆藏,善谈谐。听其言似谦又似傲,似誉又似嘲,不可方物。居恒不衫不履,逸性风流,不问侪辈后生,一任天放,虽祖裼裸裎于其侧若无睹也。其晋稽阮之玩世欤。"光绪二十九年(1903),雷阳书院由书院改为学堂,陈乔森仍然担任总教习。1905年,陈乔森去世,时年七十有三。陈乔森著有《海客诗文》,存世有四卷[1]。

江诚和,字心畍,第七十七名,高州府石城县廉江良垌镇岐岭人。生于嘉庆二十四年(1819),是良垌岐岭江氏十二世祖,南溪村开基祖。他是岐岭开基后的第二位举人——第一位是岐岭十三世的江国华,咸丰壬子科举人。中举后,江诚和先后任兵部武库司主事、加员外郎衔等。

附

江氏族人所撰的《江诚和传》[2]

"诚和公少年时聪敏好学,博览群书,考取虞贡生后,选用训导。曾主讲松明书院,尤工诗文,曾作《松明书院赋》两千余言,为文有理法,深受

① 梁成久纂.(民国)海康县续志·卷二十一·陈乔森传(影印本)[M].广州:岭南美术出版社,2009:863.

② 见江海主编.岐岭风采(第壹辑)[M].内刊,廉江,2018.

士林赞扬，被孙观察称为奇才。诚和公酷好读书，更爱藏书，搜罗各种典籍，得七万余册，藏书之多，冠两广名士……毕生勤奋读书，博学多才，咸丰辛酉乡试中举，次年会试不第，旋即签分兵部武库司行走，加员外郎衔（从五品）。在京城，诚和公深深体会到清政府的腐败无能，社会黑暗，遂即无意官场。回乡主讲松明书院，一时石邑名士多出其门下。又专注经学研究，编辑汉魏以来众多名家解读经学之说并归类整理成书。诚和公还精通医学，对病症诊断得心应手，药到病除。病者有求必至，对家境贫困者施医赠药，为人和善，见义勇为。诚和公秉性淳厚，义举还有许多，举不胜举。最著名的是接棒祖父'江百万'的南桥河义渡，直到清同治戊辰（1868）年与兄式和捐钱七余缗修建'绳武桥'（取'承先志，绳祖武'之义）为止。绳武桥于次年竣工通行，这一善举声震两广。状元林召棠亲笔书《绳武桥记》（载《石城县志》），勒石于桥头之上。此外，一个亲房在省城病逝后，家属滞留，是诚和公资助他们返乡。广西籍一个举人赴京会试途中病逝，行囊已空，也是诚和公出资殓收送梓回乡。诚和公各义举都被世人广为传颂。诚和公开基南溪村（在绳武桥西头），构建'桥西草堂'，把藏书、读书、讲学、迎宾、庆典等功能联合在一起。这是诚和公参照各地著名建筑、格局，结合自己的心得和需要设计的。可惜他并没有看到"桥西草堂"的建成，于1871年突然病逝。'桥西草堂'由他的妻子何氏和一群二十岁左右的儿子于1875年才建成。诚和公爱书如命，自己收藏及儿子罗购了20万册典籍图书，建置'涵万楼'书库，为子孙后代的文化传承起到了决定性作用。与子、孙连续三代中举，成为'经学世家'，影响全国，名冠粤西，彰显岐宗望族功不可没，是永远值得后辈怀念与学习的。《高州府志》《石城县志》《廉江县志》《廉江人物志》都为诚和公列传。"

八、同治朝

（一）同治元年补行己未并同壬戌恩科（1862）

陈兆棠，字极丛，号南爱，第二十一名，雷州府海康县外城角村人。生于道光七年（1827），三十六岁时考中举人。

陈兆棠早年家境"酷贫"，充博士弟子员后，才凭借着授徒糊口。他为人善良，讲究义气，当年赴广州参加省试时，"途次高州坡头墟旅舍，有同县调龙村何詠梅，亦科举士，癫疾忽作，夜独出迨晨不返，詠梅之同侣令仆寻不得，皆前行"。陈兆棠曾经力劝留一二人同他一起寻找到何詠梅再前往省城，但没有一人同意。与陈兆棠一起赴试的同人催促他立即启程，不要延误，但陈兆棠以詠梅未知踪迹，实在无法"瘼视"，遂决定自己单独留下来寻找；并趁众人在时，当众检查何詠梅的行李，并代收藏好。留下后，陈兆棠一方面四处悬赏寻觅，一方面书信给调龙村何詠梅家属。幸运的是，在晚上于荒郊草莽间寻觅到何詠梅躺在那里。若迟点找到，何詠梅必死无疑矣。陈兆棠扶何氏回归旅舍调息。"数日其家属始至，兆棠壹是交讫，乃独趱程赴试。是科即领乡荐，人皆以为救詠梅之报。"中举后，陈兆棠仍然是"殚心拯济"。"县中粮米各图混淆不清，与举人卓赓濂等设查粮局于旧宾兴祠，厘正收除，业户多免株累。县设新进生印金局，亦力为勚襄。乡里有雀角者请调处，大小不下数百事，皆情噢而理柝之。又善为说辞，解謷以悦服人，故息事者众。为人质朴，自少至老，衣皆布素，诚实无欺。遇农牧沽贩，皆和蔼有加。然崖岸中藏豪富之门，鲜涉足，且不怵于强御，意所不可大有千万人，吾往之慨。"又生性不信鬼神，不为非理之祭，而父母有疾，家人谶礼星斗，则朝衣朝冠，随道士拜跪，不许人更代[1]。

陈廷秀，第一百零三名，高州府吴川县吴川黄坡人。生于道光八年（1828），三十五岁时考中举人，曾任肇庆府高明县训导，后调补连山厅、新宁县教谕。

---

[1] 梁成久纂．（民国）海康县续志·卷二十一·陈兆棠传（影印本）[M]．广州：岭南美术出版社，2009：852．

(二) 同治六年丁卯科 (1867)

罗汝彦,第十七名,高州府石城县廉江陀村人。生于道光十五年(1835),三十三岁时考中举人。中举后罗汝彦被朝廷拣为选知县,加同知衔,赏戴蓝翎。后来因为儿子罗启迪为郎中衔,加三级,赠中议大夫,罗汝彦妻吴氏赠淑人[①]。

李韶绎,民国《海康续志》作李绍绎,《雷州历史文化大观》则误作李绍泽,族谱及硃卷皆作李韶绎,字成仲,号贯九(硃卷作贯九,民国《海康县志》作丹九),又号东侯,第二十六名,雷州府海康县塘尾社邦塘北村(今雷州市白沙乡邦塘村)人。后迁住城内瑞星池中约明善坊居住。父亲李钟秀(字茂甫,号龙门。另,《雷州名贤》一书"钟"为"仲",但查方志与《邦塘李氏族谱》,有误,实为李钟秀),附学生,"邑庠士,优行咨部",后敕岁贡,"选广州府新安县学训导……名士多出门下",。李韶绎是李钟秀第二子(韶绎其兄龙川(授州吏目);李韶绎弟韶经(国学士)、韶纶(庠士),深受其父影响。进士李晋熙则为李韶绎族叔。

李韶绎聪颖过人,年十三提学度录俏生,十六岁补县学附生。因学业优异,"旋食廪饩"(清制凡府、州、县生员,成绩一等可享受政府生活补贴)。后又前往位于广州的粤秀书院就读。当时,粤秀书院为岭南地区著名书院。读书期间,屡蒙奖励,课文付梓。其时山长何文绮,为南海烟桥人,嘉庆庚辰科进士,曾官至兵部主事加员外郎衔[②]。雷州志书载:"梁华峰文学优长,与李韶绎、吴抡兰、黄元以及遂溪吴峤,上下颉颃,号为'文坛五虎'。"[③]李韶绎于道光二十九年己酉科(1849)拔贡,后中同治六年丁卯科(1867)广东乡试举人,中式第二十六名。

① [清]蒋廷桂修.(光绪)石城县志·卷七·罗汝彦传(影印本)[M].广州:岭南美术出版社,2009:168、174.

② 雷州历史文化丛书编委会编.雷州名贤[M].广州:岭南美术出版社,2013:144.

③ 梁成久纂.(民国)海康县续志·卷二十一·梁华峰传(影印本)[M].广州:岭南美术出版社,2009:852.

李韶绎一生以教书育人为业，曾开办私塾，或在县城的浚元书院、徐闻贵生书院等地担任主讲，历时三十八年；"同治、光绪间科第强半出其门"，是雷州一代宗师。有学者统计，雷州三属不少科考及第者皆出自其门下，如李晋熙（光绪年间进士）、陈天叙（举人）、罗非（举人）、罗海（举人）等人。民国《海康县志》编修梁成久也曾多年受业于李韶绎的门下，并得到他的重视和栽培。梁成久，字柽涛，号逸樵，雷州安苗社西园村人，曾就职教谕，后改选直隶州州判、广雅书院斋长等职^①。传说他在教学过程中，严格贯彻儒家所言的"因材施教"理念，对待学生，因势利导，重视学生的特长，有目的地培养学生。同时，他也提倡学以致用的教育理念，在学生中"有薄枝片长者，奖誉不去口"，反对纯粹书斋教育。由于他教学得法，"往往尝试所得士十居五六"，所到之处，学生都是备舍恒满，座无虚席。实际李韶绎也是一个身体力行的人，在营造工程和水利勘察方面都有一技之长，并非只是一个只懂四书五经之人。雷州多任县官都邀请他出来修筑城垣，严防海盗。现代邑人余石曾曰："咸丰初年，清王朝政治腐败，贪官污吏横征暴敛，百姓苦不堪言。地处祖国南部边陲的雷州半岛，海寇骚扰，民无宁日。有一次，海寇驶船数十艘至双溪口外。双溪口位于雷州半岛最大河流南渡河入海口，逆流而上，可沿南渡河经支流夏江直抵雷州城下。顺流而下，可进入雷州湾直出大海。历代为雷州海防重地。海寇至双溪口后，攻城风声很紧。这时，城中一片仓皇。知府卢端甫束手无策，慌忙请李韶绎协助守城，并委任他为督丁团。李韶绎应其所请，迅速组织团练奋起抵御。在守城战斗中，他英勇善战，严守城垣，运筹有方，使海寇无计可施。雷州安然无恙。"

李韶绎对于家乡的公益事颇为热心，"县属有大兴作靡不咨，而利济所在，风教所关，绍绎（韶绎）亦必以请"。还倡修县墨官，设长明灯，建节孝祠，育婴堂，置生所义冢，捐造南渡埠头，"事无巨细，皆是非审

于已"。在水利方面，倡修东洋大堤，对井、鬼、柳、星、张、翼、轸七字大堤进行加固提高，使雷州半岛粮仓东西洋万顷良田免除海潮之侵。时任知府张庚云曾嘉奖他"熟于地势，委曲尽善"。光绪九年（1883），李韶绎在对东西洋进行考察时，又发觉部分良田浸涝严重，收成深受影响，遂提议督修东洋万顷闸，并添设"大有""永丰"两个新闸，促使低洼地带的农田能够涝可排，旱可灌，从根本上解决了旱涝问题。李韶绎甚至在农桑方面也有一定的建树。他引进了良种荔枝回到家乡种植，实行多种经营。

李韶绎学识渊博，"五礼律例，阴阳家言，临池八法，均所闲习"。在诗歌方面，则"古文诗赋，酬酢（即唱和之意）之作，无不成竹在胸"。即使到了晚年，李韶绎仍终日伏案撰写，苦心耕耘，"其才固无匹而精力之强盛亦非后生可企"。著有芋香斋骈散文若干篇。李韶绎曾给乡里"十贤祠"撰联曰："十里湖山千里月，贤人踪迹圣人心。"十贤祠，是雷州人民为纪念宋时被贬或路过雷州的宋代贤相寇准、学士苏东坡等十位贤臣而建的祠堂。

李韶绎育有六子五女。长子李骏葵，字荣洲，分拨广西候补按察司司狱；次子李骏兰，又名沦，字桂俞，候选巡检；三子李骏莘，又名之良，字觉民；四子李骏芹，又名高攀，字泗庭，即补千总，俱补守备。五子李骏芨，又名蓝，字惠南。六子李骏梅。长女适南坛村宋姓；次女适吴新村关姓；三女适图阁（今名土角）村麦维梓；四女适卜梁村；五女适田体村。

李韶绎生于嘉庆二十二年（1817），卒于光绪十七年（1891）。

附

李韶绎《重修海邑学宫碑记》[①]

懿夫海国风和，学宗邹鲁，泮宫泽漏，任重栋梁，况逢九陛求材，广额频沾，雨露三升。绎荣寒踪遍，起岩阿西雒之钟鼓，逢逢东序之衣冠，

[①]　摘自梁成久纂.（民国）海康县续志·卷七·学校·学宫（影印本）[M].广州：岭南美术出版社，2009.

济济哕惊倍昔，而气象未新，其何以肃观瞻，会美富，庆贵齿，而醴隆燕飨，怀好音而德化鹃飞哉。

我邑学宫植基郡邸，棂星独朗，浑水常清，文脉迢迢，群峰拥后，词源汩汩，九曲当前，卜消息于状元，湖平印月，喜题名于多士。塔耸凌霄，宜乎首善，咸推心传，益广离明，运启女牛，星灿南天，鼎粪恩颁，鸩鹭班联北阙矣。乃自康熙重建，历风纪已二百余年。迨夫嘉庆大修，计鸩工又六十七载，遂使层层雀瓦滴残。十雨之天，蔼蔼龙堂色暗；五云之座，谁甘茅塞几虑榛芜。此虽家庙神坛尚难袖手，何况礼门义路，绝少关心。迤来芹藻一池，莫起潜龙之迹，杏花十里，空忙归马之蹄，虽在数中，实为意外。上丁陈设，骇奔徒凛，瞻云知己，商量腋集期成，不日惟以公私陆续囊囊难充，兼之左右驰驱，缙绅无暇暂停措手，久作虚谈，将成未成，一误再误，同学之进身愈少，诸君之扼腕弥多。夫事非属望甚殷，或踌躇而有待，理苟金谋莫合巫推诿以无干。而是举也，议之者不在一朝一夕之间，盼之者讵徒一人一家之见，于斯可已，孰为要图矧以先圣遗规，光符日月，泽宫重地，道并乾坤，徒夫名列虞庠，身游鲁泮，沐菁莪之教，储械朴之材，固期大木能支，敢不酿金相助，即至灰心艺苑，棘手词坛，而溯乃祖乃父所留诒，书香尚在，计又子又孙，以长久道味宜知此理此情，匪今匪古。绎世登术序，抗怀交教，昌明向总城工，击目圣居暗淡。适知心之公荐首任，勤劳破情面于私交，躬亲募劝，果也。好善则人皆如我；急公则乡不殊城。或喜自轮，将轻千金于一诺；或互相恣恩，重九鼎于片言。发约同人，务期既济，章程新订，基址旧仍，立公所以，程工藉众，擎以举重，冰兢偕凛，日昃犹勤，人本有心，天多不意。维时下元末岁八月中秋，海童鼓浪于三山，飓母炀风于万里，田庐淹没，捐题则有减无增，榱桷飘零，工料则左支右绌，而众于我相知，有素后比前一体选青，酌量催收，用其一，而缓其二。认真搜采，航于海而采于山，南国尽梗楠，奇材支厦，东方多松柏，着手成春。月在子而凤管阳生，奎璧启上元之瑞日，属辰而龙光朵射，云霞增大地之辉，聚一十九社之群英，冠裳庆溢，历三百六旬如一日，筹画机严，志岂懈于墍茨，功弗亏于覆篑。今则翚飞鸟革，朵焕重檐，凤翥鸾翔，光腾数仞，绘成藻火，象观著黼黻之章，望绕松云鸿构，应文明之运见，而称美闻者，归功许为种福之缘，拟以酬庸之典，子曰：否，否。只图分所难辞，我意乾乾，尚虑力多，未逮儒术，本高于二氏，奚计报施。要工虽蓬于九重，非希奖励。在诸公，则争先踊跃襄骏业，而道德为藩；在闾邑，则相继奋兴卜鸿仪，而文章报国。师表之脚灵不没，庆符春雨秋风；丰碑之姓字常留，寿等日星河岳。弁兹芜语，著厥葵忱。

记碑在县学宫名宦祠内，同治十年孟春立。

陈炳章，字虎臣，第八十四名，高州府石城县人。生于道光五年（1825），父陈尚翔，岁贡。他幼承家学，敦品励节。在考中生员后，他一边学习一边授徒，所得束脩皆用于族人开支。他考中举人后，主讲松明同文书院，讲求实学，邑中秀者多出其门。他急公好义，创建积义仓及经理印金宾兴，还发起育婴社收养弃婴，邑中士民深受其惠，对他十分崇敬。清末时，他总理石城县团防局数十年，悉心办公，杜绝请托，珍除匪寇，"为一邑保障"。此外，他督理修撰县志，与同事商议聘请吴川县进士、著名学者陈兰彬为总纂，完善体例，人称善本。在公务闲暇时，他继承父亲遗志，率领族人编纂《陈氏族谱》，同时出资资助赡养贫困族人以及子侄。因此，他在乡里享有盛誉，士民有争讼都找他解决。晚年时，他还常写"忍让"二字训导他人，教化乡民保持淳厚风俗。

八十四岁时，适逢他入学六十年，因此得以重游泮水，学政王人文赠以"行为士表"匾，以及"泮澡重赓隆盛典，粤华硕望表耆儒"联句。次年，他在家去世，享寿八十五岁[①]。

陈诗，第九十一名，高州府吴川县山嘴人。生于道光二十六年（1846），二十二岁即考中举人，曾铨任广州府花县教谕。

---

① 钟喜焯修.（民国）石城县志·卷七·陈焕章传（影印本）[M]. 广州：岭南美术出版社，2009：1026.

（三）同治九年庚午科（1870）

李文泰，字叔宽，号小岩，第四十四名，高州府吴川县中街人。生于道光二十年（1840），三十一岁中举人，后曾任候选主事。民国名将李汉魂曾在民国时期编撰一部《李小岩先生遗著》，收集不少李文泰的作品。

附

《李小岩先生遗著》收录李子虎撰写的李文泰传

《李子虎光禄原撰李小岩先生小传》："君姓李名文泰，字叔宽，号小岩。广东吴川人。同治庚午举人、候选主事。君为柏岩先生第三子。九岁登朝台赋诗，为张漪珊太守崇恪所赏，称为奇童。甫冠仲，兄小莲明经殁，家无儋石舌耕供母，抚诸弟侄者十余年如一日。尝客某将军幕，有献俘者垒垒五十余人，将立决矣。君知其冤，固争不得，拂衣去。将军悟，释其俘。余闻柏岩先生以名孝廉，官广文，不畏强御，诸生非罪株累者，必白其冤。君能继之，可谓贤矣。庚午七月，过访柳堂，联吟秋社与文树臣、周云圃、樊昆吾、倪云瓁诸诗人觞咏，甚欢颜。夏廷观察称为吟秋大敌。九日高会梦香园登五层楼，酒酣放歌。树臣观察激赏闱文，决其必售。揭榜果捷。君天性豪爽，为秀才时，家贫，尝绝粮，对客论项王、汉高祖事，争辩竟日，口滔滔如悬河。不知其故未餐也。或卖文得金，有亲朋告贷者，辄罄其囊。生平耽吟善饮，花晨月夕，一往情深。所作诗，真气盘旋，多豪宕苍凉之慨，有《海山诗屋吟草》。"

（四）同治十二年癸酉科（1873）

李若金，第三十九名，高州府吴川县白水塘人。生于道光二十三年（1843），三十一岁时以廪生身份考中同治十二年（1873）举人，曾任肇庆府四会县训导。

九、光绪朝

（一）光绪元年乙亥恩科（1875）

林翰贤，号之屏，第二十七名，高州府吴川县霞街人。隶属当地著名的林氏家族。他生于道光十六年（1836），光绪元年（1875）中举人时已经四十岁。事迹不详。

洪启元，第四十名，雷州府遂溪县（今麻章区庐山村）人。生于道光二十五年（1845），咸丰十一年辛酉科（1861）优贡，三十一岁时中光绪元年（1875）举人，曾拣选知县，封奉政大夫①。他与邑绅陈乔森等多有交流。他善作雷歌，如《双亲训子》："愚物婆亚尚无好，要公用刑那堪望。莫打公亚饶下哪，歉伙那婆慢教强。"《耗钱子》："嫖啰去么犹惧椒，赌吗作螺怕乜败。酒阿食啦嗜妃啜，烟呢揽麻去挑来。"②他也善写对联，曾为赤坎雷阳会馆作门联："雷雨经纶四方和会；阳春德泽万物棣通。"③

何如兰，第五十六名，雷州府遂溪县人。生于道光十二年（1832），由廪生捐贡，四十四岁时中光绪元年（1875）举人。事迹不详。

吴锡庚，第八十四名，高州府吴川县上郭人。生于道光二十四年（1844），系出身于当地望族上郭吴氏家族，三十一岁时以廪生身份考中举人，曾主讲高州书院。他的学业得到状元林召棠指导，后与李文泰等修复江阳书院。他曾为上郭村"读书楼"题写楹联："光禄著开先，嗣后泽被夔府，功播淮州，仕宦绵绵勿替；木铎声传远，从此宴歌鹿鸣，名题雁塔，科甲济济相承。"④

（二）光绪二年丙子科（1876）

孙光前，第七十四名，高州府吴川县塘基人。生于咸丰八年（1858），

---

① 政协湛江市麻章区委员会文史编委会．麻章区文史（第8辑）新农村·古村落专辑［M］．内刊，2010：106．

② 林涛主编．雷歌大全［M］．北京：中国戏剧出版社，2005：1063．

③ 广东省遂溪县政协学习与文史委员会．遂溪文史（第8辑）［M］．内刊，2003：159．

④ 政协湛江市委员会文史资料研究委员会．湛江文史资料（第11辑）［M］．内刊，1992：162．

从小聪颖过人，十九岁即以廪生身份考中光绪二年（1876）举人，曾任琼州府定安县训导，著有《蕉隐亭诗文集》[①]。

（三）光绪八年壬午科（1882）

陈天叙，字惇五，别字弼唐，号彝伯，第五十七名，雷州府海康县塘尾社北坡村人。生于道光二十四年（1844）十二月十七日，生员陈世珍孙，恩贡陈巨齐长子，廪贡唐棠的女婿，同科拔贡陈天秩兄，同治十二年癸酉科（1873）拔贡。陈天秩，字庸五，别字寅阶，号仪仲，生于道光二十九年（1849）六月初四，为拔贡。陈天叙拔贡后，因"廷试二等"以教谕用，官肇庆府阳春县教谕，后中光绪八年壬午科（1882）广东乡试第五十七名举人。

陈天叙祖籍原为福建莆田，"明洪武中曰年修者，官雷州教授，因家于城之仁德坊，后人徒深田数传。又徒今村"。即到明代陈天叙家族才从福建莆田迁徙来雷。陈天叙早年聪慧，年仅12岁就前往府学雷阳书院学习。当时知府郭椿寿曾经亲自审阅他的文章，然后抚摩他的头顶笑着说："此青钱选也。"当场奖给"当十钱一百"。

史载，陈天叙"学宗宋儒，庸言庸德，所为时古文，皆醇实有绳矩如其人。官阳春归，主讲县濬元书院数年，以国家变学科、设学堂，遂辞师席"。他生平与弟弟陈天秩"友爱最笃，束脩所入，宦囊所得，未尝一自私。年老分□膏腴交让，族之人言笃友于者必于天叙首屈一指焉"。陈天叙性格"沈静冲穆，言笑不苟，与物无争，虽有忤意，怒不形于色，且未尝臧否人物，而皮里自有阳秋。处事粥粥若无能而卓具定识定力，任众流之洄漩，激荡中柱不移。县之新宾兴祠印金局，为所倡建，详立规条，培植士子，利赖至今。然事关一邑之大众我寡，难于虑始，尤难于乐成，非天叙揩柱，其间，将予取予求存焉者寡矣。老成云亡焉。知来者之不如今也。天叙晚年寓居府南之柳树巷，尤恬淡自高，绝迹公门。郡守廖子琅造庐请见，谢不纳。

[①] 曾大兴．文学地理学研究［M］．北京：商务印书馆，2012：472.

朱兴沂延监督雷阳中学堂，亦辞之。人问故，曰俗之偷久矣，吾非惮此不为聊以愧世之蝇营者耳，盖世之未得患得，既得患失无所不至，滔滔皆是。天叙之两辞学堂讲席，实晚近间不可多见也。宣统三年之冬，国变，因恸成病，遂卒。所为文少存稿，手录有理学、粹言一编，藏于家。天叙履行素孚于乡里，识不识无不翕然称善人。上诸所述，皆昭昭在人耳目者，可传也"[①]。

　　方志有载陈天叙《院试宾兴祠记》一文[②]，记述雷州宾兴祠一些事："院试宾兴祠者，为新进生筹送学师贽、见印金，并出贡补廪收增诸费而作也。先是学院三年按试，每当团榜放后，新进拜见学师贽敬外，又有所谓印金者陋规耳，为之师者肆其无厌之求而不知止；为之弟者，倾其举家之财而莫以应试。沿以甚使庠序之间转成暴敛之地焉。夫朝廷立学校，设教官，将以明人伦，端士习，岂苴以为礼哉。广州乡先达为定此议其法，良其意美阖。省郡县遵者大半，而吾海邑，犹未之行。天运循环，物极必反。小溪卓夫子鸿谟，宋广文心焉，悯之爱，聚众而商其事，此议一出，人心翕然，于是择劝首派捐簿，议捐百金者，报以中龛牌位一座；捐五十金者，报以左右龛牌位一座。至有心欢量力，彼此腋集，勒石以传，不半载，醵金七万有奇之集也……"

（四）光绪十一年乙酉科（1885）

　　罗鼎，小名广文，别名元昌，字梅臣，第三名，雷州府遂溪县下六罗屋村（今遂溪草潭镇罗屋村）人。生于道光三十年（1850），光绪十一年（1885）乙酉科举人，中式时名列第三。其弟罗海，后来亦中举人。传说，罗鼎与罗海幼时天资聪敏，由于家境贫困，无法上学，只好在家帮助父母干些零活和放牧鹅鸭。但他们却穷不夺志，发奋自学，每在劳作之余，即到村中私塾去偷听塾师讲学，回来以后又向别人借书温习，由于这样，久而久之，

　　① 梁成久纂．（民国）海康县续志·卷二十一·陈天叙传（影印本）[M]．广州：岭南美术出版社，2009：853－854．

　　② 梁成久纂．（民国）海康县续志·卷十二·学校志（影印本）[M]．广州：岭南美术出版社，2009：685．

竟能将所学的"四书""五经"背得滚瓜烂熟，并能通晓其义，村中学子，无一能及之。此事传开以后，村中塾师不大相信，抱着一种好奇心理亲自上门来"考核"，考核后，都不禁连声赞曰："所传果非谬也，此昆仲真乃吾村之佼佼者也。奇才！奇才！"塾师见其兄弟如此聪敏，便怜其才，让他们免费入村塾读书。后来，他们在亲朋好友的资助下，又进县城书院学习。他们进县城书院学习以后，在名师的指点下进步更快。只经过几年时间的刻苦学习，于十七岁时参加县试便中了秀才，后来于同治十二年（1873）参加府试，又连捷癸酉科拔贡[①]，1885年参加省试（亦称乡试），又高中乙酉科第三名举人。中举后，罗鼎先后担任罗州司训、遂溪知县等职。其著述甚丰，《玉露堂诗集》（共四卷）在当时颇有盛名。番禺陆应暄在给罗鼎著的《玉露堂诗集》（共四卷）作的序言中指出："吾友罗梅臣广文，能文章，有名于时，尤工古近体，广文与余为乡举同年，同受业于宝丰丁太守师门下，师以给谏出守吾粤，宦海浮沉，拂郁未尝形于楮墨。广文之诗，澹然以清，粹然以和，情深而识明，格严而体正，怡然无所芥蒂，于胸中漠然无所戾，于世而触其忌。"广西博白的刘明华，也称赞罗鼎的"文气郁勃若波涛"。江西赣县的陈焘，称赞罗鼎之诗"皆橘英"，"下笔天海倾"。他特别称赞罗鼎的为人，说"世人竞异尚，丑怪百态呈；惟公独超俗，力与古昔争"。陆当暄等人对罗鼎的评价是非常恰当的，我们从他所写的大量诗作中完全可以证实他不仅在艺术上有很高的造诣，而且在为人方面也是很值得我们称赞的。他写了很多诗，其中贬斥时弊、揭露黑暗的，如《杂咏》一诗中对当时官场的黑暗作了这样的揭露："为役诚贱辱，为官乃神奇。今世为官者，乃有由于斯。官贵由资得，役贱亦货之（今之充门役者多以货取）。虎威借狐假，夔足仗蚿支。逐逐填欲壑，衮衮骋康逵。纳粟便入官，何必学古为？有如贾三倍，取盈利不资。陋彼握铅椠，不足计毫厘。昔时抱案牍，传呼常追随。今日坐堂皇，赫赫见须眉。谁谓雀无角？安知蝉有绥。只言

---

① 张志诚. 清代罗家两举人 [J]. 载政协湛江委员会编. 湛江文史（第6辑）[M]. 内刊，1987.

官长贵，休顾黎民疲。大吏时见遣，席卷已无遗。其或漏密网，朘削无尽时。吏治从凋敝，世道亦陵夷。太息青云士，长泣歧路歧。"又在光绪十一年，朝廷下诏命令各省按期举行乡试，他当时针对朝廷对外屈辱妥协、对内排斥爱国贤臣的腐败朝政，写了一首题为《时事》的诗，以揭露朝廷在名义上开科取士的虚伪之举。其诗曰："朝廷下诏广求贤，时事艰难费周旋。季世不忘经武略，小儒遥想太平年。北平服虏威方著，南渡和戎策已传。闻道重臣挥老泪，归耕几辈恋名田。"此外，他还以读史为名，借古讽今，写了很多揭露朝廷黑暗的诗。如《读五代史》其中有一首云："胡骑南来为国忧，山前山后入边愁。石郎失计知何在，坐失燕云十六州。"又一首云："徒有缗钱赏赐优，朝君暮敌共沉浮。竟容冯老贪长乐，历事梁唐晋汉周。"

后人记述，罗鼎也写了不少关心民瘼、热爱山川和其他方面的诗。如他在出任罗州司训以后，有一年遇着当地天旱，很久才下了一场透雨。他当时很高兴，在傍晚雨止时登上城楼远眺，看见附近的农民都抓紧雨后的有利时机在田间抢种庄稼或是除草施肥，一些小鸟也在空中飞来飞去，啾啾地发出欢乐的叫声。他看见这种情景，很是高兴，但当他想起山东、山西诸省经过连年苦旱以后这时尚未解除旱患，于是，他的心情又沉重起来。他当时写了一首题为《喜雨晚眺》的诗，以表达他对罗州人民久旱逢甘霖的喜悦和对山东、山西诸省仍然苦旱的关注心情。这首诗的全文是："雌霓垂天暮雨收，层城高处一凭楼。稻田水足农心喜，麦陇风和鸟语柔。爱物由来识天意，知时似解给人求。齐饥晋旱连年甚，可有甘霖慰望不？"他不仅关心民瘼，而且也很注重友情，经常写一些诗赠给友人。如他有一位好友叫张景渠，任罗州参军，有一次张奉命回省述职，他在酒楼设宴送别。当时酒楼有两名歌女为他们侑酒和弹唱助兴。这两个歌女，一名云来，一名重喜，他便以这两个歌女的名字为诗首，即席口占二绝赠与张景渠。这二首绝句其一是："云散风流怅别离，来朝丝管惜分歧。多情更唱阳关曲，无奈潇潇夜雨时"。其二曰："重来握手是何年，喜聚深宵意绪缠。红粉也怜人惜别，故挑离恨上歌弦"①。

传说，罗鼎在晚年告老还乡以后，始时寄居于遂溪北坡圩亲戚家，后移居雷州城，建有"梅臣书室"一屋，故址在今雷州城体育运动场指挥台附近的右侧。

李晋熙，字春卿，第六十六名，雷州府海康县邦塘南村（今雷州市白沙镇邦塘南村）人。生于道光二十九年（1849），同治九年庚午科（1870）副榜，光绪十一年（1885）举人，后中光绪十六年庚寅恩科（1890）进士，详见进士条。

（五）光绪十四年戊子科（1888）

江慎中，原名仲昭，字孔德，第六十三名，高州府石城县廉江良垌南溪村人。生于同治二年（1863），二十六岁时以廪生身份中光绪十四年（1888）举人，后拣选知县，任高州学督等职。

江慎中年少即表现出聪明过人的智慧，且好读书，过目不忘。其家中藏书丰盛，江慎中因而得以博览群书，人称"书柜"。光绪乙酉年（1885）两广总督张之洞筹办广雅书院，搜罗两广高才生。江慎中与胞兄江履中得到邀请前往，并与惠州的江逢辰被广雅书院院长梁鼎芬看重，视为高足。因江慎中对经学的深刻独到的见解，被张之洞、汪鸣銮（广东学政）所器重。1887年，广雅书院正式落成，为江慎中创造了良好的研究经学的环境。1888年参加戊子乡试一举夺得第三名。中举后，入京遍交京城名士，特别是与翰林院编修江标、叶昌炽、程秉钊，吏部侍郎饶轸、龙继栋等交往甚笃。

但江慎中为人淡泊，遂绝意功名，回乡主讲松明书院，治经著述，门下名士辈出。后，茂名籍侍郎杨颐敬重慎中公的学识与品行，嘱咐高州知府肖炳堃聘为高文书院院长。江慎中主讲高文书院后，开启书院严谨治学的学风，整顿多年的陈规陋习，高文书院积极求学的学风渐隆。

---

① 张志诚. 清代罗家两举人［J］. 载政协湛江市委员会编. 湛江文史（第6辑）［M］. 内刊，1987.

江慎中的著作甚多，有《蟫盦论学私记》二卷、《南溪文稿》二卷、《南溪诗稿》四卷等[①]。同时，江慎中对《春秋谷梁传》颇有研究，曾有著作，著作获得汪鸣銮、俞樾、叶昌炽等人为其作序（均载《石城县志》），《石城县志》《廉江县志》《廉江人物志》有传。

（六）光绪十五年乙丑恩科（1889）

邓国霖，字泽春，第八十三名，雷州府徐闻县北潭村人。生于咸丰六年（1856），三十四岁时中光绪十五年（1889）举人，后任浙江青田知县，钦加四品衔诰，封朝议大夫，其妻吴刘氏，封四品恭人。邓国霖之父邓玉琏，因为邓国霖的身份，被钦加四品衔诰，赠朝议大夫，邓国霖的母亲林云氏，封四品恭人[②]。

邓国霖性格严谨，为人勤劳，且有气度。别人都认为他能够继承其父邓玉涟之遗风。《徐闻县志》载："邓玉涟，性好施，尤重儒教，道光间邑中大修文庙，竭赀助理，告竣日，督抚赐匾奖之曰：襄赞堪嘉……文庙香灯无资，捐赀点长明灯，为通邑未有善举。"乡里之间，若有什么不平之事，邓国霖都能够出来协调。即使中举之后，仍然是"履丰厚犹兢兢以礼，自持不露骄色，居近治垣，非公不迹宰室"，等到前往浙江青田担任县令，已是八旬，"著有政声"。在任上，邓国霖勤于公事，以至因为劳累而"致疾"，"绅耆祷于城隍，愿以身代"。可惜，不久邓氏即病逝于任上，"百姓涕泣，如失怙恃"[③]。

罗海，别名衍昌，字珊洲，罗鼎之弟，雷州府遂溪县下六罗屋村（今遂溪草潭镇罗屋村）人，顺天乡试中式。光绪十五年（1889）乙酉科顺天乡试举人，中式时位列第七十八名。罗海曾任遂溪教谕、劝学所长等职。

① 钟喜焯修.（民国）石城县志·卷七·人物志（影印本）[M]. 广州：岭南美术出版社，2009：1187.

② ［清］王辅之修.（宣统）徐闻县志·卷十二·选举志（影印本）[M]. 广州：岭南美术出版社，2009：541.

③ ［清］王辅之修.（宣统）徐闻县志·卷十二·选举志（影印本）[M]. 广州：岭南美术出版社，2009：547.

后来他倡捐创办遂溪第一所高等小学堂和县立乡村师范学校；协助家乡罗屋村围海造田近千亩[①]。传说罗海能诗善画，精于书法，在湛江不少地方留有墨迹。

何沂，雷州府海康县人，顺天乡试中式。

何沂，字常五，号啸春，雷州略斜社慈里村人，光绪十五年（1889）已丑恩科顺天榜中式第一百三十四名。具体情况不详。

（七）光绪十九年癸巳恩科（1893）

招卓华，字仙甫，第九名，高州府吴川县水埠村（今坡头区龙头镇水埠村人。岁贡招贤子，生于同治五年（1866），光绪十七年辛卯科（1891）副贡，光绪十九年（1893）二十八岁时中举人。《湛江坡头区志》《湛江市坡头区文史第1辑》误为光绪十七年举人。他思想进步，曾参与北京公车上书，后来回乡经营实业，是坡头地区资本主义经营模式的开拓者，但他后来购买军火，收罗土匪，纵容手下劫掠钱财，而被捕入狱，后经贿赂出狱。但他仍与太平区匪首陈三合作，劫掠分赃。民国八年（1919）去世，终年五十八岁[②]。

（八）光绪二十年甲午科（1894）

何景濂，第九十九名，高州府吴川县西街人。生于同治二年（1863），三十二岁时中光绪二十年（1894）举人，1925年至1926年间任广州湾益智中心校长[③]，又任民国川西中学校长[④]。

---

① 《遂溪人物志》编纂委员会编 . 遂溪人物志 [M]. 郑州：中州古籍出版社，2020：10.

② 《湛江市坡头区志》编纂委员会编 . 湛江市坡头区志 [M]. 广州：广东人民出版社，2013：606.

③ 程永年编 . 湛江教育史话 [M]. 湛江：广东湛江教育学会、湛江教育志编辑室，内刊，1988：146.

④ 《湛江通史》编委会编 . 湛江通史 下 [M]. 广州：广东人民出版社，2021：1291.

（九）光绪二十七年庚子恩正两科（1901）

陈钟璋，字蕴斋，号宝南，第十名，雷州府海康县城内嘉岭巷人。生于同治二年（1863）五月六日，光绪二十三年丁酉科（1897）拔贡。陈氏祖名如翼，父名春庆。他曾得益于陈乔森的教导，后来也在雷阳书院讲学，还出任广州广雅书院斋长。他是清末民国湛江地区学者，许多地方都有他的题词。《题井尾村陈氏宗祠》："井饮合思泉脉远；尾烧新跋浪痕高。""北暨幽崖，南达朱垠，数两间经济事功，昆耀旂常，多属有妙子姓；田亩课耕，序庠游业，仰先代流风遗泽，丕启苗裔，蔚为盛世人交。"《题廉让公祠》："廉以持身民矩；让能为国进经猷。"《题廉正公祠》："廉隅自昔曾垂训；正道于今尚照人。"《乡荐拜宗联》："族姓蕃昌风会可乘定见芹池通璧汉；圣恩优渥春光将及好遵苹野赴琼林。"[①]《题镇海庙》："镇莅山川，含齿戴而皆子姓；海恬波浪，和风甘雨总神庥。"[②]

李宝琨，第一百一十二名，高州府吴川县泉塘人。生于光绪五年（1879），天资聪颖，光绪二十一年（1895）二十三岁即以廪生身份考中举人，后通过大挑担任某地知县，具体情况不详。

杨汉章，第一百一十五名，高州府吴川县瑚琳人。生于同治四年（1865），三十七岁时以附生身份中式光绪二十六年（1900）庚子科举人，曾任民国川西中学校长。他曾写过一首《番薯诗》，将粤西群众对各类番薯的俗称巧妙表达出来，诗曰："农家大宝是番薯，桃白桃红种种殊。贼佬笑时宜守望，莺哥听到更欢愉。人人都爱新来妹，个个同嫌饿死猪。标志过山香五里，春深不怕米如珠。"[③]

（十）光绪二十九年癸卯科（1903）

江珣，字璘如，出生于光绪八年（1882），逝于1950年，第二十二名，

---

① 冯伟，等编.雷州楹联[M].广州：广东人民出版社，2013：57、59、77.

② 冯伟，等主编.雷州古今楹联选[M].呼和浩特：内蒙古人民出版社，1998：10.

③ 政协雷州市委员会.雷州文史（总第26期）[M].内刊，2006：238.

高州府石城县廉江良垌南溪村人。光绪癸卯科中举，时年二十二岁，为清代最后一科、湛江地区最后一位举人。岐岭江氏文献载，江珣中举后"拣选知县，任吴川县知事。民国成立后，被孙中山签署为廉江县第一任民政长（县长）。以后一直在司法界任职，历任各地含广州地方审判庭、广东高等法院推事或庭长；合浦地方审判厅厅长、广州市土地裁判所主席裁判官、广东省政府第二科科长；还被委为廉江县文献委员会委员长、1931年版《石城县志》总纂。江珣有功名，有学问，又长期为官，与达官显要结交，在当地很有声望，受人尊重"。

江珣中举后，并不故步自封，乐于接受新思想，新事物。"值广东法政学堂初成，由县保送肄业。"各种考试"均列最优等第一名。毕业于法律特别科，是廉江第一个进入高等学校的人。番禺吴太史道镕书赠一联云：'家学优长，天资卓绝；文章尔雅，履蹈清贞'"。读书时，他与茂名熊英同称高州二才子（廉江时归高州府管辖）。据说，陈炯明与他分别任甲、乙班班长，关系不错。

江珣著有《仪礼丧服小笺》《郑学堂礼说》《拙存居诗稿》。他生平好写诗，诗文造诣高，可惜作品都已全无保存。族人江琼（毕业于日本明治大学；与高州杨永泰、顺德岑仲勉并称"广高三杰"。）对其诗作，十分推崇，在著作中多处提及。

恩赐举人：

杨嘉树，竹山村人，乾隆五十七年（1792）壬子科恩赐举人。

陈邦礼，吴川泗岸人，嘉庆三年（1798）戊午科恩赐举人。

丁居诚，字元夫，号丰野，海康调铭村人，其儿子为举人丁宗洛，嘉庆三年戊午科（1798）乡试开报八十二岁，恩赐举人。

黎道新，石城大岭人，由岁贡乾隆六十年（1795）任广州府新安县训导[①]，嘉庆五年（1800）庚申科恩赐举人。其恩赐举人的时间，道光《高州

---

① ［清］舒懋官.（嘉庆）新安县志·卷五·职官志（影印本）[M].台北：成文出版社有限公司，1974：183.

府志》、光绪及民国《石城县志》皆作嘉庆三年（1798）戊午科，但《嘉庆帝起居注》作嘉庆五年庚申科①，此从起居注。

区贤星，亦作欧贤星，雷州府海康县贡生，详下文。

游世杰，雷州府海康县监生。据道光《广东通志》载："以上二人因雷州府学附生林添申、监生蔡有瑚等，与福建同安县人陈性等在海康纠结天地会滋扰，捐资倡率乡勇拿获。林添申等多汇审明正法。奉旨：区贤星、游世杰均属出力，恩赏给举人，准其一体会试。事在嘉庆六年十一月。"②《科场条例》亦载："又奉上谕：吉庆等奏拿获海康县纠众结盟首伙各犯，其缚送会匪多名之贡生欧贤星、监生游世杰均属出力，着加恩赏给举人，准其一体会试。钦此。"③

苏其章，号琢奄，徐闻坑仔村人。他兄弟三人，早年父亲去世，后来兄弟二人也相继去世，他上侍奉寡嫂，同时承担起抚养、教读诸侄的重任，诸侄后来都长大成才。苏其章自少读书刻苦，以科名自命，但考试数十次始终没有考中功名。学政程岩十分欣赏他的刻苦精神，数次提拔他，他最终"邀皇恩三锡，由副榜而举人而翰林检讨"，在嘉庆三年戊午科（1798）恩赐副榜，嘉庆五年（1800）又因年过七十仍参加科举而被恩赐举人，准其一体会试④；嘉庆七年（1802）会试未中，因年过八十而被恩赐翰林院检讨职衔⑤。借此，他逐渐富裕起来，但仍保持儒素风格，还积极参加邑里义举，

①　嘉庆帝起居注（一）（嘉庆五年十二月初五日）[M]. 桂林：广西师范大学出版社，2006：733.

②　[清]阮元纂.（道光）广东通志·卷八十一·选举志（影印本）[M]. 上海：上海古籍出版社，2002：573.

③　[清]奎润修，李兵，袁建辉点校.（光绪）钦定科场条例·卷五十三·恩赏举人进士会试殿试（影印本）[M]. 台北：文海出版社，1969：4084.

④　嘉庆帝起居注（一）（嘉庆五年十二月初五日）[M]. 桂林：广西师范大学出版社，2006：733.

⑤　嘉庆帝起居注（七）（嘉庆七年四月初十日）[M]. 桂林：广西师范大学出版社，2006：151.

修文庙、建义学，都不惜捐献巨资①。关于苏其章的功名，自近代以来便多以讹传讹。年老举人、诸生给予职衔是清朝科举制度的一种优恤政策，给年逾七十的年老举人、贡监、生员等赏给一定的功名和职衔。苏其章乡试时年过七十被恩赐副榜，又因年过七十仍参加科举而被恩赐举人，会试因年过八十而被恩赐翰林院检讨职衔。据此称其为举人是可以的，但是他会试都未中，绝非进士，翰林院检讨只是朝廷赐予他的职衔，而非进士功名，因此称他为进士是大错特错。宣统《徐闻县志》称其为恩赐进士已属错误，之后现代所编之《徐闻县志》②、《汉港长风：徐闻县历史文化资源》③、《湛江通史》④、王书第《大器晚成苏其章》⑤等称其为进士或列为正科进士则是以讹传讹，错漏已甚。

陈汝翼，附贡，乾隆六十年乙卯恩科（1795）乡试开报七十二岁，恩赐副榜；嘉庆六年辛酉恩科（1801）乡试又恩赐举人，嘉庆十年乙丑科（1805）会试又恩赐检讨衔。

陈源江，字晏斋，号锦堂，海康人，陈瑸曾孙，恩赐举人陈子良之子。史载陈源江"性至孝"，其父在京候选掣签时病逝，他挽柩回乡安葬，守孝三年都无笑颜。嘉庆七年（1802）奉旨引见，恩赐举人，嘉庆十三年（1808）大挑授教谕，历任恩平、新兴、兴宁等县训导。著有《陈源江公诗》一集，今存。清代嘉庆初年，海康黎歌（即海黎歌，即旧称大班歌）已过县到遂溪县城演出。《陈源江公诗》中《到遂溪》诗云："雷郡启行第二程，离乡渐远客思清。秋深略见风霜气，市近常闻砧杵声。潮调方残灯光暗，黎歌又展梦魂惊。孤心忽忆城名遂，应慰悠悠万里程。"为雷州歌的流传保

① ［清］王辅之修.（宣统）徐闻县志·卷十三·人物志（影印本）[M]. 广州：岭南美术出版社，2009：546.

② 徐闻县志编纂委员会编. 徐闻县志 [M]. 广州：广东人民出版社，2000：903.

③ 徐闻县文化广电新闻出版局编. 汉港长风：徐闻县历史文化资源 [M]. 广州：广东人民出版社，2010：48.

④ 《湛江通史》编委会编. 湛江通史 下 [M]. 广州：广东人民出版社，2021：1295.

⑤ 王书第. 大器晚成苏其章 [L].《湛江日报》2022.02.16（A09）.

留了资料。

龙卿云，石城黄竹冈人，岁贡，嘉庆九年甲子科（1804）恩赐举人，嘉庆十二年（1807）官惠州府龙川县训导[①]。

戴士诚，遂溪人，嘉庆十年乙丑科（1805）恩赐副贡，嘉庆十二年（1807）丁卯科恩赐举人。

黄麟彩，海康附生，嘉庆九年甲子科（1804）乡试开报七十五岁，恩赐副榜；十二年丁卯科（1807）乡试恩赐举人，十四年己巳科（1809）会试恩赐检讨衔。

林缉熙，吴川人，嘉庆十五年庚午科（1810）恩赐举人。

陈献猷，字淡园，吴川山嘴人，恩贡生，嘉庆十五年庚午科（1810）恩赐举人，史载他"孝友性成，事亲能承色笑。六十执亲丧，哀毁绝粒，每逢生忌日，思慕饮泣"。陈献猷有弟四人，兄弟之间"少相友爱，老而弥笃，敦宗族，节家规，平居淡泊明志，不问家产，潜心嗜古，耄年不倦，尤精于易"。家庭中"子侄林立，胶庠皆其作养。"陈献猷卒时年八十六[②]。

林冯鲤，吴川人，嘉庆十五年庚午科（1810）恩赐举人。

伍桂珍，遂溪人，嘉庆十三年戊辰科（1808），嘉庆十五年庚午科（1810）钦赐举人。

李元惠，吴川人，嘉庆十八年癸酉科（1813）恩赐举人。

易业藩，吴川上杭人，嘉庆十八年癸酉科（1813）恩赐举人。

陈有孚，吴川人，嘉庆十八年癸酉科（1813）恩赐举人。

李泮荣，吴阳白沙人，嘉庆十八年癸酉科（1813）钦赐举人。

吴柱周，吴川水潭人，嘉庆十八年（1813）癸酉科恩赐举人。

林纪蕴，字周材，吴川霞街人，嘉庆十八年癸酉科（1813）恩赐举人。史载林纪蕴"褆躬涉世，绝无缘饰"，日常以读书自乐。嘉庆五年，取得恩贡生，署阳江训导。当其时，阳江学宫"有以讼为县移革者"，林纪蕴"悉其情，力持不可"。阳江县令开始时对林氏的行为很愤恨，获取详情后，仍对林氏尊敬有加。到林氏离职时，整个阳江城都出来为林氏饯行。林氏后任永安教谕，兼掌教书院，"立规条而课实学请于县，为增膏火，士翕然颂其德。晚年恩赐举人"[1]。

易业盛，吴川上杭人，嘉庆十八年癸酉科（1813）恩赐举人。

何逢辉，字玉山，号实有，海康塘尾社瑚村人，嘉庆十八年癸酉科（1813）由岁贡生恩赐举人。

陈楷，吴川人，道光十五年乙未（1835）恩赐举人。

符文纯，海康略斜社符处村人，道光年间岁贡，道光二十四年甲申科（1844）恩赐举人。

蔡占鸿，海康塘尾社水店村，迁住遂溪和家村，咸丰元年辛亥科恩科（1851）恩贡，同年恩赐举人。

吴树勋，吴川上郭人，同治六年丁卯科（1867）恩赐举人。

胡士庄，字端甫，号竹溪，吴川城内县学前街人，岁贡胡士选（字俊卿，号逸堂）之兄，增生胡彭龄祖父，道光十六年丙申科（1836）岁贡，同治六年丁卯科（1867）由岁贡生恩赐举人。

黄象芳，石城盛大塘人，道光二十年（1840）岁贡，同治十二年癸酉科（1873）恩赐举人，选惠州府龙川县训导。

林隆升，吴川霞街人，林纪蕴孙，父林高翔，光绪五年己卯科（1879）恩赐举人。史载林隆升"质朴性成，刻苦力学，由恩贡生恩赐举人"[2]。

黄廷铨，吴川岭头街人，光绪五年己卯科（1879）恩赐举人。

李尧封，字绍汉，号清溪，海康塘尾社新坑村人，附贡生，光绪五年

① ［清］毛昌善修.（光绪）吴川县志·卷七·林纪蕴传（影印本）[M].广州：岭南美术出版社，2009：532.

② ［清］毛昌善修.（光绪）吴川县志·卷七·林隆升传（影印本）[M].广州：岭南美术出版社，2009：283.

己卯科（1879）恩赐举人[①]。

黄如兰，吴川人，光绪八年壬午科（1882）恩赐举人。

蒋绍祖，和家村人，光绪八年壬午科（1882）恩赐举人。

杨洛钟，吴川瑚琳人，光绪八年壬午科（1882）恩赐举人，曾任遂溪县教谕。

吴芳献，吴川水潭人，光绪十四年戊子科（1888）恩赐举人，恩赐光禄寺署正衔。其孙子吴大文，因性好吟咏，被誉为"诗窑"，有诗词四集，现仅存两集一千余首，有诗词 319 首收入《吴川古今诗选》[②]。附录清代吴氏族人吴宣崇所写的吴芳献传略——《十三世修陔公传略》[③]："族父讳芳献，字兰采，别字修陔，世居吴川水潭村。考，章六公，讳位三，懿行详我太父中书公所撰家传。嘉庆十一年，公十岁，海寇乱，我大父避地茂名横塘山，章六公携眷同居焉。公徇齐温雅，喜读书，工楷法，受业于先大父，甚器之。年二十七，白提学镕拔为弟子员。越三年，章六公殁，家渐啬，思所以养母者，乃授徒以资甘旨。公母陈孺人，年九十，犹康健，公自书馆归，趋侍左右，融融洽洽，数十年如一日。公兄讳芳嘉，商业失利，公出其馆谷垫之。遇年节，兄弟相聚，怡怡之色，令人起慕。同治四年，自横塘回居水潭。年八十，应光绪丙子乡试合例，恩赐副贡生。又七年，重游泮水。叶提学大焯奖以：'泮林眷驻'额。又五年，应戊（戊）子乡试合例，恩赐举人，明年奏请恩奖，钦加光禄寺署正衔，寿九十有三。公生平不治生产，不理俗务，专心学业，守身如金玉，遇事不合者，未尝不争，然绝不藏怒宿怨。家既贫，未尝取非分之财；即与之，亦必合于义而后受。公长我府君优贡公一岁，又同砚席，相得甚欢，府君弃世，外侮迭至，公义愤，闻者惊退。咸丰初，六世祖韬素公墓，为龙姓侵逼，公挺身控告，纠缠两年，始得直。宣崇少孤，公抚

①　梁成久纂.（民国）海康县续志·卷十四·选举志（影印本）[M]. 广州：岭南美术出版社，2009：731.

②　林济仁主编. 传奇水潭 [Z]. 内刊，吴川，2013：113.

③　林济仁主编. 传奇水潭 [Z]. 内刊，吴川，2013：116.

摩教诲，无异己子，此皆公血性过人者也。二子，长廷弼，次锦澜，县学生。孙六人，大文以郡试冠军，府学生；余俱幼学，曾孙一人。"

李致元，吴川岭博人，光绪二十三年丁酉科（1897）恩赐举人，并加五品衔。

蔡发祥，石城蔡屋泊村人，附生，因年逾八十，在光绪十五年己丑恩科（1889）恩赐举人。之后，他在光绪十八年（1892）进京参加会试，年已八十三岁，因此被赏给国子监司业职衔。民国《石城县志》因此称其为"恩赐进士"[①]，民间更因此称其为"钦赐翰林"[②]，更有甚者将其直接作为正科进士[③]，实为谬误。赏赐职衔是清代一种科举政策，前已叙述。蔡发祥无非因为年老被赐以国子监司业职衔，这既不是翰林身份，也不是进士功名，民间称为翰林或进士，无非为了声名利禄而已。且根据清代科举制度规定，他的职衔极有可能是错误记载。光绪《科场条例》规定："会试年老举人，年逾百岁者，请旨赏给国子监司业职衔；年逾九十五岁，赏给翰林院编修衔；九十以上，赏给翰林院检讨衔；八十以上，赏给国子监学正衔。"[④]《石城县志》载其为国子监司业衔，是正六品衔，但按规定他只能赏给国子监学正衔，即正八品衔。一个没有什么贡献和能力的年老举子，清政府是不大可能越级赏给，因此应是县志编者有意无意错记。

吴天宠，字吉师，海康城外苏楼巷人，附贡吴嘉谋、附生吴嘉诰兄弟从子，廪生吴天泽兄，光绪三十二年丙午科（1906）岁贡。同年，吴天宠被两广总督周馥派遣留学日本法政大学学习法律，毕业考列优等升学本校高等研究科，毕业得有法学士文凭。宣统元年（1909），他参加学部游学生考试，列取中等，赏给法政科举人，次年宣统廷试钦点七品小京官，签分外务部

①　钟喜焯修.（民国）石城县志·卷六·选举志（影印本）[M].广州：岭南美术出版社，2009：919.

②　廉江县政协文史组编.廉江文史（第4辑）[M].内刊，1985：49.

③　《湛江通史》编委会编.湛江通史　下[M].广州：广东人民出版社，2021：1293.

④　[清]奎润纂，李兵，袁建辉点校.（光绪）钦定科场条例·卷五十三·年老举人给衔[M].台北：文海出版社，1969：3919—3920.

宣统元年己酉应学部游学生考试列取中等。

附清代武举人名录：

武科始自明代成化十四年（1478），时由太监汪直请乡会试，且被接纳，按照文举规例进行。弘治六年（1493）定武举六岁一行，弘治十七年（1504）改定三年一试。明嘉靖初，定制各省应武举者，巡按御史于十月考试，次年四月会试。明崇祯四年（1631）始定殿试，传胪其中。清朝建立后，按照明代规程进行。

（一）海康县

李钊，康熙八年己酉科（1669）。

冯锟，康熙八年己酉科（1669）。

周礼备，康熙三十五年丙子科（1696），曾任右营千总。

符升，康熙三十八年己卯科（1699）。

蔡兆元，康熙五十二年癸巳恩科（1713）。

蔡廷魁，康熙五十三年甲午科（1714）。

蔡兆福，康熙五十六年丁酉科（1717）。

蔡绍基，雍正十三年乙卯科（1735）。

蔡维扬，乾隆元年丙辰科（1736）。

何毓英，乾隆三年戊午科（1738），后任浙江严州帮漕运千总。

翁忠藩，乾隆六年辛酉科（1741）。

林云汉，乾隆十八年癸酉科（1753）。

邓鼎誌，乾隆二十一年丙子科（1756）。

梁绳谟，乾隆六十年乙卯科（1795），后任湖北三帮漕运千总。

金岱珠，海康那里社金宅寮村人，道光五年乙酉科（1825）。

陈德烈，字存山，海康安苗社那平村人，同治六年丁卯科（1867）。其祖父陈厥昌。

吴国栋，字景仲，又言字景勋；民国《海康县志》记为"字景仲"，族谱记载为"景勋",应以族谱为准。海康安揽社杜陵村人(今属雷州市唐家镇),其族名曰吴胜唐,排行第四。光绪五年己卯科(1879)武举人;光绪九年癸未科(1883)武科中式第七名,殿试二甲第四名进士,钦点花翎侍卫,乾清门行走。其祖父吴鸣璇因之而晋赠武功将军;其父吴恢镇因之而被封武功将军。民间有传吴国栋长到十多岁时,身材魁梧,力大异常,常受夸赞。这时家里有点积蓄,他得到兄长的支持,到雷城去一边学武,一边学文。在顺利通过了县试、府试后,吴国栋却在院试面前受阻,无法通过。但走武科举之路的梦想始终萦绕在心头,驱赶不去,于是,他跟家人商量,家人为他捐纳武监生。光绪五年(1879),他到省城参加乡试,结果如囊中探物,考中武举,荣耀归乡[①]。

陈同仰,字星和,海康城外城角村人,陈兆棠子,光绪十四年戊子科(1888)。

邓飞龙,字见农,海康大埔社下岚村人,光绪十五年己丑恩科(1889)第三名。

陈兆齐,字昌五,海康南禄社坑尾村人,光绪十五年己丑恩科(1889)。

何锡铨,字位五,海康安揽社灵界村人,光绪十五年己丑恩科(1889)。

邓定邦,字虞廷,海康武郎社博袍村人,光绪十五年己丑恩科(1889),大挑二等,曾官北海镇左营千总、遂溪县左营千总、署雷州廉州守备。

谢乔勋,雷州附城镇榜山村人,光绪二十三年丁酉科(1897)。

(二)遂溪县

黄嘉,康熙三十五年丙子科(1696)。

杨鹰羽,康熙四十一年壬午科(1702)。

黄迈德,康熙五十三年甲午科(1714)。

李景蔚,乾隆二十七年壬午科(1762)。

周良谟,乾隆三十五年庚寅恩科(1770)。

---

① https://www.toutiao.com/article/7246416834013446712/。

欧英佐，乾隆三十六年辛卯科（1771）。

洪元超，乾隆四十二年丁酉科（1777）。

陈式超，嘉庆六年辛酉科（1801）。

吴连元，嘉庆九年甲子科（1804）。

麦广颖，嘉庆十二年丁卯科（1807），由武举任江南兴武卫漕运千总。

黎士宽，嘉庆十三年戊辰恩科（1808）。

陈虎文，嘉庆十八年癸酉科（1813），任江南漕标，理广西平乐荣协镇。

梁煦，嘉庆二十四年己卯科（1819）。

梁丕超，道光二年壬午科（1822）

梁大进，道光二年壬午科（1822），任高州左营梅菉汛千总。

余居元，道光十四年甲午科（1834）。

周典，道光十一年辛卯恩科（1831），由武举任琼州镇标左营千总。

黄明，道光二十四年甲辰科（1844）。

王立本，道光二十四年甲辰科（1844）。

陈子隆，道光二十四年甲辰科（1844），拣选卫守御千总。

（三）徐闻县

骆兆祺，乾隆九年甲子科（1744），拣选御卫。

骆文辉，那练村人，乾隆十五年庚午科（1750），曾任琼南把总、千总等职。

何文拨，塘西村人，乾隆二十七年壬午科（1762）。

魏国英，乾隆二十七年壬午科（1762）。

何文振，字超韩，徐闻塘西村人，乾隆二十七年壬午科（1762），史载何氏"慷慨好义，通邑向无科资，振始置乡会试宾兴，先自醵金多数，首倡劝捐集，众腋裘充之。士之乏资者，咸借以与，至今食德未艾。又修庙宇，甃桥梁，莫不解囊饮助，尤敦友爱与。侄分产，多厚给之，人称长厚"①。

---

① ［清］王辅之修．（宣统）徐闻县志·卷十三·何文振传（影印本）[M]．广州：岭南美术出版社，2009：548.

王定杰,字魁五,绿(那)泗村人,清光绪戊子科武举人,曾任千总之职。史载王定杰"家苟合,自奉极俭,有义举,则疏财不吝。每遇岁荒,倾廪赈乡邻。又力倡办平籴,济通邑饥民。值飓风大作,有尸浮海滨,亲视葬埋。庚子辛丑年,会匪猖獗,集众办团抵御,身不顾利害,民得安。堵讵厄于命,渡海溺毙,士民惜之"[①]。

蔡大猷,堰塘村人,乾隆三十三年戊子科(1768),曾任虎门千总。

何恂振,北松村人,乾隆四十二年丁酉科(1777)。

何恂谟,北松村人,乾隆四十二年丁酉科(1777)。

黄辉歧,北潭村人,乾隆五十一年丙午科(1786)。

邓国钧,东坑村人,乾隆五十一年丙午科(1786),拣选卫分府。

邓廷璋,北潭村人,乾隆五十一年丙午科(1786)。

邓廷标,北潭村人,乾隆五十三年戊申恩科(1788)。

邹冠英,嘉乐园人,乾隆五十七年壬子科(1792)。

吴培超,青桐洋人,乾隆五十七年壬子科(1792),后中武进士。

王超,柯家村人,乾隆五十九年甲寅恩科(1794)。

邓国超,报树湾人,嘉庆十五年庚午科(1810)。

黄金珍,琼朗村人,道光二年壬午科(1822)。

金岱珠,英利墟人,道光二年壬午科(1822)。

吴国志,青桐洋人,光绪五年己卯科(1879),后中武进士。

(四)吴川县

易中,字传伯,吴川上杭人,为乾隆元年(1736)丙辰科武举,后于乾隆四年中己未科武进士,"授驻京提塘官"[②],并长期居兵营。父亲易宗亮,"友爱兄弟,与戚友处八十余年,虽遭横逆,安然而受"。

---

① [清]王辅之修.(宣统)徐闻县志·卷十三·王定杰传(影印本)[M].广州:岭南美术出版社,2009:548.

② [清]毛昌善修.(光绪)吴川县志·卷七·易中传(影印本)[M].广州:岭南美术出版社,2009:273.

吴元芳，吴川上郭人，乾隆六年辛酉科（1741）。

易业富，吴川上杭人，武进士易中子，乾隆二十七年壬午科（1762）。

吴龙川，吴川上郭人，其父亲为吴元芳，乾隆三十年乙酉科（1765）。

吴汇川，吴川上郭人，乾隆三十五年庚寅科（1770）。

林开第，吴川霞街人，乾隆三十九年甲午科（1774）。

易连标，吴川上杭人，武进士易中子，乾隆四十二年丁酉科（1777）。

易高飞，吴川上杭人，武进士易中子，乾隆四十五年庚子科（1780）。

易连翀，吴川上杭人，武进士易中从子，乾隆四十五年庚子科（1780）。

李颖珠，吴川平泽人，乾隆四十五年庚子科（1780），曾署琼州镇标营守备。

潘汝渭，吴川城内人，潘韬子，嘉庆三年戊午科（1798），曾任香山营都司、闽安协副将、南澳镇总兵等职务。

韩宸元，吴川殷底人，嘉庆二十一年丙子科（1816）。

杨英华，吴川瑚琳人，道光十四年甲午科（1834）。

陈达璋，吴川乾塘人，同治六年丁卯科（1867）。

郑玉光，吴川大垌人，同治十二年癸酉科（1873）。

杨达英，吴川瑚琳人，光绪十五年己丑科（1889）。

（五）石城县

曹俊，那里坡人，康熙二十六年丁卯科（1687），曾任甘肃兰州卫千总，后升赤金卫守备，授武德将军。其父亲曹天能，因之而赠武德将军，母亲严氏赠宜人。《石城县志》载，"曹天能，字良伯，壮负奇气，乡尝有外警，尽策备御。境土赖以安堵。既而敛才家居，事母以孝闻。族里有窭苦者，賙恤无德色数十年。优游泉石以保天真。知县孙绳祖赠洛社耆英扁，卒年七十八。长子俊，武举。次子信，监生；三子佳、四子伦，俱邑庠。余皆彬彬杰出。"①

谢克湄，康熙二十六年丁卯科（1687）。谢克湄由石城县移居新会。

曹克平，大塘人，乾隆三年戊午科（1738）。

钟清英，低山人，乾隆二十一年丙子科（1756）。

梁正珖，官埇人，乾隆三十五年庚寅恩科（1770）。

廖广扬，冷水埇人，乾隆三十六年辛卯科（1771）。

梁德显，塘尾人，乾隆三十九年甲午科（1774）。

彭魁，新屋场人，乾隆五十一年丙午科（1786）。

黄士琮，铜罗湾人，嘉庆十八年癸酉科（1813）。

林正纲，山高棚人，嘉庆二十一年丙子科（1816）。

钟举才，赤竹坑人，嘉庆二十四年己卯科（1819）。

涂龙高，蕉林人，道光元年辛巳恩科（1821）。

陈家珍，乾案人，道光二十四年甲辰恩科（1844）。

廖家珍，冷水埇人，咸丰十一年辛酉科（1861）。

龙锦洗，周村人，同治元年壬戌恩科（1862）。龙氏因军功拔千总，后署贵州古州把总，赏戴五品蓝翎。

苏润源，坡仔人，同治六年丁卯科（1867）。

---

① ［清］蒋廷桂修.（光绪）石城县志·卷七·曹天能（影印本）[M]. 广州：岭南美术出版社，2009：181.

一、明清海康贡生题名录

（一）明代海康贡生题名录

1. 岁贡

雷州府学：

洪武年间：

林熙，凤阳留守断事。

李章甫

林真护，清东递运所大使。

莫微显，湖南攸县县丞。

黎守然，武昌西泄湖河泊。

张端，河州驿丞。

陈仕齐，庐州知事。

赵庆隆，颜料局大使。

黄铎

林成美，颍上县递运使。

黄善鸣

郭庸

蔡应麟

苏玄瑶，万历《雷州府志》作苏玄瑶，嘉庆《海康县志》作苏元瑶，应为避康熙讳而改。

罗道充，刑部主事。万历《雷州府志》、嘉庆《海康县志》作罗道充，嘉靖《广东通志》作罗道允，万历《广东通志》作罗道统，恐皆形近而误。

梁汉，嘉庆《海康县志》作海康人，历升至琼州府教授。万历《雷州府志》无，道光《琼州府志·职官志》亦无，似为明万历之后罗定学正、雷州人梁汉阑入①。

陈童行

永乐年间：

陈绍业，江西南康府主簿。

唐頵，福建宁德县主簿。

苏玄，万历《雷州府志》作苏玄，嘉庆《海康县志》作苏元，应为避康熙讳而改。

黄显，宁德府典仪正。

陈汝成

陈德淳

郭伦

薛祐

陈善庆，广西布政司经历，死义。

冯子传

陈其修

郑宗，交阯奉化知府。

洪泰，交阯乙县知县。

易震，交阯武化知县。

---

① 罗学仕纂.（民国）罗定志·卷五·职官志（影印本）[M].广州：岭南美术出版社，2007：500.

吴渊，交阯唐安知县。

王荣，交阯属县知县。

冯子敬

洪熙年间：

莫谦，万历《雷州府志》作洪熙年间，嘉庆《海康县志》作宣德年间。

宣德年间：

柯福，广西宜山知县。

林新复，交阯通判。

正统年间：

胡应春，广西雒容知县。

梁仪，迈坦村人，雷州府徐闻县训导。民国《海康县志》卷二十一《梁汉嶓传》作梁义，官徐闻教谕。

陈宾，广西永淳知县。

赵渊，贵州镇宁知县。

游艺，豹韬卫经历。

景泰年间：

张萃，天顺间任广州府东莞县典史，但崇祯《东莞县志》作监生①。

陈禧，万历《海康县志》作景泰年间，嘉庆《海康县志》作天顺年间，官广西梧州府推官。

田宽，成化间任浙江永康县丞，但光绪《永康县志》作监生②。

天顺年间：

许仁，杭州卫经历。

陈璧，广西贺县教谕。

---

① ［明］张二果修．（崇祯）东莞县志·卷四·官师表（影印本）[M]．广州：岭南美术出版社，2007：169.

② ［清］李汝为修．（光绪）永康县志·卷五·职官表 [M]．国家图书馆藏本.

何镜,弘治元年(1488)任安徽蒙城县教谕,同治《蒙城县志》作何敬[①]。

郑乾,湖南潭州府照磨。

柯玙,福建兴化府知事。

冯和,福建瓯宁县主簿。

成化年间:

陈鉴,税课大使。

陈广,广西容县训导。

施威,广西苍梧县训导。

周渊,江西赣州府训导。

吴欢,京卫经历。

林震,赣州卫经历。

李晟,湖北大冶县知县,《大冶县志》作李盛、监生[②]。

刘俊,四川按察司经历。

王臣,湖南宝庆府经历。

唐珏,临山卫经历。

李纮,福建德化县训导。

陈政,弘治元年任江西安远县训导[③],三年后任福建同安县训导[④],升任南直隶六安州学正,后升纪善。

唐政,高州府化州训导[⑤]。

① [清]李炳涛修.(同治)蒙城县志·卷六·职官志[M].清同治年间抄本。

② [清]胡復初修.(同治)大冶县志·卷七·秩官志(影印本)[M].南京:江苏古籍出版社,2001:169.

③ [清]董正修.(乾隆)安远县志·卷四·职官志[M].清乾隆间刊本。

④ 林学增修.(民国)同安县志·卷十三·职官志(影印本)[M].台北:成文出版社有限公司,1967:369.

⑤ [清]黄锡实修.(道光)化州志·卷五·秩官志(影印本)[M].广州:岭南美术出版社,2009:475.

张矩，广西梧州府训导，但同治《梧州府志·职官志》作严矩、监生[①]。

弘治年间：

陈章，万历《雷州府志》不具县属，据民国《上杭县志》卷十四《职官志》为海康贡生，弘治四年（1491）任训导[②]，后升任广西富川县教谕[③]。

黄曼，广西天河县训导。

吴祥凤，弘治间任琼州府文昌县训导，咸丰《文昌县志》作吴翔凤[④]。

陈祯，由监生充贡。万历《雷州府志》作陈祯，嘉庆《雷州府志》及《海康县志》作陈侦，概因避讳而改。

何锐，由监生充贡。

陈嘉谟，弘治十年（1497）任江西于都县训导[⑤]。

张钰

方升，威州所吏目。

孙智

杨尚志，浙江遂昌县训导。

唐祝，福建福清县丞。

曾赐

杨尚德

吴夔，珉府审理。

　　①　[清]吴九龄修.（同治）梧州府志·卷十三·职官志（影印本）[M].台北：成文出版社有限公司，1961：274.

　　②　丘复纂.（民国）上杭县志·卷十四·职官志（影印本）[M].上海：上海书店出版社，2000：160.

　　③　[清]顾国浩修.（光绪）富川县志·卷四·职官志（影印本）[M].台北：成文出版社有限公司，1967：38.

　　④　[清]张霈纂.（咸丰）文昌县志·卷八·职官志（影印本）[M].广州：岭南美术出版社，2007：336.

　　⑤　[清]颜寿芝修.（光绪）雩都县志·卷七·秩官志[M].清光绪二十九年（1903）刊本。

正德年间：

陈钺

王璿，广西梧州府训导，但《梧州府志》正德间训导作王濬、监生，石城人①。石城县弘治间岁贡亦有王璿，不知《梧州府志》是否混淆。

陈辉

李通，由监生充贡。

李昺，正德间任湖南宜章县训导②，升琼州府文昌县教谕③。

李永，福建政和县训导，升广西象州学正。

曾一贯，正德间任琼州府文昌县训导④。

吴钺，贵州吏目。

易观光，由监生充贡。

罗璧

何泰，由监生充贡。

黄元佐，安徽寿州判官，嘉靖十三年（1533）降调安徽祁门县教谕，卒于任⑤。

陈文德，县学岁贡陈宪弟，感恩训导。兄弟年逾八十，乡人敬重之。

李嵩，由监生充贡。

吴政，嘉靖七年（1528）任惠州府河源县训导⑥。

---

① ［清］吴九龄.（同治）梧州府志·卷十三·职官志（影印本）[M].台北：成文出版社有限公司，1961：274.

② ［清］杨文植修.（乾隆》宜章县志·卷八·秩官志（影印本）[M].海口：海南出版社，2000：99.

③ ［清］张霈纂.（咸丰）文昌县志·卷八·职官志（影印本）[M].广州：岭南美术出版社，2007：334.

④ ［清］张霈纂.（咸丰）文昌县志·卷八·职官志（影印本）[M].广州：岭南美术出版社，2007：336.

⑤ ［清］周溶修.（同治）祁门县志·卷二十二·职官志（影印本）[M].南京：江苏古籍出版社，1998：205.

⑥ ［清］陈张翼修.（乾隆）河源县志·卷四·官师志（影印本）[M].广州：岭南美术出版社，2007：371.

嘉靖年间：

陈时用，万历《雷州府志》卷十四《选举志·明举人》有陈时雍，《选举志·岁贡》有陈时用，时亨兄；嘉庆《海康县志》卷五《选举志·明举人》有陈时雍，但《选举志·岁贡》没有陈时用。万历《雷州府志》陈时雍、陈时亨本传也没有明言是兄弟关系，但嘉庆《海康县志》二人本传则言是兄弟关系，据传二人皆为芝林村人，陈时亨传言其"与兄时雍并励操仪，友恭备至"。据此则陈时用或与陈时雍为同一人。陈时雍幼年时父亲去世，贫苦力学，由监生充贡，后来考中嘉靖四年乙酉科（1525）广东乡试举人。他由母亲抚养长大，对母亲十分孝顺，对弟弟陈时亨十分友爱，没有任何非议和责骂。他的气度德行颇具先人风范，中举后仍兴学力教，乡里后进多出其门下。陈时雍还十分关心家乡，当时镇守珠池太监赵兰横行乡里，肆行劫掠，雷廉之民深受其害。他率领部分士民在路上拦住赵兰，直言其祸害乡里，赵兰大怒，上奏革除了他的功名。陈时雍不顾个人安危和功名，痛斥时弊，受到乡里士民的称赞，死后崇祀在乡贤祠 [1]。

李廷茂

李钺，安徽定远县知县。

孙克俭

林一贤，万历间任琼州府崖州训导 [2]，升广西马平县教谕。

黄复初，顺宁府经历。

何淮，由监生充贡。

施霖，广西贺县训导。

林一枝，福建顺昌县训导。

陈文浩

---

① ［明］欧阳保修.雷州府志（万历）·卷十七·陈时雍传（影印本）[M].广州：岭南美术出版社，2009：262.

② ［清］张巂修.（光绪）崖州志·卷十五·职官志（影印本）[M].广州：岭南美术出版社，2007：664.

吴文通，嘉靖十六年（1537）任安徽休宁县训导①。

李珪

林稟

冯文祯，福建泰宁县训导，补连城县训导②。

李天伦，嘉靖间任琼州府临高县训导③。

吴廷璋

许国英

岳士良，万历《雷州府志》作雷州卫官籍，宁化训导；嘉庆《海康县志》作卫籍，休宁训导。同治《宁化县志》卷三《职官志》作岳仕良，海康贡生，嘉靖十九年（1540）任训导④；康熙《休宁县志》卷四《职官表》查无此人，因此，嘉庆《海康县志》官职记载有误。

唐尧宾

吴魁，江西新建县教谕。

陈大器

林睿，广西庆远府推官。

黄应龙

吴现

李钟元

吴钟

莫南彦

余益明，雷州卫籍。

邓文宾

---

① ［清］何应松修．（道光）休宁县志·卷七·职官志（影印本）[M].南京：江苏古籍出版社，1998：123.

② ［清］李龙官修．（乾隆）连城县志·卷六·官师志 [M].清乾隆年间刊本。

③ ［清］聂缉庆等修．（光绪）临高县志·卷十·秩官志（影印本）[M].广州：岭南美术出版社，2007：316.

④ ［清］李世熊修．（同治）宁化县志·卷三·官师志（影印本）[M].台北：成文出版社有限公司，1967：133.

冯廷举，雷州卫籍，由监生充贡。

张希浚

陈崇儒

梁乔，迈坦村人。

刘应奎

林思道，县丞。

吴宗邹，浙江淳安县训导，隆庆间任琼州府定安县教谕[①]。

冯文爌，雷州卫籍，隆庆元年（1567）任江西兴国县知县[②]。居乡谨慎淳厚，两次列席乡饮酒礼。

游文炳，嘉靖间任江西南康县训导[③]。

吴璠，福建邵武县训导。

林棐，林棐少时喜读书，但三十八岁时才成岁贡。他母亲早逝，侍奉继母官氏十分孝顺，对异母妹妹也十分友善，出嫁时为她准备了丰厚的嫁妆。他乐善好施，时常接济亲族邻里，在家时购置书籍教导子侄和乡里好学子弟。后来他建私塾名为"江滨馆"，每年前来学习的学生达四五十人，对于贫苦的学生还免收学费。对没有资费进京赶考或铨选的士子，他甚至抵押田产为他们筹措资金，他们任职归来不偿还也不过问。他的儿子林淑是石城县学贡生，但在准备进京铨选时病逝了，十分可惜[④]。

高秉忠

黄守谦

① ［清］吴应廉修.（光绪）定安县志·卷四·职官志（影印本）[M].广州：岭南美术出版社，2007：458.

② ［清］孔兴浙修.（乾隆）兴国县志·卷八·官师志[M].国家图书馆藏本。

③ ［清］沈恩华等修.（同治）南康县志·卷六·秩官志[M].清同治十一年（1872）刊本.

④ ［清］刘邦柄修.（嘉庆）海康县志·卷六·林棐传（影印本）[M].广州：岭南美术出版社，2009：260.

游鹗，光绪《澄迈县志》作游一鹗，雷州卫籍，琼州府万州训导①，嘉靖四十一年（1562）任澄迈县教谕②，后任琼州府教授。

冯文炤，光绪《崖州志》、乾隆《兴业县志》作冯文照，雷州卫籍，任高州府化州训导③、琼州府崖州学正④，万历间升广西兴业知县⑤，征伐壮人有功，钦加奖赏⑥。

隆庆年间：

唐一中，万历二年（1574）任惠州府兴宁县训导⑦。

李维扬，万历间任高州府训导⑧，万历《雷州府志》误作高安训导，升潮州府揭阳县教谕。

张九苞

黄源，字及泉，万历、嘉庆《雷州府志》作岁贡，光绪《长宁县志》作选贡，万历六年（1578）任江西长宁县知县⑨。他到任时长宁县设立不久，各项事业还不完善，他精明勤恳，性情温和，大力招徕流民从事生产，开垦土地，劝课农桑，同时免征火耗。针对县邑环境复杂的特点，他在险要的地方设

---

① ［清］胡瑞书修．（道光）万州志·卷二·职官志（影印本）[M]．广州：岭南美术出版社，2007：120.

② ［清］谢济韶修．（嘉庆）澄迈县志·卷六·职官志（影印本）[M]．广州：岭南美术出版社，2007：552.

③ ［清］扬于宸修．（康熙）化州志·卷五·职官志（影印本）[M]．广州：岭南美术出版社，2009：116.

④ ［清］张嶲修．（光绪）崖州志·卷十五·职官志（影印本）[M]．广州：岭南美术出版社，2007：663.

⑤ ［清］苏勒通阿修．（乾隆）兴业县志（续修）·卷三·职官志（影印本）[M]．台北：成文出版社有限公司，1967：33.

⑥ ［明］欧阳保修．雷州府志（万历）·卷十四·选举志（影印本）[M]．广州：岭南美术出版社，2009：225.

⑦ ［清］王纶部修．（康熙）兴宁县志·卷五·官守志（影印本）[M]．广州：岭南美术出版社，2009：453.

⑧ ［清］黄安涛修．（道光）高州府志·卷七·职官志（影印本）[M]．广州：岭南美术出版社，2009：217.

⑨ ［清］沈镕经修．（光绪）长宁县志·卷二·职官志（影印本）[M]．台北：成文出版社有限公司，1976：251.

卡防守，加强管理，稳定社会秩序。此外，他还注重文教，悉心教导县邑
士子，在公务之暇组织士绅编纂县志两卷①。

李卓澄，广西全州州同。

高维岳

万历年间：

陈文华，福建仙游县训导，升惠州府永安县教谕。

陈启志，琼州府儋州训导。

林一凤，廉州府训导，升靖江王纪善。

陈时温，由监生充贡，安徽寿州州同。

岳一仑，雷州卫籍，四川重庆府通判。

陈崇谦，江西高安主簿。

陈应元，广州府香山县训导。

游大壮，弘治间任琼州府文昌县训导②。

梁贞挺，迈坦村人，梁俊子，万历十六年（1588）任惠州府海丰县训
导③。

蔡文楷，琼州府澄迈县训导。

刘邦俊，万历二十年（1592）任罗定州训导④。

林奇竹，教谕。

何炌，万历二十三年（1595）任高州府吴川县训导⑤。

---

①　[清]沈镕经修.（光绪）长宁县志·卷二·职官志（影印本）[M]. 台北：成
文出版社有限公司，1976：251.

②　[清]张霈纂.（咸丰）文昌县志·卷八·职官志（影印本）[M]. 广州：岭南
美术出版社，2007：335.

③　[清]于卜熊修.（乾隆）海丰县志·卷五·职官志（影印本）[M]. 广州：岭
南美术出版社，2007：226.

④　罗学仕纂.（民国）罗定志·卷五·职官志（影印本）[M]. 广州：岭南美术出版社，
2007：490.

⑤　[清]毛昌善修.（光绪）吴川县志·卷五·职官表（影印本）[M]. 广州：岭
南美术出版社，2009：418.

林芝，福建莆田县训导，升荣府教授。

林日茂，万历《雷州府志》不具县属，同治《饶州府志》卷九《职官志》作海康人，万历间任江西饶州府训导[①]。

李环

林大厦

梁贞介，雍正《灵山县志》作梁正介，应为避雍正讳而改，万历三十年（1602）任廉州府灵山县训导[②]。

钟京秀，韶州府曲江县训导。

陈大进，琼州府文昌县训导[③]，升陵水县教谕，但乾隆《陵水县志》作徐闻人[④]。

许子凤，万历间任琼州府会同县训导[⑤]，升肇庆府阳江县教谕[⑥]。许子凤为人宽厚，有长者之风，教学严谨，有"作人之誉"[⑦]。

冼元辅

陈汝言，万历间任琼州府琼山县训导，因修学宫有功，升连州阳山县教谕[⑧]。

---

① ［清］锡惠修.（同治）饶州府志·卷九·职官志（影印本）[M].台北：成文出版社有限公司，1975：956.

② ［清］盛熙祚修.（雍正）灵山县志·卷七·职官志（影印本）[M].北京：北京图书馆出版社，2002：356.

③ ［清］张霈纂.（咸丰）文昌县志·卷八·职官志（影印本）[M].广州：岭南美术出版社，2007：336.

④ ［清］瞿云魁总纂.（乾隆）陵水县志·卷五·职官志（影印本）[M].广州：岭南美术出版社，2007：353.

⑤ ［清］胥锡祚修.（乾隆）会同县志·卷五·职官志（影印本）[M].广州：岭南美术出版社，2007：353.

⑥ 张以诚修.（民国）阳江志·卷二十二·职官志（影印本）[M].广州：岭南美术出版社，2007：504.

⑦ ［清］于文骏修.（乾隆）会同县志·卷七·秩官志（影印本）[M].广州：岭南美术出版社，2009：353.

⑧ ［清］李文烜修.（咸丰）琼山县志·卷十三·职官志（影印本）[M].广州：岭南美术出版社，2007：294.

陈心得，天启间任高州府化州训导[①]。

陈豫达

程河南

陈善，万历间任琼州府万州训导[②]，天启间任琼州府文昌县教谕[③]。

陈廷策，琼州府文昌县训导[④]。

林起鹭，由监生充贡。

林养弼

邓士林

陈栋

陈濂，琼州府教授。

邓汝铭，万历四十四年（1616）任惠州府龙川县训导，据乾隆《龙川县志》补[⑤]。

天启年间：

林起凤，崇祯初任高州府化州训导[⑥]，崇祯四年（1631）任广州府三水县教谕[⑦]。

张光典，肇庆府阳江县训导。

程绍孟

---

① ［清］扬于宸修.（康熙）化州志·卷五·职官志（影印本）[M]. 广州：岭南美术出版社，2009：116.

② ［清］胡瑞书修.（道光）万州志·卷二·职官志（影印本）[M]. 广州：岭南美术出版社，2007：120.

③ ［清］张霈纂.（咸丰）文昌县志·卷八·职官志（影印本）[M]. 广州：岭南美术出版社，2007：336.

④ ［清］张霈纂.（咸丰）文昌县志·卷八·职官志（影印本）[M]. 广州：岭南美术出版社，2007：336.

⑤ ［清］盛熙祚修.（乾隆）龙川县志·卷六·秩官志 [M]. 广州：岭南美术出版社，2009：350.

⑥ ［清］黄锡实修.（道光）化州志·卷五·秩官志（影印本）[M]. 广州：岭南美术出版社，2009：475.

⑦ ［清］李友榕修.（嘉庆）三水县志·卷六·秩官表（影印本）[M]. 广州：岭南美术出版社，2007：545.

陈廷谔

宿丹庭，崇祯间任高州府化州训导[①]。

陈泽

崇祯年间：

林万程

易孔学

何道源

莫瑜

劳有功

唐镛，肇庆府训导。

程元宾，知县。

陈绍思，崇祯间任肇庆府阳江县训导[②]。

杨乔枝

梁应煜

梁廷元

邓青云

海康县学：

洪武年间：

杨宗鉴，仪礼司班序

陈高

吴思胜，湖广按察司照磨。

吴孔智，监察御史。

---

① ［清］扬于宸修.（康熙）化州志·卷五·职官志（影印本）[M]. 广州：岭南美术出版社，2009：116.

② 张以诚修.（民国）阳江志·卷二十二·职官志（影印本）[M]. 广州：岭南美术出版社，2007：505.

郭文举

孙仁

唐敬，福州右卫经历。

建文年间：

苏绍福

王鼎新

陈渊，交阯永通知县。

永乐年间：

林肇始

邓宗祐

唐清永，万历《雷州府志》作唐清永，嘉庆《海康县志》作唐永清，恐误。

陈爵

黄以绍，交阯兴化府经历。

陈复新，交阯交州府通判。

陈以智

陈恩

唐现

苏成

洪熙年间：

黄璟，交阯福康主簿。万历《雷州府志》作洪熙年间，嘉庆《海康县志》作宣德年间。

宣德年间：

程暄，海康籍，寄学徐闻。

宋子哲，交阯石塘主簿。

黄祐，交阯云屯巡检。

曾显

正统年间：

贺宗礼，湖北黄冈县主簿。

林芬

施泽，江苏徐州吏目。

黄礼，湖南新化知县。

景泰年间：

罗绅，万历《雷州府志》作景泰贡生，嘉庆《海康县志》卷五《选举志》作正统贡生，但卷六《罗绅传》又作监生。其天顺七年（1463）任广西郁林知州，光绪《郁林州志》卷十《职官志》作海康贡生[①]，因此县志本传有误。罗绅廉介寡欲，任知州时，盗匪肆虐，他协同各哨所严防，借机攻破盗匪团伙，保障郁林城的安全。之后他招抚盗匪首领胡公威等三千余人，安置在陆川等地，盗匪之患因此平息。但后来他不幸在任上去世[②]。

黄遭，广西上林县训导。万历《雷州府志》作景泰贡生，嘉庆《海康县志》作正统贡生。

天顺年间：

黄廷，福建龙溪县知县。

杨缙，任知事。

成化年间：

纪廉

林时序，广西博白县训导。

邓表，安徽太平府照磨。

林怀

卓昆，宁府主簿。

---

① ［清］冯德材修. （光绪）郁林州志·卷十·职官志（影印本）[M]. 台北：成文出版社有限公司，1967：119.

② ［清］刘邦柄修. （嘉庆）海康县志·卷六·罗绅传（影印本）[M]. 广州：岭南美术出版社，2009：258.

冯钊，广西向武州同知。

彭伯寿，建昌军民卫经历。

何晟，奉例冠带。

杨麟，浙江龙泉县丞。

弘治年间：

吴朝佐，福建建宁县训导。

李务庸，广西天河县训导。

唐钺

唐琛

黄本彰

李英

田安，安徽浔州府训导。

彭宽

刘荫

梁安

陈瓛

正德年间：

黄銮

陈锐，由监生充贡。

陈谏，正德十四年（1519）任福建上杭县教谕 [①]。

宋景

王辅，浙江诸暨县训导。

丁应奎，由监生充贡。

王琳，雷州卫籍。

---

① 丘复纂.（民国）上杭县志·卷十四·职官志（影印本）[M]. 台北：成文出版社有限公司，1967：159.

陈廷瑞

吴瑶

陈宪，陈文德兄，琼州府陵水县训导[1]。

嘉靖年间：

王翼

莫惠，上林苑录事。

孙显

黄文卿，琼州府乐会县训导。

陈思杰，琼州府乐会县训导[2]。

梁景乾，由监生充贡。

梁尚义，安徽分水县训导。

崔俊，广西布政司都事。

汪本深，雷州卫籍。

林思贞，府学。林思贞少时孝顺友爱，苦志力学，嘉靖中由府学生员充贡入监，选授福建连江知县。他任职近三年，为政清正廉明，苦心为民。一次闹水灾，生员杨莹一家六口溺死，其他溺死的还难以统计，哀鸿遍野。林思贞捐出俸禄为他们置办棺木下葬，士民十分感动，纷纷赞颂他的恩德。后来他因病辞官回乡，行李萧然，送别他的士民遍布道路。林思贞为官一方，造福一方，士民对他的离去都十分不舍[3]。

陈世杰

凌汝烈，雷州卫籍，万历间任琼州府崖州学正[4]。

① ［清］卫晞骏修.（乾隆）陵水县志·卷五·职官志（影印本）[M]. 广州：岭南美术出版社，2009：356.

② ［清］程秉慥修.（宣统）乐会县志·卷五·职官表（影印本）[M]. 广州：岭南美术出版社，2009：275.

③ ［清］ 郑俊纂.（康熙）海康县志·卷下·林思贞传（影印本）[M]. 广州：岭南美术出版社，2009：86.

④ ［清］张嶲纂.（光绪）崖州志·卷十五·职官志（影印本）[M]. 广州：岭南美术出版社，2009：663.

李应魁

吴淳

杨绍华，河南光州州判。

陈文昭，由监生充贡。

陈治要，琼州府定安县训导。

邹师孔，训导。

褚廷臣，由监生充贡。

林思文，由监生充贡。

陈廷珪，广西武宣知县。

陈常，嘉靖四十四年（1565）任福建漳浦县训导[①]。

曹世卿，由监生充贡。

隆庆年间：

梁景穆

方世元，嘉庆《海康县志》作方世仁，隆庆五年（1571）任肇庆府新兴县训导，升广西修仁知县[②]。

吴士举，肇庆府广宁县训导[③]，道光《广东通志》误作莆田人。

万历年间：

何天衢，万历间任高州府训导[④]，升教谕。

张公试，万历初任肇庆府阳江县训导[⑤]，又任浙江宣平县训导。

---

① ［清］陈汝咸修.（康熙）漳浦县志·卷六·职官志（影印本）[M].台北：成文出版社有限公司，1967：385.

② ［清］刘芳修.（乾隆）新兴县志·卷十五·秩官志（影印本）[M].广州：岭南美术出版社，2009：136.

③ ［清］黄思藻等纂.（道光）广宁县志·卷六·职官志（影印本）[M].广州：岭南美术出版社，2009：232.

④ ［清］黄安涛修.（道光）高州府志·卷七·职官志（影印本）[M].广州：岭南美术出版社，2009：217.

⑤ 张以诚修.（民国）阳江县志·卷二十二·职官志（影印本）[M].广州：岭南美术出版社，2009：504.

李燧，惠州平海县训导。

莫经纬

邓梓，万历间任琼州府临高县训导[①]。

林元滋，江苏常州府训导。

蔡广淑

吴道槐，江西临川县训导。

林世昭，万历间广州府清远县训导[②]，升福建永安县教谕。

吴元发，广西博白县训导。

陈文志

欧思明

冯文爃，琼州府文昌县训导教谕[③]，由连州训导升兴安府教谕，致仕后回乡居住，才识文德受到乡里推崇，屡次参加乡饮酒礼。

江南征

杨时芳，河南虞城县训导。

李攀云

游尚熙

李能白，万历间任琼州府崖州训导[④]。

陈材

林待表

冯嘉会

杨春毓

---

① ［清］聂缉庆等修.（光绪）临高县志·卷十·秩官志（影印本）[M]. 广州：岭南美术出版社，2009：316.

② ［清］李文烜修.（光绪）清远县志·卷七·职官志（影印本）[M]. 广州：岭南美术出版社，2009：290.

③ ［清］张霈纂.（咸丰）文昌县志·卷八·职官志（影印本）[M]. 广州：岭南美术出版社，2009：335.

④ ［清］张巂修.（光绪）崖州志·卷十五·职官志（影印本）[M]. 广州：岭南美术出版社，2009：664.

崇祯年间：

唐鉴

陈槐

梁以栢，崇祯元年（1628）任惠州府博罗县训导，卒于任[①]。

陈机

梁以櫃，湖广县丞。

林超翼，崇祯十二年（1639）任惠州府兴宁县训导[②]。

梁应奎，崇祯十二年（1639）任连州阳山县训导[③]。

唐家相

周光禄

林耀寰

梁汉，罗定学正，《雷州府志》作遂溪籍。

梁乔

宋纯德

黄焕

林万声

黄万仞

何钟琧

何元芳

林昂，知县。

梁文贵，知县。

柯凤翔

① ［清］陈裔虞纂 .（乾隆）博罗县志·卷五·秩官志（影印本）[M]. 广州：岭南美术出版社，2009：315.

② ［清］王纶部修 .（康熙）兴宁县志·卷五·官守志（影印本）[M]. 广州：岭南美术出版社，2009：453.

③ 朱汝珍总纂 .（民国）《阳山县志·卷四·职官志（影印本）[M]. 广州：岭南美术出版社，2009：83.

吴锺由，生员吴大谟之父，岁贡，入国子监学习，返乡之后得眼疾失明，得到吴大谟夫妇悉心照料才恢复。

陈汝器，崇祯间任广西容县训导。嘉庆《海康县志》卷五《选举志》列恩选中，光绪《容县志》卷十三《职官志》作海康岁贡，从之 ①。

2. 恩贡、选贡

两贡人数少，在万历《雷州府志》、嘉庆《海康县志》等辑录中都没有分开，难以稽考，在此仅照旧辑录。

雷州府学：

黄溥，府学选贡，任县丞。

董元相，雷州卫籍，府学选贡，任县丞。

吴汝成，府学选贡，任主簿。

黄衮，府学选贡，广西柳州州同。

顾汝铎，府学选贡。顾汝铎是雷州卫籍，生性孝顺友爱，词、赋文采奕奕，与其兄汝鉴相互砥砺。他少时即考中生员，之后每次考试皆名列前茅，数次被督学奖励。他以选贡资格入国子监学习，肄业之后回乡，购置书籍致力于教学，但不久赍志而没，终身家贫无子，乡里都十分惋惜 ②。

陈御墀，府学选贡，广西太平通判。

杨春魁

陈凤翔

唐东鹤，崇祯时选贡。唐东鹤是海康官塘村人，品行端重，才学优长，三次考中广东乡试副榜，后由选贡任福建政和县丞。他为官清正廉明，谢绝人情礼物和贿赂，清理诉讼，使社会安定祥和，"夜不吠犬，庭可罗雀"。他因此升为知县，但时值明清易代之际，他没有就任，回乡居住。返回时，

---

① ［清］易绍德纂.（光绪）容县志·卷十三·职官志（影印本）[M].台北：成文出版社有限公司，1967：524.

② ［清］郑俊纂.（康熙）海康县志·卷下·顾汝铎传（影印本）[M].广州：岭南美术出版社，2009：87.

他的行囊单薄如洗，没有任何财物，可见其清廉如水。唐东鹤善诗文，有《八石仓诗选》刊刻行世[1]。

吴日上，顺治年间奉旨裁撤。

林待聘，府学恩贡，万历年间任琼州府万州训导[2]，升广州府学教授。

陈时亨，芝林村人，陈时雍从弟，万历《雷州府志》、嘉庆《海康县志》均作嘉靖间府学岁贡，但据嘉庆《海康县志》卷六《陈时亨传》载，陈时亨嘉靖间由选贡任广西恭城县训导，因此据改。陈时亨任恭城训导后，考中广西辛卯科（1531）举人。兄弟二人力行操守，恭敬友爱，对事物从无争执。乡里有争执的人，就会有人说"为何不学习陈时亨兄弟"，传为一时佳话[3]。

梁腾鲲，顺治年间奉旨裁撤。

陈如纶，顺治年间奉旨裁撤。

海康县学：

张一拱，县学选贡，嘉靖二十一年（1542）任湖北通山县知县，但康熙《通山县志》作监生[4]。

詹世龙，县学选贡。詹世龙是海康博仁村人，嘉靖中由选贡任桂林府训导，中广西庚子科（1540）乡试举人，升任文昌教谕。当时文昌县以鱼课米折发诸生廪饩银两，詹世龙向广东巡抚申请更革，使士子得到实惠，保障生活和学习。嘉靖二十五年（1546）典为江西乡试考官，选中的皆一时名士。不久升任平乐知县，当时盗匪横行，他设法招抚，保障境内的安定，士民因此立碑纪念他的功绩。詹世龙因功升任上思知州，在上思修建城池、道路，兴建学校，抚恤平民，得到当地士民的敬重。后来因母亲去世丁忧回籍，

①　[清]刘邦柄修.（嘉庆）海康县志·卷六·唐东鹤传（影印本）[M].广州：岭南美术出版社，2009：2261.

②　[清]胡端书修.（道光）万州志·卷二·职官志（影印本）[M].广州：岭南美术出版社，2009：120.

③　[清]郑俊纂.（康熙）海康县志·卷下·陈时亨传（影印本）[M].广州：岭南美术出版社，2009：87.259.

④　[清]任钟麟修.（康熙）通山县志·卷三·职官志，清康熙间刊本.

遂辞官在家讲学，为后辈学者所尊崇①。有诗《石茆岭》曰："宇宙沧桑变，乾坤浩劫灰。神工开混沌，灵斧断崔巍。绝壁凌霄起，双峰跨海来。洞中汲太极，鳌背拥蓬莱。窈窕琼为阙，璘珣玉作台。烟霞呈景象，风月净尘埃。篆久无人识，林深有鹤回。石床虚夕照，丹灶冷秋槐。松盖摩苍霭，虹桥锁碧苔。泉从银汉落，芝傍素云栽。客醉孤亭墓，猿啼万壑哀。昙花香拂袖，瑶草色侵阶。元览穷三岛，疏观畅九垓。兴随天籁发，诗就雨声催。铁笛凭虚弄，仙旌蹑蹬回。杳然迷出处，恍惚入天台。"②

陈国用，县学选贡。

林日丽，县学选贡，任冀州州判。

林乔，县学选贡。

陈尧道，万历《雷州府志》作海康县学选贡，江西抚州府经历，升府祠正。陈尧道少时侍奉祖母十分用心，以孝心著称乡里。他年老更加醉心于典籍，读书不辍，同时敦睦宗族，热心接济贫困族人，乡里皆称赞他的盛德③。

梁汝棉，县学选贡。

莫汝翰，县学选贡，万历四十二年（1614）任湖南宁远知县④。

莫行壮，江西建昌府通判。

吴士联，崇祯十六年（1643）任山东郯城知县⑤。《雷州府志》《海康县志》作吴士联，《郯城县志》误作吴联仕。

林参云

黄龙跃，副卷准贡。

---

① ［清］郑俊纂.（康熙）海康县志·卷下·詹世龙传（影印本）[M]. 广州：岭南美术出版社，2009：86.

② ［清］郑俊纂.（康熙）海康县志·卷下·艺文志（影印本）[M]. 广州：岭南美术出版社，2009：107.

③ ［清］刘邦柄修.（嘉庆）海康县志·卷六·陈尧道传（影印本）[M]. 广州：岭南美术出版社，2009：261.

④ ［清］曾钰纂.（嘉庆）宁远县志·卷三·职官志（影印本）[M]. 台北：成文出版社有限公司，1967：221.

⑤ ［清］王植纂.（乾隆）郯城县志·卷七·职官志（影印本）[M]. 台北：成文出版社有限公司，1967：128.

陈鼎言，副卷准贡。

陈御辇

3. 纳贡

陈廷璋，海康附生，按嘉靖年例报捐。

莫尔先，进士莫天赋子，生员莫天然侄，海康增生，按万历六年（1578）例报捐，中万历十六年戊子科（1588）顺天乡试举人。

莫钰，海康附生，按万历十年（1582）例报捐。

梁以方，海康附生，按万历十五年（1587）例报捐。

吴良胤，海康生员，按候补廪生例报捐。清代时避讳，改为吴良允。

邓烈，海康附生，按万历二十年（1592）例报捐。

（二）清代海康贡生题名录

1. 副贡

陈若眉，雍正十三年乙卯科（1735）广东乡试副榜，乾隆三十年（1765）任广东大埔县教谕[①]，五十二年（1787）任肇庆府教授[②]。

洪翊行，乾隆二十一年丙子科（1756）广东乡试副榜。

吴挺椿，字灵长，号寿山，墨坑村人，附生吴为经子，乾隆四十四年己亥科（1779）广东乡试副榜，嘉庆六年（1801）任肇庆府高明县教谕[③]，光绪《高明县志》作吴廷椿。他的父亲不善营生，以课馆授徒为业，家境清贫，春夏农忙时，父亲还要他帮忙放牛，但他放牛时还坚持在田间地头读书，回来骑在牛背上高声背诵所学内容。父亲因此让他回到学校专心读书，但因家贫每天只能吃两顿饭，他仍乐此不疲，勤奋学习。后来他考中生员，

---

①　［清］张鸿恩纂.（同治）大埔县志·卷十四·职官志［M］. 清同治十二年（1873）刊本.

②　［清］屠英等修.（道光）肇庆府志·卷十三·职官志（影印本）［M］. 上海：上海古籍出版社，2002：245.

③　［清］邹兆麟纂.（光绪）高明县志·卷五·职官志（影印本）［M］. 广州：岭南美术出版社，2009：459.

不久补廪膳生，可以为童生作保收取一定费用，由此颇为欣慰地对父亲说："今若是可偿前日之苦矣！"但父亲却答曰："此初阶也！掇巍科登贤仕亦学者分内事，只要有志耳。"在父亲的激励下，他更加努力读书，有时甚至一个多月不出门，粗茶淡饭不以为苦。他中生员后，师从举人邓肇翰，广东巡抚王安国巡视雷州时，邓肇翰还向他推荐吴挺椿。乾隆四十四年（1779），他考中己亥恩科广东乡试副榜，次年入京考取正白旗官学教习，三年期满引见以教谕用。引见出来时，一位大臣快步走过来对他说："足下在教习馆以主敬行恕二者示后学，以入德之门俾功家大臣子弟革其浮夸之习，真可为人师矣。今奉上命以教职用，官虽卑，亦师儒之任也。讲明圣学，造就人才，攸叙彝伦，扶持名教，足下与有责焉！"这位大臣对他的教学方法很赞赏，同时希望他再接再厉，完成教书育人的使命。吴挺椿听完后肃然起敬，但又不认识此人，因此很诧异，这位大臣才说："你不认识我吗？我是颜希深啊。"原来这是他的同乡、时任兵部侍郎颜希深。颜希深以巡抚召见回京，听说吴挺椿教学得圣贤之法，心里暗自器重他。他被召见时，正好吴挺椿引见出来，因此相遇于殿门，他十分高兴地跟吴挺椿打招呼，并对他寄予厚望。引见后，吴挺椿任高明教谕，悉心教导，成绩斐然，高明诸生相与言曰："今闻吴老师言，真如醉初醒、如梦初觉也！"卸任后，他回乡居住，优游林下，至嘉庆二十一年（1816）去世，享年八十五岁[①]。

按：吴挺椿与颜希深相遇的记载见于民国《海康县志》吴挺椿本传，明言"初挺椿教习三载，希深以巡抚召见入都"，因此机缘才相见。但此处记载恐有误。据《清史稿·颜希深传》等记载，颜希深自乾隆四十二年（1777）后即在京任兵部侍郎，乾隆四十五年（1780）出任贵州巡抚，不久转任云南巡抚，但在该年七月即病逝任上。因此，不可能在三年后进京觐见，也不会遇见吴挺椿，县志所依《吴氏族谱》记载恐有误。

郭峻，乾隆四十五年庚子科（1780）广东乡试副榜。

---

① 梁成久纂.（民国）海康县续志·卷二十·吴挺椿传（影印本）[M]. 广州：岭南美术出版社，2009：838.

黄子成，乾隆五十一年丙午科（1786）广东乡试副榜。

吴岐山，字仁卿，章嘉村人，嘉庆三年戊午科（1798）广东乡试副榜。吴岐山少时家贫，十五岁时师从舅父、岁贡梁汉嶓学习，因此也在他家吃饭，表兄梁辀甚为不快，看不起他。十七岁时，他考中生员，而梁辀不中。梁汉嶓因此对梁辀说："你向来轻视岐山，现在你感觉如何？"梁辀说："一个秀才而已，没什么好惊奇的，不过比我早几年而已。"次科吴岐山补廪食饩，梁辀也考中生员，后来也补廪食饩。嘉庆三年戊午科（1798）广东乡试，吴岐山考中副榜，梁辀特来道贺，对他说："以前我尚可以追随你之后，现在来看恐怕难以赶上了。"吴岐山品行卓著，尤为士林所钦慕，又擅长八股文，理义精微，因此众多士子都乐于向他学习。每年他教授的生徒有数十人，县里的名士如举人卓赓濂、副贡符国球等皆出其门下[1]。

符国球，字鸣盛，号茗坡，城外苏楼巷人，嘉庆十八年癸酉科（1813）拔贡，中道光二年壬午科（1822）顺天乡试副榜，充武英殿校录，道光三年（1823）任韶州府仁化县教谕[2]，道光十年（1830）任琼州府昌化县教谕[3]，候补广州府花县教谕。符国球为人正直，品行高洁，在仁化教谕任时，正值学政按临考选优贡，他选取品学优长的生员赴考。有一位选中的生员暗中送他数两银子表示感谢，他当即大怒，说："吾以若品方学正故送以优，兹乃吾贿，何其劣耶，识子矣！"他马上到学政署，将其在优生名册中注销。他为官"以启迪生徒为事"，对于上司除公事之外，绝无私交。某巡道妻子寿辰，各处校官皆往衙署道贺，唯独他不去。任官所入仅够日常之用，以致任满返乡时，他连舟车路费都不够，但仍怡然自得。回乡后，他键户读书，足不入官府之门，

---

① 梁成久纂.（民国）海康县续志·卷二十·吴岐山传（影印本）[M]. 广州：岭南美术出版社，2009：839.

② ［清］陈鸿纂.（同治）仁化县志·卷四·职官志（影印本）[M]. 广州：岭南美术出版社，2009：410.

③ ［清］李有益纂.（光绪）昌化县志·卷六·职官志（影印本）[M]. 广州：岭南美术出版社，2009：61.

于咸丰四年（1854）去世，享年七十五岁^①。

陈谟明，字缉亭，号小田，黎郭社黎郭村人，举人陈观成父，中道光八年戊子科（1828）副榜，后中道光十二年壬辰科（1832）广东乡试第三十九名举人。

王德滋，黎郭社石头村人，道光十四年甲午科（1834）广东乡试副榜。

莫炯，字真卿，黎郭社东岭村人，道光二十四年甲辰恩科（1844）广东乡试副榜。

陈观成，原名受祁，字仰之，黎郭村人，陈谟明子，咸丰元年辛亥恩科（1851）广东乡试副榜，后中咸丰十一年辛亥补行戊午科（1861）广东乡试第四十八名举人。

李晋熙，字春卿，号芸友，塘尾社邦塘南村人，同治九年庚午科（1870）广东乡试副榜，后中光绪十一年乙酉科（1885）二甲第六十六名进士。

林龙年，字仪国，那山社东林村人，訾叙刑部额外郎中、山东司行走林嘉材子，增贡林荣藻父，以监生中光绪八年壬午科（1882）顺天乡试副榜，选开建县学教谕。

恩赐副贡：

陈汝翼，附贡，乾隆六十年乙卯恩科（1795）乡试开报七十二岁，恩赐副榜；嘉庆六年辛酉恩科（1801）乡试又恩赐举人，嘉庆十年乙丑科（1805）会试又恩赐检讨衔。

黄麟彩，附生，嘉庆九年甲子科（1804）乡试开报七十五岁，恩赐副榜；十二年丁卯科（1807）乡试恩赐举人，十四年己巳科（1809）会试恩赐检讨衔。

吴廷保，附生，嘉庆五年庚申科（1800）乡试恩赐副榜。

苏克昌，仁化训导，嘉庆九年甲子科（1804）乡试恩赐副榜。

萧挺秀，附生，嘉庆十二年丁卯科（1807）乡试恩赐副榜。

① 梁成久纂.（民国）海康县续志·卷二十·符国球传（影印本）[M].广州：岭南美术出版社，2009：843－844.

王者式，附生，嘉庆十五年庚午科（1810）乡试恩赐副榜。

莫尚之，字仁爵，号鉴泉，黎郭社东岭村人，嘉庆十八年癸酉恩科（1813）乡试由增生恩赐副榜。

蔡叔中，那山社西安村人，嘉庆十八年癸酉恩科（1813）乡试由增生恩赐副榜。

李成章，塘尾社水美村人，嘉庆十八年癸酉恩科（1813）乡试由附生恩赐副榜。

刘跃云，字龙衢，安苗社南劳村人，咸丰元年辛亥恩科（1851）乡试恩赐副榜。

陈德明，黎郭社黎郭村人，举人陈谟明之兄，举人陈观成伯父，同治三年甲子科（1864）乡试恩赐副榜。

林云卿，淡水社北坡村人，同治三年甲子科（1864）乡试由附生恩赐副榜。

李尧封，字绍汉，号清溪，塘尾社新坑村人，同治六年丁卯科（1867）乡试由附贡生恩赐副榜。

陈玉壶，安揽社赤渡村人，同治六年丁卯科（1867）乡试钦恩赐榜。

何如琦，字引之，塘尾社珊村人，光绪五年己卯科（1879）乡试钦恩赐榜。

吴献之，安揽社人，光绪九年癸未科（1883）乡试由附贡生钦恩赐榜。

王学海，字营川，安揽社安揽村人，光绪十七年辛卯科（1891）恩赐副榜。

梁徵元，字国宝，安苗社田头村人，光绪十九年癸巳科（1893）乡试由增生恩赐副榜。

黄超云，字卓然，安苗社北劳村人，恩赐副榜，科分无考。

2. 拔贡

雷州府学拔贡：

莫吾昭，字乾侯，康熙二十年辛酉科（1681），充正红旗官学教习，期满授陕西紫阳县知县。他刚到任即设立义学，延请师儒教导学生。当时紫阳县民受定额之外的赋税钱粮牵累，不堪重负，多有逃亡。莫吾昭亲自到田间丈量田亩，将荒芜无耕但赋税仍存的田地提请豁免，减轻百姓负担，从而使社会渐趋稳定。他任职近六年，后因母亲年老辞官归里，直至去世也再未任官①。

吴桂达，康熙三十七年戊寅科（1698）。

陈其玮，康熙三十七年戊寅科（1698）。陈其玮家道殷实，乐善好施，曾捐资缴纳邻里拖欠的赋税，免除官府差役的纷扰。康熙五十一、五十二年（1712、1713）雷州连续两年受灾，他捐献米谷赈济乡里，解决乡里的燃眉之急。他是陈瑸的学生，去世之后，陈瑸长子陈居隆为他作墓志铭，曰："吾先君居官义在不取，先生居里义在能与，人不以为阿其所好。"②

官清擢，雍正元年癸卯科（1723），廷试第五名，选大埔县教谕，但未及赴任便去世了。官清擢为人淡泊寡欲，行为举止严谨，曾在国子监学习肄业。他在国子监的同年密友、后江优贡张元彪后来任海康县令，他只在其就任时拜谒过一次，之后非公事都不交往③。

符元兆，雍正十三年乙卯科（1735）。

莫旋与，乾隆六年辛酉（1741），武英殿分校。

谢杰，乾隆十八年癸酉科（1753）。

张卷墨，字绳斋，廪贡张若林子，乾隆十八年癸酉科（1753），充正白旗官学教习，后任保昌县教谕，乾隆二十九年（1764）调任崖州学正④。他文行优良，对诸弟十分友善，任教职时讲学孜孜不倦，学生都受益匪浅。他还善书法，向他求取法帖的绅民络绎不绝⑤。

---

① ［清］刘邦柄修.（嘉庆）海康县志・卷六・莫吾昭传（影印本）[M]. 广州：岭南美术出版社，2009：263.

② ［清］刘邦柄修.（嘉庆）海康县志・卷六・陈其玮传（影印本）[M]. 广州：岭南美术出版社，2009：264.

③ ［清］刘邦柄修.（嘉庆）海康县志・卷六・官清擢传（影印本）[M]. 广州：岭南美术出版社，2009：264.

④ ［清］张嶲修.（光绪）崖州志・卷十五・职官志（影印本）[M]. 广州：岭南美术出版社，2009：667.

⑤ ［清］刘邦柄修.（嘉庆）海康县志・卷六・张卷墨传（影印本）[M]. 广州：岭南美术出版社，2009：266.

马明亮，乾隆十八年癸酉科（1753）。

王梦瑞，乾隆三十年乙酉科（1765）。

丁汝旼，字仲穆，号东铭，调铭村人，举人丁宗洛、丁宗闽族叔，乾隆三十年乙酉科（1765），后中乾隆四十四年己亥恩科（1779）顺天乡试举人，安平知县。

杨玉衡，科分不详，乾隆四十九年（1784）任琼州府崖州学正，据光绪《崖州志》补①。

吴德润，乾隆四十二年丁酉科（1777），乾隆五十二年（1787）任琼州府临高县教谕②，乾隆五十七年（1792）任万州学正③，后任直隶临城知县。

梁为纪，字维之，号敬亭，安苗社迈坦村人，嘉庆十八年癸酉科（1813）。

卓赓濂，字静川，号小溪，武郎社土亩村人，岁贡卓玉琏孙，附生卓椿龄父，道光五年乙酉科（1825）拔贡，后中道光十七年（1837）丁酉科广东乡试第十四名举人。

萧辉，城外苏楼巷人，道光五年乙酉科（1825）拔贡，国子监肄业，议叙教谕。

卓鸿磐，民国《海康县志》作卓鸿盘，光绪《崖州志》、光绪《临高县志》作卓鸿磐，道光十八年六月三十日内阁上谕作卓鸿磐④，据此，民国《海康县志》应有误。他字海珊，安揽社肇揽村人，生员卓庆嵩、卓庆云、庆龙兄弟父亲，附生卓荣鼎祖父，道光十七年丁酉科（1837）拔贡，朝考一等，覆试二等，以教谕用，历任惠州府和平县、韶州府乳源训导及肇庆府四会

①　[清]张巂修.（光绪）崖州志·卷十五·职官志（影印本）[M].广州：岭南美术出版社，2009：667.

②　[清]聂缉庆等修.（光绪）临高县志·卷十·秩官志（影印本）[M].广州：岭南美术出版社，2009：322.

③　[清]胡端书修.（道光）万州志·卷十·职官志（影印本）[M].广州：岭南美术出版社，2009：122.

④　中国第一历史档案馆编.嘉庆道光两朝上谕档（43）[D].桂林：广西师范大学出版社，2000：263.

教谕，道光二十二年（1842）任琼州府崖州学正①，同治十年（1871）任琼州府临高县教谕②。

陈毓真，字澄甫，号凝波，城内钟楼巷人，廪贡陈毓元弟，廪贡陈登瀛、陈登缙兄弟父亲，道光十七年丁酉科（1837）拔贡，未及朝考而卒。

翁长健，字景阳，城外苏楼巷人，咸丰十一年辛酉科（1861）。

陈天秩，字庸五，别字寅阶，号仪仲，生于道光二十九年（1849）六月初四，塘尾社北坡村人，恩贡陈巨齐次子，举人陈天叙弟，附生陈寿恩父，同治十二年癸酉科（1873）拔贡，廷试以教谕用。

程登瀛，字能卿，那里社英良村人，光绪十一年乙酉科（1885）拔贡，未朝考而卒。

李书田，字晋阁，号莘农，生于咸丰十年（1860）二月十六日，城内柳树巷人，监生、选用直隶州州同李联绍曾孙，即用巡检李凤阙孙，监生李滋湘子，附生李清溪父亲，附生李士芬叔父，广雅书院斋长，光绪二十三年丁酉科（1897）拔贡，未朝考而卒。

王宗羲，字引之，号兰亭，调祆社禄切村人，生于咸丰四年（1854）八月初六，增生王懋德孙，登仕郎邓薰南子，光绪二十三年丁酉科（1897），未朝考而卒。

黄河清，字灏芬，号相桴，南禄社南郡村人，附生黄瀛仙子，宣统元年己酉科（1909）拔贡，不赴朝考。

陈景鋆，字品三，号编山，塘尾社北坡村人，岁贡陈毓棠长子，廪生陈景荣兄，附生陈景祁从兄，宣统元年己酉科（1909）拔贡，朝考授直隶州州判。

海康县学拔贡：

宋继业，康熙年间，高州府信宜县教谕。

---

① ［清］张㒞修.（光绪）崖州志·卷十五·职官志（影印本）[M]. 广州：岭南美术出版社，2009：667.

② ［清］聂缉庆等修.（光绪）临高县志·卷十·秩官志（影印本）[M]. 广州：岭南美术出版社，2009：322.

吴振杰，康熙二十年辛酉科（1681），山西汾西知县。

陈之元，字乾初，调袄社南田村人，附生陈士奇第三子，雍正十三年乙卯科（1735），叙补韶州府翁源县教谕。陈之元原籍海南琼山县，他的父亲陈士奇在康熙初迁居雷州。他的两位兄长早逝，子侄贫困，他在家设私塾延请柯启教读子侄以及邻里好学子弟，因家贫无法缴纳学费的子弟他还帮忙代缴。有赖他的教养，子侄才多有成才者，其侄陈河书成恩贡，其即进士陈昌齐父亲。陈之元对侄孙陈昌齐寄予厚望，所有读书及考试费用都由他筹措。他还仿照朱熹做法，在调风市社义仓，捐赠近百石稻谷，海康知县因此奏报广东布政司，布政司因此奖励"急功乐善"牌匾①。

莫汝宽，乾隆六年辛酉科（1741），乳源教谕。

陈潼濬，乾隆十八年癸酉科（1753），后中乾隆二十一年丙子科举人。

陈昌齐，恩贡陈河书长子，乾隆三十年乙酉科（1765），后中乾隆三十五年庚寅科进士。

蔡国瑚，字宝生，乐只村人，廪贡蔡国琏兄，进士蔡宠伯父，乾隆四十二年丁酉科（1777），嘉庆六年（1801）任万州学正②，后任义乌知县。

蔡猷远，乐只村人，暂叙试用教谕。

苏猷远，乾隆五十四年己酉科（1789）。

莫宪章，改名彦章，嘉庆六年辛酉科（1801），议叙教谕。

符国球，嘉庆十八年癸酉科（1813），武英殿校录，历任仁化、昌化教谕，坐补花县教谕，后中顺天副榜。

陈篯，字编山，号道生，城外夏和里人，进士陈昌齐子，优贡陈简弟，增贡陈宗瓛父，附贡陈璇曾之祖父，道光五年乙酉科（1825）拔贡，朝考授直隶州州判。

林凤岐，大埔社南田村人，道光十七年丁酉科（1837）。

---

① 梁成久纂.（民国）海康县续志·卷二十·陈之元传（影印本）[M]. 广州：岭南美术出版社，2009：820.

② ［清］胡端书修.（道光）万州志·卷二·职官志（影印本）[M]. 广州：岭南美术出版社，2009：122.

李韶绎,民国《海康续志》误作绍绎,《雷州历史文化大观》又误作绍泽,族谱及硃卷皆作韶绎。李韶绎字成仲,号贯九(硃卷作贯九,《海康县志》作丹九),又号东侯,塘尾社邦塘北村人,迁住城内瑞星池中约明善坊,附生李钟秀子,附生李韶纶兄,进士李晋熙族侄,道光二十九年己酉科(1849)拔贡,后中同治六年丁卯科(1867)广东乡试举人。

何凌云,字昌湖,号雨亭,城外苏楼巷人,廪生何荣光弟,廪生何绍琦、何绍琳兄弟父,增生何锡恩、廪贡何桂燊、增生何培恩祖父,咸丰十一年辛酉科(1861)。

陈天叙,字惇五,别字弼唐,号彝伯,塘尾社北坡村人,生于道光二十四年(1844)十二月十七日,生员陈世珍孙,恩贡陈巨齐长子,廪贡唐荣婿,同科拔贡陈天秩兄,同治十二年癸酉科(1873)拔贡[①]。他朝考二等以教谕用,官阳春教谕,后中光绪八年壬午科(1882)广东乡试第五十七名举人。

梁成久,字柽涛,号逸樵,安苗社西园村人,岁贡梁汉嶓曾孙,监生梁辂孙,梁望国子,高小毕业奖励增生梁维盛父亲,光绪十一年乙酉科(1885)拔贡,朝考二等,覆试三等,授教谕,改选直隶州州判,后任广雅书院斋长,主纂民国《海康县志》。

陈钟璋,字蕴斋,号宝南,生于同治二年(1863)五月六日,城内嘉岭巷人,祖名如翼,父名春庆,广雅书院斋长,光绪二十三年丁酉科(1897)拔贡,后中光绪二十七年辛丑恩科(1907)广东乡试第十名举人。

冯启元,字教之,号善卿,渡南社夏初村人,宣统元年己酉科(1909)拔贡,朝考授直隶州州判。

吴治河,字茂育,号瑞清,安揽社吴宅村人,附生吴式焕子,宣统元年己酉科(1909)拔贡,朝考就职直隶州州判。

---

① 未著纂者. 同治癸酉广东拔贡优贡齿录 [D]. 清同治十二年(1873)刻本.

3. 恩贡

雷州府学恩贡：

康熙年间：

翁孝绪

王德荣

梁肯构

乾隆年间：

符圣授，潮州府饶平县教谕。

陈河书，字龙溪，陈大用子，陈之元侄，陈昌齐父亲，乾隆三十六年辛卯科（1771）。陈河书生性刚强正直，邻里有为非作歹的人他都敢于当面指责，并悉心教导他们改正，不改不止。对家族他则十分尽心，他的兄长陈渊书夫妇相继离世，遗留的两个侄子他都当成自己的儿子来抚养。中年后，他在家设塾教育子侄。他本身博学多才，又教导得法，因此子侄先后考取功名，侄昌妫为岁贡，子昌姜为廪贡，子昌齐终成进士。晚年时，他往来雷州与琼州之间，搜罗资料编纂族谱，并建设祠堂祭祀先祖[①]。

余凤举

李廷芝

谢日敬

蔡鸿宪

嘉庆年间：

邓其昌

余信芳

道光年间：

谢炳，字著川，城东门外人，道光元年辛巳科（1821）。

---

① ［清］刘邦柄修.（嘉庆）海康县志·卷六·陈河书传（影印本）[M]. 广州：岭南美术出版社，2009：265.

丁如金，字石季，号浮山，扶柳社调铭村人，举人丁兆启曾孙，恩赐举人丁居诚子，兄弟举人丁宗闽、宗洛之弟，编有《丁兆启年谱》一卷，曾在时礼岭建"收葬字纸灰冢"。嘉庆、道光间恩贡。

丁宗伊，字训臣，号莘衡，扶柳社调铭村人，嘉庆、道光间恩贡。

蔡占鸿，塘尾社水店村，迁住遂溪和家村，咸丰元年辛亥科恩科（1851），同年恩赐举人。又见《遂溪县志》。

咸丰年间：

许纯仁，字用之，号冠五，城北门内后城人，廪生许良藩之父，咸丰三年癸丑科（1853），选新安教谕，后任海丰教谕。

同治年间：

萧承泽，字疆臣，号兰阶，城西关外人，同治元年壬戌科（1862）。

光绪年间：

林桢，字充莹，号维周，白沙社墨城村人，光绪五年己卯科（1879）。

林毓葵，字向荣，号亦心，扶柳社林大群上村人，增生林毓菁兄，光绪十五年己丑科（1889）。

梁作楫，字美彝，号济川，白沙社东山头村人，光绪十六年庚寅科（1890）。

陈宣猷，字楫五，安苗社同敦村人，岁贡陈龙山、凤山兄弟之父，光绪年间恩贡。

宣统年间：

梁禹铭，字箴训，号砺山，安苗社田头村人，附生梁恢岐之父，宣统元年己酉科（1909）。

刘钟岳，字乔五，号宝南，安苗社南劳村人，刘懿孙，附生刘见龙子，宣统元年己酉科（1909），铨选按察司经历。

邓志圣，字馨德，号振东，官和社昌竹园村人，附生邓志贤兄，宣统元年己酉科（1909）。

海康县学恩贡:

康熙年间:

王之瑀

乾隆年间:

符文科

陈维垣

陈承虞

周敬德

雷表正,韶州府乳源县教谕。

杨武绳

陈尧典

杨有联

嘉庆年间:

陈源江,字晏斋,号锦堂,城内东门陈清端里人,陈瑸曾孙,恩赐举人陈子良子。陈源江性至孝,父亲在京候选掣签时病逝,他挽柩回乡安葬,守孝三年都无笑颜。嘉庆七年(1802)奉旨引见,恩赐举人,嘉庆十三年(1808)大挑授教谕,历任肇庆府恩平、新兴、嘉应州兴宁等县训导,嘉庆二十年(1815)任韶州府翁源县训导[①]。

邓启南,字正卿,博怀村人,附生邓肇周孙,附生邓仕达子。邓启南曾在广州粤秀书院学习,院长陈昌齐、冯敏昌都对他期许很高。他喜欢收藏书籍,藏书万卷,读书博闻强记,善诗文。陈昌齐修《雷州府志》时聘请他为分纂,论述雷州风土人情非常透彻。后来《邓氏族谱》也由他主笔。

咸丰年间:

周启郁,调排社夏田村人,咸丰二年壬子科(1852)。

---

①　未著纂者.(民国)翁源县志稿·卷九·官师志(影印本)[M].广州:岭南美术出版社,2009:452.

陈巨齐，字平阶，号筱邱，塘尾社北坡村人，举人陈天叙、拔贡陈天秩兄弟父亲，附生陈寿恩祖父，岁贡陈梯云叔父，咸丰七年丁巳科（1857）。

黄元，字仁，安苗社北劳村人，咸丰年间恩贡。

光绪年间：

黄鸿泽，字升亭，调祆社后降村人，光绪十五年己丑科（1889）。

吴衍鋆，字仲成，安揽社墨坑村人，增贡吴腾万孙，举人吴抡兰子，訾叙兵部额外主事吴应铨兄，光绪二十六年庚子科（1900）。

林国球，字宝珊，安苗社倜傥村人，光绪年间恩贡（民国《海康县志》卷十四《五贡表》作恩贡，卷十五《訾叙》作岁贡），高州试用训导。

宣统年间：

黄家峻，字声扬，调贤社东吴下村人，宣统元年己酉科（1909）。

末区分府县学恩贡：

林峻椿，字寿山，那山社塘尾村人，道光元年辛巳科（1821）。

邓至虞，安揽社坡龙村人，道光元年辛巳科（1821），惠州府归善县教谕。

吴鸣雷，扶柳社雷高村人，道光十五年乙未科（1835）

杨岱甲，字鼎五，调贤社北山仔村人，杨绳武子，咸丰四年甲寅科（1854）。

陈玉玙，字贵卿，塘尾社北坑村人，咸丰十年庚申科（1860）。

曹世卿，字洛嘉，调祆社卜昌村人，同治元年壬戌科（1862）。

官秉藩，字命侯，官和社龙山塘村人，原住英风社鹅感村，同治十一年壬申科（1872）。

卓汝霖，安揽社肇揽村人，光绪元年乙亥科（1875）。

王元全，字芳卿，调祆社禄切村人，光绪八年壬午科（1882）。

刘景潮，字海楼，号维亭，调贤社富行村人，岁贡刘庆铺从子，光绪十六年庚寅科（1890），铨选教谕。

4. 岁贡

雷州府学岁贡：

顺治年间：

黄耀奎

郑世科

康熙年间：

莫鄌，康熙十一年（1672）任南雄府始兴县训导 ①。

陈就列，康熙二十年（1681）任肇庆府新兴县训导 ②。

陈简命，福建永安县训导。

郑樑儒

吴逸骥

卓九思

唐文燧

吴马晖，琼州府陵水县训导。

黄耀先

陈瑸，后中康熙三十三年（1694）甲戌科进士。

林峣，山尾村人，附贡林蔚起父。

柯寅清

陈晋

吴桂芳

黄斐昭，雍正三年（1725）任广州府增城县训导 ③。黄斐昭还是生员时，有次去省城广州参加乡试，在寓所时，一位十余岁的女子一见到他就哭泣

---

① 陈赓虞纂.（民国）始兴县志·卷二·职官略（影印本）[M]. 广州：岭南美术出版社，2009：22.

② ［清］刘芳修.（乾隆）新兴县志·卷十五·秩官志（影印本）[M]. 广州：岭南美术出版社，2009：139.

③ 王思章修.（民国）增城县志·卷十四·职官志（影印本）[M]. 广州：岭南美术出版社，2009：241.

跪拜。他一看竟然是亡妻王氏的妹妹，小时候被强盗掳掠卖到这里。他马上拿出所有盘缠想要赎回她，但资金不够，只好向寓所的人借贷，才将她赎回。考试结束后，黄斐昭和她一同返回，后来她出嫁时还赠以丰厚的嫁妆。在任增城训导时，他勤勉不怠，学生多受启迪，因此在他任满返乡时，有学生直接护送他到家。黄斐昭在家闲居，仍读书不辍，后以九十四岁高寿去世[①]。

梁慈宰

吴天德，肇庆府新兴县训导。

莫克勋

郑鼎

王赓喜，嘉庆《雷州府志》《海康县志》作王赓喜，乾隆《陵水县志》作王赓嘉，琼州府陵水县训导[②]。

李乾成

陈光虞

翁与善

吴桂石

王赓飏

陈之夔

杜开春

丁兆昌，附生丁鸿猷子，举人丁兆启弟，望重乡里。

李缵太

吴广誉，雍正十二年（1734）任肇庆府阳江县训导[③]。

① ［清］刘邦柄修.（嘉庆）海康县志·卷六·黄斐昭传（影印本）[M].广州：岭南美术出版社，2009：268.

② ［清］卫晞骏修.（乾隆）陵水县志·卷五·职官志（影印本）[M].广州：岭南美术出版社，2009：358.

③ 张以诚修.（民国）阳江县志·卷二十二·职官志（影印本）[M].广州：岭南美术出版社，2009：517.

孙杰，雍正十三年（1735）任琼州府会同县训导，乾隆三年（1738）升调昌化县[①]。

黄虞皋，乾隆元年（1736）任广州府花县训导，民国《花县志》作黄虞高[②]。

吴绍元

雍正年间：

邓大振，高州府石城县训导。

陈魁士，岁贡陈易新子。

蔡仲兴

乾隆年间：

邱玉瑛

彭逊

邓秀峰

辜绍贤

刘文琦

何兴宝

陈升之

符纯中

莫秉直，拔贡莫吾昭子。

林履光

吴台璧

莫蔚发，黎郭村人，举人莫亮、附贡莫京父亲。

邓名爵

① ［清］于文骏修.（乾隆）会同县志·卷七·秩官志（影印本）[M]. 广州：岭南美术出版社，2009：579.

② 孔昭度等修.（民国）花县志·卷七·官师志（影印本）[M]. 广州：岭南美术出版社，2009：339.

劳觉世，图角村人，举人劳思澄曾祖，增生劳应震、举人劳而泰父，曾主讲雷阳书院，著有《学庸集解》。

周德

丁鹏南

潘广淑，广州府新安县训导。

周之弼

杨绳昌

官震

朱翰屏

陈昌妫，调袄社南田村人，恩贡陈河书侄，进士陈昌齐嫡堂兄。

吴瑞蒲

薛尚仁，本姓陈。

嘉庆年间：

陈鸿荽

黄均

陈其亮，城家村人，訾叙试用训导。

卓玉琏，武郎社土亩村人，因其孙卓赓濂为顺德县学教谕、内阁中书衔，而被貤封文林郎，妻陈氏貤赠孺人。

周之进

何孔铭

欧瑞云

黄芝生

谢尔庸

丁瓛，字秀夫，号义田，增贡丁腾章子，举人丁宗洛族弟，官新安训导，后来主讲瀣元书院，师范名重一时。陈昌齐编纂《雷州府志》时，聘请他任分纂，后卒于道光二十四年（1844），享年八十一岁。

何逢辉，字玉山，号实有，塘尾社瑚村人。嘉庆十八年（1813）癸酉恩科由岁贡生恩赐举人。

梁昌霖

王建中，字和庵，安揽社安揽村人，嘉庆二十年（1815）岁贡。

道光年间：

吴登史，字菁林，安揽社银塘村人，道光二年（1822）岁贡。吴登史是遗腹子，父亲早逝，由母亲抚养长大，因此对母亲十分孝顺。他的九世、十世祖没有祠堂，因此倡议捐款为他们建祠祭祀，同时秉笔编纂本族族谱。

张国藩，略斜社潭坡村人，道光十六年（1836）岁贡。

吴腾璧，安揽社墨坑村人，道光十九年（1839）岁贡。

胡士选，字俊卿，号逸堂，城内县学前街人，恩赐举人胡士庄之弟，道光二十六年（1846）岁贡。

梁逢汉，字承槎，安苗社迈坦后塘村人，附生梁炉章子，嘉庆、道光年间岁贡。

雷尔达，字腹九，安苗社南劳村人，嘉庆、道光年间岁贡，琼州府琼山县训导。

咸丰年间：

劳思澄，字清如，号竹园，大埠社图角村人，增生劳应震孙，进士李晋熙外祖父。劳思澄十五岁即中生员，咸丰四年（1854）岁贡，后中咸丰六年丙辰并补行乙卯科（1856）广东乡试第二十六名举人。

符乾，字学卿，号云谷，略斜社东山村人，岁贡符式金之兄，岁贡符璜庆之父，咸丰五年（1855）岁贡。

陈文峰，字鲁斋，城外苏楼巷人，咸丰十年（1860）岁贡。

陈恢基，字奋斋，扶柳社迈生村人，咸丰年间岁贡。

同治年间：

陈中定，字安之，安苗社那稳村人，廪生陈丕训之兄，附生陈毓芝、陈玉兰兄弟之父，附生陈毓岐伯父，同治元年（1862）岁贡。

何筼，字羹汝，安苗社调龙村人，廪生何澍之子，附贡何詠桂之弟，附贡何文辉叔父，同治七年（1868）岁贡。

符式金，字勅五，号南品，略协社东山村人，岁贡符乾之弟，岁贡符璜庆叔父，同治十二年（1873）岁贡。

光绪年间：

陈文谟，字丕显，安苗社陈家村人，光绪元年（1875）岁贡。

刘庆铺，字宾之，号笙陔，调贤社富行村人，附贡刘景源之父，光绪四年（1878）岁贡。

吴鸿赞，安揽社草郎村人，附生吴桂芬之父，附生吴炳章祖父，光绪六年（1880）岁贡。

袁奉扬，字悦堂，白沙社墨村人，光绪八年（1882）岁贡。

莫魁，字伟人，号星四，黎郭社东岭村人，光绪十年（1884）岁贡。

莫炳南，字叔良，城外夏和里人，附生莫炳鋆之兄，光绪十六年（1890）岁贡。

陈轩，字悠长，号蔚霞，南禄社本立村人，岁贡陈炳星之兄，廪生陈廉幹、廪生陈英幹、增生陈才幹之父，光绪十六年（1890）岁贡。

陈毓棠，字咸五，号爱亭，塘尾社北坡村人，拔贡陈景鋆、廪生陈景菜之父，附生陈景祁叔父，光绪二十五年（1899）岁贡，铨选府经历。

陈梯云，字岐阳，号雨伯，塘尾社北坡村人，举人陈天叙、拔贡陈天秩从弟，光绪二十九年（1903）岁贡，铨选训导。

周鸶，字鸣岐，城外苏楼巷人，由安苗社渭阳村迁居，增生周雁至之子，高小毕业奖励附生周赞元之父，光绪二十九年（1903）岁贡，铨选训导。

徐转坤，字义甫，南禄社达富村人，附生徐耿光之父，光绪二十九年（1903）岁贡。

崔崇德，安揽社黄袍村人，光绪三十一年（1905）岁贡。

符骏德，字尊卿，略斜社符家村人，光绪三十二年（1906）岁贡。

陈钟祺，字星房，号友山，调贤社潮溪村人，增贡陈桂汾之子，附生陈钟鳌之弟，附生陈钟祺之兄，光绪三十四年（1908）岁贡，铨选县丞。

黄光烈，字扬廷，安苗社洋上村人，廪贡黄丹书之父，光绪年间岁贡。

陈龙山，字云腾，安苗社同敦村人，恩贡陈宣猷之子，光绪年间岁贡。

宣统年间：

陈登云，字维之，安苗社那稳村人，宣统元年（1909）岁贡，铨选县丞。

关焕章，字夏臣，那山社关新村人，宣统二年（1910）岁贡。

海康县学岁贡：

顺治年间：

许凌汉

梅宪樾，琼州府昌化县训导，光绪《昌化县志》误作顺德人①。

庄廷范

陈天若

宋绍启，康熙二十二年（1683）任南雄府保昌县训导②。

黄之鼎

康熙年间：

洪尧天，康熙二十二年（1683）任潮州府惠来县教谕③。

莫若亭，明恩贡莫行壮子，琼州府陵水县训导，但乾隆《陵水县志》作莫亭④。

邓宗雷

①　［清］李有益修.（光绪）昌化县志·卷六·职官志（影印本）[M].广州：岭南美术出版社，2009：62.

②　［清］陈志仪纂.（乾隆）保昌县志·卷八·职官志（影印本）[M].广州：岭南美术出版社，2009：667.

③　［清］张珝美修.（雍正）惠来县志·卷五·职官志（影印本）[M].广州：岭南美术出版社，2009：202.

④　［清］卫晞骏修.（乾隆）陵水县志·卷五·职官志（影印本）[M].广州：岭南美术出版社，2009：358.

符位坤，康熙四十九年（1710）任惠州府龙川县训导①。嘉庆《雷州府志》、嘉庆《海康县志》皆作符位坤，嘉庆《龙川县志》误作符立坤。

黄元俊，琼州府琼山县训导。

陈梁式，康熙二十九年（1690）任肇庆府开建县训导②。

邓一柱，岁贡邓宗雷子，惠州府归善县训导。

吴马期，字克济，任南雄府始兴县训导③，民国《始兴县志》作吴马奇。他生平清简厚重，尤善奖挹士子。他为生员时，在家设塾授徒，一时学者如流，进士陈琓即其高足也。陈琓家境清贫，吴马期对他教育兼抚育有加，士林一直称为佳话④。

萧鸣玉

黄吉士

陈有光

蔡中立

林所芨

陈易新，岁贡陈就列子，琼州府感恩县训导。

梁宗泰

李寅直

卓国泰

林有本

冯京孙

蔡泰升

① ［清］胡珺修.（嘉庆）龙川县志·卷三十一·职官志（影印本）[M]. 广州：岭南美术出版社，2009：633.

② ［清］余瀚修.（道光）开建县志·卷四·官师志（影印本）[M]. 广州：岭南美术出版社，2009：274.

③ 陈赓虞纂.（民国）始兴县志·卷二·职官略（影印本）[M]. 广州：岭南美术出版社，2009：22.

④ ［清］刘邦柄修.（嘉庆）海康县志·卷六·吴马期传（影印本）[M]. 广州：岭南美术出版社，2009：262.

蔡卜进

郑丕振

陈朝缙

邓恒山，后中康熙五十九年庚子科（1720）广东乡试举人。

沈政

莫益美

杨一枝

黄炎，原名琰，避嘉庆帝之名改。

何俊英，惠州府和平县训导。

梁愈忠

雍正年间：

李一盛

林其蕃

王珏

吴瑞

黄淑韩

吴仲谦

邓祥麟，高州府化州训导。

乾隆年间：

黄仁长，岁贡黄斐昭子，韶州府仁化县训导。

杨泮之，广西合浦县训导。

黄凤翀，长宁训导。

吴广三，肇庆府高明县训导。

陈子翼，进士陈瑸孙，举人陈居隆子，南雄府始兴县训导。

陈之清

莫绍文

王鸿绪，惠州府训导。

陈起元

王云瑞

黄绚

郑廷玺，连州连山县训导。

杨泮培，韶州府乳源县训导。

李奇泮

陈明弼

欧阳正，乾隆四十八年（1783）任广州府南海县训导，五十九年（1794）任东莞训导[①]。

陈殿墀，迈生村人，訾叙试用训导。

莫汝濬，岁贡莫秉直子。

符清

程绍周

何其奇

吴智王，潮州府澄海县训导。

何炳蔚

李元兰

邓龙辉

吴綷绍

王辂

林震峰

王珪璋

黎炳焕

吴綷绘

---

① ［清］陈伯陶修.（宣统）东莞县志·卷四十二·职官表（影印本）[M]. 广州：岭南美术出版社，2009：453.

颜王佐

王定京

吴玉几，洪客村人。玉几性纯诚无机巧，只会读书，甚至如书痴一般。有次家里在院子晒稻谷，他怕鸡和鸟雀来吃，便搬张书案在旁边，一边看书一边守护。忽然天下大雨，家人从外面回来，看到谷子已经漂到各处，而他还在专心看书。他母亲过来责怪他，他还说不知道下雨了。一天他外出见到一个人放羊，很奇怪地问："你怎么这么多牛仔？"放羊的人说："我放的是羊，不是牛，你没见过吗？"玉几对曰："我在书里见过，没见过实物，这是第一次见羊。"还有一次，他藏了十两银子在书馆的墙壁中，因有事外出，怕人偷去，便写了张字条贴在旁边，云"此处断无藏银十两"，结果回来时银两全部被偷了。他还惊骇地说："吾已明告以无，彼何从知而盗之，真不可解也。"因此乡里人给他取了个外号叫"愚公"。但他文章功力深厚，且品端学裕，因此乡里有志之士争相拜他为师，举人吴文、吴登第，贡生杨绳武、杨绳昌等皆出其门[1]。

苏克昌，韶州府仁化县训导，嘉庆九年甲子科（1804）恩赐举人。

李大毅

彭翰魁，遂溪人，海康籍。彭翰魁生性倜傥，家贫有时候馈粥都没有，仍怡然自得。他以授徒糊口，一年所得脩金无多，但遇见穷人仍然予以资助，毫不吝啬，乡里无不称赞他的美德[2]。

陈允元

杨绳正

黄大夏

陈源开，监生陈子吉子。

蔡占凤

---

① 梁成久纂.（民国）海康县续志·卷二十·吴玉几传（影印本）[M]. 广州：岭南美术出版社，2009：839.

② ［清］雷学海修.（嘉庆）雷州府志·卷十六·彭翰魁传（影印本）[M]. 广州：岭南美术出版社，2009：428.

萧天培

嘉庆年间：

陈㷖，副贡陈若眉子。

邓仕相

周植槐

梁汉嶓，字冢甫，号导山，安苗社文园村人，附生梁延传孙，监生梁朝凤子，岁贡梁辀、附生梁辕、监生梁辂父，嘉庆中岁贡，授职训导。梁朝凤每次吃饭非肉不饱，被人称为"食肉翁"，但家境中等，因此其妻常借贷买肉。梁汉嶓从小聪颖能文，鹅感村人、试用训导官绍益听说他的才名后，便将女儿嫁给他，使他的家境大为改观。汉嶓补廪生之后，设帐课徒，有一定收入，而妻子官氏是贤内助，家务井井有条，生计逐渐富裕。他的气量尤为人叹服，有次在田里观察稻禾时被佃农侮辱，他也不计较。他对子侄都严于教导，长子梁辀升岁贡，次子梁辕是附生，其外甥吴岐山也在他家读书，后成副贡。汉嶓后于嘉庆十四年 (1809) 六月去世，享年六十岁[1]。

梁汉蛟，字腾辉，安苗社文园村人，增生梁朝梓长子，岁贡梁汉嶓从弟，道光九年（1829）由部选官肇庆府封川县训导[2]。汉蛟乡试数次被房考官荐卷，他也相信自己必中，但最终都没有考中。

梁逢星，迈坦村人，誊叙试用训导。

陈书

陈与之，恩赐举人陈汝翼子。

符封蒲

陈元瑞，字祥园，号文津，黎郭社调爽东村人，嘉庆十七年申壬科(1812)。

梁辀，字桀堂（民国《海康县志》卷十四《选举·五贡表》误作婺堂），

① 梁成久纂.（民国）海康县续志·卷二十·梁汉嶓传（影印本）[M]. 广州：岭南美术出版社，2009：842.

② ［清］温恭修.（道光）封川县志·卷四·职官志（影印本）[M]. 广州：岭南美术出版社，2009：366.

由文园村迁西园村，岁贡梁汉嶓子，岁贡梁汉蛟从侄，附生梁辕兄。梁铸长得英俊聪明，幼时和表兄吴岐山一起读书，文名籍甚。他在嘉庆二十年乙亥科（1815）（民国《海康县志》卷二十一《梁汉嶓传》作嘉庆二十二）升岁贡，道光十二年（1832）考选授职，至十五年（1835）才选任新宁训导。梁铸读书很有卓识，精于经传中郑玄、孔颖达的训诂和程朱义理，理解透彻，所写八股文清真俊伟，深入清初大家堂奥。因此他"自视一第尤可俯首拾"，但始终没有考中举人，"既不如志，谓广文（即教官）一冷官，是囊中物"。然而选任新宁训导时，他已经去世几个月了，终究不如人意。梁铸虽然是书生，但性倜傥，好打抱不平，邻里贫困孤寡的都予以扶持，强横的则予以打击，"务使权势戢翼、善类伸眉而后快"。他尤其憎恶居心叵测的狡猾胥吏、狐假虎威的狼心差役，所到之处，这些胥吏和差役莫不敬畏躲避。他于道光十五年（1835）六月去世，享年六十二岁^①。

符文衡，略斜社符处村人，嘉庆二十四年（1819）岁贡，咸丰三年（1853）任潮州府饶平县训导^②。

丁继余，字善章，扶柳社调铭村人，举人丁兆启子，嘉庆间岁贡。

丁位光，字含甫，扶柳社调铭村人，丁谳长子，廪生丁位达兄，嘉庆间岁贡。

道光年间：

吴良弼，安揽社杜陵村人，道光五年（1825）岁贡。吴良弼父亲早逝，母亲守寡将他和弟弟良翰抚养长大。因家贫不给，弟弟年幼，吴良弼不得不下地耕作谋生，但晚上回去仍然温习知识，有时甚至通宵达旦。他的一位堂伯父吴振楚见他如此勤奋，便资助他衣食和学费，使他得以从师学习。不久，母亲亦去世，吴良弼守孝尽哀尽礼，吴振楚因此对他更为器重。吴

① 梁成久纂.（民国）海康县续志·卷二十·梁铸传（影印本）[M]. 广州：岭南美术出版社，2009：842.

② ［清］黄德容等纂.（光绪）饶平县志·卷六·职官志（影印本）[M]. 广州：岭南美术出版社，2009：389.

振楚去世后，吴良弼竭力为他操办丧事，且悉心帮助抚育他的孙子至成人。他对自己弟弟吴良翰也十分照顾，尽心教导，后来也成岁贡①。

胡士庄，字端甫，号竹溪，城内县学前街人，岁贡胡士选之兄，增生胡彭龄祖父，道光十六年（1836）岁贡，同治六年丁卯科（1867）恩赐举人。

吴良翰，字左卿，安揽社杜陵村人，岁贡吴良弼之弟，道光十七年（1837）岁贡。吴良翰三岁父亲去世，十二岁母亲去世，由兄长吴良弼抚育成人，吴良弼去世后，"心丧三年"。他常感叹父母早逝，不得在生前侍奉，因此每当忌日时，无论在外多远都要回来祭祀，哀痛泪下。他的业师陈昌齐也称赞他孝友②。

黄子荣，字仁则，安苗社北劳村人，道光二十七年（1847）岁贡。

杨瑸，城内县署后坎头衔环里人，道光二十九年（1849）岁贡。

陈钟玉，字昆山，号含辉，白沙社麻含村人，陈景文子，道光中岁贡。陈景文是参将德兴主稿吏，对防御海盗侵扰数有功劳。陈钟玉为廪生时，为童生作保一定遍莅试馆谆嘱他们入场后切记要遵守规则。丁母忧时，有候补食廪的生员出银一百两，请求他更改丁忧的时间，他坚决不许，说："背母欺君，吾为何如人也？"陈钟玉生平"无伪言，无饰行"，始终秉持赤子之心。其子陈廉善是附学生，也能遵守父亲的教诲，谨言慎行③。

周斌，调排社东井村人，后迁花兰村，嘉庆、道光年间岁贡。

陈洪毓，字达夫，安苗社山头村人，嘉庆、道光年间岁贡。

咸丰年间：

何霖，安揽社灵界村人，咸丰四年（1854）岁贡。

梁华峰，字卓然，号云屏，安苗社田头村人，咸丰七年（1857）岁贡。

① 梁成久纂.（民国）海康县续志·卷二十·吴良弼传（影印本）[M].广州：岭南美术出版社，2009：839.

② 梁成久纂.（民国）海康县续志·卷二十·吴良翰传（影印本）[M].广州：岭南美术出版社，2009：839.

③ 梁成久纂.（民国）海康县续志·卷二十·陈钟玉传（影印本）[M].广州：岭南美术出版社，2009：857.

梁华峰性至孝，敦内睦族，即使缌麻服也不敢苟且。如果在家遇到先祖的忌日，他必先沐浴致斋才祭祀，而如果是父母的忌日，即使远在百里之外的教馆，也会提前返回，躬身安排各项事宜。每次经过父母墓地附近道路，他必要下车徒步行走，离墓远去才继续上车赶路。梁华峰文学优长，与李韶绎、吴抡兰、黄元以及遂溪吴峤，上下颉颃，号为"文坛五虎"①。

刘瓒，字峻命，安苗社南劳外村人，咸丰年间岁贡。

刘居正，调排社西洋村人，岁贡刘家麟之父，咸丰年间岁贡。

同治年间：

刘家麟，字英山，调排社西洋村人，岁贡刘居正子，同治元年（1862）岁贡。

杨龙，字奇资，调排社东井西边村人，杨銮之兄，同治三年（1864）岁贡。

陈炘，字景山，号旭东，扶柳社迈生村人，增生陈启苑父，同治六年（1867）岁贡，晢叙三水县训导。

梁壮行，字达之，安苗社田头村人，同治八年（1869）岁贡。

苏真，字实裕，白沙社白沙村人，同治十一年（1872）岁贡。

光绪年间：

符璜庆，字仿溪，号渭川，略斜社东山村人，岁贡符乾之子，岁贡符式金从子，光绪四年戊寅科（1878）。

陈启琼，字谦伯，号莘野，扶柳社迈生村人，光绪七年辛巳科（1881）。陈启琼原名启芹，聪明好学，十五岁即充附生，广东学政吴鸿十分欣喜，遂为其改名"启琼"，期成大器。他兄弟四人，他是长兄，四弟早卒，遗留一女，他将大部分田产划给弟媳，以便她守节养女。他则社帐授徒，所入学费皆补贴家用，自己不留一文。后来兄弟分家后，侄子、侄女的读书、应试、婚嫁等费用都大力资助。而父母去世的丧葬费用，以及四弟女儿嫁妆，

---

① 梁成久纂.（民国）海康县续志·卷二十·梁华峰传（影印本）[M]. 广州：岭南美术出版社，2009：852.

是他独自承担。家族中的大小事务，有所花费，他都量力筹措。他授徒不计学费多寡，有多给的他还返回去，但讲学孜孜不倦，如春风化雨般细致。陈启琼于光绪二十六年（1900）去世，享年六十一岁，"卒之日，乡邻咸嗟悼不置"①。

柯钺，字子南，号信史，白沙社白沙村人，附贡柯蕃之子，廪贡柯纯熙之父，光绪八年（1882）岁贡。

袁凤祥，字春荣，安苗社谈道村人，光绪十年（1884）岁贡，铨选训导。

颜冠英，字子兴，黎郭社平原村人，光绪十四年（1888）岁贡，试用训导，署电白县学教谕。

莫家宪，字秀□，黎郭社东岭村人，附生莫岱之父，光绪十六年（1890）岁贡。

卓宗玺，淡水社伟家村人，光绪二十二年（1896）岁贡。

劳佐文，字嘉祥，号霞裳，大浦社图阁村人，附生劳鹤年、高小毕业奖励廪生陈宝经之父，光绪二十五年（1899）岁贡，铨选训导，改选县丞。

卢日升，调贤社南坑村人，光绪二十六年（1900）岁贡。

宋鑫，字庚三，号丽滋，那山社宋村人，廪生宋勉之子，光绪三十年（1904）岁贡，铨选县丞。

欧鸿翰，字翥青，城外夏和里人，光绪三十一年（1905）岁贡，铨选按察司经历。

吴天宠，字吉师，城外苏楼巷人，附贡吴嘉谋、附生吴嘉浩兄弟从子，廪生吴天泽兄，光绪三十二年（1906）岁贡。同年，吴天宠被两广总督周馥派遣留学日本法政大学学习法律，毕业考列优等升学本校高等研究科，毕业得有法学士文凭。宣统元年（1909），他参加学部游学生考试，列取中等，赏给法政科举人，次年廷试钦点七品小京官，签分外务部任职。

林衍荣，字益三，那山社东山村人，光绪三十四年（1908）岁贡。

---

① 梁成久纂.（民国）海康县续志·卷二十·陈启琼传（影印本）[M].广州：岭南美术出版社，2009：855.

何其渊，字源泉，安苗社個侊下村人，光绪年间岁贡。

宣统年间：

袁玉辉，字远谟，安苗社谈道村人，高小毕业奖励增生袁锡衡叔父，宣统二年（1910）岁贡，铨选县丞。

曾志沂，字燕祥，英风社石山村人，宣统二年（1910）岁贡，铨选县丞。

未区分府县学岁贡：

康熙年间

梁文圣，海康籍岁贡，康熙五十年（1711）任广州府顺德县训导，府县志无，据嘉庆《顺德县志》补[①]。

嘉庆年间

蔡德葆，那山社西安村人，恩贡蔡鸿宪子，嘉庆二十一年（1816）岁贡。

陈源关，城内钟楼巷人，嘉庆二十三年（1818）任韶州府翁源县训导，据民国《翁源县志》补[②]。

道光年间：

王鸿，字宾臣，调袄社禄切村人，附生王述祖之子，附生王玉麟之父，道光十年（1830）岁贡。

符廷鑠，字佳士，略斜社和家村人，道光十二年（1832）岁贡。

黄凤珣，安苗社北劳村人，道光十二年（1832）岁贡。

易醇，南禄社南山一村人，道光十六年（1836）岁贡。

廖德辉，字伟卿，英风社英岭村人，道光二十二年（1842）岁贡。

符文纯，略斜社符处村人，道光年间岁贡，道光二十四年（1844）恩赐举人。

蔡藩，字华翰，城外南亭关墨村人，道光二十五年（1845）岁贡。蔡

---

① ［清］陈志仪修.（乾隆）顺德县志·卷八·职官志（影印本）[M]. 广州：岭南美术出版社，2009：366.

② 殷恭仁纂.（民国）翁源县志·卷九·职官志（影印本）[M]. 广州：岭南美术出版社，2009：452.

藩为廪生时，有一次，县令谢邦基来学校课士子，见到他的文章大加赞赏，直接称他为蔡先生，而不称名。后来他设帐授徒，士民争趋之，当时名士如拔贡吴峤、恩贡周启郇、恩贡陈巨齐、岁贡谢璠等皆出其门。同治二年（1863），雷州台风灾害严重，乡民死伤无算，蔡藩捐献米谷赈济灾民，无人认领的尸首则购置棺材埋葬，并亲自撰文祭奠。对于不法之徒趁机寻衅滋事，他则不予计较①。

萧焜，字耀轩，城西关外人，岁贡萧元章子，道光二十八年（1848）岁贡。

何炳蔚，略斜社慈里村人，道光二十九年（1849）岁贡。

李斐然，字成之，塘尾社邦塘南村人，岁贡李暾曜之父，廪贡李杜祖父，进士李晋熙曾祖，道光二十九年（1849）岁贡，部选新安训导。李斐然以府试第一名的成绩考中生员，家贫，长年以授徒为业。他所在之处必严格设立学规，尽心讲解，有内侄偶逾矩，即斥责去之。当时名士，如劳思澄、李韶绎、莫炯、卓鸿盘等皆出其门②。

嘉道年间：

萧元章，字斐峰，城西门外人，岁贡萧焜之父。

沈德亮，字显亮，淡水社东边村人。

冼兄温，调祅社东楼村人。

梁丕奂，字华堂，安苗社迈坦村人。

梁机，字善居，安苗社迈坦村人。

梁柴，字鸣盛，号登三，安苗社迈坦村人。

何伟夫，略斜社澡德村人。

邓硕，调贤社桥头村人。

黄来宾，调贤社睦堂村人。

---

① 梁成久纂.（民国）海康县续志·卷二十·蔡璠传（影印本）[M].广州：岭南美术出版社，2009：858.

② 梁成久纂.（民国）海康县续志·卷二十·李斐然传（影印本）[M].广州：岭南美术出版社，2009：854.

杨翘荫，调贤社北山仔村人，杨绳武子。

陈士标，那里社后湖村人。

谢瑶，字斐如，城西关外人，廪生谢壎之子。

杨翘杰，调贤社北山仔村人，杨绳武子。

冯瑛，那山社夏初村。

陈梦参，安揽社西厅陈宅村人。

欧玉润，字雨田，淡水社霞湖村人。

黄君任，调排社斋堂西村人。

林毓兰，那山社步山村人。

咸丰年间：

宋鸿猷，字仲勋，城外夏和里人，增贡宋鸿谟之弟，咸丰四年（1854）岁贡。

符家蒲，字发祥，城外南亭关墨亭村人，咸丰四年（1854）岁贡。

洪毓龙，字重奄，塘尾社洪富村人，优贡洪寿山之父，咸丰六年（1856）岁贡。

柯启吴，黎郭社官村人，咸丰七年（1857）岁贡。

李暾曜，字静川，塘尾社邦塘南村人，岁贡李斐然子，廪贡李杜之父，进士李晋熙祖父，咸丰年间岁贡。李暾曜才学优长，学政按临考试屡得第一，乡试也屡次被房考官荐卷。性至孝，父丧期间，痛哭流涕，不食一点荤腥。敦内睦族，邻里孤寡贫弱婚丧无力者，他都尽力周济帮助。他还乐于戒杀放生，尤其敬惜字纸，即使掉在污秽中的字纸，他也拾起洗净晾干，然后聚集烧掉，如此数十年无间 [1]。

---

① 梁成久纂.（民国）海康县续志·卷二十·李暾曜传（影印本）[M]. 广州：岭南美术出版社，2009：854.

同治年间：

沈文澜，字莹轩，号奇琯，淡水社东来村人，同治三年（1864）岁贡。

谢瑞，安揽社锦坡村人，同治五年（1866）岁贡。

郑士林，调祆社禄加村人，迁住徐闻，同治年间岁贡。

光绪年间：

颜光国，字宾臣，塘尾社官慕村人，光绪元年（1875）岁贡。

王有章，安揽社信村人，光绪十六年（1890）岁贡。

宋国琮，字乐谐，那山社宋村人，增贡宋国琛之弟，宋森之父，光绪十九年（1893）岁贡。

关旭，字桥仙，那山社关新村人，增生关鸿恩之父，光绪二十五年（1899）岁贡。

陈炳星，字德绍，号淡如，南禄社本立村人，陈学轩之弟，附生陈汝明之父，光绪二十八年（1902）岁贡。

4.优贡

陈子恭，字庄之，别字肃庵，东湖村人，迁居城东门内，进士陈瑸孙，举人陈居诚次子，乾隆十二年丁卯科（1747）优贡，荫补员外郎，升刑部郎中，历任南康府、永州府、袁州府知府。南康经济发达，赋税收入充裕，以往官长多中饱私囊，贪污腐败。陈子恭任知府时，将赋税收入用于重修学宫、创建龙津炮台等重要事务上，财尽所用，上级官员因此都十分看重他的廉洁操守和行政能力。袁州地方多强横的地方黑恶势力，他到任知府后严格实行保甲制度，清理打击盗贼渊薮，抢掠之风止息。陈子恭在各地任职都致力于解决实际问题，勤勉不懈，"因应裕如，案无留牍，狱无滞囚。仍于其暇修文事，习武功，所在有声"。卸任后，他回乡闲居，出资重修陈清端公祠，嘉庆三年（1798）去世①。

---

① 梁成久纂.（民国）海康县续志・卷二十・陈瑸附陈子恭传（影印本）[M]. 广州：岭南美术出版社，2009：819.

陈简，字敬居，号竹间，城外夏和里人，进士陈昌齐子，拔贡陈篪兄，府学生，嘉庆二十一年丙子科（1816）优贡。陈简少时十分聪明，读书一目十行，父亲陈昌齐对他十分器重。优贡选拔时，两广总督蒋攸铦看过他的经文和策问之后，十分赏识。陈简生性孝友，次年须进京廷试，因父亲年逾七十，不愿离开，陈昌齐因此再三劝谕，他才前往北京。他在北京寓居两年，每天清晨都为父亲焚香祷告。他的外祖父江永清是秀水人，以副榜充官学教习，去世时没有子嗣，陈简为他修墓立碑，不时祭祀。父亲去世时，他悲痛异常，哀毁骨立，而对母亲江氏更加孝顺。他对兄妹都友爱有加，兄长陈篪夫妇早逝，遗子陈宗惠年幼，他视如己出，悉心抚养。其他弟妹他都很照顾，婚嫁都用心操持。道光元年（1821），他举孝廉方正，恩赐六品顶戴。陈简为人正直，他的外甥女是海康某王姓富豪的从孙媳妇，王某犯法被抓，托她请陈简向官府求情，并许诺以万金酬谢，但被他严词拒绝。陈简喜欢藏书，书籍都自己进行校勘，寒暑不辍，又勤于著述，有《经典诗文附录八卷》《古今音会六卷》《蒙求释字三卷》《文字异同考四卷》《四未能集四卷》《篆字辨诀一卷》，此外还校勘其父书籍十余种刊刻行世。但他年甫三十就病逝了，"未竟其才，士论惜之[①]"。

丁鳣澜，字蘅波，号槐堂，扶柳社调铭村人，增生丁远超子，同治六年丁卯科（1867）优贡，朝考一等，钦点以知县用。

洪寿山，字芹香，号麓南，塘尾社洪富村人，岁贡洪毓龙子，同治九年庚午科（1870）优贡，朝考一等，分拨四川试用知县，署清溪知县。当时清溪县有某武举人横行乡里，鱼肉士民，洪寿山察访知晓后，将其缉拿归案。其家人暗中贿赂他请求释放，他厉声说："吾不为区区金钱酿蠹吾民也。"最终将其绳之以法。旋因丁母艰解组归田，回来时宦囊如洗，无一文不当之财。寿山为人耿直恬淡，非因公事不入公门，李晋熙请他主讲濬元书院，他也坚决推辞。在家闲居时，唯读书度日，时出门与二三好友饮酒赋诗，

① 梁成久纂.（民国）海康县续志·卷二十·陈简传（影印本）[M]. 广州：岭南美术出版社，2009：833.

领略闲中旨趣而已①。

5.例贡

廪贡生：

康熙至嘉庆年间：

苏庶赓，山尾村人，府学，康熙朝。

陈棐忱，那稳村人，乾隆朝。

陈雷种，足荣村人，乾隆朝。

辛有余，里家村人，乾隆朝。

张若林，拔贡张卷墨子，国子监肄业，叙选训导。

梁光斗，国子监肄业，叙选训导。

林孔英，国子监肄业，嘉庆二十四年（1819）任广州府新会县训导②。

吴翰东 覃庇村人，国子监肄业，訾叙试用训导，乾隆五十八年（1793）署肇庆府封川县训导③。

王作梅，禄切村人，国子监肄业，訾叙试用训导，乾隆三十三年（1768）任廉州府灵山县训导④，乾隆五十一年署潮州府普宁县训导⑤。

符思超，和家村人，国子监肄业，訾叙试用训导，乾隆五十三年（1788）署肇庆府开建县训导⑥，《开建县志·治行志》又作乾隆五十六年（1791）

① 梁成久纂.（民国）海康县续志·卷二十·洪寿山传（影印本）[M].广州：岭南美术出版社，2009：853.

② ［清］林星章修.（道光）新会县志·卷五·职官志（影印本）[M].广州：岭南美术出版社，2009：130.

③ ［清］温恭修.（道光）封川县志·卷四·职官志（影印本）[M].广州：岭南美术出版社，2009：365.

④ 纪载邦等修.（民国）灵山县志·卷十一·经政志（影印本）[M].广州：岭南美术出版社，2009：350.

⑤ ［清］赖焕辰纂.（光绪）普宁县志·卷五·职官志（影印本）[M].广州：岭南美术出版社，2009：458.

⑥ ［清］余瀚修.（道光）开建县志·卷四·官师志（影印本）[M].广州：岭南美术出版社，2009：275.

署任；乾隆五十九年（1794）任广东新安县训导^①。符思超赋性灵旷，文章豪迈，为人豁达不羁，对学生像对自己朋友一般亲近，将所学知识倾囊相授。他教授课艺时，先自己写几句进行讲解，再评价其他人写作的好坏，由点及面系统地剖析文章的写法，因此听完他的课的学生无不豁然开朗，且能融会贯通。他在教学方面与时任教谕罗学述志同道合，因此二人一同致力于开建县的人才培养，"后之论良师动称'罗符'"，在他们的努力下，开建县"一时人文为之振起"^②。

蔡倬，国子监肄业，叙选训导。

陈予善，淡水村人，县丞陈成章子。

陈明图，禄格村人。

吴文，又作吴雯，杜陵村人，岁贡吴桂芳子，謄叙试用训导，后中乾隆四十二年丁酉科（1777）举人。

陈昌敬，字跻卿，号升崖，南田村人，附生陈大用孙，拔贡陈之元孙，廪贡陈洪书子，进士陈昌齐堂兄，充四库馆缮录，謄叙试用国子监典簿。陈昌敬性孝友，他的异母弟昌蒲为其母所不容，憎恨不已。他母亲爱看戏，便将故事里"庶子之不容于嫡母，终能以顺孚、以孝格"的情节融入戏剧中，请伶人表演给母亲看，同时细心规劝她接纳昌蒲。他母亲有感于戏剧中情节以及昌敬的劝诫，便接纳了昌蒲，对他像对亲生儿子一样。昌敬每次吃饭都要等诸弟到齐了才动筷，对社会公益也十分热心。他工于书法，尤其擅长擘窠大字，写字时不挑纸笔，钩画丰腴，当时许多碑碣匾额都是请他题写的^③。

陈昌姜，南田村人，附生陈大用孙，恩贡陈河书子，进士陈昌齐弟。

①　［清］舒懋官修.（嘉庆）新安县志·卷五·职官志（影印本）[M]. 台北：成文出版社有限公司，1967：184.

②　［清］余瀚修.（道光）开建县志·卷四·治行志（影印本）[M]. 广州：岭南美术出版社，2009：375.

③　梁成久纂.（民国）海康县志·卷二十·陈之元传附陈昌敬传（影印本）[M]. 广州：岭南美术出版社，2009：820.

陈昌宇，南田村人，附生陈大用孙，陈演书子，进士陈昌齐堂弟，訾叙不论双单月太常寺博士。

周昌明，赏村人，附生周兴子。

蔡国琏，字盘馨，乐只村人，进士蔡宠父亲，拔贡蔡国瑚之弟，乾隆朝，訾叙试用训导。蔡国琏耽于读书吟咏，尤其究心于医学典籍，但不幸英年早逝。

官杓，鹅感村人。

官绍益，鹅感村人，岁贡梁汉嶓岳丈，訾叙试用训导，乾隆四十四年（1779）署广东大埔县训导[①]。

邓昇，调和村人。

宋景煓，符村人，举人宋允中子。

宋瑜，扶柳村人。

杨荫，字树滋，大埔西村人，嘉庆朝。

丁珣，字希颐，调铭村人，丁腾斐侄，嘉庆朝。

陈宗翰，字墨卿，苏楼巷人，訾叙试用教谕，嘉庆六年（1801）任琼州府澄迈县训导[②]，道光间署高州府化州教谕。

林壮观，南关外人，訾叙惠州府训导。

陈洪书，南田村人，訾叙试用教谕，拔贡陈之元长子。

莫汝及，黎郭村人，訾叙廉州府训导。

唐叔达，字进之，号渐逵，城外苏楼巷人，唐钦子，訾叙香山县学训导，嘉庆十七年（1812）任万州学正[③]，署潮州府大埔县学教谕。

林增荣，溪东村人，訾叙试用训导，乾隆四十六年（1781）任高州府

① ［清］张鸿恩纂.（同治）大埔县志·卷十四·职官志,清同治十二年(1873)刊本.

② ［清］龙朝翊修.（光绪）澄迈县志·卷六·职官志（影印本）[M]. 广州：岭南美术出版社，2009：555.

③ ［清］胡端书修.（道光）万州志·卷二·职官志（影印本）[M]. 广州：岭南美术出版社，2009：122.

信宜县教谕[①]，乾隆五十年（1785）任琼州府澄迈县训导[②]。

林永亨，溪东村人，訾叙试用训导，乾隆五十五年（1790）署潮州府大埔县训导[③]。

陈宗绪，苏楼巷人，訾叙试用训导，顺德教谕，后中嘉庆六年辛酉恩科（1801）举人。

陈怀治，淡水村人，訾叙试用训导，拔贡陈元武子。

李光祖，字翼亭，邦塘南村人，訾叙试用训导，署琼州府昌化县学教谕。

陈源廉，城内钟楼人，訾叙双月训导。

陈籥，字雅材，号豳农，南田村人，署琼州府教授及乐会、感恩训导。

丁宗洛，字正叔，号瑶泉，调铭村人，举人丁兆启曾孙，增贡丁居诚子，訾叙分发训导，后中嘉庆十三年戊辰恩科（1808）顺天乡试举人。

陈君谋，南田村人，訾叙试用训导，陈昌祉子，嘉庆间任高州府石城县训导[④]。

蔡锡龄，訾叙不论双单月训导，拔贡蔡国瑚子。

陈其籍，南田村人，訾叙分发训导，岁贡陈昌妫子，官琼州府澄迈县训导[⑤]。

道光至光绪年间：

劳克一，字协于，图角村人，县学，廪生劳思永子，举人劳思澄侄，道光朝。劳克一家贫，唯以授徒糊口，家里时常断了烟火，但即使如此他也不受人一饭一钱。叔父劳思澄钦佩他的为人，在外做官后仍然时时通信问好。

① ［清］敖式槱修.（光绪）信宜县志·卷五·职官志（影印本）[M]. 广州：岭南美术出版社，2009：453.

② ［清］龙朝翊修.（光绪）澄迈县志·卷六·职官志（影印本）[M]. 广州：岭南美术出版社，2009：555.

③ ［清］张鸿恩纂.（同治）大埔县志·卷十四·职官志，清同治十二年（1873）刊本.

④ 钟喜焯修.（民国）石城县志·卷五·职官志（影印本）[M]. 广州：岭南美术出版社，2009：823.

⑤ ［清］龙朝翊修.（光绪）澄迈县志·卷六·职官志（影印本）[M]. 广州：岭南美术出版社，2009：555.

陈毓元，字圣甫，城内钟楼巷人，县学，岁贡陈源关孙，拔贡陈毓真、廪贡陈毓亨之兄，道光朝。

符尔玉，字璞山，东山村人，府学，附生符雨济之父，道光朝。

吴球，字夔司，杜陵村人，附生吴良器子，道光朝。吴球母亲早逝，每以母恩未报为念，对父亲十分孝顺，出门必告知所往，回家必先问候。父亲去世后，他在庐墓守孝三年，人皆以孝称之。

黄成章，字斐然，城内柳絮巷人，訾叙琼州试用训导，署琼州府儋州、万州学正，道光十五年（1835）署文昌县教谕[①]，咸丰七年（1857）任定安县教谕[②]。

蔡茂昭，字膺图，章嘉村人，咸丰朝。

唐荣，字临川，城外苏楼巷人，訾叙县丞唐汝淳子，举人陈天叙岳丈，咸丰朝。

陈廷选，字吕臣，城内钟楼巷人，潮州府试用训导，咸丰朝。

郭筠，字建邦，东湖后山村人，府学，附生郭鼎铨父，同治朝。

李琼林，字熙明，塘尾村人，廪生李琇林从兄，附生李峻培伯父，同治朝。

陈子称，字赏卿，调爽东村人，附生陈锦葩父亲，附生陈子禧之兄，增生陈为桢祖父，同治朝。

卓赓飏，字程四，品题村人，增贡卓杰孙，同治朝。

李楷，月窟村人，后迁居青桐村，同治朝。

陈汝为，扶柳社城家村人，曾任广州府香山县学训导，咸丰十一年（1861）任韶州府翁源县学教谕[③]，升琼州府学教授。

陈毓亨，字嘉甫，城内钟楼巷人，府学，岁贡陈源关孙，廪贡陈毓元弟，

① ［清］张霈纂.（咸丰）文昌县志·卷八·职官志（影印本）[M]. 广州：岭南美术出版社，2009：335.

② ［清］吴应廉修.（光绪）定安县志·卷四·职官志（影印本）[M]. 广州：岭南美术出版社，2009：460.

③ 殷恭仁纂.（民国）翁源县志·卷九·职官志（影印本）[M]. 广州：岭南美术出版社，2009：456.

增贡陈登谷、廪贡陈登春之父，光绪朝。

李杜，字杰夫，邦塘南村人，訾叙署琼州府学训导，进士李晋熙父。

李见龙，字清卿，邦塘南村人，廪贡李光祖子，署临高县学教谕。

陈登瀛，字珠泉，城内钟楼巷人，府学，拔贡陈毓真子，廪贡陈登缙兄，光绪朝。

陈登缙，字绅堂，城内钟楼巷人，县案元，县学，拔贡陈毓真之子，廪贡陈登瀛之弟，光绪朝。

陈登春，字仲熙，城内钟楼巷人，县学，廪贡陈毓亨子，拔贡陈毓真侄，增贡陈登谷弟，光绪朝。

吴洪江，字瀚洲，城小东门外宜稼坊人，原籍遂溪县，光绪朝。

何桂燊，字箴如，城外苏楼巷人，拔贡何凌云孙，廪生何绍琦子，增生何锡恩弟，增生何培恩兄，光绪朝。

柯碧珊，字寅阶，白沙村人，附贡柯蕃子，光绪朝。

柯纯熙，字福山，白沙村人，岁贡柯蕃孙，附贡柯钺子，光绪朝。

蔡拱辰，字圣友，水店村人，府学，光绪朝。

陈作舟，字学海，调爽东村人，陈叔宝子，光绪朝。

陈琪坛，字一林，调爽东村人，廪生陈宪之子，廪生陈晋铨之父，光绪朝。

莫锡缙，字佩宜，东岭村人，光绪朝。

陈玉璋，字美堂，坑尾村人，光绪朝。

黄宗海，字文渊，南金村人，光绪朝。

何起庚，字梅溪，双坡村人，光绪朝。

黄丹书，字武臣，阳上村人，岁贡黄光烈子，光绪朝。

陈龙光，字凌云，那平村人，府学，附贡陈厥昌曾孙，光绪朝。

王思兼，字圣之，王排村人，光绪朝。

冯郑卿，夏初村人，光绪朝。

梁步云，字咸熙，关新村人，光绪朝。

杨荣，字文轩，北山仔村人，光绪朝。

陈遇，字恪三，潮溪村人，增贡杨选弟，生员杨步青、丹成叔父，光绪朝。

陈桂森，字洛初，潮溪村人，光绪朝。

陈河清，字钟秀，菜园村人，光绪朝。

洪慈，字实秋，号伯仁，渡南社平坑村人，訾叙琼州试用训导，光绪朝。

王志炳，字瑶林，号笃邺，禄切村人，附生王恩骏子，江苏即用通判，光绪朝。

陈炳熙，字汝超，文堂村人，光绪朝。

增贡生：

康熙至嘉庆年间：

李震舒，字大生，斋堂东村人，附生李光林子，康熙朝。

陈廷魁，淡水村人，康熙朝。

吴芝，亳坑村人，雍正朝。

邓矜式，字敬庵，博怀村人，举人邓肇翰父。邓矜式乐善好施，乡里每有善举必推他为领袖。北和市社仓虚耗，他带头捐谷充实；县学宫坍塌，他捐资倡议修复。族人有困难时，他都倾囊相助。广东巡抚王安国因此赠他一块匾额曰"谊周一本"。但他居家很节俭，也不愿意刻意经营生计，常对家人说："惟与儿辈讲解经义。"在他的教导下，长子肇周考取附学生，次子肇翰考取举人，三子肇宣考取增广生，后世也功名不断①。

刘永宁，连村人，乾隆朝。

李景炘，字藜庵，斋堂东村人，府学，增贡李震舒孙，乾隆朝。

李元敏，斋堂东村人，府学，增贡李景炘孙，岁贡李寅直子，乾隆朝。

陈元正，南关外人，武生员陈瑞麟子。

周灵岳，赏村人。

黄子澂，淘汶村人。

---

① 梁成久纂.（民国）海康县续志·卷二十·邓肇翰附邓矜式传（影印本）[M].广州：岭南美术出版社，2009：821.

欧文星，内巷村人，监生欧云雯子。

吴文峰，郡城外人，监生吴旭升子。

邓青藜，陈排村人，监生邓鸿文子。

丁居诚，字元夫，号丰野，调铭村人，举人丁宗洛父，嘉庆三年戊午科（1798）乡试开报八十二岁，恩赐举人。

丁居亮，字月轩，号桂峰，调铭村人，增贡丁居诚弟。

丁腾章，字倬云，调铭村人，增生丁玉书子，举人丁宗洛族叔。丁腾章性行淳厚谨慎，像母亲一样侍奉庶母，对兄弟十分友善。有一次，兄弟间矛盾大爆发，几乎要闹到衙门去诉讼，他从中极力斡旋，最终使兄弟关系恢复如初。乾隆五十四年（1789），乡里闹饥荒，丁腾章节衣缩食，捐献米谷，并积极奔走劝导有余粮的绅民酌量捐粮接济贫民，大量断粮的贫民因此存活下来。贫民感念他的恩德，称颂他为"善人"①。

官绍禹，鹅感村人，拔贡官清擢子。

陈余辉，新沟村人。

朱国华，大郡下村人。

陈廷璠，字美奂，城内钟楼巷人，府学，恩赐举人陈子良孙，恩赐举人陈源江子，嘉庆朝。

王德一，字修己，禄切村人，嘉庆朝。

王琮，字璧山，禄切村人，嘉庆朝。

道光至光绪年间：

陈成宪，城外夏和里人，道光朝。

陈鸣盛，字绚卿，麻演村人，附生陈丙光子，道光朝。

何其祥，号瑞芝，郑家村人，道光朝。

吴腾万，墨坑村人，副贡吴挺椿子，举人吴抡兰父，府知事衔。性至孝，岁时祭祀父母必哀痛涕泣，与家人说及父母时也常难过流泪。

---

① ［清］刘邦柄修.（嘉庆）海康县志·卷六·丁腾章传（影印本）[M]. 广州：岭南美术出版社，2009：268.

吴抡元，字乾初，墨坑村人，道光朝。

吴念祖，字仲深，杜陵华袄村人，县学，道光朝。

王春史，字登青，安揽村人，道光朝。

方慕矩，字景濂，港西村人，道光朝。

陈桂汾，字善三，潮溪村人，生员陈钟祺、钟鳌、钟禧父，道光朝。

郑丕烈，字其承，后郭村人，隶海康县学，增生郑廉子，道光朝。

丁鸿振，字仁奄，调铭村人，附贡丁青藜父，道光朝。

吴钟岱，字巡始，杜陵村人，咸丰朝。

郑渊，字宗鉴，麻含中村人，咸丰朝。

宋鸿谟，城外夏和里人，历署琼州府文昌、临高、会同、陵水等县学教谕、训导，咸丰五年（1855）任澄迈县训导[1]，咸丰十年（1860）署琼州府定安县训导[2]。

林连天，字级仁，东林村人，訾叙福建试用同知。

陈选，字远侯，潮溪村人，廪贡陈遇兄，生员陈步青、丹成父，同治朝。

卓杰，品题村人，廪贡卓赓飚祖父，同治朝。

陈宗瓛，城外夏和里人，陈昌齐孙，拔贡陈篪子，陈璇祖父，同治朝。

陈登谷，字伯钧，城内钟楼巷人，县学，廪贡陈毓亨子，廪贡陈登春兄，附生陈国燊父，光绪朝。

王龙文，字魁元，官墓村人，光绪朝。

柯梁材，字子兴，官村人，县学，光绪朝。

莫楷，字法传，东岭村人，光绪朝。

黄鹤云，字维心，平原村人，光绪朝。

符傅汤，字徵三，和家村人，县学，光绪朝。

卓庆龙，字见五，肇揽村人，拔贡卓鸿盘子，生员卓庆嵩、庆云弟，光绪朝。

---

① ［清］龙朝翊修.（光绪）澄迈县志·卷六·职官志（影印本）[M].广州：岭南美术出版社，2009：556.

② ［清］吴应廉修.（光绪）定安县志·卷四·职官志（影印本）[M].广州：岭南美术出版社，2009：462.

宋国琛，字亦允，宋村人，县学，宋奋锦子，岁贡宋国琼兄，光绪朝。

林荣藻，字鉴莹，东林村人，刑部额外郎中、山东司行走林嘉材孙，副贡林龙年子，光绪朝；后以誉叙授度支部额外郎中、江南司行走，调库藏司行走。

欧家鹄，字羽君，内巷松溪村人，光绪朝。

陈锡祥，字捧日，潮溪村人，生员陈钟鳌弟，光绪朝。

沈尚清，字治臣，东来村人，光绪朝。

陈乃铎，字教之，高流水村人，光绪朝。

附贡生：

康熙至嘉庆时期：

郭用芳，字徽庵，国实村人，乾隆朝。郭用芳热心公益，乾隆年间雷州知府黄铮、孙庆槐两次修葺府学学宫，皆由他监工，他还捐资重建平湖书院以及十贤堂。巡抚王安国、肇高学政孙人龙以及知府黄铮都赐以匾额嘉奖。

莫京，字昌五，黎郭村人，岁贡莫蔚发子，举人莫亮弟，乾隆朝。

陈统，字达三，迈生村人，隶海康县学，乾隆朝。

李永正，月窟村人，乾隆朝。

郭廷瑸，国实村人，乾隆、嘉庆时期。

林蔚起，山尾村人，林峣子。

陈斯揆，足荣村人，监生陈得侯子，雷祖后裔。

林硕，字韬叔，山尾村人，附贡林蔚起子。林硕好读书，至老不倦，著有《困知录》一书。他家境富裕，自己生活比较节俭，然而乐善好施，在乡里有诸多义举。在家族中建设祠堂，设置田产，设立规条，凡族人教育、丧葬、救荒等事宜皆按规条实行。族人因此多受其恩惠，称其为"古风先生"[①]。此外，林硕还善医术，据说有位分巡道赴海南巡视，路过雷州南亭

---

① ［清］刘邦柄修.（嘉庆）海康县志·卷六·林硕传（影印本）[M]. 广州：岭南美术出版社，2009：267.

街，他正好遇见，跟别人说："此巡道病在骨髓，到不了海南了。"没多久，巡道果然病发，听说林硕曾有预言，急忙派人请他来救治。林硕推辞说："已经来不及了。"但来使坚决要他去，没走到一半这巡道就去世了。还有一次，他徒步经过一个乡村，傍晚的时候想找一间瓦房借住。这个村只有一间瓦房，他便去探问，但那家主人病得很严重，朝不保夕，家里请大夫诊治和道士设坛祷告，没地方给他住宿。林硕说自己也会医术，家人通报后便请他诊脉。他诊脉后说："此病无妨，吃几剂药就好了，但你们要将神坛撤去。"那家人不肯撤坛，林硕便说："那我就要与神分任务，我治病的八分，神治病的二分。"那家主人吃过三剂药之后，就好了很多，家人便再次向林硕求诊。但林硕说，剩下二分是神的责任。家人因此才明白过来，连忙向他道歉，他便再给开了几副药，那人不久就痊愈了。此后他的医名更著，来求医者络绎不绝，他都不收诊费。林硕为学致力于古学，为文不循规蹈矩，品行淳朴笃实，为人处世都中规中矩。他去世后，陈昌齐还为他作墓志铭①。

吴腾辉，墨坑村人，副贡吴挺椿子。

高凌霄，高田村人。

卓越，黄家村人。

朱奇瑾，西沟村人。

陈因培，迈生村人。

陈大璋，高水村人，陈中秀子。

陈秀良，调爽东村人。有传。

李永□，塘边村人，增生李挺菁子。

李咬茂，塘边村人，增生李挺菁子。

萧显祖，马铁村人，例贡萧国相父。萧显祖生前捐献地租四十一石作为本族祠堂祭祀和同族子弟教育的费用。

陈唐表，南头村人，陈执中子。

---

① 梁成久纂.（民国）海康县续志·卷二十一·林硕传（影印本）[M].广州：岭南美术出版社，2009：859－860.

陈文淇

陈树熹，城家村人，监生陈芸若子。

吴宾贵，深山堰村人。

吴鸣岐，深山堰村人，附贡吴宾贵子。

陈正熙，西南城内人，监生陈余脩子。

陈谟，西南城内人，附贡陈正熙子。

朱瑞，大群下村人，例贡朱廷彬子。

卓岳生，肇揽村人。

宋典，扶柳村人，布政司理问宋际清子。

黄毓琇，高乔村人。

莫其统，黎郭村人，莫汝美子。

王庚辰，字继盛，城内深井巷人，附生王逢、增生王道祖父，嘉庆朝。

陈厥昌，字建侯，那平村人，案元，嘉庆朝。

蔡景盘，山内村人，嘉庆朝。

萧国相，马铁村人，附贡萧显祖子。萧显祖生前捐献田地四十一石作为本族祠堂祭祀和同族子弟教育的费用。萧国相又将自己的二十八石田地以及购买的七石田地充实族田，田租作为修缮祠堂和祭祀的费用，余则作为赡养贫困族人以及奖励族人进学的资费①。

王定章，禄切村人，典史王谕父，䝉叙长山知县。

王镛，字伯咸，禄切村人，䝉叙分拔福建布政司经历，又任漳州府经历。

唐微，字美卿，号玉山，城外苏楼巷人，增生、吏目唐汝勋父，䝉叙河南按察司经历，嘉庆二十年（1815）署邱县知县。

陈君典，南田村人，议叙即用县丞，县丞陈昌祐子。

黄榜拔，淘汶村人，䝉叙不论双单月县丞，例贡黄孟模子。

陈浩，淡水村人，䝉叙分发县主簿。

---

① ［清］刘邦柄修.（嘉庆）海康县志·卷六·萧国相传（影印本）[M]. 广州：岭南美术出版社，2009：267.

道光至宣统时期：

李魁奇，水美村人，附生李思标子，增生李汝舟祖父，道光朝。

黄中正，城南关外调会坊人，道光朝。

莫书林，字子漪，黎郭村人，道光朝。

符锡禄，字緗著，和家村人，府学，廪贡符思超孙。道光朝。

吴抡蕙，墨坑村人，增贡吴腾万子，以侄吴应铨兵部额外主事、职方司行走加三级，貤赠朝议大夫。

吴抡葵，墨坑村人，增贡吴腾万子，以侄吴应铨貤赠朝议大夫。

符谦，字阿亭，和家村人，道光朝。

卓步瀛，肇揽村人，附生卓拱宸父，道光朝。

谢崧钟，字杰三，田西村人，县学，附贡谢兰香叔父，道光朝。

游逢泽，字九溪，南渡村人，县学，道光朝。

关启勋，字庸甫，关新村人，附贡关兆霖父，道光朝。

郑继明，字国典，后郭村人，隶海康县学，道光朝。

杨凤，字国卿，北山仔村人，道光朝。

陈观成，字仪廷，淡水村人，道光朝。

丁麟书，字祥毓，调铭村人，道光朝。

陈嗣芬，字芹香，南田村人，道光朝。

陈鸣岐，南田村人，道光朝。

陈国基，交寮村人，府学，道光朝。

陈筮，字著从，南田村人，訾叙署感恩县县学训导，道光朝。

黄龙庆，字珍卿，白院西边村人，咸丰朝。

柯蕃，字政卿，白沙村人，以督修府城功议叙国子监典簿，岁贡柯钺、廪贡碧珊父亲，廪贡柯纯熙祖父，咸丰朝。

柯沛森，字启之，白沙村人，咸丰朝。

陈利宾，调爽村人，咸丰朝。

符庆云，字宠之，和家村人，咸丰朝。

何国辉，字炳蔚，澡德村人，县学，附生何廷杰之父，咸丰朝。

何詠桂，字燕五，调龙村人，廪生何澍之子，附贡何文辉父亲，岁贡何筠之兄，咸丰朝。

蔡冠英，字焕章，东山村人，府学，咸丰朝。

谢玉堂，字石山，田西村人，县学，咸丰朝。

谢兰，字宛香，内巷村人，县学，增贡谢冲壬父，咸丰朝。

袁鸿熙，西山村人，举人袁元黼子，附生袁树勋父，咸丰朝。

邓大英，桥头村人，咸丰朝。

陈鸿逵，丰饶村人，咸丰朝。

朱克光，字含之，林大群村人，咸丰朝。

翁长麟，字振卿，城西门外人，试用巡检翁心安子，廪生翁继璠、增生翁继玙父，訾叙琼州试用训导，历署儋州、万州学正，约咸丰朝。

邓林森，北边村人，增生邓衡岳父，同治朝。

柯庆瑚，字丰城，官村人，同治朝。

唐光表，字著于，城外苏楼巷人，同治朝。

李延年，字学颜，李锡龄子，訾叙户部额外主事李柏年兄，邦塘北村人，同治朝。

李钟烺，字喜堂，案元，邦塘北村人，州同衔李冠芳子，同治朝。李钟烺每年年底时，都会给贫穷的族人和亲戚发放"度年钱"，希望他们能安心过年。他善医术，给小孩诊脉看病都不收钱，贫穷无力的还赠送药材，并将诊费资助给他们。他尤其喜欢侄子李韶柏，从束发读书到补廪，都大力资助他①。

王燊章，王排村人，同治朝。

吴建猷，字廷臣，杜陵村人，同治朝。

吴应绥，墨坑村人，府学，附生吴鹰之子，同治朝。

---

① 梁成久纂.（民国）海康县续志·卷二十一·李钟烺传（影印本）[M].广州：岭南美术出版社，2009：858.

谢兰香,字相德,田西村人,县学,增生谢树桢父,附贡谢崧钟侄,同治朝。谢兰香性情严厉暴躁,有所不可即迁怒于妻子儿女,嗝嗝终日[①]。

周云梯,字秀焕,东井村人,县学,增生周肇汉父,同治朝。

关兆霖,字泽生,关新村人,附贡关启勋子,增生关赓、关炳垣叔父,同治朝。

卓赓兰,字友之,品题村人,同治朝。

梁位中,字极垣,那袄村人,县学,同治朝。

郑维樑,字子栋,城外苏楼巷人,原住调风市,光绪朝。

吴嘉谋,字迪臣,城外苏楼巷人,廪生吴天惠父,附生吴嘉诰兄,岁贡吴天宠、廪生吴天泽叔父,光绪朝。

陈璇曾,字仲贤,城外夏和里人,增贡陈宗瓛子,光绪朝。

陈毓秀,字慎甫,城内钟楼巷人,廪贡陈廷选子,山东试用州吏目,代理济宁直隶州州同。

陈天锺,字秀山,大埔村人,光绪朝。

何文藻,瑚村人,县学,光绪朝。

王炳南,字文雅,官墓村人,县学,光绪朝。

李淼,原名丕泉,号文山,县学,邦塘北村人,光绪朝。

李元楷,字赓飚,邦塘南村人,廪贡李光祖孙,考取正白旗教习,历署龙川、新宁、信宜学教谕。

黄汝辅,字仁山,平原村人,府学,光绪朝。

李韶级,字登三,号次阶,邦塘北村人,试用府经历李凤梧父,訾叙福建试用知县,署平和县知县,光绪朝。

何文辉,字彤廷,调龙村人,附贡何詠桂子,訾叙高州试用训导,署信宜县学教谕,光绪朝。

陈应瑞,西岸村人,光绪朝。

---

① 梁成久纂.(民国)海康县续志·卷二十一·谢树桢传(影印本)[M].广州:岭南美术出版社,2009:856.

符上选，字鉴臣，和家村人，增贡符傅汤之弟，光绪朝。

何廷幹，澡德村人，光绪朝。

陈骏岳，字申如，深坑村人，光绪朝。

邓岭，字文炳，坡湖村人，县学，廪生邓銎之父，光绪朝。

冯照塈，字一丹，西城村人，府学，光绪朝。

方龙伸，字献廷，迈流村人，县学，光绪朝。

冯至炎，字希圣，夏初村人，县学，附生冯英明子，光绪朝。

王者香，字升阶，港东南江村人，县学，光绪朝。

关振兰，字芳园，关新村人，县学，光绪朝。

陈一声，字庆云，高流水村人，府学，光绪朝。

李逢煜，城内柳絮巷人，原居陶泗寮，訾叙琼州府试用训导，光绪朝。

林骏年，字腾周，东林村人，刑部额外郎中、山东司行走林嘉材子，副贡林龙年弟，增贡林荣藻叔父，光绪朝。

何学林，字官阶，号午亭，珊村人，訾叙琼州试用训导，历署琼州府琼山、昌化县教谕，会同县学训导。

符乃嘉，字隆圃，号寿仁，和家村人，试用同知符镇江子，试用吏目符兆龄父，任永福县知县。

谢冲壬，字廷阁，内巷村人，府学，增贡谢兰子，光绪朝。

曹其甲，字登堂，山尾村人，县学，光绪朝。

谢锡爵，字治臣，安雅村人，光绪朝。

刘景源，字渊渟，富行村人，府学，岁贡刘庆镛子，光绪朝。

丁青藜，字光阁，调铭村人，增贡丁鸿振子，光绪朝。

蔡培元，字聘三，号镇塈，时礼村人，隶海康县学，光绪朝。蔡培元性至孝，与兄长分家后，母亲由他独自赡养。他自己日用的都很单薄，但侍奉母亲的则很丰厚。他母亲喜欢山鼓头鱼，每逢调风墟市集他都亲自采购烹饪给母亲吃。每次吃饭，他都侍奉在左右，直到饭菜撤下之后才离开。他如此孝顺赡养达八年之久，但后来不幸先其母而卒。临终时，其他事只字未提，唯恳请兄长诚心侍奉母亲,感人肺腑[①]。

　　陈森南,本立村人,眥叙琼州试用训导。

　　陈焕章,字维之,官贤墟人,光绪朝。

　　廖启伯,琳家村人,光绪朝。

　　吴文山,字尔封,覃葛村人,县学,光绪朝。

　　官际泰,字开明,鹅感村人,县学,光绪朝。

　　苏应韩,字恒福,乌石埠人,光绪朝。

　　黄炳成,安揽村人,宣统朝。

　　时代失考:

　　官居垣,字披门,鹅感村人,广西横州永康州吏目。

　　陈君典,字慎五,南田村人,江西东乡县县丞。

　　邓扶舆,调和村人。

　　陈绳,字观雅,迈生村人。

　　苏杰,山尾村人。

　　陈汝介,字福生,南头村人,陈国勋子。

　　王建中,王排村人。

　　康熙至嘉庆年间未分生员等级例贡:

　　谭宏略,太平村人。谭宏略生平轻财好施,陈瑸年轻时读书应试的一切费用都曾予以资助,陈瑸曾为他的书室题名曰"寻乐斋"。陈瑸考中进士做官后,还与他时常通信往来[②]。

　　李天馥,中坑村人。

　　蔡文麟,山内村人。

　　① 梁成久纂.(民国)海康县续志·卷二十一·蔡培元传(影印本)[M].广州:岭南美术出版社,2009:856.

　　② [清]刘邦柄修.(嘉庆)海康县志·卷六·谭宏略传(影印本)[M].广州:岭南美术出版社,2009:268.

蔡秉睿，山内村人，武生蔡兆麟子。

蔡联元，山内村人，武生蔡见龙子。

蔡有斐，山内村人，监生蔡升元子。

卓如经，品题村人。

翁长江，扶茂村人，监生翁心恒子。

黄　凤，淘汶村人。

吴步端，平步村人，监生吴保东子。

陈履亨，湖塘村人。

程云起，栜榔园村人。

何黎谆，潭朗村人。

陈其玑，云路村人。

程廷献，里仁村人。

陈启秀，淡水村人。

蔡定鉴，东山村人，监生蔡周谟子。

陈文渊，淡水村人，廪贡陈予善孙，监生陈廷位子。

周凤麟，赏村人，增贡周灵岳子。

谭略，念八村人。

宋衍宗，义安村人，布政司理问宋熊父。

吴秉权，张嘉村人，州同吴桂枝子。

陈邦直，迈生村人，监生陈峋子。

吴文汉，张嘉村人，例贡吴秉权子。

陈邦杰，迈生村人，监生陈峋子。

袁日升，横山村人。

吴天玮，尾田村人，监生吴英良子。

宋凤翥，义安村人，布政司理问宋熊祖父。

黄瑜，北劳村人，岁贡黄斐昭孙，附生黄道中子。

李章程，古路村人，增生李易化子。

萧发成，马铁村人，例贡萧国相子。

吴芳，深山堰村人。

黎骏德，金坡村人，黎若聘子。

朱廷彬，大群下村人，监生朱履赐子，附贡朱瑞父亲。

官珍，鹅感村人。

陈腾云，苏楼巷人。

曹闲盈

周凤彩，尾窑村人。

黄孟模，淘汶村人，附贡黄榜拔、廪生黄榜超、州同黄榜甲、县丞黄
榜题之父。

吴世官，潭家村人，监生吴尹晴子。

唐太龙，官塘人村，唐出云子。

陈履巳，锦盘村人，陈怀鼎子。

卓秉仁，肇揽村人。

宋文炳，扶柳村人。

陈兆阳，锦盘村人，高安主簿陈崇谦子。

陈腾鸿，苏楼巷人。

宋圭炎，扶柳村人。

唐巨鳍，苏楼巷人，监生唐骥子。

陈孟瑄，潮溪村人，监生陈伟桢子。

唐执中，苏楼巷人，监生唐骥子。

唐如璧，苏楼巷人，唐钦子，廪贡唐叔达兄。

李恒升，水美村人。

邓维翰，苏楼巷人，监生邓殷裔子。

符珩

二、明清遂溪贡生题名录

（一）明代遂溪贡生题名录

1. 岁贡：

雷州府学：

林玉彝，洪武朝。

杨必余，永乐朝。

杨有禄，交阯衙仪主簿，宣德朝。万历《雷州府志》卷十四《选举志》作杨有禄，康熙、道光《遂溪县志·选举志》作杨有义，应有误。

林琰，庆远府检校，景泰朝。清代时避嘉庆帝讳，改称林炎。

陈猷，天顺朝，弘治间任福建同安县训导，民国《同安县志》作监生[①]。

姚普，镇宁卫经历，弘治朝。

何兖，安徽随州判官，弘治朝。

陈玒，广西横州训导，弘治朝。

余中伦，弘治朝。

陈忠，嘉靖朝，嘉靖间任潮州府揭阳县训导，乾隆《揭阳县志》作海康人[②]。

彭应奎，湖广英山县训导，嘉靖朝。

陈邦瑞，嘉靖朝。

陈士恺，任县丞，嘉靖朝。

冯应麟，嘉靖朝。

谢耸

---

① 林学增修 .（民国）同安县志·卷十三·职官志（影印本）[M]. 台北：成文出版社有限公司，1967：369.

② ［清］刘业勤修 .（乾隆）揭阳县志·卷四·职官志（影印本）[M]. 广州：岭南美术出版社，2009：137.

黄世鸾，万历朝，官琼州府文昌县训导 ①。

彭绍芳，万历朝。

梁腾辉，崇祯朝，崇祯十三年（1640）任琼州府澄迈县训导 ②。

陈于明，崇祯朝。

梁起家，崇祯朝。

梁克勤，崇祯朝。

遂溪县学：

洪武年间：

陈宗祐，广西梧州府同知。

梁观德

何邦贤，南直隶太平府推官。

桂华，湖广安化县教谕。

黄钟

高永坚

黄子政，福建连江县丞。

梁乾祐，泰府纪善。

梁端，交阯神溪知县。

永乐年间：

陈文瑶，交阯连河知县。

王吉，号石扬，黄略村人，由监生充贡，任温州府通判，升柳州府同知。在柳州时，王吉抚恤百姓，抵御灾患，有惠政之声，当地百姓立生祠供奉他。不久他升延平知府，死后供奉在乡贤祠以及宾兴祠 ③。

---

① ［清］张霈纂.（咸丰）文昌县志·卷八·职官志（影印本）[M]. 广州：岭南美术出版社，2009：336.

② ［清］龙朝翊修.（光绪）澄迈县志·卷六·职官志（影印本）[M]. 广州：岭南美术出版社，2009：555.

③ ［明］欧阳保修.（万历）雷州府志·卷十七·王吉传（影印本）[M]. 广州：岭南美术出版社，2009：266.

陈纳，交阯永固知县。万历《雷州府志》作交阯永固知县，康熙《遂溪县志》作交阯东岸知县，而无陈宗爱，应有误，此从万历府志。

唐克柔，交阯知县。万历《雷州府志》作永乐年间，道光《遂溪县志》误作隆庆年间。

吴景，陆川知县。万历《雷州府志》作永乐年间，民国《陆川县志》载永乐十二年（1414）任知县，道光《遂溪县志》误作隆庆年间。

陈宗爱，交阯东岸知县。据万历府志，县志无载。

沈逊

陈秉贞

宣德年间：

高仕贤，交阯安任知县。

萧韶

黄仲玙

正统年间：

彭晟，江西南昌府经历。

王荣，交阯属县知县。

景泰年间：

卜从吉，景泰间任福建晋江知县[①]。

李荣，广西养利州判官。

天顺年间：

邓森，福建延平府经历。

周莹

成化年间：

沈观华，广西来宾知县。

---

① ［清］方鼎等修.（乾隆）晋江县志·卷六·官守志（影印本）[M].台北：成文出版社有限公司，1967：110.

彭琥

彭珏，字席之，田墩村人。彭钰聪明机敏，博学多才，为诸生时授徒乡里，高、雷地区许多士人皆出其门。他的著述甚多，有《四书内说》《尚书解义》《读史鉴法》等。彭钰生性恬静而深沉，和蔼而平易近人，学者称为"巢云先生"，去世后供奉在乡贤祠[①]。

周判初，南直隶太平府推官。

林俊，河南河内知县。

陈赐，江西南康县训导。

黄中，武阳县丞。

弘治年间：

许祥，江西会昌县训导。

陈威，成化间任高州府信宜县训导[②]。

梁珊，福建龙溪县主簿。

洪彪，芦山村人，由岁贡任长汀县丞。洪彪事上恭敬谨慎，御下精明细致，考察事情时下面的胥吏无法隐匿，执行法律时百姓不敢触犯。在任上，他清理军需物资，断绝各种附加税，谨慎履行自己的职责，减轻百姓负担。洪彪清正廉明，务于实际，因此百姓都盛赞他的高尚品德。后来，他因贻误解送粮食的时间被免职，里老赴阙入朝乞求将他留任，得到允许[③]。

周圻，湖广辰州府训导。

王璋，江苏安东县训导。

黄亮，桐乡县丞。万历《雷州府志》作黄亮，但嘉庆《雷州府志》及康熙、道光《遂溪县志》皆误作王亮，概黄、王音近而误。查光绪《桐乡县志》

---

① ［清］喻炳荣修.（道光）遂溪县志·卷九·彭钰传（影印本）[M]. 广州：岭南美术出版社，2009：288.

② ［清］敖式櫄修.（光绪）信宜县志·卷五·职官志（影印本）[M]. 广州：岭南美术出版社，2009：450.

③ ［清］喻炳荣修.（道光）遂溪县志·卷九·洪彪传（影印本）[M]. 广州：岭南美术出版社，2009：287.

卷八《职官表》正作黄亮，字克明，监生，概其为监生充贡[1]。

李安资，浙江新昌县丞。

彭隆，主簿。

正德年间：

许翊

彭钺，嘉靖间任琼州府昌化县训导[2]。

洪俊，福建将乐县主簿。

王锦

陈邅，福建漳州府照磨。

傅琬，江西峡江县主簿。

陈朝元，监生充贡。

黄珊，监生充贡。

黄瑜

梁岳，高州府化州学正。嘉庆《雷州府志》作正德年间，道光《遂溪县志》作隆庆年间，从府志。

周一命，福建断事。万历《雷州府志》黄珊、黄瑜、周一命作正德年间，康熙《遂溪县志》作嘉靖年间，此从府志。

嘉靖年间：

彭嵩，监生充贡。

周晟，监生充贡。

黄佐

梁元晖，监生充贡。

彭爝，湖广夷陵州判官。

---

① ［清］严辰修.（光绪）桐乡县志·卷八·职官志（影印本）[M]. 台北：成文出版社有限公司，1967：305.

② ［清］李有益修.（光绪）昌化县志·卷六·职官志（影印本）[M]. 广州：岭南美术出版社，2009：58.

徐瓘，广西郁林训导。

林凤仪，监生充贡。

李高

黄侯，琼州府感恩县训导，嘉靖间任昌化县训导[①]。

梁環

彭昝，永定卫训导。

彭泮，嘉靖间任琼州府昌化县训导[②]。

陈仰

陈文德，经历。

黄梦麒，主簿。

余文宠

周朝望，训导。

陈世仁

徐以让

黄玉

王元之，嘉靖间任琼州府训导[③]，升乐会县教谕[④]。

全美，嘉靖间任琼州府训导[⑤]。

梁有尚

王聘，自许祥至王聘，嘉庆《雷州府志》与道光《遂溪县志》皆误作嘉靖年间。

---

① ［清］李有益修.（光绪）昌化县志·卷六·职官志（影印本）[M].广州：岭南美术出版社，2009：58.

② ［清］李有益修.（光绪）昌化县志·卷六·职官志（影印本）[M].广州：岭南美术出版社，2009：58.

③ ［清］萧应植修.（乾隆）琼州府志·卷五·官秩志（影印本）[M].上海：上海古籍出版社，2002：279.

④ ［清］程秉愷修.（宣统）乐会县志·卷五·职官表（影印本）[M].广州：岭南美术出版社，2009：274.

⑤ ［清］萧应植修.（乾隆）琼州府志·卷五·官秩志（影印本）[M].上海：上海古籍出版社，2002：279.

隆庆年间：

陈景著

孙持

林士魁，教谕。

戴应良，嘉靖间任广东琼州府训导[①]，升江西新余县教谕。

黄章甫，隆庆五年（1571）任肇庆府高明县训导，升高要县教谕[②]。

韩秉诚，嘉靖间任琼州府琼山县训导[③]。

王崇贞

梁有予

万历年间：

黄国英，万历十一年（1583）任惠州府归善县训导[④]。万历、嘉庆《雷州府志》、道光《遂溪县志》作万历年间，康熙《遂溪县志》误作隆庆年间。

陈一龙，万历、嘉庆《雷州府志》、道光《遂溪县志》作陈一龙，康熙《遂溪县志》误作陈士龙。

林一桂，万历间任琼州府会同县训导[⑤]，升浙江新城教谕。

王琼琛

余大受

周邦苊，县丞。

---

① ［清］萧应植修.（乾隆）琼州府志·卷五·官秩志（影印本）[M].上海：上海古籍出版社，2002：279.

② ［清］邹兆麟修.（光绪）高明县志·卷五·职官表（影印本）[M].广州：岭南美术出版社，2009：473.

③ ［清］李文烜修.（咸丰）琼山县志·卷十三·职官表（影印本）[M].广州：岭南美术出版社，2009：294.

④ ［清］孙能宽等修.（雍正）归善县志·卷四·秩官志（影印本）[M].广州：岭南美术出版社，2009：442.

⑤ ［清］于文骏修.（乾隆）会同县志·卷七·秩官志（影印本）[M].广州：岭南美术出版社，2009：578.

梁有宇，琼州府陵水县教谕①。

陈士宏，万历间任高州府信宜县训导②，后升教谕。

黄朝聘

洪有成，芦山村人，万历三十七年（1609）任高州府吴川县教谕③。洪有成品行端方，博览书史，中万历甲午乡试副榜，由岁贡任浙江汤溪县训导、高州府吴川县教谕。他任官时，除勤勉课读生徒之外，其他从无染指，廉洁奉公。当时，巡按御史对他特加表彰奖赏，文中有"盘惟苜蓿"之称。卸任回乡的时候，他的行李萧然，别无财物。他在吴川仍诲人不倦，吴川士子对他十分思念和钦慕④。

林汝听，由岁贡任湖广武昌县丞。上任后，林汝听大力揭露打击恶人恶事，拒绝贿赂和攀缘附会，廉洁公明，有东汉名臣孔奋之风。之后他升任南宁府经历，廉洁之风不改。致仕后，他居家十余年，举止端庄，甚至不衣冠不见子弟，即使乡里关系非常亲密的人，接见的时候仍如宾客一般⑤。

曾一唯

黄墀

梁可乐

洪应鳌，琼州府万州学正。

谢有功，宁国府经历。

陈君道，选贡陈君仁胞兄。

陈所闻，永乐举人、监察御史陈贞豫六世孙。

---

① ［清］瞿云魁修.（乾隆）陵水县志·卷五·职官志（影印本）[M].广州：岭南美术出版社，2009：353.

② ［清］敖式楣修.（光绪）信宜县志·卷五·职官志（影印本）[M].广州：岭南美术出版社，2009：451.

③ ［清］毛昌善修.（光绪）吴川县志·卷五·职官表（影印本）[M].广州：岭南美术出版社，2009：418.

④ ［清］喻炳荣修.（道光）遂溪县志·卷九·洪有成传（影印本）[M].广州：岭南美术出版社，2009：287.

⑤ ［清］雷学海修.（嘉庆）雷州府志·卷十六·林汝听传（影印本）[M].上海：上海书店出版社，2003：418.

周嘉猷

天启年间：

陈王猷，由岁贡任南雄府训导。陈王猷笃厚嗜学，课士有方，淡泊自持，学生中有家庭贫困的，他还将俸禄分给他们，但他后来卸任归乡时在路上不幸病逝，士子听闻后都十分哀痛。他的长子陈其峨中万历乙卯乡试举人，孙陈大用为顺治八年恩贡，任三水训导。

周人龙，崇祯四年（1631）任惠州府兴宁县训导 ①。

陈所养，东安训导，崇祯间任琼州府琼山县教谕 ②。

洪梦阳，岁贡洪有成子。

崇祯年间：

陈大成，崇祯七年（1634）由岁贡授韶州府曲江县训导 ③，升广西隆安县教谕。陈大成生性倜傥，廉明奉公，不干世利，授课生徒之外，淡然处世，不参与任何勾心斗角之事。他虽倜傥，但心性仁厚，学生中有家庭贫困的，都分给俸禄来接济，在曲江时就有"桃李公门"之称。卸任回乡时，他囊空如洗，但仍悠然自得，乡里绅民也都十分仰慕他的高尚风操 ④。

周天荫，清代时避雍正讳改周天允。

周之翰，福建连江县训导。

梁汉，罗定州学正。

洪养龙

王之翰，江西宁州训导。

---

① ［清］王纶部修 .（康熙）兴宁县志·卷五·官守志（影印本）[M]. 广州：岭南美术出版社，2009：452.

② ［清］李文烜修 .（咸丰）琼山县志·卷十三·职官表（影印本）[M]. 广州：岭南美术出版社，2009：294.

③ ［清］张希京修 .（光绪）曲江县志·卷一·职官表（影印本）[M]. 广州：岭南美术出版社，2009：250.

④ ［清］雷学海修 .（嘉庆）雷州府志·卷十六·陈大成传（影印本）[M]. 上海：上海书店出版社，2003：419.

戴高

李可栋

莫维新

王翰陞

王应鳌

黄秉钺

郑本立，万历间任肇庆府阳江县训导，《遂溪县志》作教授，民国《阳江县志》误作吴川人①。

梁起瓛

茅晞，嘉庆《雷州府志》、康熙《遂溪县志》未载，道光《遂溪县志》据茅氏祠碑增入。茅晞曾捐雷阳书院田租，士林受惠良多。

彭师选

2. 恩贡、选贡

陈大用，明岁贡陈王猷孙，明举人陈其峨子，岁贡陈大觐兄，县学恩贡。

刘云升，县学恩贡。

黄燫，广西桂阳知县，府学选贡。

梁有楠，县学选贡。

张仰成，县学选贡。

谢嘉言，县学选贡。谢嘉言少喜读书，受业于岁贡洪有成，后以选贡任四川岳池县知县。他执政清正廉明，社会治理颇有成绩，"治声卓溢，为时所重"。卸任回乡之后，他在乡里闲居，自由自在，不改布衣之乐。谢嘉言文学优长，名重乡里，每次府县乡饮酒礼时都必请他出席，礼遇有加②。

---

① 张以诚修.（民国）阳江志·卷二十二·职官志（影印本）[M]. 广州：岭南美术出版社，2009：504.

② ［清］雷学海修.（嘉庆）雷州府志·卷十六·谢嘉言传（影印本）[M]. 上海：上海书店出版社，2003：418.

徐日省，县学选贡。徐日省性情端方严正，言笑不苟，即使独居书斋，也未尝不冠服严整。他不但生活礼仪规范，而且文学优长，因此被乡里所推重①。

何鸣珂，县学选贡，天启朝。

陈雅谊，县学选贡，崇祯朝。

陈君仁，县学选贡，嘉靖间任广东琼州府训导②，升广西平乐府教授。

（二）清代遂溪贡生题名录

1. 副贡

刘振疆，乾隆十五年庚午科（1750）。

廖廷珍，乾隆二十五年庚辰科（1760）。

王定四，乾隆三十年乙酉科（1765）。

杨晃岱，字东屏，夏广村人，道光二年壬午科（1822），后中道光十七年丁酉科（1837）广东乡试第三名举人。

林万仞，道光五年乙酉科（1825）

黄居正，同治六年丁卯科（1867）。

恩赐副贡：

戴士诚，嘉庆十年乙丑科（1805），嘉庆十二年丁卯科（1807）恩赐举人。

伍桂珍，嘉庆十三年戊辰科（1808），嘉庆十五年庚午科（1810）恩赐举人。

高其谟，嘉庆五年庚申科（1800）。

周廷选，嘉庆十五年庚午科（1810）。

杨大木，嘉庆十五年庚午科（1810）。

陈经宇，道光二十六年丙午科（1846）。

---

① ［清］雷学海修.（嘉庆）雷州府志·卷十六·徐日省传（影印本）[M]. 上海：上海书店出版社，2003：419.

② ［清］萧应植修.（乾隆）琼州府志·卷五·官秩志（影印本）[M]. 上海：上海古籍出版社，2002：279.

2. 拔贡

雷州府学拔贡:

谢式南,乾隆四十二年丁酉科(1777),乾隆五十五年任肇庆府封川县教谕①,乾隆五十六年(1791)任琼州府崖州学正,光绪《崖州志》误作举人②。

洪德元,乾隆五十四年己酉科(1789),嘉庆三年十二月署琼州府会同县教谕③,任直隶新安县知县,以擒获会匪符老洪议叙加一级④。

宋德华,乾隆五十四年己酉科(1789)。

陈符宾,嘉庆六年辛酉科(1801)。

梁廷超,嘉庆六年辛酉科(1801)。

黄中润,原名中流,嘉庆十八年癸酉科(1813)。

吴燕翼,道光二十九年己酉科(1849)。

罗鼎,原名罗星,字寿南,号梅臣,行一,道光三十年(1850)七月二十二日生,调楼墩村人,府学廪生,同治十二年癸酉科(1873),后中光绪十一年乙酉科(1885)举人。罗鼎曾祖是岁贡罗定纪,祖父罗锦焕是国学生,父亲罗建中是增贡,母亲戴氏,胞弟罗海⑤。

罗海,调楼村人,光绪十一年乙酉科(1885)。曾祖是岁贡罗定纪,祖父罗锦焕是国学生,父亲罗建中是增贡,母亲戴氏,胞兄是举人罗鼎。

遂溪县学拔贡:

刘云升,康熙朝。

---

① [清]温恭修.(道光)封川县志·卷四·职官志(影印本)[M].广州:岭南美术出版社,2009:361.

② [清]张巂.(光绪)崖州志·卷十五·职官志(影印本)[M].广州:岭南美术出版社,2009:667.

③ [清]陈述芹纂.(嘉庆)会同县志·卷七·秩官志[M].海口:海南出版社,2006:370.

④ [清]喻炳荣修.(道光)遂溪县志·卷八·仕籍(影印本)[M].广州:岭南美术出版社,2009:277.

⑤ 未著纂者.同治癸酉科广东拔贡优贡齿录[D].清同治十二年(1873)刻本.

林起雁，康熙三十七年戊寅科（1698）。

杨国桢，康熙朝。

彭鹓翱，康熙朝。

周文珍，雍正七年己酉科（1729）。周文珍赋性严厉刚毅，为学以"戒欺求谦为紧关第一义"。因此，他对自己的言行举止要求十分严格，平时不解衣冠，口不出秽语，非公事不入公门。他出任遂良书院山长期间，率领诸生致力于身心性命之学，效法先人大家的制义方法，但又不是原原本本的照抄，而是取其精华。他还精通医术，前来求医问药的往往很快见效，但从不收取诊费，与其他人聊天时也从来不谈医学之事①。

王锡扁，乾隆初年，后中乾隆六年辛酉科（1741）举人。

陈炯，乾隆十八年癸酉科（1753）。

陈元武，乾隆三十年乙酉科（1765），遂溪籍，入海康县学。

吴文拔，乾隆四十二年丁酉科（1777），河源教谕。

梁汝霖，改名汝金，监生梁殿尹子，乾隆五十四年己酉科（1789），任郁林州州判，升任永从县知县。

黄焕，名士黄元通孙，嘉庆六年辛酉科（1801），选镶红旗官学教习，道光三年（1823）授任浙江庆元县知县。黄焕为官清廉谨慎，明达慈爱，修废举坠，建造文昌宫后殿，重修石龙山亭，复设社义仓谷以备荒，疏通城内水道以防火灾。同时，他加意培养人才，阖县士林深受其惠。在灾荒时，他极力赈济，减价平粜，稳定物价，使百姓都得到实惠。后来他因丁忧解任，离开时宦橐萧然，几无返回资费。全县士民知道后，深受感动，纷纷馈赠资财和物品，使他顺利返回②。

梁擎，嘉庆十八年癸酉科（1813），即用州判。

陈昌观，道光五年乙酉科（1825）。

---

① ［清］喻炳荣修.（道光）遂溪县志·卷九·周文珍传（影印本）[M]. 广州：岭南美术出版社，2009：289.

② ［清］程维伊纂.（光绪）庆元县志·卷八·职官志 [M]. 清光绪间刊本.

杨翊，原名光粤，道光十七年丁酉科（1837），咸丰初任连州阳山县教谕，咸丰四年（1854）八月殉难[①]。

廖九龄，道光二十九年己酉科（1849）。

陈荣藻，咸丰十一年辛酉科（1861）。

陈毓祺，字寿庵，号少梅，行二，道光二十五年（1845）五月二十八日生，樵坡村人，县学廪生，同治十二年癸酉科（1873）。祖父陈世玖，父亲陈璟，监生[②]。

陈鸿年，光绪十一年乙酉科（1885）。

戴文祥，字斗南，号泗钟，生于同治九年（1870）三月初九日，庄家村人，监生戴鸿珍孙，议叙八品衔李汝沂子，光绪二十三年（1897）丁酉科[③]。

3. 恩贡

雷州府学恩贡：

吴遇云，道光《遂溪县志》卷八《选举志》作嘉庆朝，卷八《仕籍》作乾隆朝，任香山县教谕。

方中矩，嘉庆朝。

余元佐，嘉庆朝。

遂溪县学恩贡：

康熙年间：

陈大用，举人陈其峨子。

卢宗姜

陈洙源

陈重华

---

① 朱汝珍总纂.（民国）阳山县志·卷四·职官志（影印本）[M]. 广州：岭南美术出版社，2009：86.

② 未著纂者. 同治癸酉科广东拔贡优贡齿录 [D]. 清同治十二年（1873）刻本.

③ 未著纂者. 广东光绪丁酉科拔贡同年录 [D]. 清光绪二十三年（1897）刻本.

雍正年间：

林鼎荆，琼州府定安县教谕。

乾隆年间：

冯世矩

黄若琉

谢敹

唐德性

陈龙见

王仁侯

洪德棻

嘉庆年间：

方秉仁

吴文昭

周廷献

彭绍仁

道光年间：

韩绍英

梁树培

杨实发

黄友四

4. 岁贡

雷州府学岁贡：

顺治年间：

陈大觌，明岁贡陈王猷孙，明举人陈其峨子，恩贡陈大用弟，康熙七年（1668）任广州府三水县训导[①]。

王工，字代侯，明岁贡王之翰子。王工少时敦厚，品行善良，文才出众，每次考试都名列前茅，乡里对他都报以很大期望，希望他成为堪当大任之才，但他困顿场屋，履试不售，仅升岁贡。他在乡以设帐授徒为业，生活清贫而不改其志。晚年更甘于淡泊，乡人都钦佩他的风范[②]。

康熙年间：

吴正嵘，遂溪籍，入海康县学。

张致程

陈大章，康熙二十八年（1689）任惠州府兴宁县训导[③]，康熙四十六年（1707）升任广州府新会县教谕[④]。

臧其昌

唐荫光

梁开裕

陈王烈

彭了星

陈作求

郑国书

李文新

吴宪

李宏修

洪云柱，进士洪泮洙子，肇庆府开平县训导。

---

① ［清］李友榕修.（嘉庆）三水县志·卷六·秩官表（影印本）[M]. 广州：岭南美术出版社，2007：547.

② ［清］喻炳荣修.（道光）遂溪县志·卷九·王工传（影印本）[M]. 广州：岭南美术出版社，2009：288.

③ ［清］仲振履修.（咸丰）兴宁县志·卷四·官师志（影印本）[M]. 广州：岭南美术出版社，2009：476.

④ ［清］林星章修.（道光）新会县志·卷五·职官志（影印本）[M]. 广州：岭南美术出版社，2009：129.

梁溱

苏占魁

彭殿国,雍正二年(1724)十二月任惠州府博罗县训导[①]。

张王夏

雍正年间:

曾十朋,广州府南海县训导。

洪曦,岁贡洪云龄子。

黄金镇

梁特檀,岁贡梁溱子,乾隆二十一年(1756)任潮州府饶平县训导[②]。光绪《饶平县志》作梁时檀。

陈王旭

乾隆年间:

谢朝辅,字位左,由岁贡于乾隆二十年(1755)任惠州府和平县训导。谢朝辅清廉节俭,敦厚真诚,对学生如自己儿孙一般,与他们同悲喜,共进步。学生给的束脩他都要询问出处,家庭宽裕的他才接受,如果家庭困难得之不易的,他都不受。谢朝辅任职近七年,与学生讲学论道无虚日,士绅皆钦慕他的学识和品行。他后来因年岁高而卸任,回乡时士绅刻石立碑,以比"甘棠之爱"[③]。

黄家栋,字拔材,由岁贡任广州府从化县训导。黄家栋生性孝顺严谨,他的庶母陈氏生了三个儿子,有一次不小心冒犯了他母亲,他父亲很气愤,几乎到了要休弃地步。当时他才十七岁,恸哭着劝谏他的父亲,请求将她

---

① [清]陈裔虞纂.(乾隆)博罗县志·卷五·秩官志(影印本)[M].广州:岭南美术出版社,2009:315.

② [清]黄德容等纂.(光绪)饶平县志·卷六·职官志(影印本)[M].广州:岭南美术出版社,2009:388.

③ [清]喻炳荣修.(道光)遂溪县志·卷九·谢朝辅传(影印本)[M].广州:岭南美术出版社,2009:289;[清]徐廷翰修.(嘉庆)和平县志·卷四·宦绩志(影印本)[M].广州:岭南美术出版社,2009:427.

搬到其他地方居住。此后数年，他都每天朝夕前往探视，态度和顺谦卑。同时，他数年间不断劝说父母容纳庶母过错，最终父母被他的真诚所感动，将庶母接回来同住。父亲去世后，他教诲诸兄弟友爱和合，兄弟间如一奶同胞一般，没有差别。父亲留下的田园遗产，他全部让给其他兄弟，自己以教授生徒为业。黄家栋孝顺友爱，为家庭和睦相处树立了榜样，"邑人言家政者必及之"①。

陈嘉谆

杨翁，杨翁生平好义举，每次荒歉年岁便竭力捐献谷米赈济贫民。因此，知府王铎在乾隆三年（1738）将他的事迹向学政奏报"优行"，并书其门额曰"好义可风"。其后他选任高明训导，但可惜未到任就病逝了②。

陈国安，字居之，号静庵，实荣村人，由岁贡任长宁训导。陈国安生性和蔼亲善，对兄弟的感情尤为深厚。他与其弟朝夕相处，至老都没有一句有分歧的话。他任长宁训导时，教导训迪有方，诸生受益良多，因此送了一块"缝帐春风"的匾额给他。卸任归家时，长宁县令胡国纲作诗送别，有"清标百代钦无斁，教泽千年颂未休"之句。由此可见他传道授业的垂世风范③。

莫玮

洗光前

廖万春

周造宗

何孔晖，乾隆四十七年（1782）任韶州府曲江县训导④。

---

① ［清］喻炳荣修．（道光）遂溪县志·卷九·陈正传（影印本）[M]．广州：岭南美术出版社，2009：290.

② ［清］喻炳荣修．（道光）遂溪县志·卷九·杨翁传（影印本）[M]．广州：岭南美术出版社，2009：290.

③ ［清］喻炳荣修．（道光）遂溪县志·卷九·陈国安传（影印本）[M]．广州：岭南美术出版社，2009：290.

④ ［清］张希京修．（光绪）曲江县志·卷一·职官表（影印本）[M]．广州：岭南美术出版社，2009：254.

廖廷拔

刘宁宇

周肇封

洪绍造，岁贡洪曦子。

苏大行

林瑄

廖振翘

吴世受

陈玠

嘉庆年间：

张江陵

陈学海，监生陈玙子，嘉庆十五年（1810）任惠州府龙川县训导[①]，升博罗县教谕[②]。

莫兆鹓

李国楷

道光年间：

陈敬修

罗定纪，调楼墩村人，增贡罗建中祖父，举人罗鼎曾祖，候选儒学训导。

洪震川

许长迪

黄鹄举

李天植

曹方淑

---

① ［清］胡璿修.（嘉庆）龙川县志·卷三十一·职官志（影印本）[M]. 广州：岭南美术出版社，2009：634.

② ［清］刘溎年修.（光绪）惠州府志·卷二十·职官表（影印本）[M]. 上海：上海书店出版社，2003：338.

梁州

彭如南

遂溪县学岁贡:

顺治年间:

洪泮泗, 芦山村人, 明生员洪化龙子, 进士洪泮洙弟, 顺治十一年(1654)岁贡。

吴正嵘, 海康籍遂溪人。

王懋德, 惠州府长乐县训导。

洪景庆, 康熙二十年(1681)任廉州府灵山县训导[①]。

康熙年间:

陈呈凤

黄其旋

王懋修

梁日盛

洪景皓

周有麟

陈作橷, 恩贡陈大用子。

徐魁第

张孔彰

萧上进

吴淑养

李文焕

周肃雍

洪云裘, 进士洪泮洙子, 罗定州训导。

徐三捷

---

① 纪载邦等修.(民国)灵山县志·卷十一·经政志(影印本)[M]. 广州: 岭南美术出版社, 2009: 350.

洪云龄，进士洪泮洙子，雍正四年（1726）任高州府茂名县训导[1]。

廖允迪

郑王尹，平石村人，岁贡郑林父。

王象薇，广州府新安县训导。

陈洙泗

陈蕃华，字翰人，号乌冈，大村人，雍正八年（1730）由岁贡任潮州府揭阳县训导[2]。陈蕃华力敦本行，勤于教学，而对有无束脩从不过问。至卸任返乡时，他仅一肩行李而已，见到这种情形的人，还以为是挑行李赶路的生员。明朝叶广文因避乱在遂溪居住，与陈蕃华父亲交好，后来被石城县小人害死。他父亲十分悲痛，告诉他每次叶广文忌日时必须祭祀，他奉命谨行，至死不改[3]。陈蕃华文采出众，在揭阳训导任上，与知县郑濂、寓贤蔡同高、何超文等交流唱和，有诗《环城榕色》曰："江城宛在水中央，苍翠榕荫四面凉。百雉楼台风景美，万家烟火画图张。秋高干挺苍龙出，岁老香生皎鹤藏。最爱南天饶雨露，声诗长此比甘棠。"[4]

洪图徵

茅卓茂，肇庆府开平县训导。

周是修

黄清，雍正十三年（1735）十一月任惠州府博罗县训导[5]。

宋国栋

黄德珍

---

①　［清］郑业崇修.（光绪）茂名县志·卷四·职官志（影印本）[M].广州：岭南美术出版社，2009：399.

②　［清］陈树芝纂.（雍正）揭阳县志·卷五·职官志（影印本）[M].广州：岭南美术出版社，2009：431.

③　［清］喻炳荣修.（道光）遂溪县志·卷九·陈蕃华传（影印本）[M].广州：岭南美术出版社，2009：290.

④　孙淑彦、吴爱珊选编.榕江诗词钞[M].揭阳市榕城区政府办公室，1997：5.

⑤　［清］陈裔虞纂.（乾隆）博罗县志·卷五·秩官志（影印本）[M].广州：岭南美术出版社，2009：315.

李时选

陈易章

苏黎泰

雍正年间：

梁特樟

王者瑜

黄作霖

叶青

刘雨济，肇庆府开平县训导。

蔡炳汉，嘉应州平远县训导。

吴官玻

乾隆年间：

彭鸥翔

黄河图，乾隆十八年（1753）任肇庆府恩平县训导，道光《恩平县志》误作王河图[①]。

周光典

卢昭承，惠州府河源县训导。

宋国橿

陈正，仙凤村人。陈正对待自己谨慎严肃，教育启迪学生很有方法，卓有成效，因此乡里向他学习的人非常多。他虽居家清苦，但始终洁身自好，不追逐名利[②]。

洪姚，岁贡洪云裘子。

何其仁

---

① ［清］杨学颜修.（道光）恩平县志·卷十二·职官志（影印本）[M]. 广州：岭南美术出版社，2009：427.

② ［清］喻炳荣修.（道光）遂溪县志·卷九·陈正传（影印本）[M]. 广州：岭南美术出版社，2009：289.

洪和

何拔魁

陈起元

杨蔚起，广州府从化县训导。

郑林，平石村人，岁贡郑王尹子，乾隆四十二年至四十四年（1777—1779）任合浦训导。郑林勤勉好学，又仗义疏财，凡是向他借贷的，他都给予帮助，而且不问偿还的时间，被时人称为"忠厚长者"。任合浦训导时，他自书堂联云："近圣人之居三间不嫌其漏，受明王之福一命亦思厥艰。"由此可见其严肃庄重之风格[①]。

王宇

阮桂馨，乾隆四十五年（1780）由岁贡任南雄府始兴训导[②]。阮桂馨为生员时，知县即知道他的学识和品行。遂溪有遂良书院，按以往惯例非举人、贡生不得任主讲，但他因才学出众，以生员身份出任主讲。阮桂馨与知县周旋数年，但从未因私事向他干谒请求，知县也因此更加器重他。他还精通画理，在卸任训导后，居家以画梅自娱，因此乡里流传"阮公梅"之说[③]。

黄若玟

林璜

黄碧显，乾隆二十年（1755）任嘉应州兴宁县训导[④]。

洪绍遵，岁贡洪曦子。

黄魏

史在兹

---

① ［清］喻炳荣修.（道光）遂溪县志·卷九·郑林传（影印本）[M]. 广州：岭南美术出版社，2009：289.

② 陈赓虞纂.（民国）始兴县志·卷二·职官略（影印本）[M]. 广州：岭南美术出版社，2009：22.

③ ［清］喻炳荣修.（道光）遂溪县志·卷九·阮桂馨传（影印本）[M]. 广州：岭南美术出版社，2009：290.

④ ［清］仲振履修.（咸丰）兴宁县志·卷四·官师志（影印本）[M]. 广州：岭南美术出版社，2009：476.

李林滋

栗菁，嘉庆《雷州府志》卷十五《选举志》作栗菁，道光《遂溪县志》卷八《选举志》作叶菁，恐误，从府志。

苏大成

唐见龙，韶州府仁化县训导。

陈元璧

彭迈

杨大德，嘉庆《雷州府志》载其本姓臧。

彭翰魁，海康籍遂溪人。

周定世

冯九皋

方秉恭，嘉庆十三年（1808）五月任肇庆府鹤山县训导①。

李芝兴

程起统

梁炳藜，选潮州府潮阳县训导。

廖廷授

谢琼章

黄定，父黄魏。

洪正中，以侄洪玉良貤赠儒林郎。

嘉庆年间：

林宗泗

周廷相，选广州府新会县训导。

黄静，父黄魏。

王延熙

陈天显

---

① ［清］徐香祖修.（道光）鹤山县志·卷五·职官志（影印本）[M]. 广州：岭南美术出版社，2009：254.

谢震东

陈洪球，嘉庆二十一年（1816）捐署琼州府会同县教谕[①]，道光三年（1823）署文昌县训导[②]。

符瓛

萧馨香

李文蔚

黄和泗，任肇庆府新宁县训导。道光《遂溪县志》卷八《选举志》作和泗，卷八《仕籍》作和四，应有误，遵前者。

龚廷超

苏馨远

道光年间：

宋居泰

陈占魁

陈王前

梁著珍

郭定侯

高廷植

陈常

廖世昌

陈炳文

陈抡秀

陈绍中，咸丰间任肇庆府四会县训导[③]。

---

①　［清］陈述芹纂.（嘉庆）会同县志·卷七·秩官志［M］. 海口：海南出版社，2006：371.

②　李钟岳修.（民国）文昌县志·卷八·职官志（影印本）［M］. 广州：岭南美术出版社，2009：169.

③　［清］陈志喆纂.（光绪）四会县志·卷五·职官志（影印本）［M］. 广州：岭南美术出版社，2009：300.

茅承霖

吴昌瑞，吴世受孙。

陈光远

易泰亨

戴汝翼

5.优贡

洪启元，咸丰十一年辛酉科（1861）。

6.例贡

张江度，乾隆朝廪贡，国子监肄业，叙选训导。

梁洸国，字用甫，号砺山，增贡梁廷拔子，增贡。梁洸国十六岁即中生员，聪明颖悟，制义写作善于提纲挈领，发掘经书深奥精微的道理，别出心裁，后中乾隆六十年（1795）乙卯恩科举人。

洪绍皦，廪贡，任福建永安县教谕。

吴承诏，廪贡，吴宏祚子，嘉庆十二年（1807）任广州府训导[①]。

洪德邻，廪贡，任肇庆府新兴县教谕。

梁思培，廪贡，试用教谕，嘉庆间署嘉应州兴宁县教谕，咸丰《兴宁县志》作梁恩培[②]。

梁著彬，廪贡，试用教谕，署琼州府教授，嘉庆十四年（1809）任惠州府龙川县训导[③]。嘉庆《龙川县志》作梁著玫。

黎旭，廪贡，试用训导，乾隆五十八年（1793）二月任肇庆府恩平县

---

① ［清］戴肇辰等修.（光绪）广州府志·卷二十三·职官志（影印本）[M].上海：上海书店出版社，2003：394.

② ［清］仲振履修.（咸丰）兴宁县志·卷四·官师志（影印本）[M].广州：岭南美术出版社，2009：474.

③ ［清］胡瑃修.（嘉庆）龙川县志·卷三十一·职官志（影印本）[M].广州：岭南美术出版社，2009：634.

训导①，乾隆六十年（1795）任琼州府澄迈县教谕②，署琼州府教授。

陈钟灵，廪贡，试用训导，历署嘉应州兴宁、长宁、琼州府乐会儒学，万州学正。

梁玖，廪贡，试用训导，嘉庆十一年（1806）任惠州府龙川县训导③。

周廷辅，廪贡，试用训导。

全子熙，廪贡，试用训导，嘉庆十五年（1810）任琼州府澄迈县教谕④，同年十二月捐署会同县教谕⑤。

郑其绅，廪贡，试用训导，嘉庆十四年（1809）署广州府新会县训导⑥。

洪有信，廪贡，试用训导，署南雄州学正，又署琼州府临高县训导。

戴鸿任，廪贡，试用训导，署韶州府英德县、琼州府乐会县教谕，嘉庆二十一年（1816）任琼州府澄迈县训导⑦。

梁廷元，廪贡，试用训导，署琼州府琼山、文昌县教谕，临高县训导。

周廷钰，附贡，援例即用布政司照磨。

洪承恩，附贡，援例双月县丞。

郑瑞云，廪贡，历署高州府茂名县、琼州府会同县训导，琼州府乐会县、

① ［清］徐香祖修.（道光）鹤山县志·卷五·职官志（影印本）[M].广州：岭南美术出版社，2009：254.

② ［清］龙朝翊修.（光绪）澄迈县志·卷六·职官志（影印本）[M].广州：岭南美术出版社，2009：553.

③ ［清］胡瑃修.（嘉庆）龙川县志·卷三十一·职官志（影印本）[M].广州：岭南美术出版社，2009：634.

④ ［清］龙朝翊修.（光绪）澄迈县志·卷六·职官志（影印本）[M].广州：岭南美术出版社，2009：553.

⑤ ［清］陈述芹纂.（嘉庆）会同县志·卷七·秩官志[M].海口：海南出版社，2006：370.

⑥ ［清］林星章修.（道光）新会县志·卷五·职官志（影印本）[M].广州：岭南美术出版社，2009：130.

⑦ ［清］龙朝翊修.（光绪）澄迈县志·卷六·职官志（影印本）[M].广州：岭南美术出版社，2009：555.

昌化县教谕，道光二十一年（1841）任崖州学正[①]。

曹尔表，附贡，分发广西县丞，署浔州府经历。

黄文蔚，廪贡，试用训导。

陈丹书，廪贡，试用训导。

陈宪祖，廪贡，试用训导。

洪德滋，廪贡，试用训导。

洪毓珍，廪贡，不论双单月训导。

郑士粲，附贡，即用州吏目。

郑元俊，附贡，同治七年（1868）十二月署任高州府石城县训导，民国《石城县志》作郑元均[②]。

郑元瑞，附贡，分发训导。

陈箴，附贡，援例刑部司狱，不论单双月即用。

全焞，增贡，咸丰三年（1853）署琼州府定安县教谕[③]，咸丰七年（1857）任澄迈县训导[④]，次年升教谕[⑤]。

吴承诰，增贡，以弟吴承诏貤赠修职佐郎。

洪绍续，例贡，以子洪德彬赠儒林郎。

梁乔，例贡，以子梁著斑貤赠修职郎。

梁廷拔，增贡，以子梁建国赠征仕郎。

罗建中，增贡，岁贡罗定纪孙，国学生罗锦焕子，举人罗鼎、拔贡罗海父亲，署感恩学教谕，督修郡城有功，议叙国子监典簿。

① ［清］张巂修.（光绪）崖州志·卷十五·职官志（影印本）[M]. 广州：岭南美术出版社，2009：667.

② 钟喜焯修.（民国）石城县志·卷五·职官志（影印本）[M]. 广州：岭南美术出版社，2009：829.

③ ［清］吴应廉修.（光绪）定安县志·卷四·职官志（影印本）[M]. 广州：岭南美术出版社，2009：460.

④ ［清］龙朝翊修.（光绪）澄迈县志·卷六·职官志（影印本）[M]. 广州：岭南美术出版社，2009：556.

⑤ ［清］龙朝翊修.（光绪）澄迈县志·卷六·职官志（影印本）[M]. 广州：岭南美术出版社，2009：553.

陈文华，廪贡，光绪间任琼州府感恩县教谕[①]。

梁安田， 廪贡，光绪间任琼州府感恩县教谕[②]。

郑伯湖，廪贡，光绪间任琼州府感恩县教谕[③]。

全濬源，增贡，同治二年（1863）十月署高州府信宜县教谕[④]，据光绪《信宜县志》补。

三、明清徐闻贡生题名录

（一）明代徐闻贡生题名录

1. 岁贡

雷州府学岁贡：

谢秉正，嘉靖朝。

陈彝，万历朝。

黄甲登，天启朝。

邓宗相，举人邓邦髦次子，岁贡邓宗京弟。邓宗相秉性恬静，博通经史，侍奉嫡母十分孝顺。他考中生员后，考中天启四年甲子科（1624）、崇祯六年癸酉科（1633）两科副榜，后领崇祯府学岁贡，入北京国子监学习。他乡试不中后，遍游名山，有感而发，下笔千言立就而成，被世儒倪秉元等推荐旌奖。他的儿子邓元瑛、孙邓禧父子同榜中顺治二年乙酉科（1645）举人。但顺治四年（1647）（县志作九）时，知县胡守钦贪婪残酷，与投诚的游击官洪维新狼狈为奸，"虐杀士民，百无一脱"，邓元瑛、邓禧父

---

① 周文海修.（民国）感恩县志·卷十四·职官志（影印本）[M].广州：岭南美术出版社，2009：549.

② 周文海修.（民国）感恩县志·卷十四·职官志（影印本）[M].广州：岭南美术出版社，2009：549.

③ 周文海修.（民国）感恩县志·卷十四·职官志（影印本）[M].广州：岭南美术出版社，2009：549.

④ ［清］敖式樋修.（光绪）信宜县志·卷五·职官志（影印本）[M].广州：岭南美术出版社，2009：456.

子因此被害，"以致覆祀（绝后之意），阖郡哀之"①。

钟九鼎，崇祯朝。

黄诰

徐闻县学岁贡：

洪武年间：

周宗监，县学。

梁则著，县学。

石渊，仪礼司序班。

郑春

钟道庇，石岭钟宅人。

钟克敬，石岭钟宅人，成化元年（1465）任广西太平府知府②。

钟缉熙，石岭钟宅人，浙江按察司副使。

刘文仲，刑部主事

蔡宗绍

永乐年间：

蔡谦

邓鉴，山西道监察御史。邓鉴秉公执法，不避权贵，对贪官污吏据实弹劾，大义凛然，一时官员都十分忌惮，死后祀乡贤祠③。

刘慎，耀州知州。

钟儒，石岭钟宅人，交阯永通知县。

郑敬，江西乐安知县。

文睿

---

① ［清］洪泮洙纂.（康熙）雷州府志·卷九·邓宗相传（影印本）[M]. 广州：岭南美术出版社，2009：562.

② ［明］蔡迎恩修.（万历）太平府志·卷一·秩官志（影印本）[M]. 北京：北京图书馆出版社，2002：198.

③ ［清］洪泮洙纂.（康熙）雷州府志·卷九·邓鉴传（影印本）[M]. 广州：岭南美术出版社，2009：560.

莫子永

吴南金，交阯卫仪县丞。

梁伯姜

劳子全

林训

洪熙年间：

廖铭，监生充贡。

宣德年间：

钟正巳，知县。万历《雷州府志》卷十四《选举志·岁贡》作钟正己，康熙《雷州府志》卷九《选举志·岁贡》有钟正国，宣统《徐闻县志》卷十二《选举志·岁贡》又有钟震国，均无钟正巳。钟震国是天启元年（1621）选贡[①]，康熙府志、徐闻县志将此混淆。嘉庆《雷州府志》卷十五《选举志·岁贡》从《广东通志》补入钟正己，不注时代。因此从万历府志作钟正己。

陈鋐，南直隶颍州训导，行取擢山东道监察御史。宣统《徐闻县志》误作山西道。

林杰，浙江嘉兴县丞。

廖子温，监生充贡。

正统年间：

郑昊，万历《雷州府志》作黎源县丞，宣统《徐闻县志》又作黎源知县。按此黎源系婺源之误，康熙《婺源县志·明县丞》载："郑昊，广东徐闻人，由监生天顺八年任。"[②]据此，他是天顺八年（1464）任徽州府婺源县丞。

何以能，山东训导。

刘礼，正统十三年（1448）任南宁训导[③]。

---

① ［清］雷学海修.（嘉庆）雷州府志·卷十六·钟震国传（影印本）[M].上海：上海书店出版社，2003：421.

② ［清］蒋灿修.（康熙）婺源县志·卷六·官师志 [M]. 清康熙间刊本.

③ ［清］金鉷修.（雍正）广西通·卷四十九·秩官志 [M]. 清雍正间刊本.

景泰年间：

曾禧，广西向武州州判。

天顺年间：

陈敉，福州卫知事。

陈琏，正德五年（1510）任江西万载县典史[①]，次年任贵州长官司司丞。在万载县典史任时，他作《吊元翰林谭观乐隐》诗云："翰苑文章志已伸，羞将姓字混朝绅。逆知昌运开明王，不作先朝旧史臣。斗室卧游山水遍，云轩乐隐渚溪亲。几迥啸咏严中句，一曲千秋有远神。"[②]

赵丰，监生充贡。

黄玄，监生充贡。

黄彦政，黄塘村人，江西都司断事。

薛宗鲁，监生充贡。

吴道护

刘济，监生充贡。

弘治年间：

张奎，监生充贡。

刘濂，监生充贡。

张文显，江西兴国县训导。

王祐，监生充贡。

骆廷璧，约万历间任广西象州训导[③]。

黄义，海安所军生。

陈泗

---

① 张芗甫修.（民国）万载县志·卷五·职官志（影印本）[M]. 台北：成文出版社有限公司，1967：820.

② 钟大生. 徐闻职官文化 [M]. 广州：广东人民出版社，2016：186.

③ ［清］李世椿修.（同治）象州志·卷二·纪官（影印本）[M]. 台北：成文出版社有限公司，1967：149.

谭泉，监生充贡。

黄廷佐，监生充贡。

劳伸，监生充贡。

廖章，监生充贡。

骆廷用，十八都人，弘治十四年（1501）岁贡。骆廷用生性深邃悠远，好修身洁己，淡泊名利。他曾两次辞让贡生名额给同门黄玹、陈端，吏部因此发文严词核实，要求其出应弘治十四年（1501）岁贡。贡生已经有任官资格，但骆廷用力辞冠带，至老都不肯授官。他一直隐居乡里，作有隐逸回文诗八首，今已散佚[①]。

正德年间：

陈德渊，永乐举人、兵部给事中陈应炎孙，正德间任江西新淦县训导[②]，同治《新淦县志》误作徐州人，宣统《徐闻县志》误作新涂训导。

陈圭，监生充贡。

苏庆，正德间任福建同安县训导[③]，后任延平府训导[④]，嘉靖二年（1523）升汀州府归化县教谕[⑤]。

邓㭘，监生充贡。

黄谏，监生充贡。

廖贤，正德十三年（1518）任福建沙县训导，正德十六年（1521）升

---

① ［明］欧阳保修.（万历）雷州府志·卷十七·骆廷用传（影印本）[M]. 广州：岭南美术出版社，2009：266.

② ［清］王肇赐修.（同治）新淦县志·卷六·职官志 [M]. 清同治九年（1870）刊本。

③ 林学增修.（民国）同安县志·卷十三·职官志（影印本）[M]. 台北：成文出版社有限公司，1967：370.

④ ［清］傅尔泰修.（乾隆）延平府志·卷二十二·职官志（影印本）[M]. 台北：成文出版社有限公司，1967：414.

⑤ ［清］汤传榘修.（康熙）归化县志·卷六·秩官志 [M]. 清康熙间刊本.

湖广衡山县教谕[①]，嘉靖十三年（1534）任江西万载县教谕[②]。

陈桂芳，琼州府乐会县训导，嘉靖间任儋州训导[③]。

陈忠，正德间任琼州府临高县训导[④]，调潮州府揭阳县训导[⑤]，升广州府新会县丞。乾隆《揭阳县志》作海康人。

邓植，字子立，邓焕之父，兄弟举人邓邦基、邓邦耄祖父，进士邓宗龄曾祖，选贡邓宗京曾祖。万历、康熙《雷州府志》本传皆作邓桓。邓植少负奇气，好古文，居家以孝友著称，分家产时都尽量给诸弟多一些。他还好义举，贫困的乡民向他借贷时，他都给予，而且不取利息。他由监生充贡入监读书，肄业回乡后，逾二十年不就铨选，乡民皆称赞他的品行。邓植对子孙的教育十分重视，邓氏因此被称为徐闻著名的科举望族[⑥]。

嘉靖年间：

谢秉东

陈策，嘉靖间任广东琼州府训导[⑦]。万历、康熙《雷州府志·选举志》及乾隆《琼州府志》均作陈策，宣统《徐闻县志》误作陈荣。

劳文盛，别号清溪，荆州府奉祀，升审理。劳文盛学识和品行卓越高超，被地方官所推崇。当时徐闻县迁海安所，兵强民弱，乡民深受其害。他向有司呈文建议迁回旧址宾朴村，但被海安所武官恶意中伤，有司知其无罪

---

① 梁伯荫修.（民国）沙县志·卷六·职官志（影印本）[M].台北：成文出版社有限公司，1967：535.

② 张芗甫修.（民国）万载县志·卷五·职官志（影印本）[M].台北：成文出版社有限公司，1967：828.

③ 王国宪纂.（民国）儋县志·卷三·职官志（影印本）[M].广州：岭南美术出版社，2009：1084.

④ ［清］聂缉庆等修.（光绪）临高县志·卷十·秩官志（影印本）[M].广州：岭南美术出版社，2009：316.

⑤ ［清］刘业勤修.（乾隆）揭阳县志·卷四·职官志（影印本）[M].广州：岭南美术出版社，2009：137.

⑥ ［明］欧阳保修.（万历）雷州府志·卷十七·邓植传（影印本）[M].广州：岭南美术出版社，2009：267.

⑦ ［清］萧应植修.（乾隆）琼州府志·卷五·官秩志（影印本）[M].上海：上海古籍出版社，2002：279.

才幸免于难。他以监生充岁贡，官王府审理，致仕后回乡居住。劳文盛生平乐善好施，即使囊中空空，他都有求必应，乡民都衷心感激他的恩德。但他家再传两世之后即绝户了，乡里都十分惋惜[①]。

陈璟，经历。

冯端，海安所军生。

张衡，湖广桃源县训导，升广西平南县教谕。

林仪鸢

陈公望，琼州府感恩县训导[②]。万历、康熙《雷州府志·选举志》均作陈公望，宣统《徐闻县志》作张公望，误。

陈启元

文璧，嘉靖间任琼州府琼山县训导[③]。

钟世盛，任湖广茶陵县训导，升浙江云和县教谕，补福建德化县教谕，升南直隶松江府教授，宣统《徐闻县志》误作松州府教授。钟世盛性情温厚，但对子弟的教育十分严格，即使大年初一也不能辍学，因此四个儿子各通一经，俱功成名就。他四次出任博士官，每次都辞谢学生的贽礼，捐献俸禄接济贫困学生，士人对他都十分钦慕。在乡闲居时，他恬静好施，时常接济贫困的邻里族人，乡里与黄澄并称[④]。嘉靖三十八年（1559），他捐款在石门岭修筑堤坝，灌田百亩，乡民大获其利。

　　① ［明］欧阳保修.（万历）雷州府志·卷十七·劳文盛传（影印本）[M]. 广州：岭南美术出版社，2009：267.

　　② 周文海修.（民国）感恩县志·卷十四·职官志（影印本）[M]. 广州：岭南美术出版社，2009：550.

　　③ ［清］李文烜修.（咸丰）琼山县志·卷十三·职官表（影印本）[M]. 广州：岭南美术出版社，2009：294.

　　④ ［明］欧阳保修.（万历）雷州府志·卷十七·钟世盛传（影印本）[M]. 广州：岭南美术出版社，2009：267.

柯懋，嘉靖时任直隶凤阳府灵璧县训导[①]，升山东兖州府滕县教谕[②]。

黄澄，黄塘村人，初任湖广辰州府泸溪县训导，嘉靖二十八年（1549）升广西桂林府全州学正。黄澄品行正直端方，不徇情于世俗喜好。他以岁贡任泸溪训导，捐出俸禄接济贫困学生，后升全州学正，坚决辞谢学生拜见时赠送的贽礼。黄澄任官廉洁自好，每次卸任时皆囊橐萧然，别无长物，去世后祀乡贤祠[③]。

王延晏，监生充贡。

刘子重

邓士元，字虞臣，以贡监授福建漳州府推官。在任上，他奉檄征剿倭寇，数战有功，升漳州府丞、海防同知，转福州府都转盐运副使、福建盐运司同知。卸任后，邓士元返乡闲居，恭谨温和，不为不合性情和常理之事。他尤其诚心于孝顺友爱，急公好义，曾捐献田产接济贫困族人，学校没有经费，便捐田充抵经费。他不但自己亲力亲为，还以此教导子孙，惠及乡里。而他的子孙也能秉持这些良好品质，使邓氏成为徐闻望族[④]。

陈尚质，监生充贡。

郑时宾，岁贡郑时贤兄，嘉靖三十七年（1558）南直隶徽州府通判。为人持身端重，仪表神态可观。

黄道盛，由岁贡任广西苍梧县教谕，升苍梧知县[⑤]。

① ［清］贡震修.（乾隆）灵璧县志略·卷二·职官志（影印本）[M]. 南京：江苏古籍出版社，1998：30.

② （清）王政主修.（道光）滕县志·卷一·职官表（影印本）[M]. 南京：江苏古籍出版社，1998：37.

③ ［明］欧阳保修.（万历）雷州府志·卷十七·黄澄传（影印本）[M]. 广州：岭南美术出版社，2009：267.

④ ［明］欧阳保修.（万历）雷州府志·卷十七·邓士元传（影印本）[M]. 广州：岭南美术出版社，2009：267.

⑤ ［清］蒯光焕修.（同治）苍梧县志·卷三·职官志 [M]. 清同治凤台书院刊本.

　　黄天赐,嘉靖间任琼州府会同县训导①,升文昌县教谕②。万历、康熙《雷州府志·选举志》作黄天赐,但宣统《徐闻县志》误作邓天赐,查康熙、咸丰《文昌县志·职官志》正作黄天赐,但皆误作海康人。

　　郑时贤,岁贡郑时宾弟。嘉靖四十三年(1564),郑时贤以岁贡任福建沙县知县.他秉性刚介,淡泊名利,为官"勤慎慈爱",清正自持,摒却贿赂,制裁祸害乡民的恶势力,乡民对他感恩戴德,但不久因丁忧去职,"民至今惜之"③。丁忧期满后,他于隆庆元年(1567)补广西隆安知县④。有人在他吃饭时向他赠送财物行贿,他当场揭露并按律处罚,人心大震,"一时邑中辟易,目为神君"。他卸任后回家闲居,不干涉乡里的政治事务,谢绝与衙门沟通交往⑤。

　　邓天成,嘉靖三十五年(1556)任江西赣州府安远县训导⑥,转福建建宁府建阳县训导,隆庆元年(1567)升福建省南平府崇安县教谕⑦。生平崇俭去奢,平心率物。

　　林凤仪,广西融县知县。

　　钟山,石岭钟宅人,嘉靖末任高州府训导⑧,嘉靖四十三年(1564)任

---

　　①　[清]于文骏修.(乾隆)会同县志·卷七·秩官志(影印本)[M].广州:岭南美术出版社,2009:578.

　　②　[清]马日炳修.(康熙)文昌县志·卷六·秩官志(影印本)[M].广州:岭南美术出版社,2009:65.

　　③　梁伯荫修.(民国)沙县志·卷六·职官志(影印本)[M].台北:成文出版社有限公司,1967:483.

　　④　刘振西纂.(民国)隆安县志·卷二·职官志(影印本)[M].台北:成文出版社有限公司,1967:103.

　　⑤　[明]欧阳保修.(万历)雷州府志·卷十七·郑时贤传(影印本)[M].广州:岭南美术出版社,2009:268.

　　⑥　[清]董正修.(乾隆)安远县志·卷四·职官志[M].清乾隆间刊本.

　　⑦　王政贤修.(民国)崇安县志·卷八·职官志(影印本)[M].南京:江苏古籍出版社,1998:49.

　　⑧　[清]黄安涛修.(道光)高州府志·卷七·职官志(影印本)[M].广州:岭南美术出版社,2009:216.

吴川县教谕①，光绪《吴川县志》误作海康人。

陈以道

黄冀善

张中礼

冯铎，海安人，万历四年（1576）任高州府吴川县训导②，光绪《吴川县志》误作马铎。

林秉乾

隆庆年间：

钟大猷，石岭钟宅人，贵州县丞。

邓林春，万历间任广西柳州府洛容知县③。

万历年间：

廖一儒，万历初以岁贡任淮安府邳州训导，升南直隶凤阳县教谕④，补江西吉州府永丰县教谕⑤，升潮州府教授⑥。光绪《凤阳县志》误作廖一中，而同治《永丰县志》又误作琼州人。廖一儒每到一个地方任职都颇有建树，他捐献俸禄接济贫困生员，平反昭雪受冤屈的生员，因此师生对他都十分敬重。他生性谦和但很耿直，为人处世识大体，"时有议抑邓、陈二公祀者，赖公力得复俎豆"。他的父亲廖秉彝享寿九十二岁，儿子廖允元、茂元皆

---

① ［清］毛昌善修.（光绪）吴川县志·卷五·职官表（影印本）[M]. 广州：岭南美术出版社，2009：416.

② ［清］毛昌善修.（光绪）吴川县志·卷五·职官表（影印本）[M]. 广州：岭南美术出版社，2009：417.

③ ［清］王锦修.（乾隆）柳州府志·卷二十·秩官志（影印本）[M]. 海口：海南出版社，2000：154.

④ ［清］谢永泰修.（光绪）凤阳县志·卷五·职官表（影印本）[M]. 南京：江苏古籍出版社，1998：262.

⑤ ［清］王建中修.（同治）永丰县志·卷十三·职官志[M]. 清同治间刊本.

⑥ ［清］周硕勋.（乾隆）潮州府志·卷三十一·职官表（影印本）[M]. 广州：岭南美术出版社，2009：704.

中岁贡①。

黄完颜，完颜品质高洁，隐逸山林，适性自如。

姜思忠，兰溪人，监生充贡。

邓一芝，监生充贡，任广西太平府通判。

黄孟卢，万历初任肇庆府阳春县训导，升府学教授②，任职履蒙旌奖。

陈素著，举人陈素蕴、陈文彬弟，万历间任潮州府揭阳县训导，升程乡县教谕。陈素著生性耿直不徇，"时好操守，无忝清修"③。

骆世豪，那练村人，初任江西饶州府万年县训导，万历二十六年（1598）升惠州府龙川县教谕，诰赠忠顺大夫。光绪《惠州府志》误作骆世蒙（旧志作世豪），顺德人④。他宅心忠厚，高尚品行和行事法度留名后世⑤。

冯士美，他以监生充贡，品行高雅，"伦笃而内外同称，行端而表里一辙"⑥。

陈一蚪，万历二十九年（1601）任凤阳府临淮训导，万历三十五年（1607）升惠州府教授⑦。

梁士宪，万历三十年（1602）任肇庆府开建县训导⑧，万历三十五年（1607）升广州府番禺县教谕。

①　［明］欧阳保修.（万历）雷州府志·卷十七·廖一儒传（影印本）[M]. 广州：岭南美术出版社，2009：227.

②　［清］屠英修.（道光）肇庆府志·卷十二·职官志（影印本）[M]. 广州：岭南美术出版社，2009：411.

③　［明］欧阳保修.（万历）雷州府志·卷十四·选举志（影印本）[M]. 广州：岭南美术出版社，2009：226.

④　［清］刘溎年修.（光绪）惠州府志·卷二十·职官表（影印本）[M]. 上海：上海书店出版社，2003：341.

⑤　［明］欧阳保修.（万历）雷州府志·卷十四·选举志（影印本）[M]. 广州：岭南美术出版社，2009：226.

⑥　［明］欧阳保修.（万历）雷州府志·卷十四·选举志（影印本）[M]. 广州：岭南美术出版社，2009：226.

⑦　［清］刘溎年修.（光绪）惠州府志·卷二十·职官表（影印本）[M]. 上海：上海书店出版社，2003：299.

⑧　［清］余瀚修.（道光）开建县志·卷四·官师志（影印本）[M]. 广州：岭南美术出版社，2009：273.

钟一德，石岭钟宅人，万历间任南直隶池州府贵池县训导^①，万历四十年（1612）升肇庆府开建县教谕^②。

廖允元，岁贡廖一儒长子，万历三十八年（1610）任潮州府平远县训导^③。

陈兆台，万历四十年（1612）任廉州府合浦县训导，万历四十三年（1615）升廉州府灵山县教谕^④。

劳雄

廖茂元，岁贡廖一儒子。万历《雷州府志》卷十四《选举志》作廖茂元，康熙《雷州府志》卷九《选举志》、嘉庆《雷州府志》卷十五《选举志》及宣统《徐闻县志》作廖茂先。万历《雷州府志》卷十七《廖一儒传》作茂元，因此，康熙、嘉庆府志及宣统县志皆误。

梁国相

骆呈图，湖广江夏县主簿。

莫与先，宣统《徐闻县志》作吴与先，恐误。

廖熙濂，天启二年（1622）任浙江绍兴府萧山县丞，康熙《萧山县志》误作廖希潼，盖形近而误^⑤，但乾隆《萧山县志》误作徐州人。

劳王家

骆劾良，崇祯元年（1628）任琼州府临高县训导^⑥。

① ［清］陆廷龄修.（光绪）贵池县志·卷十四·职官志（影印本）[M]. 南京：江苏古籍出版社，1998：271.

② ［清］余瀚修.（道光）开建县志·卷四·官师志（影印本）[M]. 广州：岭南美术出版社，2009：268.

③ ［清］卢兆鳌修.（嘉庆）平远县志·卷二·职官志（影印本）[M]. 广州：岭南美术出版社，2009：378.

④ ［清］盛熙祚修.（雍正）灵山县志·卷七·职官志（影印本）[M]. 北京：北京图书馆出版社，2002：355.

⑤ ［清］毛奇龄纂.（康熙）萧山县志·卷十六·职官志（影印本）[M]. 台北：成文出版社有限公司，1967：521.

⑥ ［清］聂缉庆等修.（光绪）临高县志·卷十·秩官志（影印本）[M]. 广州：岭南美术出版社，2009：316.

徐恪，万历四十三年乙卯科（1615）副榜，府志无。

天启年间：

邓宗轼，由岁贡授江苏昆山县县丞，宣统《徐闻县志》卷十三《人物志》误作邓中轼。邓宗轼为官清廉，安抚提携奖励后进，后因病辞官回乡，士民都极力挽留。他回乡后，敦族睦邻，教导族中子弟，循循善诱，许多人之后都大有成就。邓宗轼文采出众，德行高尚，深得乡里好评和敬重①。

廖熙捷，南直隶太和县主簿。

郑大节

崇祯年间：

陈日乾，浙江钱塘县主簿。

陈天粹

刘廷弼

陈朱墀

邓宗良，崇祯间任琼州府训导，《琼州府志》作邓忠良②。

廖熙甲

邓元瑛，举人邓邦髦孙，岁贡邓宗相子，后中清顺治二年乙酉科（1645）举人。

郑全初

苏时雨

邓宗辅

梁秉愚

翁尔基

廖熺赓

---

① ［清］洪泮洙纂 .（康熙）雷州府志·卷九·邓宗轼传（影印本）[M]. 广州：岭南美术出版社，2009：563.

② ［清］萧应植修 .（乾隆）琼州府志·卷五·官秩志（影印本）[M]. 上海：上海古籍出版社，2002：279.

陈慈赤

伍士俊，副榜准贡。

梁熊

2. 恩贡、选贡

钟昆，石岭钟宅人，徐闻县学选贡。

钟仑，石岭钟宅人，徐闻县学选贡，钟昆弟，行谊端庄，名重乡里。

吴守经，万历元年（1573）恩贡，琼州府学训导。吴守经小时候父亲便去世了，由母亲辛氏抚养长大，因此对母亲十分孝顺。他读书攻苦自立，十分勤勉，后以恩贡授琼州府学训导，但因母亲年老拒不赴任。他虽出生于清贫之家，但乐善好施，对族人照顾有加，十分友善。族侄吴自强父亲家庭贫困，不得已向外地商人借贷，商人准备将他挟带到远处役使还贷。吴守经听说后，赶忙搜集资金帮他偿还借贷，送他返回家中，还分割财产供他生活。吴守经还有一个族侄女已经到了结婚的年龄，但是因为贫困仍然没有婚配，他遂帮助她置办嫁妆，促成伉俪之好[①]。

林一楹，徐闻县学选贡。

邓宗京，举人邓邦髦嫡长子，徐闻县学选贡，任江西广信府兴安知县[②]，善草书，名冠一时。

陈大勋，东塘村人，生员陈箕生父，徐闻县学选贡，天启元年（1621）任惠州府博罗县教谕[③]，天启四年（1624）升湖广桂阳州蓝山知县。陈大勋在知县任时，"政简刑清，殊俗默化，有岂弟君子之称"[④]。

---

① ［明］欧阳保修.（万历）雷州府志·卷十七·吴守经传（影印本）[M]. 广州：岭南美术出版社，2009：267.

② ［清］李宾阳修.（同治）兴安县志·卷九·职官志（影印本）[M]. 台北：成文出版社有限公司，1967：116.

③ ［清］陈裔虞纂.（乾隆）博罗县志·卷五·秩官志（影印本）[M]. 广州：岭南美术出版社，2009：315.

④ 雷飞鹏修.（民国）蓝山县图志·卷二十三·陈大勋传（影印本）[M]. 台北：成文出版社有限公司，1967：1465.

邓应舒，徐闻县学恩贡。

钟依伦，徐闻县学。

郑大觉，徐闻县学。

钟震国，石岭钟宅人，由县学廪生膺天启元年（1621）选贡。钟震国学行优长，被乡里推重，中天启元年（1621）选贡后至北京国子监学习肄业，崇祯六年(1633)授徽州府婺源县丞。他执政讲求实效，在当地有良好的政声，业绩斐然，由此升湖广荆州府参军，后因父母年老告归乡里侍养。他在荆州有惠于民，告归时"士民攀辕留之"，十分不舍。钟震国回乡后，侍养父母，周济同族邻里，同时强调和睦乡邻，善于调解乡邻纠纷，被乡里绅民所钦佩。其子钟声绎中清顺治二年乙酉科（1645）举人。

梁秉忠，徐闻县学，举人梁见龙子，后中崇祯九年丙子科（1636）举人，与弟梁秉恕同科。

陈于登，徐闻县学。

（二）清代徐闻贡生题名录

1. 副贡

骆承俶，嘉庆九年甲子科（1804）。

何启勋，道光十四年甲午科（1834）。

2. 恩赐副贡

苏其章，号琢庵，坑仔村人，嘉庆三年戊午科（1798）恩赐副榜，嘉庆五年（1800）恩赐举人，嘉庆七年（1802）会试未中，被恩赐翰林院检讨职衔。

蒋绍祖

苏德井，字岐山，号橘泉，锦山村人，府学附贡苏锦江父，拔贡苏步濂、廪生苏步瀛祖父，光绪二年丙子科（1876）[1]。宣统《徐闻县志》卷十二《选

---

[1]　未著纂者. 广东光绪丁酉科拔贡同年录 [D]. 光绪二十三年（1897）刻本.

举志》误作苏德升。苏德井天资聪颖，好读书，性情简朴，急公好义。他待人随和，与乡里老少都没有过节，同时还精通医术，救治了很多乡民，深受乡民爱戴，徐闻营守备送了一块"著手成春"的匾额给他^①。

3. 拔贡

钟依伦，顺治朝。

骆兆龙，字腾九，那练村人，康熙三十六年丁丑科（1697），雍正二年至四年（1724—1726）任连州阳山县教谕^②，雍正八年（1730）任高州府吴川教谕，同修《吴川县志》^③。

冯镇京，雍正元年癸卯科（1723）。

柯启，府学，雍正十三年乙卯科（1735），后中乾隆三年戊午科（1738）举人。

曾永亮，雍正十三年乙卯科（1735），徐闻籍，入海康县学^④。

张鹏，乾隆六年辛酉科（1741）。

黄位培，乾隆十八年癸酉科（1753）。黄位培为人颖悟，敦笃于教，家世清贫，但自守清操，远离声名势利，仅以讲学为业，受学者甚众。他为文清润秀雅，著述颇富，为士民所重。

魏与参，竹园村人，乾隆三十年乙酉科（1765）。

潘钟琨，潘次海次子，城外塘南庄人，乾隆四十二年丁酉科（1777），乾隆五十六年（1791）官肇庆府封川县教谕^⑤，乾隆六十年（1795）升琼州

---

① ［清］王辅之修.（宣统）徐闻县志·卷十三·苏德井传（影印本）[M]. 广州：岭南美术出版社，2009：550.

② 朱汝珍总纂.（民国）阳山县志·卷四·职官志（影印本）[M]. 广州：岭南美术出版社，2009：84.

③ ［清］毛昌善修.（光绪）吴川县志·卷五·职官表（影印本）[M]. 广州：岭南美术出版社，2009：89.

④ ［清］刘邦柄修.（嘉庆）海康县志·卷五·选举志（影印本）[M]. 广州：岭南美术出版社，2009：214.

⑤ ［清］温恭修.（道光）封川县志·卷四·职官志（影印本）[M]. 广州：岭南美术出版社，2009：361.

府崖州学正①，嘉庆四年（1799）升授甘肃巩昌府通渭县知县，光绪《通渭县新志》误作湖北人。

何廷瑸，字玉沙，生于乾隆三十二年（1767），乾隆五十四年己酉科（1789），乾隆五十六年（1791）任惠州府河源县训导，嘉庆九年（1804）任四会县教谕仍带钦州训导职，"任内水土恶毒，五年期满"，归班铨选。嘉庆十四年（1809）四月签升邵武县知县，嘉庆十五年（1810）四月带领引见后上任②。何廷瑸在各地任官都尽心尽职，在邵武知县任时，"勤民事，重人命，治狱平恕，不连无辜"。在卸任的前一天晚上还带领胥役巡查里巷，通宵达旦，众人不解，他说："吾有一刻之任，即有一刻之责。"③

韩祖循，嘉庆六年辛酉科（1801），嘉庆二十五年（1820）任广州府新安县教谕，道光二年（1822）任潮州府饶平县教谕④，道光五年（1825）任琼州府万州学正⑤，道光九年（1829）升广西梧州府岑溪县知县。

黄璛，角厢村人，嘉庆十八年癸酉科（1813）。

李梓瑶，字碧琴，新村仔人，道光五年乙酉科（1825），任琼州府澄迈县训导、会同县教谕。李梓瑶精于经学，善书法，楷法绝伦，有"书法压雷琼"之誉。任教职中，他以教养士人为己任，创设膏火银两，增修校舍，循循善诱，琼州士人成才者众。他还热心公益，修路筑桥、修筑文庙等都慷慨资助。对后代的教育他也十分严格，诸子因此成绩出众，长子李蔚翘任琼州府教授，

---

① ［清］张㒞修.（光绪）崖州志·卷十五·职官志（影印本）[M]. 广州：岭南美术出版社，2009：667.

② 秦国经主编. 清代官员履历档案全编（24）[D]. 上海：华东师范大学出版社，1997：530.

③ ［清］王琛修.（光绪）邵武府志·卷十五·何廷瑸传（影印本）[M]. 台北：成文出版社有限公司，1967：296.

④ ［清］惠登甲修.（光绪）饶平县志·卷六·职官志（影印本）[M]. 广州：岭南美术出版社，2009：388.

⑤ ［清］胡端书修.（道光）万州志·卷二·职官志（影印本）[M]. 广州：岭南美术出版社，2009：122.

次子李蔚云任詹事府主簿，三子李蔚霞成岁贡①。

　　林家宝，谭园村人，府学，道光二十九年己酉科（1849），内阁中书，代理侍读，补福建厦门分府。林家宝品学兼优，尤善楷书，为士林圭臬。他还乐善好施，乡里有大事都积极参与，咸丰年间大修治城更大力资助。在北京供职时，清苦自矢，历年不改其志。但刚外放任官时就病逝了，士林惜悼之②。

　　何启甲，道光二十九年己酉科（1849）。

　　邓蔚奇，迈才园人，道光二十九年己酉科（1849），同治四年（1865）任高州府信宜县教谕③，光绪《信宜县志》作雷州人。

　　欧阳晖，禄黎村人，咸丰十一年辛酉科（1861），历任琼州府感恩县、陵水县训导，光绪十四年任文昌县训导④。欧阳晖家世清贫，但有志于学，又工楷书，居乡时操守耿介，非公事不入公门。任教职时，他教法严正，诲人孜孜不倦，因此深受学生敬仰⑤。

　　林棋华，字子根、根底，别字秋坪，行三，生于道光十七年（1837）十二月二十六日，石门岭村人。国学生林士英孙，附贡林汝楫子，母陈氏，巡检林楷华、廪生林棚华弟，同治十二年癸酉科（1873）⑥。后任兵部职方司主事。林棋华性孝友，卸任乡居时，乐于为邻里排忧解难，邻里对他的公正评判也十分信服。他还急于公益，倡导修筑考棚，捐资宾兴，士民大受其利。他对后代的教育也十分成功，长子林成蕃、次子林成蔚、三子林

　　① ［清］王辅之修.（宣统）徐闻县志·卷十三·李梓瑶传（影印本）[M].广州：岭南美术出版社，2009：547.

　　② ［清］王辅之修.（宣统）徐闻县志·卷十三·林家宝传（影印本）[M].广州：岭南美术出版社，2009：549.

　　③ ［清］敖式楣修.（光绪）信宜县志·卷五·职官志（影印本）[M].广州：岭南美术出版社，2009：456.

　　④ 李钟岳修.（民国）文昌县志·卷八·职官志（影印本）[M].广州：岭南美术出版社，2009：169.

　　⑤ ［清］王辅之修.（宣统）徐闻县志·卷十三·欧阳晖传（影印本）[M].广州：岭南美术出版社，2009：547.

　　⑥ 未著纂者.同治癸酉科广东拔贡优贡齿录[D].同治十二年（1873）刻本.

成藻同时考中生员，成为一时佳话[1]。

陈钧国，安湖村人，光绪十一年乙酉科（1885），历任琼州府琼山县训导、陵水县教谕，光绪二十八年（1902）任澄迈县教谕[2]。

苏步濂，字由轩，号溪钟，行二，生于同治八年（1869）六月初一日，锦山村人。恩赐副贡苏橘泉孙，府学附生苏锦江子，母陈氏，廪生苏步瀛（后中岁贡）弟，由县学廪生中光绪二十三年丁酉科（1897）拔贡[3]。任惠州府连平州学正，长宁县教谕，徐闻县官立高等小学堂校长，民国徐闻县临时县长等职，又任宣统《徐闻县志》总校，民国十六年（1927）去世。

谭昌朝，木棉村人，宣统元年己酉科（1909），宣统《徐闻县志》分校。

赵育璜，宣统元年己酉科（1909），铨选直隶州州判，宣统《徐闻县志》分校。

4.恩贡

康熙年间：

何作舟

乾隆年间：

黄上俊

劳成方

陈履忠

梁崚，下井村人。

蒋锡相，和家村人，嘉庆十五年（1810）任肇庆府阳江县教谕[4]。

① ［清］王辅之修．（宣统）徐闻县志·卷十三·林棋华传（影印本）[M]．广州：岭南美术出版社，2009：549.

② ［清］龙朝翊修．（光绪）澄迈县志·卷六·职官志（影印本）[M]．广州：岭南美术出版社，2009：554.

③ 未著纂者．广东光绪丁酉科拔贡同年录 [D]．光绪二十三年（1897）刻本．

④ 张以诚修．（民国）阳江志·卷二十二·职官志（影印本）[M]．广州：岭南美术出版社，2009：518.

卢作楠

吴国璋

蔡文兴

嘉庆年间：

程书成

黄思睿

杨元榜，竹山村人，候选训导，任直隶易州州判。

陈鸿绪，后塘村人，疑为嘉庆二十四年己卯科（1819），宣统县志作嘉庆乙卯，但嘉庆时没有乙卯年。

张世畔，东湖村人。

道光年间：

翁祥琰

谭德亮，字明轩，木棉村人，道光元年辛巳科（1821）。谭德亮潜心力学，端庄不佻，教授子弟十分严格。他自己十分节俭，但是对借贷的人十分大方，来者不拒，对无法偿还的人有时甚至焚毁借据，免除还贷。这种周急济困的美德在乡里广为传播[①]。

陈世仁，龙包村人。

李魁春，道光二十二年壬寅科（1842）。

何其中，城外扳桂巷人。

咸丰年间：

吴遇昌

谢屏东，安次村人。谢屏东学纯品粹，好善举，但是他家境一般，便亲自抄写善书送给他人，劝人向善。他精通医术，救治了许多人。邻里有生病请医的，他都不等驾车就赶过去，还不收取任何诊费，因而受到乡里

---

① ［清］王辅之修.（宣统）徐闻县志·卷十三·谭德亮传（影印本）[M].广州：岭南美术出版社，2009：552.

的敬重[①]。

谭宗濂，三河村人，光绪五年（1879）任琼州府定安县教谕。

彭绍绪 青桐村人。

林琦

林家相，谭园村人。

何如海，何宅寮人。

同治年间：

梁日熙，调顺村人。

林培节，滨阳埚村人。

光绪年间：

邓见田，北潭村人，光绪七年辛巳科（1881）。

陈谟，东塘村人，光绪十六年庚寅科（1890）。宣统县志又作光绪间岁贡，恐误。

林毓英，高田村人，光绪二十六年庚子科（1900）。

林幹年，那卜村人，宣统《徐闻县志》收掌。

宣统年间：

潘兆璧，社长村人，琼州府委用训导。

5. 岁贡

顺治年间：

骆身之，府学，康熙二十五年（1686）任广州府花县训导。

许光岳，嘉乐园人，康熙二十五年（1686）任广州府新安县训导[②]。

钟声缉，石岭钟宅村人，肇庆府恩平县训导。嘉庆《雷州府志》卷十五《选

① ［清］王辅之修.（宣统）徐闻县志·卷十三·谢屏东传（影印本）[M]. 广州：岭南美术出版社，2009：552.

② ［清］舒懋官修.（嘉庆）新安县志·卷五·职官志（影印本）[M]. 台北：成文出版社有限公司，1967：182.

举志》列康熙年间，宣统《徐闻县志》卷十二《选举志》列同治年间。查道光《恩平县志》卷十二《职官志》，钟声缉于康熙二十五年（1686）任恩平训导[①]，因此宣统县志记载有误。

吴平，顺治二年（1645）拨入徐闻县学，康熙二十六年（1687）与岁贡金耳鼎主撰《徐闻县志》。

康熙年间：

潘泮淋，社长村人。

李洪，府学。

陈耀，府学，本姓李。

陈万全，府学。

卫秉义，府学。

岑殿宁，府学。

金耳鼎，康熙二十六年（1687），与岁贡吴平主撰《徐闻县志》。

谭起朕

邓邦俊，北潭村人。

翁正曦，五里村人，徐闻营千总翁魁子，康熙五十六年（1717）任封川县训导[②]。

翁正候

许昌岳，雍正四年（1726）任潮州府揭阳县训导，雍正八年（1730）卒于任[③]。

欧阳琚

区师参

---

① ［清］杨学颜修.（道光）恩平县志·卷十二·职官志（影印本）[M].广州：岭南美术出版社，2009：426.

② ［清］温恭修.（道光）封川县志·卷四·职官志（影印本）[M].广州：岭南美术出版社，2009：364.

③ ［清］陈树芝纂.（雍正）揭阳县志·卷五·职官志（影印本）[M].广州：岭南美术出版社，2009：431.

钟良佐

许承诏

邓名卿，英斐人，雍正七年（1729）任罗定州西宁县训导。

金之章

黄琳

陈嘉猷，谭板村人。

陈徽典

翁祥凤

林邵，乾隆二年（1737）任广州府三水县训导[①]。

张镇宠

何廷瓒，宣统《徐闻县志》作何廷瑗。

张子瑗，宣统《徐闻县志》无，据嘉庆《雷州府志》补。

霍子琛

黄华柽

汪式，本姓张，康熙三十三年（1694）七月任广州府三水县训导[②]。

汪纪

方来，宣统《徐闻县志》误作方求。

郑联元

韩翼腾

詹团，青桐村人，琼州府教授。

詹世祖，青桐村人。

李峻猷，府学。嘉庆《雷州府志》卷十五《选举志》列康熙年间，宣统《徐闻县志》卷十二《选举志》列雍正年间。

欧阳博，府学。嘉庆《雷州府志》卷十五《选举志》列康熙年间，宣统《徐

---

①　[清]李友榕修.（嘉庆）三水县志·卷六·秩官表（影印本）[M]. 广州：岭南美术出版社，2007：544.

②　[清]李友榕修.（嘉庆）三水县志·卷六·秩官表（影印本）[M]. 广州：岭南美术出版社，2007：547.

闻县志》卷十二《选举志》列雍正年间，恐误，遵府志。

欧阳敕，府学。嘉庆《雷州府志》卷十五《选举志》列康熙年间，宣统《徐闻县志》卷十二《选举志》列雍正年间，恐误，遵府志。

麦先枝，府学。嘉庆《雷州府志》卷十五《选举志》列康熙年间，宣统《徐闻县志》卷十二《选举志》列雍正年间，恐误，遵府志。

欧阳楫，嘉庆《雷州府志》、嘉庆《海康县志》作海康人，府学岁贡；但乾隆及光绪《广州府志》、乾隆《番禺县志》作徐闻人，《徐闻县志》无载。乾隆《广州府志》据其任职期间不远，应不误，因此从乾隆《广州府志》作徐闻人。其康熙六十一年（1722）任广州府番禺县教谕[1]；雍正十年（1732）任广州府教授[2]。

雍正年间：

骆兆裔，府学。

李鸿，府学。宣统《徐闻县志》无，据嘉庆《雷州府志》卷十五《选举志》补。

林作正，府学，乾隆十二年（1747）任三水训导[3]。嘉庆《雷州府志》、宣统《徐闻县志》作林作正，嘉庆《三水县志》、道光《广东通志》作林作立。

黄镇度

骆良之

黄履中，那宋村人。

李元芳，李洪宇子。

欧端正

蔡起绍

① ［清］任果修.（乾隆）番禺县志·卷十一·职官志（影印本）[M]. 广州：岭南美术出版社，2009：150.

② ［清］戴肇辰等修.（光绪）广州府志·卷二十三·职官志（影印本）[M]. 上海：上海书店出版社，2003：391.

③ ［清］李友榕修.（嘉庆）三水县志·卷六·秩官表（影印本）[M]. 广州：岭南美术出版社，2007：547.

翁祥炎，原名应为琰，避嘉庆讳改为炎。

邓名卿，英斐村人。

曾辉莲，乾隆十年（1745）任琼州府文昌县训导[①]，但咸丰《文昌县志》作曾辉远、海康人。《海康县志》载其为徐闻籍，应为府学岁贡[②]。

乾隆年间：

骆器琯

黄方中，府学，角厢村人。嘉庆《雷州府志》卷十五《选举志》列乾隆年间，宣统《徐闻县志》卷十二《选举志》列咸丰年间，恐误，遵府志。

彭逊，府学。宣统《徐闻县志》无，据嘉庆《雷州府志》卷十五《选举志》补。

彭寿香，府学。嘉庆《雷州府志》卷十五《选举志》列乾隆年间，宣统《徐闻县志》卷十二《选举志》列同治年间，恐误，遵府志。

吴景焕，府学。嘉庆《雷州府志》卷十五《选举志》列乾隆年间，宣统《徐闻县志》卷十二《选举志》列同治年间，恐误，遵府志。

许登逵

周世年

黎建中

陈其德，罗定州西宁县训导。

邹统孟

李拔萃

陈文元

林世昌

董国俊

---

① ［清］张霈纂.（咸丰）文昌县志·卷八·职官志（影印本）[M]. 广州：岭南美术出版社，2009：336.

② ［清］刘邦柄修.（嘉庆）海康县志·卷五·选举志（影印本）[M]. 广州：岭南美术出版社，2009：215.

翁文燨

翁文焞，琼州府琼山县教谕。

王国玉

林炳翚

梁崍

金世琳

王思浩

欧信长

邹肇洙

苏秉春，锦山村人。

黄吁俊，角厢村人。

王彝鼎

蔡绳武

柯玉崑，拔贡柯启子。

沈万涵

陈方策，东塘村人。

黄云盖

吴冠凤

陈文策，岁贡陈方策弟，东塘村人。

彭尚显

胡鼎

陈志良

邓梅俊

邓祝宾

詹日贞，青桐村人。

劳成文

吴世瑚，青桐村人

陈善猷，土墩沟人。

黄进，隶海康县学，徐闻籍。

邓鸿儒，隶海康县学，徐闻籍，陈排村人，訾叙不论双单月训导。

曾永昌，隶海康县学，徐闻籍，兴宁训导。黄进、邓鸿儒、曾永昌三人据嘉庆《海康县志》录入①。

嘉庆年间：

林洪璋，嘉庆《雷州府志》卷十五《选举志》列嘉庆年间，宣统《徐闻县志》卷十二《选举志》列乾隆年间，恐误，遵府志。

蔡如璧

徐定亮

戴日跻

钟克圣，石门岭村人。钟克圣少时即中生员，工楷书，书法名冠一时。但困顿场屋数十年，晚年才选岁贡授官，因父亲年老推却不仕。他居乡以设帐授徒为业，教学得法，惠及乡里②。

黄丕器

陈际昌

骆承佐，书房墩村人。

莫汝俊，大村人。

翁年邵，前村人。

邓腾光

吴昌猷，成家村人。

道光年间：

陈钟黍，东塘村人，岁贡陈文策子。

①　［清］刘邦柄修．（嘉庆）海康县志·卷五·选举志（影印本）［M］．广州：岭南美术出版社，2009：216.

②　［清］王辅之修．（宣统）徐闻县志·卷十三·钟克圣传（影印本）［M］．广州：岭南美术出版社，2009：551.

谢廷槐，安次村人。

林培节

陈定和

陈玉珠

谢云阶，安次村人。

吴元泗，边胆村人。

吴克森，青桐村人。吴克森生性淳朴，好义举，尤其敦睦亲族。他去世前曾将一百余石田租拨给本族大宗祠，培养族中贤才。又拨田租二十石，在每年季冬时分给每位族人一斗。族人深受他的恩惠，因此十分敬重他，将他的木主放在宗祠中供奉。他还拨六十石田租给本支祠堂，培养本支贤才，田租十四石分给本支族人。本支族人十分感激他，每次祭祀时都在先祖旁边设席祭祀他[①]。

骆允腾，铨选儒学。

谭有敬

咸丰年间：

温克良，水流埇村人。

何廷琪

邓大茂，字书卿，国学生邓广琚子，南边田村人，光绪十八年（1892）任琼州府定安县训导。

骆知远，迈报村人。

陈京国，安湖村人，光绪三十一年（1905）署琼州府文昌县训导[②]。

同治年间[③]：

---

① ［清］王辅之修.（宣统）徐闻县志·卷十三·吴克森传（影印本）[M]. 广州：岭南美术出版社，2009：550.

② 李钟岳修.（民国）文昌县志·卷八·职官志（影印本）[M]. 广州：岭南美术出版社，2009：169.

③ 按同治年间徐闻县有岁贡 58 名，不符合常理，应为宣统《徐闻县志》编纂有误，或与光绪间相混，但没有其他史料参考，不便删改，仍如其旧。

林梛华，石岭村人。

陈顺昌，马林村人。

彭纯文，那甸村人。

柯传孟，登坛村人。

柯企孟，登坛村人。

许文现，西边山村人。

吴世绍，坡头村人。

杨士椿，竹山村人。

邓祝瑸，茅园村人。

邓鸿儒

方学溪，文斗村人。

曾永昌，宁兴训导。

黄进

李泮林，南边田村人。

柯凤起，温永村人。

欧有敬，西坡村人。

陈其德，冯村人。

翁贤

曾学超，田青朗村人。

卢作楠，边岸村人。

陈宗胡

丁寿南，佛图村人。

莫文宗 大村人。

莫魁联，大村人。

莫魁猷，大村人。

莫宗秀，大村人。

翁继勋，赤岭村人，候选训导。

李蔚霞，新村仔人，拔贡李梓瑶三子。

彭钦

彭泽侯

梁位魁，上坡村人。

陈鸿

何如海，何宅寮人。

谢家树

梁毓湄，下井村人。

薛敬修，龙埚村人。

翁昭显，五里村人。

莫魁元，大村人。

黄致中，龙来村人。

黄嘉谷，对楼村人。

吴阳凤，谭家村人。

林毓英，高田村人

吴元泗，宾胆村人。

翁文荧，赤岭村人。

谢家树

李蓝，城内人。

洪绍德，唐家村人。

李升元，北田村人。

梁栋，下井村人。

黄在中，龙来村人。

邹肇基，迈谷村人。

何勤修，何宅寮人。

吴冠凤，谭家村人。

陈大勤，公祖村人。

翁祥椿，赤岭村人。

胡维祺，沟尾村人。

杨峄高，字凫洲，竹山村人。杨峄高生性慷慨大度，士人都喜欢与他交往。他热心公益，倡建考棚与宾兴，并鼎力资助。他的砚友李焕章去世，其妻因家贫欲改嫁，他便捐资赡养。他有三个儿子，长子杨挺澧，次子杨挺灏，候选琼州府训导；三子杨挺湔，岁贡，候补广东府经历。

谭兆杓

光绪年间：

赖鸿儒，三河村人，盐运使司赖开诚父，内阁中书衔，琼州府学训导、会同县教谕、训导。

陈景勋

林献琛，英印村人，铨选训导。

陈国藩，铨选训导，宣统《徐闻县志》分校。

骆崇藩

杨之春，城外人。

骆克良，迈报村人，琼州府学教授，宣统《徐闻县志》总校。

王锡三

邓荣光，芝兰里人。

祝遐龄，文部村人。

韩之潮，治城人，琼州府琼山县教谕，宣统《徐闻县志》总校。

陈其成，后排村人。

杨挺湔，竹山村人，岁贡杨峄高第三子，候补广东府经历，宣统《徐闻县志》分校。

陈汝琼，铨选训导。

吴昭泰，龙屯村人，宣统二年（1910）署琼州府文昌县训导[①]，宣统《徐

---

①　李钟岳修.（民国）文昌县志·卷八·职官志（影印本）[M].广州：岭南美术出版社，2009：169.

闻县志》总校。

陈家有，后坑村人。

杨挺瑞，竹山村人，惠州府龙川县学训导。

谭运会，铨选训导。

苏步瀛，锦山村人，拔贡苏步濂兄，铨选训导。

林成藩，亦作成蕃，石门岭村人，拔贡林棋华长子，铨选训导。

宣统年间：

陈德谦，曹家村人。

6. 例贡

廪贡

康熙至嘉庆年间：

钟金声，廪贡钟以经父，宣统《徐闻县志》误入同治朝。

钟以经，廪贡钟金声子，康熙二十六年（1687）与生员柯作舟主校《徐闻县志》。

张联奎，例贡，康熙间任清远县训导①。

邹怀经，乾隆朝。

欧仁长，西坡村人，乾隆朝。

邹怀让，嘉庆朝。

王应元，过眼村人，嘉庆十九年（1814）署高州府吴川县教谕②，次年转石城县教谕③，二十二年（1817）任信宜县训导④，县志无，据光绪《吴

① ［清］戴肇辰等修.（光绪）广州府志·卷二十九·职官志（影印本）[M]. 上海：上海书店出版社，2003：492.

② ［清］李高魁修.（道光）吴川县志·卷五·职官志（影印本）[M]. 广州：岭南美术出版社，2009：90.

③ 钟喜焯修.（民国）石城县志·卷五·职官志（影印本）[M]. 广州：岭南美术出版社，2009：822.

④ ［清］敖式楣修.（光绪）信宜县志·卷五·职官志（影印本）[M]. 广州：岭南美术出版社，2009：454.

川县志》等补。

翁继猷，赤岭村人，嘉庆六年（1801）捐琼州府会同县教谕①，嘉庆十三年（1808）任南雄州训导②，十六年（1811）署肇庆府阳江县教谕③。县志无，据民国《会同县志》、嘉庆《南雄州志》等补。

谢廷芳，安次村人，嘉庆二十一年（1816）任高州府电白县训导④，二十四年（1819）署高州府教授⑤。《徐闻县志》无，道光、光绪《电白县志》作徐闻人，道《高州府志》作雷州人，此从《电白县志》。

道光年间：

温先洛，水流埚村人。

李焕章

骆崇周，那练村人。

倪邦光，北平村人。

吴江

咸丰年间：

邓文德

翁心鉴

周跃鳞，提创村人。

吴昭清，字品圣，龙屯村人。吴昭清学识渊博，善诗文，诗学宋代大家。他十分喜欢读书，至老不辍。他主要在村里居住，修身养性，很少踏足城市，

---

① ［清］陈述芹纂.（嘉庆）会同县志·卷七·秩官志［M］.海口：海南出版社，2006：370.

② ［清］余保纯修.（道光）南雄州志·卷四·职官志（影印本）［M］.广州：岭南美术出版社，2009：90.

③ 张以诚修.（民国）阳江志·卷二十二·职官志（影印本）［M］.广州：岭南美术出版社，2009：518.

④ ［清］叶廷芳纂.（道光）电白县志·卷二·职官志（影印本）［M］.广州：岭南美术出版社，2009：201.

⑤ ［清］黄安涛修.（道光）高州府志·卷七·职官志（影印本）［M］.广州：岭南美术出版社，2009：221.

由廪贡分发训导，但他以母亲年老为由拒不出仕。他性至孝，每次母亲吃饭的时候都要去探视。母亲去世时，他年已六十，仍"寝苫块，哀毁骨立"。对兄弟子侄，他也十分亲善，侄子因贫无法成家，他便赠送家产使成之。他对子孙的教育十分严格，即使大年初一也不能辍学，因此诸子皆学有所成，次子吴光森、四子吴光禾皆年少便考中生员 ①。

曾克敬，城东庄人。

同治年间：

何斯愈

何启淅，塘西村人，历任琼州府临高县教谕、会同县训导。

钟兆联

王元玉

莫宗华

苏鸿良，锦山村人。

谭有赞，字采臣，木棉村人，道光十九年（1839）任琼州府临高县训导，二十一年（1841）任惠州府博罗县教谕 ②。谭有赞教学有方，又好义举，修海安城时，捐银一千元 ③。

吴辉宏，成家村人，廪贡吴辉发兄，道光二十二年（1842）任广州府东莞县训导。吴辉宏酷嗜典籍，好学不辍，与弟辉发相互砥砺。在东莞训导任上，他摒撤陋规，奖诱士子，成绩显著。他任职达九年，后不幸在任上病逝，东莞士民都深切哀悼 ④。

钟万禄

---

① ［清］王辅之修.（宣统）徐闻县志·卷十三·吴辉发传（影印本）[M].广州：岭南美术出版社，2009：546.

② ［清］刘溎年修.（光绪）惠州府志·卷二十·职官表（影印本）[M].上海：上海书店出版社，2003：338.

③ ［清］王辅之修.（宣统）徐闻县志·卷十三·谭有赞传（影印本）[M].广州：岭南美术出版社，2009：548.

④ ［清］王辅之修.（宣统）徐闻县志·卷十三·吴辉宏传（影印本）[M].广州：岭南美术出版社，2009：547.

翁文启，赤岭村人。

秦之璧，昌化村人。

梁光祖

文达，墩尾村人，历任高州府吴川县、信宜县、潮州府镇平县教谕。任信宜教谕时，"以缉匪纪功，超委奖赏六品顶戴"[①]。

骆承俊，国子监肄业。

梁之赞，下井村人。

李廷勋，一段村人。

陈应昌，迈陈村人。

光绪年间：

梁廷选，大湖村人。

林家相

冯树槐，下田村人。

何嘉元，历任琼州府儋州、万州、定安县训导，临高县、乐会县教谕。

吴贞元，牛客寮村人。

黄世珍

程翼经，下埇村人。

魏加山，园田村人。

林滋秀，北梁村人。

何时纯，西坡村人。

吴霖，青桐村人，光禄寺署正衔，宣统《徐闻县志》分校。

陈树楠

黄锦统，登台村人。

何斯恕，塘西村人。

骆式之，琼州府教授骆克良弟。

① ［清］王辅之修.（宣统）徐闻县志・卷十二・选举志（影印本）[M].广州：岭南美术出版社，2009：504.

吴霏，吴霖弟，青桐村人，浙江试用县丞，宣统二年至三年（1910—1911）任广东省谘议局议员。

林翘，石门岭村人，度支部田赋清吏司郎中。

吴光森，分拨训导吴昭清子，宣统《徐闻县志》分校。

陈应淮，东塘村人，恩贡陈谟子。

黄景云，角厢村人。

梁琼瑶，英利市人，宣统《徐闻县志》收掌。

林成梧，石门岭村人。

董振民，英含堝人。

陈树桥，后排村人。

杨挺潾

吴培基

徐魁南

骆秉璜，岁贡骆克良子，试用训导。

魏毓錾，园田村人，廪贡魏加山孙。

蒋泮英，深井村人。

董汝霖，英含堝人。

黄锡裳，甲村人，琼州府委用训导。

李杰兴，光绪二十九年（1903）任高州府石城县训导，据民国《石城县志》补①。

翁乃濂

增贡：

吴启，字愤来，龙屯村人。吴启小时候非常聪明，博览群书，又敦笃孝友。他的胞伯吴慰祖已经分家出去，但家道零落，吴启每次都有丰厚的赠与给他，后来还将分得的财产重新分给他。吴慰祖非常感动，但谢绝了他的好意。

---

① 钟喜焯修.（民国）石城县志·卷五·职官志（影印本）[M].广州：岭南美术出版社，2009：833.

他温言苦劝，吴慰祖最终接受了部分财产。他又购置了许多墓地，将家族中坟墓毁坏的全部迁葬过去[①]。长子吴仁达，武生员，善医术，好义举，有乃父之风。

曾唯一，城东庄人。

王广居

李子卿

谭仁，后坑村人。

何启密，塘西村人。

赵家兰

陈西源，边城村人。

何启升，塘西村人，广西钦州教谕。

吴元亨，龙屯村人。

翁周翰，五里村人，韶州府乳源县教谕。

翁继运，五里村人，道光六年（1826）任云南姚州州判[②]。

李蔚翘，增贡，咸丰三年（1853）任惠州府博罗县教谕，据光绪《惠州府志》补[③]。

曾学泗，城东庄人。

张文焕，桥头村人。

何廷瑶

陈定京，潭板村人。

杨岐高

劳乾元，石引村人。

① ［清］王辅之修.（宣统）徐闻县志·卷十三·吴启传（影印本）[M].广州：岭南美术出版社，2009：550.

② ［清］李品芳修.（道光）姚州志·卷二·秩官志 [M].昆明：云南人民出版社，2005：303.

③ ［清］刘溎年修.（光绪）惠州府志·卷二十·职官表（影印本）[M].上海：上海书店出版社，2003：338.

苏耀南，群桥村人。

黄庆云，保禄村人。

何祥梅，塘西村人。

陈鸿谟，排村人。

倪璧，北平村人。

蔡昌南，新村仔人。

谭毓英，木棉村人。

谭树勋，后坑村人。

吴昭荣，龙屯村人，附生吴星轺子，岁贡吴昭泰弟。

李焕南，下园村人。

林成蔚，石门岭村人，拔贡林棋华次子，钦加五品衔，琼州府万州训导、惠州府和平教谕。

钟振奇，宣统《徐闻县志》分校，光绪三十四年（1908）署琼州府文昌县训导[①]。

附贡：

钟声绰

邓时玉，北潭村人，雍正朝。

邓时瑞，北潭村人，雍正朝。

林川衡，英印村人，雍正朝

吴之正，龙屯村人。

欧志华，西坡村人，嘉庆朝。

钟克密，乾隆朝。

吴辉发，成家村人，廪贡吴辉宏弟，历任琼州府乐会、临高、万州、感恩训导，咸丰四年（1854）任澄迈县教谕[②]，咸丰六年（1856）任崖州学

---

① 李钟岳修.（民国）文昌县志·卷八·职官志（影印本）[M]. 广州：岭南美术出版社，2009：169.

② ［清］龙朝翊修.（光绪）澄迈县志·卷六·职官志（影印本）[M]. 广州：岭南美术出版社，2009：553.

正^①。在万州训导任时，万州有莫、李两姓原本关系很好，相互联姻，但后来因挟嫌导致两姓械斗，危害很大。吴辉发极力从中斡旋，晓谕利害，最终使两姓重归于好。在崖州学正任时，"有义声，人深爱之"^②。

麦名登，迈陈市人。

黄士纯

陈万选

谢珍，金竹村人。

何品清，北松村人。

谭家杰，后坑村人。

陈启瑞，东塘村人，岁贡陈钟黍子，初任琼州府会同县教谕，同治十三年（1874）署文昌县训导^③。

麦贤详，迈陈市人。

林启新，高田村人。

邓廷琮，芝兰里人。

林佐宸

邓愈昆，芝兰村人。

何启芬

钟盾声

钟居易

王绍中

钟声绵

钟世雄

———————

①　[清]张嶲修.（光绪）崖州志·卷十五·职官志（影印本）[M].广州：岭南美术出版社，2009：667.

②　[清]王辅之修.（宣统）徐闻县志·卷十三·吴辉发传（影印本）[M].广州：岭南美术出版社，2009：547.

③　李钟岳修.（民国）文昌县志·卷八·职官志（影印本）[M].广州：岭南美术出版社，2009：169.

莫子兰，大村人。

钟应运

邓廷玺

周嘉瑞

吴宗文

钟定国

邓云衢，城西村人。

苏锦江，锦山村人。

钟应声

林汝楫，石岭村人。

梁冠南，衡都村人。

梁献瑞，衡都村人。

谢文琏，谢家村人。

陈魁元，佛图村人。

翁汝霖

谢桂，谢家村人。

何梅清

杨挺拔

陈维翰，后排村人。

谢芹，谢家村人。

陈丹书，禄岭村人。

陈玉瑶，马林村人。

吴步琼，马林村人。

吴必名

欧阳深，禄黎村人。

陈春葆，王家村人。

邓源清 北潭村人。

邓文选，新村仔人。

翁学清，山绕村人。

邓源洛

林家宾，谭园村人。

陈桂兰，迈胜村人。

翁学涛，山绕村人。

吴凤桐，成家村人。

戴鸿义，厦洋村人。

卢之煐，马家村人。

李熙春，乐琴村人。

李蓉镜，马家村人。

黄元鼎，那宋村人。

杨士彬，竹山村人，钦加五品衔，光绪二十八年（1902）任琼州府澄迈县教谕[1]，为人"富而好礼，有仁人长者风"[2]。

杨挺灏，琼州府委用训导，宣统《徐闻县志》分校。

林干材，石岭村人。

麦秀歧，迈陈村人。

张辉南

---

① ［清］龙朝翊修．（光绪）澄迈县志·卷六·职官志（影印本）[M].广州：岭南美术出版社，2009：554.

② ［清］王辅之修．（宣统）徐闻县志·卷十二·选举志（影印本）[M].广州：岭南美术出版社，2009：504.

四、明清吴川县贡生题名录

（一）明代吴川贡生题名录

1. 岁贡

洪武年间：

吴仕元，上郭人，举人孙孔光祖父，教谕。万历《高州府志》作明朝岁贡，康熙、光绪《吴川县志》作元朝岁贡，此遵万历府志。

吴贡元，上郭人，教谕。万历《高州府志》作明朝岁贡，康熙、光绪《吴川县志》作元朝岁贡，此遵万历府志。

顾祯，后中洪武十八年乙丑科（1385）进士。

陈璆，泗岸人，后中洪武二十三年应天庚午科（1390）举人。

张谞，广西融县知县。

孙迪哲，唐基人，后中洪武二十九年丙子科（1396）举人。

吴体文，高州府训导吴友文弟，入国子监，授光禄寺监事。

李濬，岁贡，中洪武十八年乙丑科（1385）进士[①]，万历《高州府志》误作洪武二十一年戊辰科（1388）进士，光绪《吴川县志》又误作正统十三年戊辰科（1448）进士。

黄绍钦，永康县丞。

永乐年间

刘中，入国子监，任交阯琼山府同知。光绪《吴川县志》误作洪武朝。

梁焕，入国子监，交阯大湾主簿。

李垣，入国子监，交阯清波主簿。

吴鼎，交阯上思州吏目。

林宗兴，镇蛮府检校。

陈仕朝，万历《高州府志》和康熙《吴川县志》作陈仕朝，光绪《吴川县志》

---

① ［明］俞宪. 天一阁藏明代科举录选刊·登科录下 [M]. 宁波：宁波出版社，2016：725.

作陈仕明，又有他书作陈佳期，皆误，今从万历府志。

林谱

吴彬，举人吴孔光子。

吴鹏，上郭人，入国子监，任知事。

林焕兴

黄本，字维成，岁贡，永乐初任福建长乐县典史。黄本在长乐县任职时勤政为本，惠利及民，颇有政声。当时长乐沿海海堤塌陷，他聚集人力物力修筑，前后长达四千余丈，同时在海堤附近增设疏山塘、斗门，便于潮水进退，保障沿岸百姓的生活生产。为此，翰林典籍高棅作《述绩篇》记叙此事，他也因此崇祀在"名宦祠"[①]。

宣德年间

蔡纯

李清，广西检校。万历《高州府志》、康熙《吴川县志》作李清，光绪《吴川县志》误作李靖。

李本诚，广西贺县知县。

张光伦

正统年间

易磷，后中宣德十年乙卯科（1435）应天乡试举人。康熙《吴川县志》作正统朝，之后县志误作宣德朝。

余诚，安徽临淮知县。

李华，江苏常熟知县，又作常熟县丞，《常熟县志》无考。

杨伦

黄暹，同知。

吴休，卫经历。

---

① 孟昭修.（民国）长乐县志·卷二十一·黄本传（影印本）[M].上海：上海书店出版社，2000：430.

梁谓，福建泰宁主簿。

莫让，肇庆府阳江县典史[①]。光绪《吴川县志》误作阳山典史。

李允，万历《高州府志》、康熙及雍正《吴川县志》作李允，光绪《吴川县志》误作李尹。

景泰年间

吴俊，万历《高州府志》、康熙《吴川县志》作浔州知县，雍正、乾隆《吴川县志》作福州府知事，光绪《吴川县志》误作福州府知县。今无考。

黎英

张儒

林杰，下街人，湖广宝庆府照磨。

天顺年间

孙璇，唐基人，任广西庆远府推官，改柳州府推官，任职九年致仕。光绪《吴川县志》作署柳州知府，查乾隆《柳州府志》正作柳州府推官[②]，县志有误。

陈厚，泗岸人，府学贡生。

成化年间

丘顺，广西藤县主簿。万历《高州府志》、康熙《吴川县志》作丘顺，光绪《吴川县志》作邱顺。清代雍正之后避孔子讳，改丘为邱，后同。

陈谌，泗岸人，成化五年（1469）任江西于都县训导[③]。

刘广

---

① 张以诚修.（民国）阳江志·卷二十二·职官志（影印本）[M]. 广州：岭南美术出版社，2009：498.

② [清]王锦修.（乾隆）柳州府志·卷二十·秩官志（影印本）[M]. 海口：海南出版社，2000：153.

③ [清]颜寿芝修.（光绪）雩都县志·卷七·秩官志[M]. 清光绪二十九年（1903）刊本.

吴玑，举人吴孔光曾孙，万历间任广西马平知县[1]。

李琼，府经历。

郑琦，贡生郑璈从兄。

林鹏，卫经历。

黄荣

林廷珪，举人林廷璋从弟。

林廷玉，进士林廷瓛兄，江西永新县丞。

文耀，芷寮人。

伍湖澜

陈绍学，泗岸人，举人陈璆曾孙，江西赣州府训导。万历《高州府志》、康熙《吴川县志》作成化朝，光绪《吴川县志》误入弘治朝。

孙彦，唐基人，江苏句容县主簿。

莫正立，江苏吴江县主簿。万历《高州府志》、康熙《吴川县志》作成化朝，光绪《吴川县志》误入洪武朝。

罗显用 万历《高州府志》、康熙《吴川县志》作成化朝，之后县志误入宣德朝。

陈厚

李常，举人李珏子，举人李芳兄，琼州府训导。

林全忠，训导。

杨茂，湖广流湘县训导。

李弼，应天府训导。

张凤岐

陈濬，梧州府怀集县训导。

李名实，岁贡，嘉靖间任广西容县训导[2]。

---

① ［清］舒启修.（乾隆）马平县志·卷六·职官志（影印本）[M]. 台北：成文出版社有限公司，1967：230.

② ［清］易绍德纂.（光绪）容县志·卷十三·职官志（影印本）[M]. 台北：成文出版社有限公司，1967：520.

陈绩德

易学就，浙江乐清县训导。

杨朝会，江西南康府训导。

陈廷实

张仕望，康熙《吴川县志》作张士望。

谭中怀

李曙，考授训导，未就任。

彭斐，嘉靖间任琼州府琼山县训导①。

按：光绪《吴川县志》陈厚以下误作嘉靖朝，据万历《高州府志》、康熙《吴川县志》载录。光绪《吴川县志》成化朝载有贡生李启，任新平教谕，万历《高州府志》、康熙《吴川县志》均无。查道光《新平县志》，新平县自康熙四十五年（1706）始设教谕一职，因此，光绪《吴川县志》所载李启不知何据，此不录②。

弘治年间

卢麟，万历《高州府志》、康熙《吴川县志》作卢麟，光绪《吴川县志》卢伦，误。

谭论，芷寮人，弘治十一年(1498)任福建漳浦县训导③。万历《高州府志》作谭纶，康熙《吴川县志》、光绪《吴川县志》作谭论，康熙《漳浦县志》亦作谭论，从之。

伍桂，广西兴安县训导。万历《高州府志》、康熙及雍正《吴川县志》作伍桂，光绪《吴川县志》误作吴桂。

易章

---

① ［清］李文烜修.（咸丰）琼山县志·卷十三·职官表（影印本）[M].广州：岭南美术出版社，2009：294.

② 李诚修.（民国）新平县志·卷五·职官志（影印本）[M].台北：成文出版社有限公司，1967：38.

③ ［清］陈汝咸纂.（康熙）漳浦县志·卷六·职官志（影印本）[M].台北：成文出版社有限公司，1967：383.

丘芳，浙江宁波府经历。

李凌云，福建松溪县教谕。

吴贞吉，上郭人。

梁豪

吴经纶，江西临江府训导。

苏俊，福建延平府训导。

正德年间

孙时举，唐基人，考授府经历。

李朝阳，平泽人，琼州府文昌县教谕[①]。

易中，东岸人。

孙良，岁贡孙彦弟，正德十五年（1520）贡生，官广西柳城县训导。

易彦，东岸人，福建福宁州训导。

吴挺秀，云南弥勒州吏目。

林起萃，举人林廷璋子。万历《高州府志》、康熙《吴川县志》作林起萃，雍正、光绪《吴川县志》误作林起莘。

黄中，湖广江华县训导。

梁谟

嘉靖年间

吴国器，历任江西庐陵县、上犹县、广东龙门县训导。

李明，府学贡生，福建沙县主簿。

陈镒，嘉靖十四年（1535）任福建光泽县教谕，但《光泽县志》作监生，且误作化州人[②]。万历《高州府志》作陈鉴（鑑），康熙、雍正、光绪《吴川县志》作陈镒（鎰），光绪《光泽县志》亦作陈镒，从县志。

---

① ［清］张霈纂.（咸丰）文昌县志·卷八·职官志（影印本）[M]. 广州：岭南美术出版社，2009：334.

② ［清］李麟瑞修.（光绪）光泽县志·卷二·职官表（影印本）[M]. 台北：成文出版社有限公司，1967：143－144.

陈朝元，贡生陈谌孙，嘉靖十九年（1540）任福建政和知县。

李萃，平南训导。

李魁，石城学贡生，宁国府经历。

李世嘉，三柏人，府学贡生，广西兴安县训导。

陈明德，大院人，浙江嵊县丞。

陈善艺，泗岸人。

宁斐，嘉靖十三年（1534）任惠州府博罗县训导^①，升龙溪县教谕。

杨景芳，江苏太仓州训导。

李观光，府学贡生，广西阳朔县教谕。

梁国器，琼州府崖州训导。

陈广业

易元吉，东岸人，嘉靖间任高州府训导^②。

李惟精，嘉靖间任浙江兰溪县训导^③。万历《高州府志》、雍正及光绪《吴川县志》作李惟精，嘉庆、光绪《兰溪县志》亦作李惟精，康熙《吴川县志》误作陈惟精。

陈时宜，大院人。

孙朝用，贡生孙璇孙，考授县丞。

梁第魁，福建漳州府训导。

史广记

李崇烈，府学贡生。

李志弘

林灏，进士林廷瓅孙，举人林秉全子。

林宪武，林廷璧孙。

---

① ［清］陈裔虞纂.（乾隆）博罗县志·卷五·秩官志（影印本）[M]. 广州：岭南美术出版社，2009：314.

② ［清］黄安涛修.（道光）高州府志·卷七·职官志（影印本）[M]. 广州：岭南美术出版社，2009：216.

③ ［清］秦簧修.（光绪）兰溪县志·卷四·官师表 [M]. 清光绪十三年（1887）刊本.

黄恩重，府学贡生。

陈廷埴，大院人，府学贡生。

李景烈，万历《高州府志》、康熙《吴川县志》有载，光绪《吴川县志》认为前有李崇烈，此李景烈是府志误衍，据此删除，实为谬误。

林伯表，贡生林廷珪曾孙，府学贡生，隆庆元年（1567）任福建同安县训导[①]，后任邵武府教谕[②]，升淮府纪善，光绪《邵武方志》讹作林伯。

吴巨源，上郭人，府学贡生。万历《高州府志》、康熙《吴川县志》作吴巨源，与《吴氏族谱》同，光绪《吴川县志》误作吴巨元。

林瀚，选贡林秉性子，隆庆间任廉州府训导，道光《廉州府志》作林静。

梁建中

陈道显，石城学贡生。

林肇昌，下街人，贡生林学贤父亲，府学贡生，岷府教授，福建顺昌县教谕。

黄鼎重，福建邵武府教授。

李道立，琼州府文昌县训导。

李邦宠，三柏人，正德间任琼州府文昌县训导[③]。

麦玑，院村人，生员麦嘉光父，举人麦伦祖父，江西广信府教授。

吴允迪，吴朝玉孙。

黄思温，广西博白县教谕。光绪《吴川县志》误作博罗教谕。

林勃，进士林廷瓛孙，明经林秉全子。万历《高州府志》作林勃，康熙、光绪《吴川县志》作林渤。

李汝谐

①　林学增修 .（民国）同安县志·卷十三·职官志（影印本）[M]. 台北：成文出版社有限公司，1967：369.

②　[清]王琛修 .（光绪）邵武府志·卷十五·何廷瑛传（影印本）[M]. 台北：成文出版社有限公司，1967：242.

③　[清]张霈纂 .（咸丰）文昌县志·卷八·职官志（影印本）[M]. 广州：岭南美术出版社，2009：336.

林惟镇，下街人，隆庆间任肇庆府阳江县教谕[①]。

易有学，东岸人。

黄仲仁，岭头街人，琼州府文昌县训导。

范琼，岷府教授。

刘邦奇，道光、光绪《吴川县志》作遂溪县训导，附注《雷州府志》作海康县训导。道光《遂溪县志·职官志》无载，嘉庆《海康县志·职官志》有录[②]，因此《吴川县志》有误。

吴一迪

谭廷佐，芷寮人。

姚守中

隆庆年间

李屹

宁汝贤，福建福宁州训导。

李凤翥，广西合浦县训导。

薛邦政，任琼州府万州学正，升岷府教授。

曾尚明，平海卫训导。

万历年间

李梦周，三柏人，江苏常州府训导，升淮府教授。

林肇泰，贡生林肇昌兄。

潘廷瑞，江西崇义县训导，升惠州府教授。

林渐阶，下街人，万历五年（1577）任琼州府澄迈县训导[③]。

李彦辅，江西上饶县教谕。

---

① 张以诚修.（民国）阳江志·卷二十二·职官志（影印本）[M]. 广州：岭南美术出版社，2009：504.

② ［清］刘邦柄修.（嘉庆）海康县志·卷三·职官志（影印本）[M]. 广州：岭南美术出版社，2009：192.

③ ［清］龙朝翊修.（光绪）澄迈县志·卷六·职官志（影印本）[M]. 广州：岭南美术出版社，2009：555.

　　李森，嘉靖间任琼州府训导①。

　　丘国举，万历初任琼州府定安县教谕②。

　　杨谦，瑚琳人，万历初任广州府增城县教谕③。

　　韩重仁，福建廷平府训导。万历《高州府志》作韩重仁，康熙、光绪《吴川县志》作韩仲仁。

　　陈守谅，湖广汉阳府训导，升淮府教授。

　　陈日迁，福建建安县丞，升淮府纪善。

　　吴禀纯，号养吾，上郭人。吴禀纯天性谨慎温厚，行为端方孝友。万历时瘟疫盛行，他的父母、祖父母均染病在床，叔伯兄弟多避之不及。但他与妻子服侍左右，亲尝汤药，换洗衣服，毫无怨言。他们病逝后，吴禀纯痛哭不已。当时正好海盗上岸劫掠，他也不逃跑躲避，依然守护在亲人棺柩旁，幸而得免。平时遇到饥荒，他即使得到升斗之米也一定会分给兄弟食用。万历时，他由岁贡授高要县训导，"淑士循循矩范，有苏湖风"。不久升感恩县教谕，他将俸禄分给贫困学生作为膏火银两，同时谢绝学生交纳的脩脯。他讲课十分勤勉认真，使学生受益匪浅。后来他在任上病逝，诸生哀痛不已，崇祯时"郡邑诸生高其德，金举乡贤"④。

　　彭克试，韶州府训导，升广西柳城县教谕。

　　李兆龙，与修县志。

　　丘如嵩，广州府南海县训导⑤。

---

　　①　［清］萧应植修.（乾隆）琼州府志·卷五·官秩志（影印本）[M].上海：上海古籍出版社，2002：279.

　　②　［清］吴应廉修.（光绪）定安县志·卷四·职官志（影印本）[M].广州：岭南美术出版社，2009：458.

　　③　［清］赵俊修.（嘉庆）增城县志·卷十·职官志（影印本）[M].广州：岭南美术出版社，2009：567.

　　④　［清］李球随修.（康熙）吴川县志·卷三·吴禀纯传（影印本）[M].广州：岭南美术出版社，2009：86.

　　⑤　［清］魏绾修.（乾隆）南海县志·卷五·职官志（影印本）[M].广州：岭南美术出版社，2009：135.

林学贤，府贡林肇昌子，历官琼州府训导[①]、全州学正，万历三十三年（1605）任广东新安县教谕[②]。

丘国望，广州府顺德县训导，升广西灌阳县教谕。

李仲煌，岁贡，潮州府训导，万历间升雷州府教授[③]，授淮府纪善。在潮州训导任时，李仲煌"持己足为坊表，士类赖其曲全"，操守清正，教学有方，赢得了学生和士大夫的极高赞誉，因此"通庠建祠尸祝之"[④]。

丘从周

叶鹏，崇祯间任琼州府万州训导[⑤]。

崔乔茂

吴绍邹，字道宇，贡生吴禀纯子，与修县志。吴绍邹天生聪明颖悟，后来入国子监学习，但命运不舛，屡试不中，以明经终老。他性情纯粹笃厚，父亲在任上病逝，他哀痛欲绝，扶榇归里，在中堂设殡祭拜。之后他承担起照顾弟妹的重担，尽心尽力。族人吴廷彦任兴化别驾，卸任返回时在广州病逝。吴廷彦无子，只有二妾料理丧事。吴绍邹得知后，倾囊相助，纤毫不私[⑥]。吴绍邹育子有方，其子吴鼎泰、吴鼎元兄弟同中万历三十七年己酉科（1609）举人，吴鼎泰后来中崇祯元年戊辰科（1628）进士，其子又中康熙二年癸卯科（1663）举人，可谓簪笏世家。

林懋赏，林懋绩从弟。

① ［清］萧应植修.（乾隆）琼州府志·卷五·官秩志（影印本）[M]. 上海：上海古籍出版社，2002：279.

② ［清］舒懋官修.（嘉庆）新安县志·卷五·职官志（影印本）[M]. 台北：成文出版社有限公司，1967：176.

③ ［清］雷学海修.（嘉庆）雷州府志·卷七·职官志（影印本）[M]. 上海：上海书店出版社，2003：273.

④ ［清］李球随修.（康熙）吴川县志·卷三·选举志（影印本）[M]. 广州：岭南美术出版社，2009：76.

⑤ ［清］胡端书修.（道光）万州志·卷二·职官志（影印本）[M]. 广州：岭南美术出版社，2009：120.

⑥ ［清］毛昌善修.（光绪）吴川县志·卷七·吴绍邹传（影印本）[M]. 广州：岭南美术出版社，2009：514.

林懋绩，长乐训导。

王貂，与修县志。

陈世胄，泗岸人。

李秋标，长沙训导，安化教谕。

李勗，李世嘉孙，历任番禺训导、天启二年（1622）任廉州府灵山县教谕[①]、肇庆府教授。他克勤克俭不自满，勤教多士咸沐熏陶，二学诸生勒碑以志不忘。

吴崇德，上郭人，授训导。

林懋箴，滕县知县，广西通志作吴川人，黄府志作化州人。

陈廷瓒，贡生陈廷瑄弟，崖州学正。

林有誉，号匪溢，下街人，初任湖广靖州训导，崇祯间升肇庆府封川县教谕[②]，升湖广郧阳府经历，与修县志。林有誉幼年时父亲去世，母亲变卖首饰供他读书，生活艰辛。万历年末，他由贡生授湖广靖州训导，时靖州地方官十分残暴，激起当地生员的反抗，焚毁仪门，并准备烧毁学宫。林有誉见状，奋不顾身扑灭大火，诸生见此只好作罢。他以大义晓谕劝诫，诸生才知悔过，并画孔子像祝祷祭祀。御史温荐知道后，赞其"清怡粹品，博雅弘才"。不久升封川教谕，五月之后又转郧阳卫经历，但他已厌倦官场，遂辞官归里。他在家与子弟以讲学赋诗自娱，有《宦途倦飞》二集。林有誉清明正直，即使为官也少有积蓄，靖州卫官员黄朝英在得知他不顾性命救火之后，特地为他建了一处居室。辞官后，他居家二十年基本不与官府往来，地方官也很难见其面。吴川县令童仰慕他的学识和品行，为他题写"望隆通德"门额[③]。

① ［清］盛熙祚修.（雍正）灵山县志·卷七·职官志（影印本）[M]. 北京：北京图书馆出版社，2002：355.

② ［清］温恭修.（道光）封川县志·卷四·职官志（影印本）[M]. 广州：岭南美术出版社，2009：350.

③ ［清］李球随修.（康熙）吴川县志·卷三·林有誉传（影印本）[M]. 广州：岭南美术出版社，2009：87.

杨一英，与修县志。

李擅懿，三柏人，据光绪《吴川县志》本传补。李擅懿秉性孝顺恭谨，持己端方。明末战乱时，他被寇匪抓住并胁迫投降，因不屈服而遇害[①]。

按：雍正之后的《吴川县志》万历朝岁贡还有：康苍溪（容县教谕）、康李栻（阳春教谕）、黄袭、黄铭四人。该四人万历《高州府志》、康熙《吴川县志》、雍正《吴川县志》均无载，查光绪《容县志》、康熙《阳春县志》亦无康苍溪、康李栻的记载，乾隆、光绪《吴川县志》不知何据将此收录。因此本文不录。

天启年间

吴光裕，上郭人，天启间任肇庆府封川县训导[②]，后升广州府顺德县教谕、广西浔州府教授。

杨潮

李伟标，崇祯十四年（1641）任惠州府教授[③]。

麦峻，贡生麦玑孙，生员麦嘉光子，历任惠州府训导、福建福安县教谕、镇海卫教授。

凌尚任

崇祯年间

李应扬，平泽人，广州府东莞县训导。

刘化，广州府南海县训导[④]。

陈在宸，泗岸人，南雄府教授，与修县志。

---

① ［清］毛昌善修.（光绪）吴川县志·卷七·林有誉传（影印本）[M].广州：岭南美术出版社，2009：515.

② ［清］温恭修.（道光）封川县志·卷四·职官志（影印本）[M].广州：岭南美术出版社，2009：354.

③ ［清］刘溎年修.（光绪）惠州府志·卷二十·职官表（影印本）[M].上海：上海书店出版社，2003：301.

④ ［清］魏绾修.（乾隆）南海县志·卷五·职官志（影印本）[M].广州：岭南美术出版社，2009：136.

陈奇伟，泗岸人，未仕。秉心醇谨，制行狷介。

陈光世，大院人。

李粹

吴士霖，举人吴鼎元子，署琼州府澄迈县训导。

陈敏

易从周，康熙《吴川县志》作易崇州，雍正、乾隆、光绪《吴川县志》皆作易从周。

林廼焰，下街人，岁贡，岁贡林宪武曾孙，林永乔子，崇祯十五年（1642）岁贡，两修县志。顺治十四年（1657）奉旨旌奖尚义，子中松、中桧均为岁贡。

麦挺芳，贡生麦玑孙。

陈应龙

宁衍武

陈振魁，泗岸人。

吴鼎羹，贡生吴禀纯孙，生员吴绍洛子，与修县志，"持己以德礼是尚，训子义方惟严"①。

林柱国，贡生林瀚孙。

吴孟襄

梁方是

2. 选贡

郑镕，洪武间选贡，中洪武十八年乙丑科（1385）进士。

郑璇，进士郑镕曾孙，景泰间选贡。万历《高州府志》作郑敖，康熙《吴川县志》作郑鳌，光绪《吴川县志》考族谱作郑璇，从之。

林才杰，字士英，正德间选贡，乾隆《晋江县志》、同治《苍梧县志》

① ［清］毛昌善修.（光绪）吴川县志·卷七·吴鼎羹传（影印本）[M].广州：岭南美术出版社，2009：515.

作监生，嘉靖时任福建晋江县丞①，升广西苍梧知县②。林才杰在晋江县丞任时，县东北留公陂年久倾圮，知县屠倬考察地形后决定在陂的东部复建，而命他负责督建。他受命后，亲自在工地穿梭督导，奖勤警惰，不到十个月便顺利完成了工程建设，保障了当地生产的发展，因此百姓建生祠纪念他③。

林秉性，嘉靖间选贡，进士林廷瓛次子，江西吉水县主簿。

吴志乾，嘉靖间选贡。

李资乾，万历选贡，万历初任肇庆府阳江县训导④，万历二十年（1592）升罗定州学正⑤，但雍正《罗定州志》误作茂名人。

黄绩，岭头街人，万历间选贡，考职教授。

朱家相，万历间选贡，万历初任肇庆府阳春县训导，据《阳春县志》补⑥。

李旻，贡生李梦周子，例监李宏泰父，万历二十三年（1595）选贡，任江苏太仓州判，升周府审理。李旻文行兼优，但九战棘闱，均未考中，但"当官确循直道，居乡类多善举"，为乡里称誉⑦。

丘宗岱，万历间选贡，梧州府推官。万历《高州府志》作石城县人，乾隆《梧州府志》作吴川县人，但康熙、雍正、乾隆等《吴川县志》均不载，《石城县志》亦无载，光绪《吴川县志》据广西方志所载认为是吴川人。录此俟考。

① ［清］方鼎等修.（乾隆）晋江县志·卷六·官守志（影印本）[M]. 台北：成文出版社有限公司，1967：112.

② ［清］蒯光焕修.（同治）苍梧县志·卷三·职官志 [M]. 清同治凤台书院刊本.

③ ［清］方鼎等修.（乾隆）晋江县志·卷六·官守志（影印本）[M]. 台北：成文出版社有限公司，1967：133.

④ 张以诚修.（民国）阳江志·卷二十二·职官志（影印本）[M]. 广州：岭南美术出版社，2009：504.

⑤ ［清］王植修.（雍正）罗定州志·卷三·职官志（影印本）[M]. 广州：岭南美术出版社，2009：340.

⑥ ［清］陆向荣等修.（道光）阳春县志·卷三·职官志（影印本）[M]. 广州：岭南美术出版社，2009：329.

⑦ ［清］毛昌善修.（光绪）吴川县志·卷七·李旻传（影印本）[M]. 广州：岭南美术出版社，2009：517.

常宗思，万历间选贡，崇祯初任浙江金华通判。常宗思心怀乡里，在明末清初时，"率乡党宗族禀遵嘉言懿行"，大有古君子风，享年九十六岁，被乡里称赞为"盛代硕德"。子常懋庸、常修庸均中贡生①。

谭宏基，芷寮人，崇祯十二年（1639）选贡。康熙、乾隆《吴川县志》作拔贡，光绪《吴川县志》作选贡。按拔贡是清代发展明代选贡制度而来，因此明代尚无拔贡说法。

3. 恩贡、副榜、纳贡

李资元，弘治间恩贡，休吉教谕。

林彦相，下街人，嘉靖间府学恩贡，历任浙江永嘉县、广西乐平县训导，安徽歙县教谕②，署歙县事。

陈学，隆庆二年（1568）恩贡，万历《高州府志》、康熙《吴川县志》无，光绪《吴川县志》据雍正《广东通志》补。

韩悦思，万历间恩贡，太和县丞。

李晟，李梦周子，万历间恩贡。

林自得，泰昌间恩贡，海宁县主簿。

梁麟祥，天启间恩贡。康熙、乾隆、光绪《吴川县志》作梁麟祥，雍正《吴川县志》作梁麟翔，从康熙县志。

林柱鼎，崇祯元年（1628）恩贡，光绪《吴川县志》作岁贡。

吴士甫，举人吴鼎元子，崇祯元年（1628）府学恩贡，崇祯十五年壬午科（1642）顺天副榜。

林琼树，塘禄人。康熙、雍正《吴川县志》作恩贡，乾隆、光绪《吴川县志》作选贡。道光《高州府志》《离乱见闻录》等皆作恩贡，从之。任国子监学正。顺治六年(1649)时，林琼树与南明吏部侍郎洪天擢从端州回塘墈，转寓寮垅、

---

① ［清］毛昌善修.（光绪）吴川县志·卷七·常宗思传（影印本）[M]. 广州：岭南美术出版社，2009：517.

② ［清］张佩芳修.（乾隆）歙县志·卷四·官守志（影印本）[M]. 台北：成文出版社有限公司，1967：251.

那阳，招兵买马，后被南明冷雄杰军击败[①]。

林浩芫，崇祯间恩贡，雷州府徐闻县训导，海康县教谕。

林华栋，天启元年辛酉科（1621）副榜，入监充贡。

李绍悦，平泽人，崇祯三年庚午科（1630）、六年癸酉科（1633）、九年丙子科（1636）三科副榜。

陈联第，崇祯六年癸酉科（1633）、九年丙子科（1636）副榜，中崇祯十五年壬午科（1642）举人。

常懋庸，贡生常宗思子，清岁贡常修庸兄，崇祯十五年壬午科（1642）副榜。

林浩蓁，九战棘闱，两中副榜。

陈道亨，题名碑记注明是例贡（纳贡），康熙《吴川县志》作例贡，之后县志作岁贡，此遵康熙县志。

吴睿，上郭人，纳贡。赋性乐易，不以世务撄心。教子成立，人谓盛德之报。

杨甘来，纳贡，琼州府澄迈县教谕，升雷州府训导。

李孙豸，贡生李勗孙，纳贡。

（二）清代吴川贡生题名录

1. 副贡

康熙年间：

陈景濂，乡贤陈舜系子，康熙四十四年乙酉科（1705）副贡，中康熙五十年辛卯科（1711）举人。

雍正年间：

吴文中，上郭人，廪生吴贞为次子，监生吴泰周、恩贡吴美周父，雍正七年己酉科（1729）副贡。吴文中甘贫嗜学，孝友端方，可惜年方二十九岁就病逝了。

---

① ［清］陈舜系. 离乱见闻录［M］. 广州：广东人民出版社，2010：26.

乾隆年间：

林宏朝，字衮卿，下街人，乾隆六年辛酉科（1741）副贡，官福建永安县教谕。林宏朝生性耿介，自幼好学不辍。他生平淡泊宁静，不喜营私，"动必以正，非公事不至公堂"。其子林式侨、林式中俱举岁贡[①]。

易若思，上杭人，乾隆十二年丁卯科（1747）副贡。易若思侍亲至孝，对继母亦如此。兄长去世后，他又帮助寡嫂抚养侄子。他生平轻财仗义，乐善好施，平时以授徒为业，教学有方，受到乡里极高的赞誉。

林泰雯，字庆章，监生林邦瑞子，进士林召棠父，下街人，乾隆三十五年庚寅科（1770）、三十六年辛卯科（1771）两科副贡，嘉庆十一年（1806）任罗定州东安县教谕[②]，道光《吴川县志》主笔。林泰雯是林邦瑞次子，少年时从叔祖、进士林闱阶学写文章，不久中生员，补廪生。他在乾隆三十五年、三十六年两次考中副榜，错失举人，但因此更加致力于学习。林泰雯家有一处田庄，有田百余亩，因其兄失明，便将田庄让给他，自己以授徒为业赡养双亲。后来他选授东安教谕，在任上，学生来拜谒，他都谆谆勉励他们以孝悌为本。林泰雯先后在任达十九年，对东安县的民俗利病都十分了解，每次新的县令来到时，他都一一介绍。道光三年（1823），其子林召棠中状元，至东安探望，林泰雯虽然高兴，但也意味深长地对他说："第一人之名副之不易，汝他日不负科名者安在？苟不努力为有用之器，此不足为吾喜，适足为吾虑也。"以此勉励他成为有用之才。道光四年（1824），他因病辞职归里，该年正好他八十岁，时任大学士曹振镛是他中副榜时的主考官曹文埴之子，而林召棠道光三年会试主考官是曹振镛，因此两家颇有渊源。也正因此曹振镛写了《赠八旬寿诗》两首为他祝寿，云："鲤庭新着锦衣旋，堂上灵椿庆耄年。第一名高推令子，八千里远祝神仙。辉增东粤珂乡贵，瑞应南弧壁府联。炎峤称觞欢舞彩，满园蓉菊佐开筵。""岁记重光岁在辛，

---

① ［清］毛昌善修.（光绪）吴川县志·卷七·林宏朝传（影印本）[M].广州：岭南美术出版社，2009：521.

② ［清］汪兆柯修.（道光）东安县志·卷二·秩官志（影印本）[M].广州：岭南美术出版社，2009：515.

于今五十又三春。明珠岭海当年贡，片玉昆山此日珍。殿陛九重恩最渥，门墙两世谊尤亲。介眉愿衍期颐算，湛露垂宵帝锡纶。"然次年他便去世了。他生平喜欢作诗，将为官以来的诗辑为《见山房集四卷》①。

黄敏修，崖州学正黄德厚子，由拔贡中乾隆四十四年己亥恩科（1779）顺天副贡。

嘉庆年间：

吴懋清字回溪，监生吴光礼长子，举人吴懋基兄，水潭人，嘉庆十二年丁卯科（1807）副贡，中嘉庆十五年庚午科（1810）举人。

林隆基，恩赐举人林纪蕴孙，岁贡林高鹏子，嘉庆二十三年戊寅科（1818）副贡。林隆基非常聪明，十四岁时以第一名的成绩考中生员，五年后中副榜，但年仅三十三岁溘然病逝。

道光年间：

黄直光，道光五年乙酉科（1825）副贡，中道光十五年乙未科（1835）举人。

汪浩，梅菉人，由廪贡中道光八年戊子科（1828）副贡，历任广州府新安县、韶州府曲江县等教谕，道光十三年三月署肇庆府开平县教谕②。

陈鸣凤，山嘴新屋人，道光十一年辛卯科（1831）副贡。

杨学宗，瑚琳人，道光十五年乙未恩科（1835）副贡，改名洛钟，同治八年壬午科（1869）恩赐举人，授雷州府遂溪县教谕。

同治年间：

杨鳌东，瑚琳人，同治元年壬戌科（1862）副贡。

陈嵩良，附贡陈兰畴子，进士陈兰彬胞侄，同治十二年癸酉科（1873）顺天乡试副贡。之后，陈嵩良捐纳郎中衔，分刑部行走。光绪四年至七年

---

① ［清］毛昌善修.（光绪）吴川县志·卷七·林泰雯传（影印本）[M]. 广州：岭南美术出版社，2009：530.

② 余棨谋修.（民国）开平县志·卷二十四·职官表（影印本）[M]. 广州：岭南美术出版社，2009：526.

（1878—1881），他随陈兰彬出访美国，任驻美参赞。回国后，保举分省知府，加盐运使司衔。

光绪年间：

招卓华，岁贡招贤子，光绪十七年辛卯科（1891）副贡，中光绪十九年（1893）举人。

恩赐副贡：

陈邦礼，岁贡陈楷父，嘉庆十二年丁卯科（1807）恩赐副贡，嘉庆十五年庚午科（1810）恩赐举人。按光绪《高州府志》、光绪《吴川县志》皆作戊午科恩赐举人，则在恩赐副贡之前，疑有误。而次科恩赐副贡的林缉照、林冯鲤俱庚午科恩赐举人，因此陈邦礼之戊午当为庚午之误，据改。

林缉照，嘉庆十三年戊辰科（1808）恩赐副贡，嘉庆十五年庚午科（1810）恩赐举人。

林冯鲤，嘉庆十三年戊辰科（1808）恩赐副贡，嘉庆十五年庚午科（1810）恩赐举人。

李元惠，贡生李自畅子，举人李元琳弟，嘉庆十五年庚午科（1810）恩赐副贡，嘉庆十八年癸酉科（1813）恩赐举人。

易业藩，上杭人，嘉庆十五年庚午科（1810）恩赐副贡，嘉庆十八年癸酉科（1813）恩赐举人。

陈有孚，嘉庆十五年庚午科（1810）恩赐副贡，嘉庆十八年癸酉科（1813）恩赐举人。

吴柱周，水潭人，嘉庆十五年庚午科（1810）恩赐副贡，嘉庆十八年癸酉科（1813）恩赐举人。

翟冲九，嘉庆十八年癸酉科（1813）恩赐副贡。

杨宗營，杨蔼子，嘉庆十八年癸酉科（1813）恩赐副贡。

梁正兴，道光年间。

王观光，道光年间。

易元潘，道光年间。

陈则武，吴村人，道光年间。

吴观乡，吴柱周子，道光二十三年癸卯科（1843）恩赐副贡。

陈俊升，道光二十年庚子科（1840）恩赐副贡。

麦秬香，城内人，道光年间。

莫如兰，莫村人，同治十二年癸酉科（1873）恩赐副贡，光绪八年壬午科（1882）恩赐举人。光绪九年癸未科（1883）恩赐翰林院检讨衔。

吴芳献，水潭人，光绪二年丙子科（1876）恩赐副贡，进学六十载，重游泮水。光绪十四年戊子科（1888）恩赐举人，光绪十五年己丑科（1889）恩赐光禄寺署正衔。

李选升，城内人，光绪二年丙子科（1876）恩赐副贡。

黄镇中，雍蔼人，光绪五年己卯科（1879）恩赐副贡。

李遇昌，三栢人，光绪十五年己丑恩科（1889）恩赐副贡。

吴芳衡

2. 拔贡

顺治年间：

梁挺秀，拔贡，与修邑志。

梁挺芳，府拔贡，与兄梁挺秀同科。

康熙年间：

吴冲云，吴鼎臣孙，康熙二十四年乙丑科（1685）拔贡。

吴观韶，吴仲超子，康熙三十六年丁丑科（1697）拔贡，雍正十一年（1733）任徐闻教谕[①]，两修县志。

雍正年间：

陈纯修，泗安人，雍正元年癸卯科（1723）拔贡，与修县志。光绪《吴川县志》误作雍正癸酉科，而雍正年间无癸酉年。

---

① ［清］王辅之修.（宣统）徐闻县志·卷七·职官志（影印本）[M]. 广州：岭南美术出版社，2009：469.

陈道源，大院人，迁居城内，生员陈天觉子，雍正七年己酉科（1729）拔贡，乾隆二十六年（1761）至二十九年（1764）官潮州府大埔县教谕①。陈道源潜心于理学，得程朱之精髓，在生员时即得到学政顾仔的器重，带着他校阅试卷，并选充雍正七年拔贡。赴京廷试后，他仍闭户读书，连大门都很少出。任大埔教谕时，培植人才，教课学生无虚日。卸任后，他则倾心乡里后辈的教养，士人深受裨益，"邑中事关名教者，得道源一言，无不悦服"②。

伍象两，麻文人，雍正十三年乙卯科（1735）拔贡，中乾隆六年辛酉科（1741）举人。

乾隆年间：

吴宸飏，乾隆六年辛酉科（1741）拔贡，开平教谕。

林邦璿，廪贡林一华子，乾隆十八年癸酉科（1753）拔贡。

黄德屏，例贡黄通理次子，崖州学正黄德厚弟，乾隆十八年癸酉科（1753）拔贡。黄德屏生平效法程朱品行，文章称誉于一时，在拔贡廷试后捐赀授贵州平远知州。黄德屏甘于淡泊，以孝道侍奉父母；为人真诚，对于贫贱之人也乐于与其交游。任平远知州时，恰逢苗民叛乱，他单骑深入叛军中，反复开导部族酋长。酋长感其真诚，遂将叛军首领捉住送官，并将叛军名单交给黄德屏。除处分叛乱首领外，黄德屏将叛军名单付之一炬，"存活以万计"，顺利地平定了叛乱。但不久他因之前官员的罪责被连累黜职，返回乡里。乾隆三十五年（1770），他赶赴北京，次年为皇太后祝寿，因此恢复六品职衔，降补南汇县丞，调常熟县丞。县民听说他廉明奉公，都来找他质询诉讼。但按照职责，县丞不受诉讼，因此他下令遣散前来的民众。民众慕名而来，不肯离开，他只好听他们诉说情况，一一剖析事理，使他们无不悦服。之后前来的民众越来越多，他也无法禁止。按常熟的陋规，投牒见官都要向衙役交"官钱"。黄德屏知道后，下令本衙门不收"官钱"，

---

① ［清］张鸿恩纂.（同治）大埔县志·卷十四·职官志,清同治十二年（1873）刊本.

② ［清］毛昌善修.（光绪）吴川县志·卷七·陈道源传（影印本）[M]. 广州：岭南美术出版社，2009：522.

而衙役见无利可图，大多散去。上级官员十分欣赏他的廉洁品德，因此将他调署嘉定县令，但调令刚下达，他就病逝了。他廉洁奉公，身无余财，当地士民争先筹集银两，方可成殓，后入祀常熟名宦祠。①

杨宗洛，杨藩子，乾隆三十年乙酉科（1765）拔贡。

黄敏修，字逊来，崖州学正黄德厚子，乾隆四十二年丁酉科（1777）拔贡，四十四年己亥恩科（1779）顺天副贡。黄敏修少孤，有弟四人，照顾友爱有加。他还见义勇为，百折不挠。当生员时，有衙役仗着官员的宠幸想送他的儿子参加科举考试，被黄敏修发现，向县令力陈不可。县令开始对他十分恼恨，但终究明白此举是违法的行为，因此佩服他的刚正品质，不许其参考。县学原有学田，被附近豪强侵夺，他力争夺回，用作生员的膏火银两。乾隆四十二年（17777），他中拔贡，两年后中副榜，充四库馆誊录，议叙教职，但却因病在北京去世。他重义气，"感人有素"，因此死后"赙助者不崇朝，金以千计"②。

林懋修，字淑庐，生员林复瀚子，举人林懋昭兄，下街人，乾隆五十四年己酉科（1789）拔贡，嘉庆四年（1799）任肇庆府封川县教谕③。林懋修敦品励学，乾隆己酉举拔贡后入国子监读书。他善书法，学虞世南体，能悬笔作小楷。除读书写字之外，他别无所求，也不奔竞营求。在北京期间他两次参加乡试都不中，遂回乡侍养母亲。后选授封川教谕，一年之后因母亲去世回家丁忧，此后不再出仕。在家期间，他还参与编纂县志。

李上猷，三柏人，迁居梅菉，乾隆五十四年己酉科（1789）拔贡，中嘉庆三年戊午科（1798）举人，嘉庆九年（1804）六月署肇庆府阳春县教

① ［清］毛昌善修．（光绪）吴川县志·卷七·黄德屏传（影印本）[M]．广州：岭南美术出版社，2009：527．

② ［清］毛昌善修．（光绪）吴川县志·卷七·黄敏修传（影印本）[M]．广州：岭南美术出版社，2009：529．

③ ［清］温恭修．（道光）封川县志·卷四·职官志（影印本）[M]．广州：岭南美术出版社，2009：362．

谕^①。

嘉庆年间

李士麟，字绂亭，中街人，嘉庆六年辛酉科（1801）府学拔贡。光绪《吴川县志·选举志》作番禺、澄海、高要、普宁训导，但县志本传作澄海、高要、普宁教谕。《澄海县志》《番禺县志》等无载，《肇庆府志》《高要县志》作高要训导，结合本传，李士麟应该是任澄海、高要训导，升授普宁教谕。李士麟待人真诚，对教学十分认真，任澄海训导时，"日与诸生讨论，亹亹不倦"。在任高要训导时，有位陆姓官员在任上去世，没有眷属在身边，他亲自帮忙料理后事，送回乡里。道光二十三年(1643)，他选任普宁教谕，但未到任即去世了，享年七十八岁。其子李廷飏、廷经俱任训导^②。

林家桂，嘉庆六年辛酉科（1801）拔贡，中嘉庆九年甲子科（1804）举人，改名联桂，中道光六年丙戌科（1826）进士。

林达珍，下街人，嘉庆十八年癸酉科（1813）府学拔贡，历任乐会、连山、陵水教谕。

林召棠，副贡林泰雯子，嘉庆十八年癸酉科（1813）拔贡，中嘉庆二十一年丙子科（1816）顺天乡试举人，后中道光三年癸未科（1823）状元。

道光年间：

李文澜，字镜帆，举人李玉茗长子，道光五年乙酉科（1825）府学拔贡。文澜天资卓越，文才出众，擅长经史之学，可惜四十一岁就去世了。

陈瓘之，田头人，道光五年乙酉科（1825）拔贡。

李文淮，字小莲，举人李玉茗次子，道光十七年丁酉科（1837）府学拔贡。文淮聪颖好学，十岁时父亲教他《朱子通鉴纲目》，一个月就学完了。但后来困顿科场，四十岁时决意不再参加科举考试，闭户读书。县令李时

---

① ［清］陆向荣等修.（道光）阳春县志·卷三·职官志（影印本）[M]. 广州：岭南美术出版社，2009：334.

② ［清］毛昌善修.（光绪）吴川县志·卷七·李士麟传（影印本）[M]. 广州：岭南美术出版社，2009：541.

荣聘请他作为幕僚，他从不因此营求自己的私事。去世时也年仅五十一岁。

周肇墉，道光十七年丁酉科（1837）府学拔贡。

林荣馨，优贡林隆徽子，道光十七年丁酉科（1837）拔贡，海康教谕，署雷州府教授。

李经华，岁贡李中立曾孙，道光二十九年己酉科（1849）府学拔贡。李经华朝考一等第二名，分发河南知县，得到汝宁道廖牲的器重，但不久即去世了[①]。

林兆诜，字牧堂，拔贡林景澜父，道光二十九年己酉科（1849）拔贡。林兆诜谦谨力学，道光二十九年（1849）拔贡朝考二等以教谕用，咸丰三年（1853）授韶州府翁源县教谕，兼理训导[②]。在翁源时，正值土寇围城，他与当地士民登城防守三月有余，围城之难方解。之后任职于陵水、永安，训课有方。

咸丰年间：

吴士彬，举人吴懋清次子，咸丰十一年辛酉科（1861）拔贡。

林晋堃，字载之，一字少昌，副贡林泰雯曾孙，状元林召棠孙，优贡林诒燕子，同治十二年癸酉科（1873）拔贡，光绪六年（1880）任肇庆府四会教谕，后任封川、英德训导。

光绪年间：

林景澜，拔贡林兆诜子，光绪十一年乙酉科（1885）拔贡，署普宁教谕。

3. 优贡

麦国树，字柱臣，麦廷英子，优贡，中乾隆九年甲子科（1744）举人。

林隆徽，恩赐举人林纪蕴孙，道光二年壬午科（1822）优贡，历任八旗官学教习、肇庆府高要县训导，道光二十四年（1844）任琼州府琼山县

---

① ［清］毛昌善修.（光绪）吴川县志·卷七·李中立附李经华传（影印本）[M]. 广州：岭南美术出版社，2009：524.

② 殷恭仁纂.（民国）翁源县志·卷九·职官志（影印本）[M]. 广州：岭南美术出版社，2009：454.

教谕^①。

李杜鼇，黄陂一甲人，道光五年乙酉科（1825）优贡。

林诒燕，状元林召棠子，道光八年（1828）戊子科优贡，任从化训导，调儋州训导。林诒燕幼聪颖，工书法，淹博善文。他天性坦荡，和蔼可亲，与兄弟友朋相处融洽。举优贡后随父亲林召棠进京，结交了大量当时在京士人，极大地增进了他的学识。第二年顺天乡试未中，他捐赀选从化训导。当时，有一个生员无罪而被县令处罚，差点被处死，林诒燕得知后，极力为他说明情况，最终使他脱离险境。不久，他调任儋州训导，两年后因丁母忧回籍，遂以父亲年老不再出仕。

吴方翱，字云图，举人吴懋清长子，道光十四年甲午科（1834）优贡。方翱很聪明，博闻强记，举优贡后，因亲老弟少不忍远离，没有做官，在家督课诸弟学习。他治家严而有方，井井有条，后来年四十七而卒。

陈兰彬，陈景清孙，生员陈训行子，道光十七年丁酉科（1837）优贡，中咸丰元年辛亥科（1851）举人，三年癸丑科（1853）进士。

4. 恩贡

陈鸣登，泗岸人，顺治年间恩贡，国子监博士。

陈春第，陈联第从弟，顺治年间恩贡，"端方尚义"，与修县志。

吴梦伯，康熙年间恩贡，"孝恭慕义"，与修县志。

陈睿，康熙年间恩贡，那蒙村人。

林苑兰，下街人，雍正元年（1723）恩贡，与修县志。

黄建章，岭头街人，雍正年间恩贡。

李培，廪生李孙贤曾孙，廪生李若香父，乾隆元年（1736）恩贡，官大埔教谕，与修县志。李培自幼失怙，由母亲抚养长大，因此对母亲始终恪尽孝道。他生平谦卑恭敬，乐于助人，时常周济邻里乡党中的穷人。任

---

① ［清］李文烜修.（咸丰）琼山县志·卷十三·职官表（影印本）[M]. 广州：岭南美术出版社，2009：297.

大埔教谕时，他不受束脩，但授课不懈，讲学如春风化雨深入人心，使士子受益匪浅。

陈梓栋，武生陈宏功三子，岁贡陈梓升弟，乾隆年间府学恩贡，乾隆十三年（1748）闰七月任琼州府会同县教谕，乾隆十五年（1750）九月被参奏革职离任[①]。

黄华信，岭头街人，乾隆年间恩贡，与修县志。

林玉润，下街人，乾隆年间恩贡，与修县志。

林叔溪，唐榄人，增生林蔚岗父，乾隆年间恩贡。林叔溪敦行好学，博通经史，在家以授徒为业，讲解透彻，学生对他无不敬仰，乡里对他也十分敬重。

杨蔼，岁贡杨藩弟，乾隆年间恩贡。

吴美周，副贡吴文中子，举人吴家骏父，乾隆二十五年（1760）恩贡。吴美周崇尚气节，见义勇为，但他为人十分谦和，少壮时致力于学习，其弟泰周像老师一样对待他。他以贡生终老，晚年在家延请师儒教育子孙，同时吟诗作文不辍。

林国瑞，马村人，乾隆二十五年（1760）恩贡。林国瑞为人正直不阿，堪称道德模范，为人敬仰。

林若崇，下街人，乾隆四十年（1775）恩贡。

莫鸿，乾隆年间恩贡，与修县志。

吴造周，水潭人，乾隆五十年（1785）恩贡。

陈之夔，乾隆年间恩贡，和平教谕。

易方澍，副贡易若思子，乾隆年间恩贡，与修县志。

陈献猷，字淡园，山嘴人，嘉庆年间恩贡，清远教谕，嘉庆十五年庚午科（1810）恩赐举人。

林纪蕴，下街人，嘉庆五年（1800）恩贡，嘉庆九年（1804）署肇庆

---

① ［清］于文骏修.（乾隆）会同县志·卷七·秩官志（影印本）[M]. 广州：岭南美术出版社，2009：577.

府阳江县教谕①，但民国《阳江县志》误作廪贡，嘉庆十八年癸酉科（1813）恩赐举人。

郑宇泰，贡生郑良曾孙，嘉庆十四年（1809）恩贡。

郑光溱，号潜庵，廪生郑弼臣子，黄陂人，嘉庆二十一年（1816）恩贡。光溱生性聪明，自读书起便不究心俗务，潜心研读四书五经以及性理诸书，将诸儒观点融会贯通，并形成自己的看法。在平时他也以理学规范自身，家居时正襟危坐，不露声色。但与人交谈时温文尔雅，使人如沐春风，因此乡里士民皆喜欢和他交游②。

李士鳌，拔贡李士麟弟，岁贡李廷椿父，嘉庆二十四年（1819）恩贡，候选州判。李士鳌品端学粹，杜门却轨，以读书和教授生徒子侄为务。

林体乾，嘉庆二十四年（1819）府学恩贡。

吴汝风，水潭人，道光元年（1821）恩贡。

林材达，黄陂人，道光元年（1821）府学恩贡。

吴士奇，上郭人，道光四年（1824）府学恩贡，与修县志。

李玉荆，举人李玉茗弟，道光十五年（1835）恩贡。李玉荆兄长有四人先后早逝，兄长玉茗出仕在外，他虽然出继给别人，但仍尽心服侍在生父左右。他秉性纯良，有次他在石门盐埠听到有船沉没，船上人呼救声不断，但附近人鲜有救助者。他因此大呼："能救上一人的我给二十缗赏钱。"由此附近渔船踊跃抢救，有七八人被救起。他的善良与睿智使他们免于灭顶之灾③。

李士典，增贡李政子，中街人，道光二十六年（1846）恩贡，乡饮正宾。士典笃学善文，待人真挚，乡里称之。

---

① 张以诚修.（民国）阳江志・卷二十二・职官志（影印本）[M]. 广州：岭南美术出版社，2009：518.

② ［清］毛昌善修.（光绪）吴川县志・卷七・郑光溱传（影印本）[M]. 广州：岭南美术出版社，2009：533.

③ ［清］毛昌善修.（光绪）吴川县志・卷七・李玉荆传（影印本）[M]. 广州：岭南美术出版社，2009：542.

王植槐，枚陈人，咸丰二年（1852）府学恩贡。

詹云祥，学堂人，咸丰二年（1852）恩贡。

周肇基，拔贡周肇埔兄，咸丰三年（1853）恩贡。

刘健材，芷寮人，咸丰五年（1855）府学恩贡。

梁增禄，寮薀人，咸丰七年（1857）恩贡。

钟瀛光，万屋人，咸丰十年（1860）府学恩贡。

林诒杰，进士林召棠侄，咸丰十年（1860）恩贡，潮州府大埔县教谕。

林召桐，副贡林泰雯子，状元林召棠弟，咸丰十一年（1861）恩贡，候选直隶州州判。

林隆章，字斐堂，恩赐举人林纪蕴孙，岁贡林高鹏三子，副贡林隆基弟，咸丰十一年（1861）府学恩贡，琼州府文昌县教谕。林隆章生平深沉有智略，耐劳苦。其父林高鹏与李玉衡、吴章汉等筹资建立东水宾兴，资助贫寒士子考试经费，由他和李廷椿经理。他极力筹集，使大批士子深受其利。

招炳翘，水浦人，同治四年（1865）恩贡。

林诒薰，副贡林泰雯孙，进士林召棠次子，光绪元年（1875）恩贡。

林诒炘，副贡林泰雯孙，恩贡林召桐子，光绪五年（1879）恩贡。

李圣基，例贡李伟光孙，光绪八年（1882）恩贡，官惠州府和平县教谕，光绪二十一年（1895）任琼州府崖州学正①。

陈周祥，陈汝蕃子，光绪十五年（1889）恩贡。

5. 岁贡

顺治年间：

吴士望，明万历举人吴鼎泰子，由岁贡中康熙二年（1663）癸卯科举人。

吴士衮，吴鼎泰次子。士衮性孝友，好学能文，年长当成婚时遭逢亲丧，他朝夕哀毁，极尽孝道。有人劝他娶亲，被他断然拒绝。与乡里族人相处，

---

① ［清］张嶲修.（光绪）崖州志·卷十五·职官志（影印本）[M]. 广州：岭南美术出版社，2009：667.

他十分讲究恩义，以廉耻道德相砥砺。他还乐善好施，埋葬无主尸骨，赈济贫困乡人，终身不倦。顺治十四年（1657）时，被清政府旌奖"尚义"①。但他屡试不中，乡里士民都感到惋惜。

常修庸，常村人，明选贡常宗思次子，县志作岁贡，但《常氏谱》作拔贡。

林玉莹，万历岁贡林有誉子，博学能文，性孝友。其父患病久治不愈，他在家庙祷告希望以自己代替父亲受难，但不久他父亲病逝，丧事之后，他尽心尽力侍奉母亲。母亲去世后，他操办丧事，哀痛不已。康熙十一年（1672），授雷州府教授。林玉莹善诗文，有《行余集》传世。其《壬子选授雷州诗》云："绍述典型施教谕，靖州遗泽到雷州。"三藩之乱时他因故去职，叛乱平定后复职，其《丁巳领平藩金督图札复职诗》云："冷局青毡拜一官，徒然世事又更端。"②

林昌宙，府学岁贡。

姚太祥

李参天，中街人，府学岁贡。他生性孝顺友善，为人正直、勤俭，对乡里的后学也多有教导。

康熙年间：

麦华岐，明举人麦伦从孙。

林可樑，下街人，康熙十一年（1672）岁贡。林可樑"好古博达，恬淡山林"，以教书为业，乡里的文学之士多出其门③。

吴腾云，吴鼎和孙，廪生吴士标子，康熙间岁贡。他秉性朴素正直，乐善好学，曾参与纂修县志④。

吴奋第，上郭人。吴奋第对自己十分严格，对他人则十分随和。康熙

---

① ［清］毛昌善修.（光绪）吴川县志·卷七·吴士衮传（影印本）[M]. 广州：岭南美术出版社，2009：517.

② ［清］毛昌善修.（光绪）吴川县志·卷七·林玉莹传（影印本）[M]. 广州：岭南美术出版社，2009：517.

③ ［清］李高魁修.（道光）吴川县志·卷七·选举志（影印本）[M]. 广州：岭南美术出版社，2009：28.

④ ［清］毛昌善修.（光绪）吴川县志·卷七·吴士标传（影印本）[M]. 广州：岭南美术出版社，2009：517.

时因迁界所置产业全部废弃，因此生活清贫。又久困场屋，屡试不中，致积劳成疾，英年早逝①。

龙正伸，龙逢圣子，与修县志。

彭毓祥，府学岁贡，与修县志。

吴聊魁，上郭人。

林震煜，下街人，康熙十一年（1672）岁贡，与修县志，作《舆图说》。

林间挺，下街人，康熙十四年（1675）岁贡，两修县志。林间挺好义举，生前在坛地外岭东地方设立义冢，埋葬无主尸骨，被清政府下令旌奖②。

李孙虬，中街人，两修县志。

陈二生，府学岁贡。

关名魁

梁鼎鼇，康熙十七年（1678）岁贡。

林震乾，下街人，廪生林其翰父，两修县志。

麦秀岐，府学岁贡。

李炳伦

李凤英，府学岁贡。

陈曾启，陈绍颜子。

吴仲超，纳贡吴睿子，官琼州府文昌县训导③，两修县志。

陈玑

林中松，下街人，府学岁贡，与修县志。

李冲汉，字为章，廪生李苪苞子，中街人，官海康训导，署教谕，与修县志。李冲汉博通经史子集，尤其究心于程朱理学。任海康训导时，意欲振兴文教，

---

① ［清］毛昌善修.（光绪）吴川县志·卷七·吴奋第传（影印本）[M].广州：岭南美术出版社，2009：517.

② ［清］沈峻修.（乾隆）吴川县志·卷七·选举志（影印本）[M].广州：岭南美术出版社，2009：555.

③ ［清］张霈纂.（咸丰）文昌县志·卷八·职官志（影印本）[M].广州：岭南美术出版社，2009：336.

根据清政府政策，用程朱理学潜心教读生员。

陈文鼟，陈鼎和孙，与修邑志。

吴德秀

李干琼，平泽人，康熙三十三年（1694）岁贡。

林魁彦，府学岁贡，与修县志。林魁彦文行兼优，知县宋世远延请他为义学教官。

吴载锡，上郭人，与修县志。

陈所蕴

吴国佐

伍瑞

陈瑾

古佩景，原姓黎。

李时成，岁贡李参天孙。

易严聪，东岸人。

麦崇先，院村人，雍正九年（1731）任广州府顺德县训导①。麦崇先家贫，但恪尽孝道。他为人刚正不阿，在任六年，循循善诱，以课士为本。他曾参与纂修县志，经其校订的志稿载录十分公允，得到阖县的肯定。他精通经学，著有《诗经纂要》，汇编《养正金箴》，"一时学者户诵家弦"②。

林紫芝，廪生林天秀孙，生员林瑶植子，廪贡林紫云弟，琼州府澄迈县训导。林紫芝笃孝嗜学，品行贤良，喜好义举，曾参与修缮县学和文昌阁，还参与纂修县志③。

杨志先

①　［清］陈志仪修.（乾隆）顺德县志·卷八·职官志（影印本）[M]. 广州：岭南美术出版社，2009：366.

②　［清］毛昌善修.（光绪）吴川县志·卷七·麦崇先传（影印本）[M]. 广州：岭南美术出版社，2009：519.

③　［清］毛昌善修.（光绪）吴川县志·卷七·林紫云附林紫芝传（影印本）[M]. 广州：岭南美术出版社，2009：521.

陈首魁，田头人，惠州府和平县训导，与修县志。

杨志行，明纳贡杨甘来第六子，肇庆府新宁县训导，与修县志。他曾在北三地耕种，迭遭水灾，收成锐减，但征税如旧。他因此向县官呈请缓征，以纾民困，得到许可，从而使一方灾民受惠。

杨时行，杨志行兄。

覃思远，覃屋人，府学岁贡。乾隆《吴川县志》作雍正年间，《覃氏谱》作康熙五十六年（1717）岁贡，光绪《吴川县志》据此改为康熙年间。

林峻，樟木人，康熙五十八年（1719）岁贡。

杨待举，肇庆府恩平县训导。

雍正年间：

周公轼

吴国伦，上郭人，岁贡吴士衮曾孙，中雍正七年己酉科（1729）举人。

杨嵩，字伯岳，号柱中，廪生杨元瑛父，官琼州府乐会县训导。杨崇素性豪迈，乡里族人有迟疑不决的事情都请他判断。他的家境殷实，对贫困的族人和朋友皆有求必应。他对父母十分孝顺，父母去世后葬在雷州，他每月都去祭扫，"有终身孺慕之风"[1]。

陈梓升，泗岸人，武生陈宏功次子，雍正七年（1729）府学岁贡，乾隆十年（1745）任广州府龙门县训导[2]。

林杰，廪贡林中桧子，雍正八年（1730）岁贡，官浙江乌程县丞。林杰秉性孝友端方，疏财重义，常接济族中的穷人。他以读书为乐，将父亲遗留的数千财产全部赠给其弟林伟。他任乌程县丞时，廉洁奉公，所有的费用都管理得井井有条。在家闲居时，他还参与编纂县志[3]。

① ［清］毛昌善修.（光绪）吴川县志·卷七·杨嵩传（影印本）[M]. 广州：岭南美术出版社，2009：520.

② 邬庆时修.（民国）龙门县志·卷十一·职官志（影印本）[M]. 广州：岭南美术出版社，2009：496.

③ ［清］毛昌善修.（光绪）吴川县志·卷七·林杰传（影印本）[M]. 广州：岭南美术出版社，2009：524.

吴树锦，乾隆十一年1746任韶州府曲江县训导[1]，与修县志。

林世翘，廪贡林紫云子。

陈玉表，那蒙人，雍正九年（1731）岁贡，广西合浦县训导。

乾隆年间：

林世泰，廪贡林紫云从子，乾隆十年（1745）岁贡。

吴元宗，拔贡吴冲云子，惠州府博罗县训导。

薛裕

陈麟诏，泗岸人。

吴若宗，字公傅，举人吴士望孙，惠州府博罗县训导。案《吴氏谱》宗作琮。吴若宗秉性清心寡欲，矢志学文。他幼年时父亲去世，不久长兄又去世，他遵从母亲教诲，将产业奉送给寡嫂，被乡里称为"廉介乐善"之士[2]。

麦梦龙，广州府花县训导。

吴霁云，上郭人，增生吴鼎臣孙。吴霁云好学能文，且十分重视子侄的教育，每年都延请师傅教读，族中无钱延师的子弟也邀请过来一同学习。他的教育使子侄多有成就，其长子吴元功中乾隆二十五年庚辰科（1760）举人，次子吴元方中乾隆六年辛酉科（1741）武举人。他还热心公益，乾隆元年（1736）饥荒，他捐出谷米赈济灾民，受惠者众多[3]。

林世崧，岁贡林紫芝子，肇庆府高明县训导。

麦为仪，院村人。

麦国材，举人麦国树弟。

梁际时

吴国琰，拔贡吴观韶子，广州府新安县训导。

---

① ［清］张希京修.（光绪）曲江县志·卷一·职官表（影印本）[M]. 广州：岭南美术出版社，2009：254.

② ［清］毛昌善修.（光绪）吴川县志·卷七·吴若宗传（影印本）[M]. 广州：岭南美术出版社，2009：523.

③ ［清］毛昌善修.（光绪）吴川县志·卷七·吴霁云传（影印本）[M]. 广州：岭南美术出版社，2009：522.

林世宪，字鹤野，廪贡林紫云子，举人林香宾父，官肇庆府训导。林世宪幼年失恃，由父亲抚养成人，因此对父亲十分孝顺，随他就任香山训导时时刻不离左右。父亲再娶后，生子八人，他对这些异母弟弟都十分友爱。乾隆中，他由岁贡任肇庆府训导，致仕后以儒家格言潜心教育他的儿子，后以八十五岁高龄去世①。

林大华，惠州府龙川县训导。林大华英姿卓越，但为人谦逊沉静，博通经史。他不经营产业，以授徒为生，邑中名士多出其门②。

杨藩，瑚琳人，居中街。

吴文蔚，上郭人。

符显

李郁，平泽人，乾隆十九年（1754）岁贡，与修县志。李郁天资英敏，积学能文，曾十一次考取优等。他博通经术，教学数十年，"总以践履着实，扶持名教为主"③。

黎纲，字古愚，清贫力学，至老弗衰。他对《大学》《中庸》等书的要义体认精确，对于先儒的阐释无不融会贯通。平时他以教书为业，县中名士多出其门④。

龙仁

李卓峰

吴静，字镇峰，生员吴友文子，生员吴动兄，水潭人，乾隆二十三年（1758）府学岁贡。吴静天性淡泊，不喜经营，对继母十分孝顺，对诸弟友爱有加，相互之间的感情至老无间。知县推举他为乡饮正宾，但他自认为有愧于心，

① ［清］毛昌善修.（光绪）吴川县志·卷七·林世宪传（影印本）[M].广州：岭南美术出版社，2009：521.

② ［清］毛昌善修.（光绪）吴川县志·卷七·林大华传（影印本）[M].广州：岭南美术出版社，2009：524.

③ ［清］毛昌善修.（光绪）吴川县志·卷七·李郁传（影印本）[M].广州：岭南美术出版社，2009：529.

④ ［清］毛昌善修.（光绪）吴川县志·卷七·黎纲传（影印本）[M].广州：岭南美术出版社，2009：524.

推辞不就，后于六十四岁时去世①。

吴绍季

李中立，字强斋，中街人，岁贡李时成子，乾隆二十六年（1761）岁贡。李中立秉性温厚端方，尤重孝悌。他父亲赴省城考试时不幸在旅馆去世，他悲痛地扶棺返回安葬。他苦志立学，自壮至老都手不释卷，被知县推举为乡饮正宾，后在八十八岁时去世②。

林奠都，韶州府仁化县训导。

李元焱，乾隆五十一年（1786）任雷州府训导③。

吴凌文，雷州府徐闻县训导。

陈孔诱，平城人，韶州府乳源县训导。陈孔诱生平严正，宅心仁厚，对父母十分孝顺，奉养无间。他为人喜平淡，不喜交游。他对苟且得利觉得十分可耻，因此从不奔竞攀缘，被士民誉为"老成典型"④。

陈韩书，泗岸人

常璟光，常村人。

林邦瑞，字泽轩，增生林卿雯父，举人林锡爵祖父，下街人，乾隆二十七年（1762）岁贡。林邦瑞弱冠即食廪饩，文名甚著，与族弟林闱阶齐名。学政程岩在岁试看到他的试卷时"击节叹赏，命随行训课"，但到高州时他母亲生病，返回照料，因此，没有参加科考（选拔生员参加乡试的考试）。后来虽然补考名列一等，也不能参加乡试，程岩因此替他感到惋惜，但他自己怡然不以为意。林邦瑞才学出众，然久困场屋，仅以岁贡终老⑤。

① ［清］毛昌善修.（光绪）吴川县志·卷七·吴静传（影印本）[M]. 广州：岭南美术出版社，2009：524.

② ［清］毛昌善修.（光绪）吴川县志·卷七·李中立传（影印本）[M]. 广州：岭南美术出版社，2009：524.

③ ［清］雷学海修.（嘉庆）雷州府志·卷九·职官志（影印本）[M]. 上海：上海书店出版社，2003：291.

④ ［清］毛昌善修.（光绪）吴川县志·卷七·陈孔诱传（影印本）[M]. 广州：岭南美术出版社，2009：524.

⑤ ［清］毛昌善修.（光绪）吴川县志·卷七·林邦瑞传（影印本）[M]. 广州：岭南美术出版社，2009：532.

林式侨，副贡林宏朝子，乾隆三十八年（1773）岁贡，惠州府和平县训导。

林式中，字通南，副贡林宏朝子，下街人，乾隆三十九年（1774）岁贡，官雷州府海康县训导。林式中博览群书，善诗文，常年以授徒为业，生徒甚众。乾隆五十五年（1790），他参与修撰县志，晚年任职海康训导，年七十余仍读书不辍，后以八十七岁高龄去世。

周文明，岁贡周公轼子。

杨树松，字四荣，家贫嗜学，秉性简洁厚道。他对母亲极孝顺，母亲年逾九十，自己仍像孩童一样对她钦慕尊重[①]。

李本卓，平泽人，乾隆四十五年（1780）岁贡。李本卓文章古奥深邃，考试屡次名列前茅。他研究四书五经数十年，昼夜不辍，将研究心得集为《学庸论语注解》，但未完成便去世了，十分可惜[②]。

姚壮猷，姚村人。

梁周封，乾隆四十八年（1783）岁贡。

陈珩，岁贡。

吴振发，字跃亭，水潭人，乾隆五十年（1785）府学岁贡。吴振发年少好学，弱冠即成廪生，先后七次考取优等，受到学政边继祖、翁方纲的赏识。可惜他后来久困场屋，屡试不中，以教书为业。因他学识深厚，教学有法，因此四方士民"闻风景附"。教学之余，他每年都将五经温习一遍。吴振发善文章，文笔深厚纯粹，著有《古心讲义》[③]。

邱肇来，院村邱屋人，乾隆五十二年（1787）岁贡。

陈腹蕴，岁贡陈玉表子。

李健荣，三柏人。健荣少孤，侍奉母亲以孝闻于乡里。他家贫力学，

① ［清］毛昌善修.（光绪）吴川县志·卷七·杨树松传（影印本）[M].广州：岭南美术出版社，2009：526.

② ［清］毛昌善修.（光绪）吴川县志·卷七·李本卓传（影印本）[M].广州：岭南美术出版社，2009：524.

③ ［清］毛昌善修.（光绪）吴川县志·卷七·吴振发传（影印本）[M].广州：岭南美术出版社，2009：528.

年少中生员，受到学政郑宪文的赏识，视为"渥洼神驹"。健荣涵养纯粹，喜怒不形于色；知识渊博，乡里名士多喜欢与他交游。但他屡试不爽，晚年筑别业于章栋，以诗文书史自娱，世称"栋山先生"①。

詹周佐，铨选琼州府乐会县训导，不仕。

易业镐，增生易端侄，上杭人，嘉庆二十三年（1818）任嘉应州训导②。业镐与弟业铨苦志力学，不问产业，至老不售，以授徒为业，多所成就。

冼谷辉，乾隆五十八年（1793）岁贡。

嘉庆年间：

李泮荣，三柏人，府学岁贡，铨选肇庆府高要县训导。

易业霈，上杭人。

林熙雯，拔贡林邦璿子，惠州府河源县训导。

林健亭，廪贡林伟孙，嘉庆三年（1798）岁贡，广州府清远县训导。

吴骏基，上郭人。

梁兆益

李上明，三柏人，迁梅菉，州判。

林韩文，下街人，嘉庆九年（1804）岁贡。

钟元澍，字愚庵，府学岁贡。元澍矢志力学，读书不辍，对宋儒理学诸书都有涉猎，在家授徒以《小学》《近思录》二书为根本。他家不富裕，但经常将学费捐给贫困的乡民，自己还因此常常囊空如洗。他则安贫乐道，毫不在意③。

吴华川，上郭人。

李珠，府学岁贡。

---

① ［清］毛昌善修.（光绪）吴川县志·卷七·李健荣传（影印本）[M].广州：岭南美术出版社，2009：530.

② ［清］吴宗焯修.（光绪）嘉应州志·卷十八·官师表（影印本）[M].广州：岭南美术出版社，2009：310.

③ ［清］毛昌善修.（光绪）吴川县志·卷七·钟元澍传（影印本）[M].广州：岭南美术出版社，2009：533.

陈国光，字宾之，泗岸人，孝子陈秋润孙，监生陈敏本子，嘉庆十五年（1810）岁贡，与修县志。陈国光十八岁中生员，乾隆五十一年丙午科（1786）乡试发榜之后主考官才看到他的试卷，"叹遗才，移中丞，令肄业书院"。之后他入粤秀书院读书，与学者宋湘、罗礼锦等关系友善，宋、罗对他的才华也十分折服，但他后来屡试不中，以岁贡终老，道光九年（1829）去世[1]。

孙德器，唐基人，嘉庆十七年（1812）岁贡。

庞英佐，米稔洞人，府学岁贡，铨选惠州府归善县训导，未就任而卒。

陈楷，恩赐副贡陈邦礼子，嘉庆十九年（1814）府学岁贡，道光十五年乙未科（1835）恩赐举人。

麦方进

覃广忠，岁贡覃思远曾孙，嘉庆十九年（1814）岁贡。

郑宇元，恩贡郑宇泰弟，嘉庆二十一年（1816）岁贡。

林德天，下街人，嘉庆二十一年（1816）府学岁贡，琼州府会同县训导，与修县志。

陈式经，嘉庆十七年（1812）雷州府海康县训导[2]。

吴兆龄，上郭人，嘉庆二十三年（1818）岁贡。

李滋中

梁兆義，嘉庆二十五年（1820）府学岁贡。

道光年间：

叶怀东，龙窦村人，道光二年（1822）岁贡。

林慰祖，下街人，道光四年（1824）岁贡。

李士衡，字平堂，拔贡李士麟弟，道光六年（1826）岁贡，署韶州教授，

---

① ［清］毛昌善修.（光绪）吴川县志·卷七·陈国光传（影印本）[M]. 广州：岭南美术出版社，2009：531.

② 梁成久纂.（民国）海康县续志·卷十七·职官志（影印本）[M]. 广州：岭南美术出版社，2009：775.

历任潮州府大埔县、韶州府乳源县教谕，署连州学正。李士衡有干才，任劳任怨，在乡倡议设立东水宾兴，嘉惠乡里贫寒士子。在署廉州学正任时，有一件冒籍考试案件缠绕诉讼十余年，县令请他断案，很快就处理好了，原告与被告都服帖[①]。

莫比道，道光七年（1827）府学岁贡，与修县志。

郑宇，荣生员郑辉孙，道光八年（1828）岁贡，与修县志。

林守忠，下街人，道光九年（1829）府学岁贡。

林高鹏，字羽健，恩赐举人林纪蕴子，道光十年（1830）岁贡，福建永安县训导。林高鹏善理财，生员林文捷将捐给张惠二公祠的钱由他经纪打理，不但使祠堂祭祀香火旺盛，还有余资料理林文捷后事。他先祖的南峰公祠产业微薄，他捐献自己的廪膳银两，其他弟侄见此也纷纷捐献，祠产因此丰裕起来[②]。

郑光藩，黄陂人，迁南寨，道光十二年（1832）岁贡。

莫若昌，道光十三年（1833）府学岁贡，进学六十载，重游泮水。

梁增寿，道光十四年（1834）府学岁贡。

林日亨，下街人，道光十四年（1834）岁贡。

吴挥猷，上郭人，道光十五年（1835）府学岁贡，与修县志。

詹鸿章，詹辉曾孙，道光十六年（1836）府学岁贡。

陈敏元，举人陈璋润子，道光十六年（1836）岁贡。光绪《高州府志》作道光岁贡，又作十六年恩赐副贡。光绪《吴川县志》的选举志及陈璋润传记均作岁贡，因此从之。

吴镇南，秀幹人，道光十八年（1838）岁贡。

李昌泗，道光二十年（1840）岁贡，与修县志。

莫芬芳，道光二十一年（1841）府学岁贡。

①　[清] 毛昌善修.（光绪）吴川县志·卷七·李士衡传（影印本）[M]. 广州：岭南美术出版社，2009：541.

②　[清] 毛昌善修.（光绪）吴川县志·卷七·林高鹏传（影印本）[M]. 广州：岭南美术出版社，2009：544.

林昌裘，拔贡林懋修子，道光二十二年（1842）岁贡，与修县志。

李楹材，麻登人，道光二十四年（1844）岁贡。

陈兰舒，陈景清孙，生员陈训行长子，进士陈兰彬兄，道光二十六年（1846）府学岁贡，道光二十九年（1849）任琼州府文昌县训导[①]。陈兰舒浑厚谨饬，在县学时八次考列一等。

黄元德，岭头街人，道光二十六年（1846）岁贡。

陈文龙，道光二十七年（1847）府学岁贡。

吴章汉，原名高魁，字星烺，吴国芳曾孙，举人吴锡庚祖父，道光二十八年（1848）岁贡。吴章汉性质朴，家里在城区衙署附近，但没有公事他很少踏入衙署。若有关乡里的公事，他则亲自往来衙署处理，不厌其烦。他与林隆章等人建立东水宾兴，嘉惠士子[②]。

陈诰，田头人，道光二十九年（1849）府学岁贡，惠州府和平县训导。

黄琮，道光三十年（1850）岁贡。

郑高文，字兰池，生员郑辉曾孙，约道光间岁贡，《吴川县志》无载，据县志本传补录。郑高文生性孝友，家族中贫不能取、老无以养的人，他都尽心资助。他为人谨慎严格，一生以造就后进成材为务，非公事不与公家交往。闲时他以读书为乐，兼通诸子百家及天文诸书，著有《学庸详解》《五经音训》《心日斋诗草》《铁仙镇海楼集注》《唐七律一百首》等书[③]。

咸丰年间：

林启杰，下街人，咸丰二年（1852）府学岁贡。

林期昌，下街人，咸丰二年（1852）岁贡。

吴蔼阳，岁贡吴挥猷子，咸丰四年（1854）岁贡。

---

① 李钟岳修.（民国）文昌县志·卷八·职官志（影印本）[M]. 广州：岭南美术出版社，2009：169.

② ［清］毛昌善修.（光绪）吴川县志·卷七·吴章汉传（影印本）[M]. 广州：岭南美术出版社，2009：546.

③ ［清］毛昌善修.（光绪）吴川县志·卷七·郑高文传（影印本）[M]. 广州：岭南美术出版社，2009：544.

钟怡祖，九有人，咸丰四年（1854）岁贡，历任韶州府乳源县、琼州府儋州训导。

黄廷铨，岭头街人，咸丰六年（1856）岁贡，进学六十载，重游泮水，光绪五年己卯科（1879）恩赐举人。

麦绣朕，院村人，咸丰七年（1857）府学岁贡。

吴树勋，咸丰七年（1857）府学岁贡，同治六年丁卯科（1867）恩赐举人。

李岩，平泽人，咸丰八年（1858）岁贡。

冼泉香，马村人，咸丰十年（1860）岁贡。

同治年间：

林隆升，恩赐举人林纪蕴孙，附贡林高翔子，同治元年（1862）府学岁贡，光绪五年己卯科（1879）恩赐举人。光绪《吴川县志》误作光绪乙卯，光绪年间无乙卯年；又县志附传作恩贡。

孙祖贻，字穀田，三江人，居下街，同治元年（1862）岁贡。孙祖贻十四岁肄业于吴阳书院，十八岁中生员，屡试优等，但以岁贡终老。他精研宋人骈文，善诗赋，"其律赋词锋敏妙，别饶天趣；诗韶秀有元人风调"，著有《燕翼堂赋稿》[①]。

陈魁廷，同治三年（1864）府学岁贡。

李章熹，恩贡李士鼇孙，同治三年（1864）岁贡，署乐会、感恩教谕，崖州学正。

李廷椿，恩贡李士鼇子，同治五年（1866）岁贡，历任琼州府万州、肇庆府阳春县训导，同治九年（1870）任澄迈县训导[②]。李廷椿为人宽厚，吃苦耐劳，同治时鼎力支持知县姜光耀整修吴川城。他乐善好施，常资助贫困乡民，甚至帮忙缴纳拖欠的赋税，因此晚年颇为贫困，但他仍不以为然。

① ［清］毛昌善修．（光绪）吴川县志·卷七·孙祖贻传（影印本）[M]．广州：岭南美术出版社，2009：549．

② ［清］龙朝翊修．（光绪）澄迈县志·卷六·职官志（影印本）[M]．广州：岭南美术出版社，2009：556．

任教职时，他爱惜学生，不责脩脯，因此得到各地生员的赞誉。

麦岐青，岁贡麦绣塍弟，同治七年（1868）岁贡。

李庆昌，平泽人，同治九年（1870）岁贡。

林隆焕，恩赐举人林纪蕴孙，同治十一年（1872）府学岁贡，民国《海康县志》作恩贡，光绪五年（1879）十一月署雷州府海康县教谕，一年后卸任①，转署遂溪县教谕，光绪十三年（1887）闰四月署海康县训导②。

李星祥，字魁楼，举人李上猷孙，廪生李滋康子，三柏人，居梅菉，同治十一年（1872）岁贡。据方志载李星祥，"性友爱。其弟不事产业，好饮酒，星祥自奉甚薄而于弟佐酒物无或缺。弟得□疾，每夜必费百钱俟僱工抑按，皆出自星祥馆谷中，其笃挚如此"③。

易体贤，上杭人，同治十三年（1874）府学岁贡。

林冠群，下街人，同治十三年（1874）岁贡。

光绪年间：

招贤，水浦人，光绪二年（1876）岁贡，尽先选用训导。

林春华，附贡林仲律元孙，光绪四年（1878）岁贡。

李华旭，中街人，光绪六年（1880）岁贡，署潮州府大埔县训导，兼理教谕，光绪二十四年（1898）任琼州府澄迈县教谕④。

吴宣崇，举人吴懋清孙，优贡吴方翱子，光绪八年（1882）岁贡。

黄国祥，麻俸人，光绪八年（1882）府学岁贡。

陈嵩琪，进士陈兰彬子，光绪十年（1884）岁贡，尽先选用训导，光

---

① 梁成久纂.（民国）海康县续志·卷十七·职官志（影印本）[M]. 广州：岭南美术出版社，2009：778.

② 梁成久纂.（民国）海康县续志·卷十七·职官志（影印本）[M]. 广州：岭南美术出版社，2009：779.

③ ［清］毛昌善修.（光绪）吴川县志·卷七·李星祥传（影印本）[M]. 广州：岭南美术出版社，2009：302.

④ ［清］龙朝翊修.（光绪）澄迈县志·卷六·职官志（影印本）[M]. 广州：岭南美术出版社，2009：554.

绪二十三年（1897）任琼州府澄迈县教谕[1]，光绪《澄迈县志》作陈嵩齐。

林瑞侯，光绪十二年（1886）岁贡，分发训导。

庞文耀，那洋人，光绪十三年（1887）府学岁贡。

李培霖，岭博人，光绪十四年（1888）岁贡，琼州府侯委训导。

黄超龙，光绪十五年（1889）岁贡。

杨徽，杨洛钟子，光绪十七年（1891）岁贡，光绪二十八年任南雄府始兴县教谕[2]。

名分不详贡生：

李登云，字天简，号健庵，正贡生。《吴川县志·选举志》无载，据县志本传补。李登云学问醇正，师范端严，每年从各地来向他学习的不下百人。邻里乡党有是非争端的都请他来判断，只要他一说，无论长幼尊卑无不服帖遵从。因此他在乡里有很高威望，人们尊称他为"天简先生"[3]。

郑良，黄坡人，生员郑辉父，正贡生。《吴川县志·选举志》无载，据县志本传补。郑良贫而好学，雍正八年（1730）举乡饮大宾，并参与编纂县志[4]。

吴元起，字喜子，上郭人，贡生，嗜学孝友，屡膺乡饮大宾[5]。《吴川县志·选举志》无载，据县志本传补。

陈式东，字法南，乾隆时贡生。陈式东秉性孝友乐善，亲丧哀毁骨立。乾隆二十三年（1758）饥荒，他将家中物资拿出赈济灾民，许多灾民赖此

① ［清］龙朝翊修.（光绪）澄迈县志·卷六·职官志（影印本）[M]. 广州：岭南美术出版社，2009：553.

② 陈赓虞纂.（民国）始兴县志·卷二·职官略（影印本）[M]. 广州：岭南美术出版社，2009：22.

③ ［清］毛昌善修.（光绪）吴川县志·卷七·李登云传（影印本）[M]. 广州：岭南美术出版社，2009：524.

④ ［清］毛昌善修.（光绪）吴川县志·卷七·郑良传（影印本）[M]. 广州：岭南美术出版社，2009：525.

⑤ ［清］毛昌善修.（光绪）吴川县志·卷七·吴元起传（影印本）[M]. 广州：岭南美术出版社，2009：527.

保全性命①。《吴川县志·选举志》无载，据县志本传补。

吴邦卿，字敏庵，水潭人，贡生。他幼年失怙，由母亲抚养长大。他与兄吴邦倚尽心侍奉母亲，十分孝顺。他们兄弟关系和睦，兄长去世后，他像自己儿子一样抚养几个侄子长大成人②。

李自畅，那罗人，贡生，乾隆五十四年（1789）举人李元琳父③。李自畅早年失怙，谨孝侍奉母亲数十年如一日。他在家设立私塾延请师儒教育诸子，先后有七人考中功名。

6. 例贡：

康熙年间：

林中桧，岁贡林杰父，廪贡，韶州府训导。

易畅元，廪贡。

林紫云，廪贡，乾隆十年（1745）任广州府香山训导④。雍正《吴川县志》"选举志"作捐贡⑤，道光县志"选举志"作廪贡，但本传误作岁贡⑥；光绪《香山县志》亦误为岁贡。他生平"孝友可风，廉节足式"，乡里遭受灾害时，大多依赖他的赈济救助。在任训导时，他辛勤教导，诲人不倦，希冀所有学生都受到良好教育。卸任之后，他还参与纂修县志，后来以八十八岁高

① ［清］毛昌善修.（光绪）吴川县志·卷七·陈式东传（影印本）[M].广州：岭南美术出版社，2009：527.

② ［清］毛昌善修.（光绪）吴川县志·卷七·吴邦卿传（影印本）[M].广州：岭南美术出版社，2009：527.

③ ［清］毛昌善修.（光绪）吴川县志·卷七·李元彬传（影印本）[M].广州：岭南美术出版社，2009：531.

④ ［清］田明曜修，陈澧纂.（光绪）香山县志·卷十·职官表（影印本）[M].广州：岭南美术出版社，2009：185.

⑤ ［清］盛熙祚纂修.（雍正）吴川县志·卷七·选举志[M].广州：岭南美术出版社，2009：386.

⑥ ［清］李高魁，［清］叶载文.（道光）吴川县志·卷八·人物传（影印本）[M].广州：岭南美术出版社，2009：129、147.

寿去世①。

吴飞云，廪贡。

林宜瀛，廪贡。

吴圣举，例贡，安邑县丞。

雍正年间：

杨士英

吴时芳

陈辂，廪贡。

林伟，廪贡，任广州府新会县、琼州府感恩县训导，升乌程县丞，署德清知县事。

乾隆年间：

林一华，廪贡，民国《儋县志》作林华，乾隆十七年（1752）任琼州府儋州训导②。

黄德厚，例贡黄通理子，拔贡黄德屏兄，廪贡，乾隆十五年（1750）任肇庆府新兴教谕③，乾隆十八年（1753）调琼州府崖州学正，协修《崖州志》④。

李上元，廪贡，国子监肄业，署广州府香山县教谕，乾隆五十七年（1792）任广州府新安县训导⑤。

李上耀，廪贡。

---

① ［清］李高魁，［清］叶载文.（道光）吴川县志·卷八·林紫云传（影印本）[M].广州：岭南美术出版社，2009：147.

② 王国宪纂.（民国）儋县志·卷十二·职官志（影印本）[M].广州：岭南美术出版社，2009：1087.

③ ［清］刘芳修.（乾隆）新兴县志·卷十九·秩官志（影印本）[M].广州：岭南美术出版社，2009：138.

④ ［清］张嶲修.（光绪）崖州志·卷十五·职官志（影印本）[M].广州：岭南美术出版社，2009：667.

⑤ ［清］舒懋官修.（嘉庆）新安县志·卷五·职官志（影印本）[M].台北：成文出版社有限公司，1967：183.

黄卿才，岭头街人，龙门都司黄仁孙，候选卫千总黄翼夫子，廪贡，官连州阳山县教谕，乾隆五十九年（1794）调任琼州府澄迈县教谕[①]。

李上岐，廪贡，国子监肄业，嘉庆十年（1805）十一月署肇庆府开建县训导[②]。

孙崇修，詹事府主簿。

李滋涛，廪贡，惠州府海丰县教谕。

林鹏翀，岁贡林世宪孙，举人林香宾子，廪贡，廉州府训导。他幼年丧父，由祖父抚养长大，因此对祖父十分崇敬。分家时，他将父亲所留遗产分给兄长，自己只留薄产度日，闲时则严格训导弟侄。他的姑母年轻时守寡，他与族人纷纷捐助资产赈济她生活。在为官时，学生有无辜受到牵连的，他都尽力为他们提供帮助[③]。

詹时风，廪贡，肇庆府德庆州训导。

李相邦，廪贡，潮州府惠来县、琼州府陵水县教谕。

李玉葭，廪贡，候选训导。

李学成，廪贡。

吴举廷，生员吴动子，举人吴河光父，廪贡。吴举廷少孤力学，与兄弟亲族友爱无间。吴川县城开设文明门，他于此经营筹划之功甚多[④]。

钟廼谟，廪贡，分发教谕，署廉州府教授。

黄秀夫，岭头街人，龙门都司黄仁子，廪贡黄文才父，例贡。黄秀夫为人孝友仗义，他父亲晚年得足疾，行走不便，他扶持六七年不辍。有人将数百金寄托在他那里，但不久猝死，他将钱款如数归还其子，其子十分

---

① ［清］龙朝翊修.（光绪）澄迈县志·卷六·职官志（影印本）[M]. 广州：岭南美术出版社，2009：553.

② ［清］余瀚修.（道光）开建县志·卷四·官师志（影印本）[M]. 广州：岭南美术出版社，2009：275.

③ ［清］毛昌善修.（光绪）吴川县志·卷七·林紫云附林鹏翀传（影印本）[M]. 广州：岭南美术出版社，2009：521.

④ ［清］毛昌善修.（光绪）吴川县志·卷七·吴动附吴举廷传（影印本）[M]. 广州：岭南美术出版社，2009：524.

惊讶，因为他并不知道这件事。黄秀夫妻子去世后，别人都劝他续弦，他以有子为由婉拒。他七旬诞辰时，正好其长子黄文才在国子监学习，大学士瑚图礼得知后，特写序文为他祝寿①。

黄文才，字钟华，例贡黄秀夫子，廪贡，国子监肄业，署广州府顺德县、肇庆府高要县教谕②。县志本传又作字质庵，他在国子监学习期间，著名学者汪由敦任国子监祭酒，十分欣赏他的才华。他与当时在朝为官的同乡士人郑士超、冯敏昌等文章志趣相投，为道德之友③。

黄瀚才，廪贡黄文才弟，嘉庆十三年（1808）署湖北松滋知县，同治《松滋县志》作监生④。

黄祖香，江苏泰州运判。

林高翔，字羽丰，下街人，恩赐举人林纪蕴长子，恩贡林隆升父，附贡，候选县丞。

林章树，增贡，候选布政司经历。

李滋培，署安徽阜阳县丞。

汪浩，廪贡，即补训导。

陈秉钧，增贡，咸丰二年（1852）署琼州定安县教谕，据光绪《定安县志》补⑤。

林启熙，增贡，同治四年（1865）任琼州府文昌县训导⑥，又同治时任

---

①　［清］毛昌善修 .（光绪）吴川县志·卷七·黄仁附黄秀夫传（影印本）[M]. 广州：岭南美术出版社，2009：529.

②　［清］林召棠 . 心亭亭居文存·二·黄质园公墓表 [M]. 清代稿抄本，第529页。

③　［清］毛昌善修 .（光绪）吴川县志·卷七·黄文才传（影印本）[M]. 广州：岭南美术出版社，2009：535.

④　［清］吕绪云修 .（同治）松滋县志·卷七·职官志（影印本）[M].[M]. 南京：江苏古籍出版社，2001：485.

⑤　［清］吴应廉修 .（光绪）定安县志·卷四·职官志（影印本）[M]. 广州：岭南美术出版社，2009：460.

⑥　李钟岳修 .（民国）文昌县志·卷八·职官志（影印本）[M]. 广州：岭南美术出版社，2009：169.

广州府龙门县训导^①。

林钟晃,廪贡,同治六年(1867)署广州府东莞县训导,据宣统《东莞县志》补^②。

梁廷桢,附贡,同治六年(1867)任琼州府文昌县训导^③,同治十二年(1873)任定安县训导^④,光绪四年(1878)任澄迈县教谕^⑤,又任昌化县教谕^⑥,光绪《昌化县志》作廪生。

黄抡材,附贡,光绪二十四年(1898)任琼州府文昌县训导^⑦。

李镇南,附贡,光绪三十三年(1907)署琼州府文昌县训导^⑧。

以下据光绪《吴川县志·人物志》录入:

陈抱,廪贡。他生平孝友,轻财仗义,凡是关于风俗教化的事情他都勇于担当,如建设考棚、经营祖祠、捐送学田等,都是跟文化教育相关的美事^⑨。

林仲律,附贡。他为人好善乐施,见义勇为。吴川县移建县署,开文明门,他出力甚多。乾隆四十三年(1778)、四十四年(1779),吴川连续两年大旱,

---

① 邬庆时修.(民国)龙门县志·卷十一·职官志(影印本)[M].广州:岭南美术出版社,2009:496.

② 叶觉迈修.(宣统)东莞县志·卷四十二·职官志(影印本)[M].广州:岭南美术出版社,2007:454.

③ 李钟岳修.(民国)文昌县志·卷八·职官志(影印本)[M].广州:岭南美术出版社,2009:169.

④ [清]吴应廉修.(光绪)定安县志·卷四·职官志(影印本)[M].广州:岭南美术出版社,2009:462.

⑤ [清]龙朝翊修.(光绪)澄迈县志·卷六·职官志(影印本)[M].广州:岭南美术出版社,2009:553.

⑥ [清]李有益修.(光绪)昌化县志·卷六·职官志(影印本)[M].广州:岭南美术出版社,2009:61.

⑦ 李钟岳修.(民国)文昌县志·卷八·职官志(影印本)[M].广州:岭南美术出版社,2009:169.

⑧ 李钟岳修.(民国)文昌县志·卷八·职官志(影印本)[M].广州:岭南美术出版社,2009:169.

⑨ [清]毛昌善修.(光绪)吴川县志·卷七·陈抱传(影印本)[M].广州:岭南美术出版社,2009:524.

饿殍相望。他见此便设粥厂赈济灾民，倾囊以赴，不足则典卖家产维持，许多灾民因此得以存活下来①。

吴若益，例贡。他公道为心，遇事仗义，乐善好施。县里修建工程、各种赈济事务他都乐意出资资助。知县因此题写其门额曰"惠遍亲伦"②。

吴元文，例贡。吴元文尊师重道，教子有方。同时他乐善好施，在饥馑年份时主动捐出粮食赈济灾民，族中修建祠堂也常捐助资金支持③。

李元果，李存性孙，监生李自苏长子，那罗人，乾隆中例贡。李元果生性淳厚，对父母孝顺，对兄弟和善，尤乐善好施。乾隆四十三年（1778），吴川县大旱，饥馑严重，他捐献粮食赈济灾民，按察司官员因此题其门额曰"为善必昌"④。

李元森，李存性孙，监生李自苏次子，那罗人，乾隆中例贡。李元森亦孝友，喜吟咏，善医术，也像他哥哥一样乐善好施。乾隆四十三年（1778）旱灾时，他也捐献粮食赈济灾民，知县宗杰因此题其门额曰"克敦梓谊"⑤。

陈就虞，字古庵，乾塘人，居黄坡，年三十九岁才中生员，后捐纳成例贡。

林大参，下街人，例贡。林大参言行谨笃，善事父母。他的母亲患哮喘，晚上咳嗽无法入睡，他与妻子陈氏日夜照顾不辍。他母亲去世时，悲痛不已，按丧礼要求谨慎地办理丧事。他急公好义，族中族人因贫困去世无钱安葬的，或因贫困无法完婚的，他都捐资资助⑥。

---

①　[清]毛昌善修.（光绪）吴川县志·卷七·林仲律传（影印本）[M].广州：岭南美术出版社，2009：524.

②　[清]毛昌善修.（光绪）吴川县志·卷七·吴若益传（影印本）[M].广州：岭南美术出版社，2009：524.

③　[清]毛昌善修.（光绪）吴川县志·卷七·吴若文传（影印本）[M].广州：岭南美术出版社，2009：525.

④　[清]毛昌善修.（光绪）吴川县志·卷七·李存性附李元果传（影印本）[M].广州：岭南美术出版社，2009：525.

⑤　[清]毛昌善修.（光绪）吴川县志·卷七·李存性附李元森传（影印本）[M].广州：岭南美术出版社，2009：525.

⑥　[清]毛昌善修.（光绪）吴川县志·卷七·林大参传（影印本）[M].广州：岭南美术出版社，2009：526.

李玉芳，廪生李若香孙，举人李玉华兄，增贡。

黄通理，拔贡黄德屏父，乾隆时例贡。

陈素蕴，泗岸人，岁贡陈国光曾祖，附贡生。

李政，字齐均，中街人，监生李元翰子，岁贡李士典父，增贡。李政孝友端方，嗜好古学，尤好性理书籍，常抄录朱熹格言自勉。他为人正直，不谄媚不高傲，以礼字守，因此乡里都很敬畏他。他的文章笔力苍劲，受到学政翁方纲的赏识，但始终没有考中更高的功名。晚年时，知县郑銮、训导罗跻瀛欲推举他为孝廉方正，他力辞不受①。

李士龙，字见卿，中街人，廪贡。士龙孝友清介，才识过人，由廪贡官雷州府海康、遂溪训导，勉励学生敦行立品。嘉庆十三年（1808）他任琼州府澄迈县训导②，并出任景苏书院山长，将所得薪金作为学生的膏火银，并倾囊出资创建宾兴，促进澄迈教育的发展③。

吴士彦，举人吴懋清子，廪贡，中书科中书。

吴士尽，举人吴懋清子，廪贡，尽先选用训导。

黄玉麟，附贡，同治四年（1865）署琼州府定安县训导④。

李廷璋，岁贡李士衡子，增贡，咸丰十一年（1861）任韶州府仁化县教谕⑤，同治四年（1865）任琼州府崖州学正⑥，次年保升知县，补普宁教谕，未就任而卒。

① ［清］毛昌善修.（光绪）吴川县志·卷七·李政传（影印本）[M]. 广州：岭南美术出版社，2009：533.

② ［清］龙朝翊修.（光绪）澄迈县志·卷六·职官志（影印本）[M]. 广州：岭南美术出版社，2009：555.

③ ［清］毛昌善修.（光绪）吴川县志·卷七·李士龙传（影印本）[M]. 广州：岭南美术出版社，2009：533.

④ ［清］吴应廉修.（光绪）定安县志·卷四·职官志（影印本）[M]. 广州：岭南美术出版社，2009：462.

⑤ ［清］陈鸿修.（光绪）仁化县志·卷四·职官志（影印本）[M]. 广州：岭南美术出版社，2009：410.

⑥ ［清］张嶲修.（光绪）崖州志·卷十五·职官志（影印本）[M]. 广州：岭南美术出版社，2009：667.

陈兰畴，陈兰彬弟，附贡，署潮州教授。

陈兰植，附贡，同治时任肇庆府阳江县教谕。

陈捷秋，附贡，道光时任肇庆府阳江县训导。

陈曾庆，字荫园，黄坡人，道光间附贡，选用县丞。

梁步云，增贡，光绪元年（1875）任琼州府定安县训导，据光绪《定安县志》补①。

郑侨勋，岁贡郑高文孙，候选州判郑徽兰子，廪贡，同治十一年（1872）署雷州府海康县训导②，不久署遂溪训导，光绪七年（1881）九月至次年三月、二十一年（1895）闰五月次年六月两度复署海康县训导③，后升雷州府徐闻县教谕④，光绪二十四年（1898）任琼州府澄迈县训导⑤。

李伟光，字奇轩，岭头人，增贡，训导，署钦州学正。

李静香，字育圃，岭博人，增贡，候补训导。李静香自少孝顺，弱冠父母相继去世，侍奉后母如同亲生母亲一般。不久，其弟去世，他将襁褓中的侄子视如己出，悉心养育。他在家设私塾，延请师傅教授子侄，并且严加督导，因此子侄中先后有五六人考取生员⑥。

李廷松，恩贡李士鳌子，附贡。廷松诚朴好善，时称长者。他醉心于八股文章，但七次参加乡试都没考中，后捐纳贡生，晚年官肇庆府封川县训导。

黄兆熊，附贡，同治八年（1869）八月任潮州府饶平县教谕，光绪二

① ［清］吴应廉修.（光绪）定安县志·卷四·职官志（影印本）[M]. 广州：岭南美术出版社，2009：462.

② 梁成久纂.（民国）海康县续志·卷十七·职官志（影印本）[M]. 广州：岭南美术出版社，2009：777.

③ 梁成久纂.（民国）海康县续志·卷十七·职官志（影印本）[M]. 广州：岭南美术出版社，2009：778、780.

④ ［清］王辅之修.（宣统）徐闻县志·卷七·职官志（影印本）[M]. 广州：岭南美术出版社，2009：469.

⑤ ［清］龙朝翊修.（光绪）澄迈县志·卷六·职官志（影印本）[M]. 广州：岭南美术出版社，2009：556.

⑥ ［清］毛昌善修.（光绪）吴川县志·卷七·李静香传（影印本）[M]. 广州：岭南美术出版社，2009：546.

年（1876）十一月卸任，据光绪《饶平县志》补①。

李章焯，岁贡李廷椿子，附贡。

李章煊，岁贡李廷椿子，增贡，光绪六年（1880）任琼州府文昌县训导②。

李培遂，增贡，光绪十六年（1890）任琼州府澄迈县训导③。

钟灵，附贡，光绪二十三年（1897）任琼州府崖州学正④，光绪二十八年（1902）任澄迈县训导，光绪三十一年（1905）任教谕⑤。

钟文彬，廪贡，光绪二十七年（1901）任琼州府崖州学正⑥。

李桂馨，附贡，光绪二十五年（1899）任琼州府澄迈县训导，光绪三十一年（1905）任教谕，据光绪《澄迈县志》补⑦。

许尔赓，附贡，光绪三十一年（1905）任琼州府澄迈县训导，据光绪《澄迈县志》补⑧。

彭杰墀，待考。光绪三十二年（1906）任湖南临澧县知县，民国四年十二月作为广东国民代表之一，推戴袁世凯复辟。

庞文虎，附贡，光绪三十三年（1907）任琼州府澄迈县训导，据光绪《澄

---

① ［清］黄德容等纂.（光绪）饶平县志·卷六·职官志（影印本）[M]. 广州：岭南美术出版社，2009：385.

② 李钟岳修.（民国）文昌县志·卷八·职官志（影印本）[M]. 广州：岭南美术出版社，2009：169.

③ ［清］龙朝翊修.（光绪）澄迈县志·卷六·职官志（影印本）[M]. 广州：岭南美术出版社，2009：556.

④ ［清］张巂修.（光绪）崖州志·卷十五·职官志（影印本）[M]. 广州：岭南美术出版社，2009：667.

⑤ ［清］龙朝翊修.（光绪）澄迈县志·卷六·职官志（影印本）[M]. 广州：岭南美术出版社，2009：556、554.

⑥ ［清］张巂修.（光绪）崖州志·卷十五·职官志（影印本）[M]. 广州：岭南美术出版社，2009：668.

⑦ ［清］龙朝翊修.（光绪）澄迈县志·卷六·职官志（影印本）[M]. 广州：岭南美术出版社，2009：556、554.

⑧ ［清］龙朝翊修.（光绪）澄迈县志·卷六·职官志（影印本）[M]. 广州：岭南美术出版社，2009：556.

迈县志》补^①。

林德均，增贡，光绪十二年十二月至次年二月署雷州府海康县教谕，据民国《海康县志》补^②。

林晋疆，增贡，光绪二十一年（1895）八月至十月代理雷州府海康县教谕，据民国《海康县志》补^③。

李培绵，附贡，光绪二十三年（1897）四月至十月代理雷州府海康县训导，据民国《海康县志》补^④。

庞汝和，增贡，曾任雷州府徐闻县训导^⑤，光绪二十七年（1901）十二月署雷州府海康县训导，一年后卸任；光绪二十九年（1903）三月署海康县教谕，四月卸任，据民国《海康县志》补^⑥。

五、明清石城贡生题名录

（一）明朝石城县贡生

1. 岁贡

洪武年间

黄凯珊，上县人，岁贡，官国子监学录，万历《高州府志》无载，康熙《高州府志》始录，疑为后续增入。他的父亲黄昱是兴化府莆田人，举人，元天历元年（1328）任石城县尹，致仕之后定居在黄村（按，黄昱之功名

---

① ［清］龙朝翊修．（光绪）澄迈县志·卷六·职官志（影印本）[M]．广州：岭南美术出版社，2009：556．

② 梁成久纂．（民国）海康县续志·卷十七·职官志（影印本）[M]．广州：岭南美术出版社，2009：779．

③ 梁成久纂．（民国）海康县续志·卷十七·职官志（影印本）[M]．广州：岭南美术出版社，2009：780．

④ 梁成久纂．（民国）海康县续志·卷十七·职官志（影印本）[M]．广州：岭南美术出版社，2009：780．

⑤ ［清］王辅之修．（宣统）徐闻县志·卷七·职官志（影印本）[M]．广州：岭南美术出版社，2009：470．

⑥ 梁成久纂．（民国）海康县续志·卷十七·职官志（影印本）[M]．广州：岭南美术出版社，2009：781．

与事迹乾隆《莆田县志》等无载），黄凯珊为其长子。

周普，山头人，岁贡，官户部郎中。

黄充，字虚若，号象先，上县人，黄凯珊子，岁贡，官山西道御史。黄充秉承家学，幼时便崭露头角，才能出众。洪武年间，朱元璋破格选拔人才，他由岁贡擢任山西道御史。他在以前读史书时，每次读到朱云折槛进谏、史丹伏蒲泣谏之类的故事时，在脸上不自觉流露出高亢刚直的样子，在心中也默默立志要成为他们这样敢于直言极谏的正直官员。他任御史之后，刚正不阿，"所至肃宪度，纠官邪，锄豪强，恤民隐，时称为'名御史'"①。他为官严肃法治，打击官场贪污受贿的不正之风，铲除祸害社会的豪强，解决百姓的疾苦，发展生计，因此得到百姓的一致好评，有很高的威望。但之后爆发了靖难之役，燕王朱棣夺了侄子朱允炆的皇位，南京大小官员基本转投朱棣门下，著名学者方孝孺却誓死不降。朱棣命令他起草即位诏书，他气愤地将笔投掷在地上，大骂朱棣，说即使死也不会起草诏书。朱棣便以诛九族相威胁，但方孝孺冷笑道："诛十族又如何！"朱棣勃然大怒，下令诛方孝孺"十族"，连他的学生也受到牵连。黄允与方孝孺同朝为官，向来十分钦佩他的人品和学问，他下狱之后，便立即上疏营救。朱棣正在气头上，此时上疏无异于引火烧身，但黄允为了拯救忠臣于危难，奋不顾身。朱棣见到他的奏疏之后，也十分生气，但顾及他的声望没有处以死罪，而是将他贬官流放山西。虽然贬官，但他从容不迫，在出发时写下了《如晋阳道中》诗："驰驱驿路漫停鞍，父老凝眸认豸冠。泽底哀鸿惊渐息，车前猛虎气偏寒。平阳草碧帝城古，晋赵山青霸业残。此日采风空叱驭，陈诗何以济时艰。"他去世后葬在上县村后高峰左蚁仔岭，俗称"蚁仔坟"。

周佑，岁贡，府同知。

梁时献，岁贡，平海卫经历。

许庸，岁贡，会昌知县。许庸在永乐四年（1406）至十一年（1413）

---

① 钟喜焯修.（民国）石城县志·卷七·黄充传（影印本）[M].广州：岭南美术出版社，2009：996.

间任江西会昌县知县，他聪明机敏，行事坚决果断，公事从没有延迟滞留。他十分关心民生，县里有徭役需要征调民力时，他都是按照实际情形办理，贫穷的人家则根据人丁多寡出力，富裕的人家则根据劳力提供资费，这样百姓都乐于从事徭役，而之前因为徭役不均逃亡的人，也都返回安心劳作居住。他前后任职达八年之久，后因丁忧去职，百姓十分感念他的恩德，在他去世后配祀名宦祠^①。

罗焕，岁贡，交阯知县。

李端，岁贡，交阯、琼州推官。

周辅，岁贡。

杨琳，岁贡，交阯典史。

永乐年间

梁举，岁贡，典史。

姜任，岁贡。

苏泽，岁贡，交阯多弋巡检。

陈洪，岁贡，典史。

李惠，岁贡，推官。

陈哲，岁贡。

李广，岁贡。

李盛，岁贡，建县主簿。

杨成，岁贡，广西平乐县丞。

刘安，南京人，岁贡，羽林卫经历。

何信，岁贡。

黄钟，上县人，岁贡，扬州府照磨。

---

① ［清］王凝命修．（康熙）会昌县志・卷八・秩官志［M］及卷九・官师志［M］．清初刻本。

宣德年间

李清，岁贡，康熙《德化县志》作李青，天顺元年（1457）任福建德化县知县[①]。

陈祯，良田人，岁贡，天顺间任福建省同安县知县[②]。

正统年间

林镛，岁贡。

全琏，东桥人，岁贡。

萧忠，篁竹人，岁贡，正德年间（1506—1521）任湖南蓝山县主簿[③]，署县事，有治绩。

全才岁贡。

景泰年间

萧凤仪，篁竹人，岁贡。

陈经，岁贡，湖南澧州吏目。万历、康熙、道光《高州府志》及光绪《石城县志》皆作陈经，乾隆《高州府志》作陈以经。

劳琰，湍流人，岁贡。

刘凯，岁贡。

天顺年间

梁庆，二年（1458）岁贡。万历、康熙、道光《高州府志》及光绪《石城县志》皆作梁庆，乾隆《高州府志》误作梁爱。

许敬，四年（1460）岁贡，凭常县主簿。

李珪，六年（1462）岁贡。

李舒，八年（1464）岁贡。

① ［清］范正辂．（康熙）德化县志·卷九·官师志 [M]. 南京：凤凰出版社，2009：89.

② 林学增修．（民国）同安县志·卷十三·职官志（影印本）[M]. 台北：成文出版社有限公司，1967：364.

③ ［清］刘涵修．（康熙）蓝山县志·卷八·职官志 [M]. 故宫珍本丛刊，第118页。

成化年间

全宽，东桥人，岁贡，肇庆府德庆州训导。

莫愚，四年（1468）岁贡，宁郡训导。

何颢，六年（1470）岁贡。

陈晃，八年（1472）岁贡。

卢璟，十年（1474）岁贡，弘治十四年（1501）任南宁府经历[1]。

谭文昇，岁贡，江王护卫经历，弘治间任漳州府训导[2]。

黎宪，岁贡，广西靖江王府护卫经历。

宗敬，岁贡，弘治间任广西苍梧县训导[3]。

莫迁，字谦伯，岁贡，嘉靖中任江西丰城县训导[4]，升思恩府教授[5]。

弘治年间

王璿，道光《高州府志》、民国《石城县志》作岁贡，但同治《梧州府志》作王瀋、监生，正德间任府训导[6]。

杨晓，谢鞋人，岁贡，北京泰陵卫经历。

王玤，岁贡，正德九年（1514）任江西宜黄县训导，不久即去职[7]。

赵钦，岁贡。

全俊，岁贡，邵武训导。

① ［明］方瑜.（嘉靖）南宁府志·卷六·职官志［M］.北京：书目文献出版社，1990：399.

② ［清］沈定均纂.（光绪）漳州府志·卷十·秩官志二（影印本）［M］.上海：上海书店，2000：185.

③ ［清］蒯光焕修.（同治）苍梧县志·卷三·职官志［M］.清同治凤台书院刊本.

④ ［清］徐清选修.（道光）丰城县志·卷六·职官志（影印本）［M］.台北：成文出版社有限公司，1975：689.

⑤ 钟喜焯修，（民国）石城县志·卷六·选举志（影印本）［M］.广州：岭南美术出版社，2009：876.

⑥ ［清］吴九龄.（同治）梧州府志·卷十三·职官志（影印本）［M］.台北：成文出版社有限公司，1961：274.

⑦ ［清］札隆阿等修.（道光）宜黄县志·卷十九·秩官志（影印本）［M］.台北：成文出版社有限公司，1970：164.

全叙，东桥人，岁贡，万历元年（1573）恩贡全三纲祖父。

正德年间

劳祖成，湍流人，岁贡，恩加冠带。

赵瑛，岁贡，四川大渡河千户所吏目。

李魁，岁贡，宁国府经历。

嘉靖年间

劳府麟，湍流人，岁贡。

陈敬中，良田人，岁贡，广西柳州训导。

谭明德，岁贡，江西宜春县训导①。

吴荣，岁贡。

劳文魁，湍流人，岁贡。

卓士元，万历《高州府志》、道光《高州府志》、民国《石城县志》作石城岁贡，万载训导，升教谕。但民国《万载县志》作茂名选贡，嘉靖十五年（1536）任江西万载县训导②；嘉靖《海宁县志》作茂名岁贡，嘉靖二十六年（1547）任海宁教谕③；明谈迁撰《海昌外志》亦作茂名岁贡④。查嘉庆、光绪《茂名县志》均无记载。万历《高州府志》是目前所见关于高州府贡生最早的材料，所录应该更为准确，今从之，《海宁县志》《海昌外志》可能记载有误。

梁逵，良村人，岁贡，万历《琼州府志》与万历、康熙、乾隆《高州府志》及乾隆《琼州府志》皆作琼州训导⑤，光绪《石城县志》亦作琼州训导，但

---

① ［清］江为龙修.（康熙）宜春县志·卷一·官师表 [M]. 清康熙间刊本。

② 龙赓言纂.（民国）万载县志·卷五职官志（影印本）[M]. 台北：成文出版社有限公司，1975：829.

③ 海宁市志办点校.（嘉靖）海宁县志 [M]. 北京：方志出版社，2011：75.

④ ［明］谈迁撰. 海昌外志（点校本）[M]. 北京：方志出版社，2009：55.

⑤ ［明］欧阳璨等修.（万历）琼州府志·卷九·职官志 [M]. 北京：书目文献出版社，1990：335. 万历《高州府志》卷五《选举志》，康熙《高州府志》卷五《选举志》，乾隆《高州府志》卷十一《选举志》，《广东历代方志集成》本，第85、271、598页；［清］萧应植.（乾隆）琼州府志·卷五·职官志 [M].《续修四库全书》本，第279页。

道光《高州府志》误作琼山训导，民国《石城县志》亦据此改作琼山训导。他任琼州训导时，著名清官海瑞正好在其门下学习。他一见海瑞便觉得是非常之人，因此对其十分器重。他去职之后返回家乡，虽然在乡里富有声望，但他在家数十年从不与官府往来。他八十四岁时去世，后来海瑞致仕时还亲自前往他的庐墓祭奠^①。子梁养正，县学生员。

　　黎克忠，岁贡，程番府经历。

　　黎克信，岁贡。

　　萧文衡，高桥人，岁贡。乾隆、道光《高州府志》及之后光绪、民国《石城县志》皆云其官温州府知府，但万历及康熙《高州府志》未载其官职，查乾隆及同治《温州府志》亦未有相关记载，疑为他处阑入。

　　高桓，磨万人，岁贡，泰和司训。

　　谢希朱，二十三年（1544）岁贡。

　　高惟岳，岁贡，康熙、乾隆《高州府志》作恩贡，道光《高州府志》、光绪《石城县志》作选监（选贡）。

　　林淑，岁贡，原籍雷州府海康县，寄石城县籍。

　　邓文杰，二十七年（1548）岁贡，嘉靖中任连州阳山县训导^②。

　　程文保，岁贡，莆田教谕。

　　李应元，岁贡，莆田教谕。

　　李廷辅，嘉靖三十五年（1556）任福建宁化县训导，升山东来（莱）阳县教谕，据同治《宁化县志》补^③。

隆庆年间

黄汝弼，上县人，万历、康熙、乾隆《高州府志》均未载，道光《高州府志》

　　① ［清］蒋廷桂修.（光绪）石城县志·卷七·梁遂传（影印本）[M]. 广州：岭南美术出版社，2009：178.

　　② 朱汝珍总纂.（民国）阳山县志·卷四·职官志（影印本）[M]. 台北：成文出版社有限公司，1974：243.

　　③ ［清］李世熊.（同治）宁化县志·卷三·官师志（影印本）[M]. 台北：成文出版社有限公司，1967：133.

据《开建县志》作嘉靖、隆庆间岁贡，光绪、民国《石城县志》因之。康熙《开建县志》载："黄汝弼，石城人，万历四年任，升苍梧教谕。"[①]但同治《苍梧县志》未载。

吴烈，岁贡，儋州训导。吴烈性刚介，在任儋州训导期间，一位土司寅长强狠暴戾，意欲不轨，他劝说不果，遂飘然告归。之后他再未出仕，在家乡隐居数十年，乡里士民都十分敬重他，在年七十时去世[②]。

王崇贞，岁贡。

万历年间

劳学孔，湍流人，元年（1573）岁贡，入南京国子监，官昆山县丞。

韦德盛，万历、康熙《高州府志》作隆庆间岁贡，光绪、民国《石城县志》作万历三年（1575）岁贡。府志、县志皆作官肇庆开建县教谕，但康熙《开建县志》未载。同治《苍梧县志》载其万历十五年（1587）任苍梧教谕[③]。

林筠，五年（1577）岁贡。

萧德贯，大塘人，九年（1581）岁贡，韶州府曲江县训导。萧德贵性情沉静简淡，在曲江卸任后乡居十余年，但从不干谒官府，在七十三岁时去世。

彭以一，十一年（1583）岁贡。

姚象贤，十五年（1587）岁贡。

陈所闻，十七年（1589）岁贡。

邓本立，十九年（1591）岁贡，训导。

文成章，大车人，二十一年（1593）岁贡，后成选贡，官直隶涞水知县，改广西平乐知县。其功名和官职，万历《高州府志》作岁贡、涞水知县，

---

① ［清］张冲斗.（康熙）开建县志·卷四·职官志 [M]. 故宫珍本丛刊（本），第 39 页。

② ［清］蒋廷桂修.（光绪）石城县志·卷七·吴烈传（影印本）[M]. 广州：岭南美术出版社，2009：178.

③ ［清］蒯光焕修.（同治）苍梧县志·卷三·职官志 [M]. 清同治凤台书院刊本.

但光绪《涞水县志》作石城县举人①；康熙《高州府志》作恩贡、平乐知县，光绪《平乐县志》误作江西人，万历三十七年（1609）任②。

黎有为，二十三年（1595）岁贡，万历三十四年（1606）任惠州府归善县教谕③。

邹伯贤，二十五年（1597）岁贡。康熙、乾隆《高州府志》作左州学正，道光《高州府志》作三水教谕，又任左州学正，嘉庆《三水县志》作教谕，万历三十一年（1603）任④。

李邦基，二十九年（1601）岁贡。

梁有桂，良村人，三十二年（1604）岁贡，江苏南通州训导。

全节，三十三年（1605）岁贡。

吕应魁，三十五年（1607）岁贡，天启三年（1623）任惠州府归善县训导⑤，升广西容县教谕。

邓嘉绩，三十七年（1609）岁贡，琼州府崖州训导⑥。

吴庆云，三十九年（1611）岁贡。

文成奇，大车人，四十一年（1613）岁贡。文成奇字灿斗，文成章之弟，学宗周敦颐、二程之学，性孝友。其兄去世时，他正参加乡试，在得知死讯后便返回家中，抚养兄长遗孤。之后他再未应试，在家抚养教导子侄，

①　［清］陈杰等纂．（光绪）涞水县志·卷五·职官志（影印本）［M］. 台北：成文出版社有限公司，1969：360.

②　［清］全文炳修．（光绪）平乐县志·卷四·职官志（影印本）［M］. 台北：成文出版社有限公司，1967：85.

③　［清］孙能宽等修．（雍正）归善县志·卷四·秩官志（影印本）［M］. 广州：岭南美术出版社，2009：442.

④　［清］李友榕修．（嘉庆）三水县志·卷六·秩官表（影印本）［M］. 广州：岭南美术出版社，2007：544.

⑤　［清］孙能宽等修．（雍正）归善县志·卷四·秩官志（影印本）［M］. 广州：岭南美术出版社，2009：442.

⑥　［清］张巂修．（光绪）崖州志·卷十五·职官志（影印本）［M］. 广州：岭南美术出版社，2009：664.

待人接物有宋儒程颐之风。文成奇学问渊博，著有《静里问答》一书 ①。

袁呈祥，会洞人，岁贡，四十三年（1615）选贡，官丰城县丞、陆川知县。道光《丰城县志》误作潮州岁贡，万历三十五年（1607）任 ②。民国《陆川县志》据《高州府志》作石城岁贡，天启初任 ③。他任江西丰城县丞时，督修莲湖堤，有惠于民，当地百姓建生祠祭祀他。不久，他升任广西陆川县令，清廉正直，处处为民着想。卸任后，他乡居四十余年，淡然自得，以耕读自娱，享寿一百余岁 ④。

全若性，东桥人，四十五年（1617）岁贡。全若性学问渊博，在家设馆教读，乡里学者多拜他为师学习。他为人厚重沉静，有毅力，有次教馆失火，学生大多惊慌失措，唯独他泰然自若，在火光中整理好衣服巾帽，才起身缓步走出 ⑤。

何玉，四十七年（1619）岁贡，浙江乐清县训导 ⑥。

天启朝：

何常师，元年（1621）岁贡。

李伯芳，三年（1623）岁贡，广州府香山县训导。康熙及乾隆《高州府志》作李伯芳，万历年间岁贡；道光《高州府志》及光绪、民国《石城县志》作李伯芬，今从康熙府志。

宋朝震，五年（1625）岁贡。

---

① ［清］蒋廷桂修．（光绪）石城县志·卷七·文成奇传（影印本）[M]．广州：岭南美术出版社，2009：178.

② ［清］徐清选修．（道光）丰城县志·卷六·职官志（影印本）[M]．台北：成文出版社有限公司，1975：683.

③ 古济勋．（民国）陆川县志·卷七·职官志（影印本）[M]．台北：成文出版社有限公司，1967：121.

④ ［清］蒋廷桂修．（光绪）石城县志·卷七·袁呈祥传（影印本）[M]．广州：岭南美术出版社，2009：178.

⑤ ［清］蒋廷桂修．（光绪）石城县志·卷七·袁呈祥传（影印本）[M]．广州：岭南美术出版社，2009：179.

⑥ ［清］李登云修．（光绪）乐清县志·卷七·职官志（影印本）[M]．台北：成文出版社有限公司，1983：1239.

李廷栋，七年（1627）岁贡，云南鹤庆府通判，署府事。他署理府事时，遵照成宪处理事务，不扰民，不生事，因此深得鹤庆百姓的爱戴。他为官清廉，卸任后回乡居住三十余年，非公事不入公门，生活清贫如寒士。李廷栋品行端正，学问渊博，因而受到乡里士民推重，经常主持乡里事务，卒年八十有五[①]。

崇祯年间

萧必秀，大塘人，岁贡。

李天荣，景山人，二年（1629）岁贡，廉州府训导，万历岁贡李桂长子。

罗万秀，茶山人，岁贡，江苏无锡县丞。

黄甲登，三角塘人，六年（1633）岁贡，崇祯年间任广州府新会县训导[②]。康熙《高州府志》、康熙《新会县志》作训导，乾隆、道光《高州府志》及光绪、民国《石城县志》皆误作教谕。

李应云，八年（1635）岁贡，罗定训导。

姚声和，十年（1637）岁贡。

龙晜，城内人，十四年（1641）岁贡，广西博白知县，太仆寺卿龙大维子。康熙《高州府志》作龙勖，乾隆、道光《高州府志》及光绪、民国《石城县志》作龙晜，道光《博白县志》未载。

萧秉权，篁竹人，十六年（1643）岁贡。

2. 选贡、恩贡

李瑜，选贡，成化朝。

莫汝淹，选贡，嘉靖朝。

邱宗岱，万历七年（1579）选贡，广西梧州府推官。

邱宗霍，万历十三年（1585）选贡，广西桂林府通判，改辰州通判。

---

① ［清］蒋廷桂修.（光绪）石城县志·卷七·袁呈祥传（影印本）[M].广州：岭南美术出版社，2009：179.

② ［清］贾雒英修.（康熙）新会县志·卷六·职官志·职官志（影印本）[M].广州：岭南美术出版社，2009：505.

林可宏，万历二十七年（1599）选贡，江西建昌府通判。

全三纲，东桥人，万历元年（1573）恩贡。

李桂，景山人，万历二十九年（1601）恩贡，潮州府澄海县训导。

陈钟振，泰昌元年（1620）恩贡，天启间任江西乐安县丞，但同治《乐安县志》误作东莞人[①]，后升镇江知县。

邱民牧，天启元年（1621）恩贡，崇祯二年（1629）任罗定州训导[②]，后升广西桂平知县。

黄奇红，上县人，崇祯元年（1628）恩贡。

黄豸，上县人，崇祯十二年（1639）恩贡。

邱麟彩，恩贡，崇祯朝。

（二）清朝石城县贡生

1.岁贡

顺治年间

刘芳声，江头人，七年（1650）岁贡。康熙、乾隆《高州府志》均无，道光《高州府志》始载，不知何据。

钟品奇，九年（1652）岁贡。钟品奇父亲钟成科，温厚谨慎，安贫乐道，但十分重视对子孙的教育，钟品奇终于在顺治时成贡生。钟品奇博学能文，生性孝顺，出门必告诉双亲，回家之后也必向双亲会面，与乡民往来都谨守礼节。他在乡里数十年都保持端谨品行，因而受到乡民的崇敬[③]。

罗光国，博教人，十一年（1654）岁贡。

黄衮昌，赤岭人，十三年（1656）岁贡。

周士旭，十五年（1658）岁贡。

---

① ［清］朱奎章修.（同治）乐安县志·卷六·职官志（影印本）[M]. 台北：成文出版社有限公司，1975：558.

② 罗学仕纂.（民国）罗定志·卷五·职官志（影印本）[M]. 广州：岭南美术出版社，2007：498.

③ ［清］蒋廷桂修. 石城县志（光绪）·卷七·钟品奇传（影印本）[M]. 广州：岭南美术出版社，2009：180.

江宗泗,岐岭人,岁贡。江宗泗品行忠厚,生活简朴,粗衣蔬食,淡然自乐。他平易近人,喜欢与人交往,但守正不阿。他在家设馆授徒为生,考课文章、讲解义理都要求十分严格,附近乡民都乐于向他学习,而乡里士绅也多出其门下。他曾在南桥开设文会,每年数次召集各地士子课文吟诗交流,以此激励士子潜心学习,同时提高应试能力。文会一直延续到他晚年,深刻体现了他对培养人才的殷切希望[①]。

康熙年间

刘传霖,山底人,二年(1663)岁贡。

高式震,磨万人,九年(1670)岁贡。高式震为天启五年(1625)进士高魁之子,沉潜好学,博通经史。他生平不喜欢干谒营求,平日以训课子孙为事,同时也教授生徒。他为人耿介正直,对自己要求严格,但对别人十分温和谦卑,不贪财不好色,言语举止都遵守礼仪。因此即使再狂妄自大的人,在他面前都肃然起敬,不敢乱来。他家不甚富裕,但急公好义,即使自己节衣缩食也要救济他人。但他不求回报,他曾救助过几个人的性命,但一一拒绝了他们赠与的钱财。高式震善诗文,所作诗文曾辑成六集刊印,但大多已经散佚失传[②]。其诗文字朴实无华,颇具田园之风,如《省亭观禾》:"独立亭亭望,嘉禾穗并垂。农夫声噪噪,有米供新炊。"《观山省亭》:"仙在此山驻,山因仙迹扬。翠微留万古,此地一文章。山观水又鉴,知我衷怀不?动静在其间,构亭学省咎。"[③]《石船》:"仙船化为石,鼓樟何所施。举步凌云去,十洲到不迟。"[④]

罗维翰,茶山人,十一年(1672)岁贡。

① [清]蒋廷桂修.石城县志(光绪)·卷七·江宗泗传(影印本)[M].广州:岭南美术出版社,2009:180.

② [清]蒋廷桂修.石城县志(光绪)·卷七·高式震传(影印本)[M].广州:岭南美术出版社,2009:180.

③ 高州县志办,高州县政协文史组编.高州文史·高州历代诗词专辑[J].内刊,广东高州,1990(9):27.

④ 苏汉材辑注.高州风物吟·第2辑[M].茂名:高州市旅游局出版社,1998:25.

林崇翰，十三年（1674）岁贡，寄籍。乾隆《高州府志》作林翰，三水训导；道光《高州府志》作林崇翰，三水训导；光绪《石城县志》作林崇翰，无官职。按，府志所载官职有误，详林于翰。据光绪《香山县志》，林崇翰康熙二十一年（1682）任香山县训导[①]。

林于翰，十五年（1676）岁贡，寄籍，原籍南海。诸府志、县志均无官职记载。据康熙四十九年《三水县志》载："国朝训导：林于翰，高州府石城县学，由岁贡康熙三十九年五月二十九日任，康熙四十一年捐俸鼎建龙亭宫。"[②]据此他曾任三水县训导，府志误为林崇翰。

林于云，十七年（1678）岁贡，寄籍，原籍南海。

黄衮裳，赤岭人，十九年（1680）岁贡，广州府新安县教谕，康熙三十四年（1695）升福建建安知县。黄衮裳父亲黄诏球，生员，聪慧善文，子五人，衮裳第四。黄衮裳颖异能文，秉承家学，博通经史，康熙二十年（1681）以岁贡任新安教谕，到任后修缮学宫，教学考课，孜孜不倦。康熙三十四年（1695），他升任福建建安县知县。在任上，他严格执行各类法令规章，革除各项陋规，实行诸多政策保障民生发展，在当地"口碑载道"，深受百姓爱戴。后来他因病辞官归里，在家闲居。时石城知县孙绳祖想修建松明书院，找他商议地基事宜，他毫不犹豫捐献地基促成美事[③]。

陈梓，石塘人，二十一年（1682）岁贡，康熙中任雷州府遂溪县训导，调任徐闻县训导。陈梓字汝琴，少时父亲去世，由母亲抚养长大，教导读书。他勤奋好学，考中生员后蜚声学校，学政考试时非常欣赏他的文章，拔为一等第一名。中岁贡后，他选授雷州府遂溪县训导，当时他的母亲尚健在，

---

① ［清］田明曜修，陈澧纂. 香山县志（光绪）·卷十·职官表（影印本）[M]. 广州：岭南美术出版社，2009：185.

② ［清］郑玫纂修. 三水县志（康熙）·卷二·秩官表（影印本）[M]. 广州：岭南美术出版社，2007：226.

③ ［清］蒋廷桂修. 石城县志（光绪）·卷七·袁衮裳传（影印本）[M]. 广州：岭南美术出版社，2009：180.
［清］舒懋官修. 新安县志（嘉庆）·卷五·职官志（影印本）[M]. 台北：成文出版社有限公司，1967：178.
康熙《建安县志》卷四《职官志》，清康熙间刊本。

不想赴任。他母亲见状鼓励他赴任报效国家，他遂前往任职。后来他调任徐闻县训导，悉心教导，深得徐闻学生的崇敬，在解职去任时，学生排长队设宴钱行，并刻去思碑予以纪念[①]。

刘瑞，二十三年（1684）岁贡，后移居南海县。

李色奇，二十五年（1686）岁贡。李色奇积学能文，弱冠即考中生员，不久就晋升廪生食饩。他生性孝友，对自己不断修养保持严肃恭敬的态度，待人接物时平和友善，有古君子之风。晚年在家专心于著述、训导子孙，可惜著作没有流传下来[②]。

陈楫，松屏人，二十七年（1688）岁贡。

汪玠，二十九年（1690）岁贡，寄籍。

陈浩，西朗人，三十一年（1692）岁贡。陈浩性格豪迈，学兼诸家，尤其擅长于诗词文学，下笔如泉涌，文辞精妙，乡里士绅将他奉为"匠宗"。他与乡里士绅以及官员有广泛的交流，去世后，知县孙绳祖写挽诗悼念他，曰："德星一夜掩清光，福善于今事渺茫。偃室论公无履迹，玉楼高拱有文章。朔风卷地哀千叠，冻雨连天泪几行。从此思君何处是，云山漠漠水泱泱。"[③]

杨懋新，岭脚人，三十三年（1694）岁贡，惠州府龙川县训导。

潘鉴，三十五年（1696）岁贡。

陈邦基，三十七年（1698）岁贡。陈邦基温和谦恭，对人诚实有信，非己之物一概不取。他不喜干谒，虽然是乡里名士，但数十年来非公事不入公门，从不谋取私利[④]。

李纪懋，三十九年（1700）岁贡。李纪懋少孤，立志向学，才思颖异，

---

① ［清］蒋廷桂修. 石城县志（光绪）·卷七·陈梓传（影印本）[M]. 广州：岭南美术出版社，2009：183.

② ［清］蒋廷桂修. 石城县志（光绪）·卷七·李色奇传（影印本）[M]. 广州：岭南美术出版社，2009：180.

③ ［清］蒋廷桂修. 石城县志（光绪）·卷七·陈浩传（影印本）[M]. 广州：岭南美术出版社，2009：180.

④ ［清］蒋廷桂修. 石城县志（光绪）·卷七·陈邦基传（影印本）[M]. 广州：岭南美术出版社，2009：181.

博通经史。他行事磊落，族中有人因无法缴纳税粮而逃亡其他地方，他为此独立支撑，耕种遗留的田地，帮忙缴纳税粮，直到拖欠税粮基本缴清之后才将逃亡的族人召回，并将田地如数归还。他在会洞村有一邓姓表亲，将三石税米典卖给他，后来表亲家道中落，他将税米悉数归还，而且不要求偿还之前典卖的价钱。居家时，他以经史学术教导子孙，其子朝鼎、朝俊先后考中生员，朝焕、朝蕃身列成均[①]。

江宗洙，岐岭人，四十一年（1702）岁贡。

陈自杰，西朗人，四十三年（1704）岁贡。

李应荐，四十五年（1706）岁贡。

李王材，横山人，四十七年（1708）岁贡，雍正六年（1728）至十年（1732）任琼州定安县训导，乾隆《高州府志》误作任安训导。光绪《定安县志》误作李玉材[②]。李王材少好学，在苍山的南面建造"迪悔轩"读书，闭门研经，精通汉唐注疏。他天性淳朴笃厚，对父母孝顺备至。他任定安训导时，教谕湛濂对知县十分不满，秘密拉拢他一起揭发知县的短处。他为人忠厚，劝说湛濂不要为一己私利陷人于不利之中，最终保全了知县。定安县乡民知道后，都称赞他为忠厚长者。他教学考课十分认真，为定安县培养了大批人才，因此在官员考核时他获得了优异成绩。本来可以因此升迁，但不久他在任上去世了，十分可惜[③]。

黎克濬，四十九年（1710）岁贡。黎克濬是明崇祯六年（1633）举人黎民铎之孙，幼时在祖父的教导下，究心经史，学问渊博。他对宗族的发展十分关心，曾捐资修缮远祖坟墓，族人有困难的，他不惜解囊相助。他对自己要求严格，对人心平气和，深得乡民敬重。他去世时，知县孙绳祖

① ［清］蒋廷桂修. 石城县志（光绪）·卷七·李纪懋传（影印本）[M]. 广州：岭南美术出版社，2009：180.

② ［清］吴应廉修. 定安县志（光绪）·卷四·职官志（影印本）[M]. 广州：岭南美术出版社，2009：461.

③ ［清］蒋廷桂修. 石城县志（光绪）·卷七·李王材传（影印本）[M]. 广州：岭南美术出版社，2009：182.

亲自为其撰写诔文悼念。他的长子黎桢中式雍正二年（1724）进士，官户部员外郎，人们都说是他家"世德之报"①。

陈望，鹤山人，五十一年（1712）岁贡。

黄廷宾，五十三年（1714）岁贡。

黄玉虬，五十五年（1716）岁贡。

黎克澄，五十七年（1718）岁贡。

潘铣，五十九年（1720）岁贡。

罗炜，茶山人，六十一年（1722）岁贡。乾隆、道光《高州府志》作罗炜，光绪、民国《石城县志》作罗伟，从府志。

黄进，府县志无载。乾隆《南海县志》卷五《职官志·国朝训导》载："黄进，石城人，岁贡，康熙三十四年任。"②咸丰《琼山县志》卷十三《职官志·国朝教谕》载："黄进，石城贡生，（康熙）四十九年任。"③据此，黄进应为康熙时岁贡。

雍正年间

陈尧鼎，沙铲人，二年（1724）岁贡。

高攀桂，磨万人，岁贡。

陈尧都，石塘人，八年（1730）岁贡，罗定州东安训导。

林翰棻，岁贡，惠州府陆丰县训导。

龙元灏，岁贡。

萧赞，篁竹人，岁贡。

---

① ［清］蒋廷桂修.石城县志（光绪）·卷七·黎克澄传（影印本）[M].广州：岭南美术出版社，2009：180.

② ［清］魏绾修.（乾隆）南海县志·卷五·职官志（影印本）[M].广州：岭南美术出版社，2009：136.

③ ［清］李文烜修.琼山县志（咸丰）·卷十三·职官表（影印本）[M].广州：岭南美术出版社，2009：297.

乾隆年间

陈天仁，岁贡，乾隆十六年（1751）任罗定州东安县训导①。

庞佳先，那良人，岁贡，乾隆二十年（1755）任惠州府龙川县训导②。庞佳先幼时父亲去世，家境贫寒，他不得不为人放羊补贴家用。他对母亲十分孝顺，每逢年节时羊主人分送的酒肉他都带回给母亲吃。主人很诧异，便将他送回家，劝他的母亲送他上学。他因此入学勤奋读书，后来考中生员。据说雍正七年（1729）己酉科乡试，他本拟中第一名，但因两位主考官意见不合，争执不下，反而因此被黜落榜。乾隆初，他中选岁贡，不久出任东安训导③。

全宏彬，岁贡，广州府新安县训导。

龙云见，岁贡。

高尔爵，岁贡，乾隆二十五年（1760）任广州府清远县训导④。

邹国垄，木西人，岁贡。

陈绎治，岁贡。

夏景长，西关人，岁贡。

陈敏周，东朗人，岁贡，乾隆三十一年（1766）任嘉应州平远县训导⑤。

欧阳绚，鸦翠人，十七年（1752）岁贡。

黄世英，上县人，岁贡。

陈朝绅，岁贡。

① ［清］汪兆柯. 东安县志（道光）·卷三·秩官志（影印本）[M]. 民国二十五年（1936）重刊本。

② ［清］胡璿修. 龙川县志（嘉庆）·卷三十一·职官志（影印本）[M]. 广州：岭南美术出版社，2009：634.

③ ［清］蒋廷桂修. 石城县志（光绪）·卷七·庞佳先传（影印本）[M]. 广州：岭南美术出版社，2009：180.

④ ［清］戴肇辰等修. 广州府志（光绪）·卷二十三·职官志（影印本）[M]. 上海：上海书店出版社，2003：494.

⑤ ［清］卢兆鳌修. 平远县志（嘉庆）·卷二·职官志（影印本）[M]. 广州：岭南美术出版社，2009：378.

揭子治，南教人，岁贡，乾隆三十七年（1772）至四十年（1775）任潮州府大埔县训导①。

钟参光，秧地坡人，岁贡。

陈锡麟，石塘人，二十五年（1760）岁贡。

黎梢，岁贡。

陈飚飞，松屏人，二十九年（1764）岁贡。

李特秀，横山村人，岁贡。

文炳，大车人，三十四年（1769）岁贡，乾隆四十六年（1781）官嘉应州训导②。

林煌兆，岁贡，长宁（省府不详）训导。

黎道新，岁贡，乾隆六十年（1795）任广州府新安县训导③，嘉庆五年（1800）恩赐举人。

陈大纲，岁贡。

钟自元，大王垌人，四十三年（1778）岁贡。

萧凌云，岁贡。

黄化五，岁贡，广州府东莞县训导。

李王乔，横山村人，岁贡。

叶肇东，南屯人，岁贡。

龙卿云，岁贡，嘉庆九年（1804）恩赐举人。

全宏彪，岁贡。

劳维贤，岁贡。

姚希韶，岁贡。

---

① ［清］张鸿恩纂．大埔县志（同治）·卷十四·职官志，清同治十二年（1873）刊本．

② ［清］吴宗焯，李庆荣修．嘉应州志（光绪）·卷十八·官师表（影印本）[M]．广州：岭南美术出版社，2009：309．

③ ［清］舒懋官修．新安县志（嘉庆）·卷五·职官志（影印本）[M]．台北：成文出版社有限公司，1967：183．

王玑，罗笛埇人，岁贡。

梁王陞，岁贡。

嘉庆年间

全恕，城内人，元年（1796）岁贡。

陆乔松，字一苍，盛村人，三年（1798）岁贡。陆乔松聪颖勤学，曾在家庙里读书，"身不贴席者数载"。他博览群书，尤其集中精力研究儒家经典，对六经注疏以及宋四子书十分精通。他为人廉洁清静，不务生产，生平以教书为业，生活清贫，去世时连殡葬的资财都没有。但他教导有方，品德高尚，因此门人戴尚礼等积极倡导捐资，得到士绅和乡民的踊跃响应，从而使他得以安葬[①]。

李在公，沙井人，五年（1800）岁贡。

李安，字亦勉，横山村人，五年（1800）岁贡，潮州府普宁县训导。李安为人真诚质朴，刚毅果断，又足智多谋。嘉庆初年，海盗乘夜劫掠横山村，他向乡兵指授追捕策略，成功抓获数名海盗，押解官府查办。他的事迹很快传开了，知府杜安诗特赠与"义男可嘉"匾，两广总督那彦成也赠予"型方善俗"匾。他后来铨选任普宁县训导，但尚未抵任便去世了[②]。

黄日新，七年（1802）岁贡。

黄文焯，上县人，九年（1804）岁贡。

周正纲，大坝人，十一年（1806）岁贡。

陈兆球，岁贡。

罗成章，洞宾人，岁贡。

林宗九，龙子窝人，十四年（1809）岁贡。

欧阳上璧，鸦翠人，十五年（1810）岁贡。

---

① ［清］蒋廷桂修. 石城县志（光绪）·卷七·陆乔松传（影印本）[M]. 广州：岭南美术出版社，2009：183.

② ［清］蒋廷桂修. 石城县志（光绪）·卷七·李安传（影印本）[M]. 广州：岭南美术出版社，2009：184.

戴统相，三角塘人，十七年（1812）岁贡。

萧楷，篁竹人，十九年（1814）岁贡。

罗国安，陀村人，二十一年（1816）岁贡。

梁邦安，官埇人，二十三年（1818）岁贡，潮州府普宁县训导。

戚汉荣，岁贡。

罗光史，博教人，二十四年（1819）岁贡。

道光年间

萧昕，篁竹人，二年（1822）岁贡。

梁文元，城内人，四年（1824）岁贡。

揭锦，南教塘人，六年（1826）岁贡。

全志沂，城内人，八年（1828）岁贡，历署雷州府海康县、肇庆府阳江县教谕[1]，内阁中书衔，重游泮水。

吴贤秀，字愚斋，风梢人，十年（1830）岁贡，历署琼州府万州学正，昌化、乐会、会同、感恩教谕，兼乐会训导，道光十六年（1836）署文昌县教谕[2]，重游泮水。吴贤秀好学能文，在琼州府各地屡任教职。他为人公正宽厚，任教职期间管理宾兴经费长达数十年，从无染指。后来各地寇乱风起，他担心经费被挪用，便将其作为本金出租，谨慎经营。凡修缮学宫、文场，他都亲自担任总办，尽心竭力。他八十岁时，正值考中生员六十年，按例重游泮水，广东学政王澍特赠他"望重士林"匾[3]。

李步青，三阁山人，十一年（1831）岁贡，重游泮水。

李汝琼，梅菉人，十二年（1832）岁贡，广州府三水县训导。

陈儒玠，六格人，十四年（1834）岁贡。

① 张以诚修. 阳江志（民国）·卷二十二·职官志（影印本）[M]. 广州：岭南美术出版社，2007：519.

② ［清］张霈纂. 文昌县志（咸丰）·卷八·职官志（影印本）[M]. 广州：岭南美术出版社，2009：335.

③ ［清］蒋廷桂修. 石城县志（光绪）·卷七·吴贤秀传（影印本）[M]. 广州：岭南美术出版社，2009：184.

刘子卓，梧树垌人，十六年（1836）岁贡。

戴瑚，字商彝，三角塘人，十八年（1838）岁贡，民国《海康县志》作廪贡，同治十一年（1872）四月署雷州府海康县训导，光绪元年（1875）正月卸任①，光禄寺典簿衔，重游泮水。戴瑚性情温厚，待人接物很平和，家乡建设宾兴、修缮文庙都尽心尽力，乡里士民对他都很钦佩。他在任海康训导时，值其入泮六十年，按例重游泮水，广东学政章鋆特赠其"经师人范"匾额②。

黄象芳，二十年（1840）岁贡，同治十二年（1873）癸酉科恩赐举人。

莫卿，三墩人，二十二年（1842）岁贡，重游泮水。

陈六徵，香山人，二十四年（1844）岁贡。

彭瑞龙，新屋场人，二十六年（1846）岁贡，潮州府惠来县教谕。彭瑞龙天性聪明颖悟，小时候即熟读五经，善写楷书，十四岁即考取生员，不久升廪生，八年后选岁贡，铨选任惠来县教谕。咸丰三年（1853），起义军攻打惠来县城，同僚官员纷纷相约避难，但他不从。不久县城被攻陷，他穿戴衣冠坐在文庙明伦堂大骂义军，被义军杀死。后来他被清政府赐资祭葬，并赠与国子监助教衔以及云骑尉世职，由其长子、增生彭承镱承袭③。

黄学传，上县人，二十六年（1846）府学岁贡。

陈尚翔，字凤冈，东木埇人，二十六年（1846）岁贡，民国《石城县志》误作二十年。陈尚翔聪敏好学，有很厚的经史功底，但先后十次乡试都铩羽而归。他常年课馆授徒，要求严格，因此有很多学生考中功名。他也十分乐于培养族中的子弟，对于贫困子弟还不收束脩，但对于族中子侄捐助的资财他都予以谢绝。他还热心帮助族人，在他倡导下建立了祖祠，设置族产，

① 梁成久纂. 海康县续志（民国）·卷十七·职官表（影印本）[M]. 广州：岭南美术出版社，2009：777.

② ［清］蒋廷桂修. 石城县志（光绪）·卷七·戴瑚传（影印本）[M]. 广州：岭南美术出版社，2009：184.

③ ［清］蒋廷桂修. 石城县志（光绪）·卷七·彭瑞龙传（影印本）[M]. 广州：岭南美术出版社，2009：185.

还曾借贷帮助逃税的族人，巧妙解决族人间的纠纷，因此宗族间对他都非常倚重。陈尚翔自己生活节俭，但他并非吝惜钱财，他曾说："吾非惜财，但为子孙惜福耳。"平时他以读书著述为乐，编有《四书摘要》二十卷、《五经旁注》十卷、《周礼易解》二卷，均藏于家，惜不见流传。后来他在家去世，陈兰彬还为他写作墓表[①]。

伍绍元，洋下人，二十八年（1848）岁贡。

张树毅，字诒堂，欧玉山人，三十年（1850）岁贡，历任广东广宁县训导、广西钦州训导、广东鹤山县训导，军功赏戴蓝翎，内阁中书衔。张树毅机敏通达，又足智多谋，县里宾兴事务都由他协助管理。咸丰年间，太平军攻入境内，知县敖翊臣延请他勷办军务，屡次击退太平军的进攻。他因此军功被赏戴蓝翎，保举铨授为广宁县训导，调钦州学正。在钦州他尽心教学，培养了大批人才，钦州人因此十分敬重他。后来他调任鹤山训导，不久因年老致仕回乡[②]。

咸丰年间

冯仁国，白排人，二年（1852）岁贡。

邹宇馨，丹竹埇人，四年（1854）岁贡，琼州府临高县训导。

戴尚游，字立之，三角塘人，六年（1856）岁贡，同治七年（1868）任琼州府文昌县训导[③]，署会同县教谕，光禄寺典簿衔。戴尚游性情谦虚谨慎，真诚质朴，咸丰年间勷办军务，帮助肃清县境的动乱，因此被保授文昌训导，后以年老致仕[④]。

黄龙章，安铺人，八年（1858）岁贡。

①　［清］蒋廷桂修. 石城县志（光绪）·卷七·陈尚翔传（影印本）[M]. 广州：岭南美术出版社，2009：185.

②　［清］蒋廷桂修. 石城县志（光绪）·卷七·张树毅传（影印本）[M]. 广州：岭南美术出版社，2009：185.

③　李钟岳修. 文昌县志（民国）·卷八·职官志（影印本）[M]. 广州：岭南美术出版社，2009：169.

④　［清］蒋廷桂修. 石城县志（光绪）·卷七·戴尚游传（影印本）[M]. 广州：岭南美术出版社，2009：185.

刘景文，城内人，十年（1860）岁贡。

同治年间

江式和，岐岭人，元年（1862）岁贡，历任潮州府大埔县、琼州府感恩县、肇庆府新兴教谕，内阁中书衔。

刘傅宣，山底人，三年（1864）岁贡，官雷州府徐闻县教谕、遂溪县训导。

黄荣光，安铺人，五年（1866）岁贡。

揭崇荣，南教塘人，七年（1868）岁贡。

李旦敷，宝鸭塘人，九年（1870）岁贡，分发廉州训导。

梁绍华，官埇人，十一年（1872）岁贡，候选训导。

黄居中，垌心墩人，十三年（1874）岁贡，尽先铨用训导。

光绪年间

陈国球，乾案人，二年（1876）岁贡。

吴馨秀，风梢人，四年（1878）岁贡。

蔡伯谦，字牧山，探塘人，六年（1880）岁贡。蔡伯谦沉潜好学，文章脉理清真，不事雕琢，因此屡次考试皆列优等。他生平清廉耿介，言语和行为认真不苟，尤为乡里士民所推重[①]。

蔡伯康，探塘人，八年（1882）岁贡。

李兆熊，梅隶人，十年（1884）岁贡，光绪《崖州志》作廪贡，十四年（1888）任琼州府崖州学正[②]，以军功赏戴蓝翎。

罗汝兰，陀村人，十二年（1886）岁贡，分发琼州训导。

刘绍向，东村人，十二年（1886）府学岁贡。

揭塘杲，南教塘人，十四年（1888）岁贡，候选训导。

黄景禧，赤岭村人，十六年（1890）岁贡，候选训导。

---

① ［清］蒋廷桂修．石城县志（光绪）·卷七·林培芳传（影印本）[M]．广州：岭南美术出版社，2009：186.

② ［清］张㻵修．崖州志（光绪）·卷十五·职官志（影印本）[M]．广州：岭南美术出版社，2009：667.

罗士泰，茶山村人，十八年（1892）岁贡，二十四年（1898）任琼州府临高县训导[①]。

罗邦彦，茶山村人，民国县志作二十二年（1896）岁贡，据二年一贡事例疑为二十年（1894）岁贡。

蔡廷绣，探塘村人，二十二年（1896）岁贡。

李绍芳，三阁山人，二十四年（1898）岁贡。

吴中美，风梢村人，二十六年（1900）岁贡。

刘傅教，朱子塘人，二十八年（1902）岁贡，署儋州学正。

江振徽，岐岭村人，三十年（1904）岁贡。

江家桂，岐岭村人，三十二年（1906）岁贡，分发琼州训导，赏戴蓝翎，保举知县。

陈廷杰，骊珠塘人，三十二年（1906）岁贡。

刘傅宾，望楼村人，三十三年（1907）岁贡。

邹秉钧，山营村人，三十四年（1908）岁贡。

萧继会，荔枝坑人，三十四年（1908）府学岁贡。

宣统年间

钟其树，鱼梁埠人，元年（1909）岁贡。

庞广瀛，那良村人，二年（1910）岁贡。

陈元文，鹤山村人，二年（1910）府学岁贡。

罗德馨，陀村人，岁贡。

钟廷桢，大王峒人，岁贡。

2. 恩贡

顺治年间

刘传美，大峒角人，八年（1651）恩贡。

---

① ［清］聂缉庆等修. 临高县志（光绪）·卷十·秩官志（点校本）[M]. 海口：海南出版社，2004：277.

康熙年间

钟品宏，元年（1662）恩贡，其家谱作拔贡。

陈玙训，良田人，恩贡。

卢艺选，恩贡。

林遇春，四十七年（1708）恩贡。林遇春幼时较为鲁钝，但勤奋好学，夜晚读书时坐在木担上面，昏睡时即会左右摇动，以此警醒自己。由此，他逐渐气质大变，贯通经史，文章鞭辟入里，考中生员后数次岁试名列一等。他为人宽厚谨慎，被乡里士民奉为典范，知县田发曾赠以"德重乡邦"匾额。他平日以授徒为生，用积聚的束脩设立家塾、置办学田，作为族人子孙的教育场所和延请师傅的学费。此外，他将生平所学著为《四书文》一书，乡里士民多传诵学习，有益于后人良多 ①。

陈瑜，良田人，恩贡，广州府清远县教谕。道光《高州府志》作雍正贡生，光绪、民国《石城县志》作康熙贡生。

乾隆年间

戴尔德，三角塘人，恩贡。

文大京，大车人，恩贡。

何其淑，恩贡。

阮毓秀，山艮人，恩贡，潮州府惠来县教谕。

黄廷振，上县人，恩贡。

萧子豪，篁竹人，恩贡，惠州府河源县教谕。

梁瑜，那楼人，恩贡。

陈纪，五十九年（1794）恩贡。

嘉庆年间

林乔春，十四年（1809）恩贡。

---

① ［清］蒋廷桂修. 石城县志（光绪）·卷七·林遇春传（影印本）[M]. 广州：岭南美术出版社，2009：182.

伍云灿，洋下人，二十三年（1818）恩贡。

道光年间

陈保东，松屏人，元年（1821）恩贡，琼州府定安县教谕。

李奉琛，圆山人，二年（1822）恩贡。

卢诞敷，黄茅人，十六年（1836）恩贡。

咸丰年间

林之桩，扬名水人，元年（1851）恩贡。

卢美仁，长山仔人，二年（1852）恩贡。

李步瀛，三阁山人，三年（1853）恩贡。

刘琪，梧村垌人，六年（1856）恩贡。

同治年间

戴德华，三角塘人，元年（1862）恩贡，分发雷州府教谕。

彭廷英，新屋场人，五年（1866）恩贡。

谢树徽，山子人，十一年（1872）恩贡。

光绪年间：

陈英南，松屏人，元年（1875）恩贡，选用直隶州州判。

杨学英，南山湾人，五年（1879）恩贡，选用教谕。

吴杰秀，风梢人，七年（1881）府学恩贡。

邹炳光，丹竹埇人，八年（1882）恩贡。

谢玉光，墩陂人，十六年（1890）恩贡。

陈士銮，麻水村人，十六年（1890）恩贡，候选教谕。

陈廷华，二十六年（1900）恩贡，光绪二十九年（1903）癸卯恩科恩赐举人。

宣统年间：

莫昌钧，谭福村人，元年（1909）恩贡。

庞耀枢，那良村人，三年（1911）恩贡。

3. 拔贡

顺治年间：

黄名世，城内人，十一年（1654）拔贡。

康熙年间：

萧作洙，大塘人，二十四年（1685）拔贡，韶州府乐昌县教谕。萧作洙少时父亲就去世了，由母亲抚养长大，因此对母亲十分孝顺。在任乐昌教谕时，捐献俸禄倡修文庙，购置祭田、祭器。他十分尽职尽责，讲学课文无虚日，乐昌士子深受启发。俸满考核时，他按例可以升迁，但他无意仕途，便辞官归里。他乘船回乡时，乐昌士绅制作锦旗送给他，还立碑纪念，并沿江护送。他回乡后，在家悠悠林下，怡然自得，很少进入城区活动。后来知县田发举荐他为乡饮大宾①。

江宗尧，岐岭人，三十三年（1694）拔贡，惠州府归善县训导。江宗尧家世清贫，但学习勤奋，自甘恬淡。他曾建筑了一间草堂，题为"蔚竹"，闲暇时读书其中，数十年手不释卷。他曾自言："与其应酬世俗，何如晤对古人！"乡里士民听说后，多奉为格言。他也教授生徒，讲学时勉励学生以德行为先，再教授文艺。晚年担任归善县训导，课读精勤，为学生所尊奉②。

卢殿宰，黄茅人，四十六年（1707）拔贡。

雍正年间：

卢能文，元年（1723）拔贡。

萧日芳，圆山人，七年（1729）拔贡。

黎道炳，城内人，十三年（1735）拔贡，雍正二年（1724）进士黎桢次子，

---

① ［清］蒋廷桂修. 石城县志（光绪）·卷七·萧作洙传（影印本）[M]. 广州：岭南美术出版社，2009：181.

② ［清］蒋廷桂修. 石城县志（光绪）·卷七·江宗尧传（影印本）[M]. 广州：岭南美术出版社，2009：181.

乾隆二十九年（1764）任广州府龙门县教谕[1]。黎道炳秉承家学，学识渊博，平时做事一丝不苟，处事当机立断，从不依从时俗。因此，不仅乡民十分倚重他，知县等官员对他也十分尊重，礼敬有加。任龙门教谕时，他勤于考课，教书育人，学生都十分庆幸得到这样好的老师。致仕后，他回乡闲居，读书下棋，悠然自得[2]。

乾隆年间：

叶恒荣，南屯人，元年（1736）拔贡，乾隆四十二年（1777）任韶州府英德县教谕[3]。

林师文，罗村人，六年（1741）拔贡。

黄友珍，鹤岭人，十八年（1753）拔贡。

叶肇馨，南屯人，三十年（1765）乙酉科拔贡。

嘉庆年间：

萧昇，篁竹人，六年（1801）辛酉科拔贡，九年（1804）中式顺天乡试举人。

戴尚贤，三角塘人，十八年（1813）癸酉科拔贡。

张元祥，十八年（1813）癸酉科府学拔贡，二十一年（1816）丙子科举人。

道光年间：

谢龙光，木侯人，五年（1825）乙酉科拔贡。

罗士奇，十七年（1837）丁酉科拔贡，二十年（1840）中庚子恩科顺天乡试举人。

李熙春，梅菉人，二十九年（1849）己酉科拔贡。

---

① ［清］毓雯等纂. 龙门县志（道光）·卷九·职官表（影印本）[M].］. 广州：岭南美术出版社，2009：323.

② ［清］蒋廷桂修. 石城县志（光绪）·卷七·黎道炳传（影印本）[M]. 广州：岭南美术出版社，2009：180.

③ ［清］刘济宽纂. 英德县志（道光）·卷八·职官表（影印本）[M]. 上海：上海书店，2003：357.

咸丰朝：

江敦和，岐岭人，十一年（1861）恩贡，同治二年（1863）任广州府龙门县教谕兼训导[①]。

江国澄，岐岭人，十一年（1861）辛酉科府拔贡，广西补用同知。

林培芳，字春山，城东关人，十一年（1861）辛酉科拔贡，选直隶州州判。林培芳勤奋好学，善书法、作文，为人秉性孝顺友善，平易近人。他在六十四岁时去世，知县奎成亲自前往祭奠，捐助丧费，并亲书挽额曰"文人正士"[②]。

同治年间：

周尊经，早禾垌人，十二年（1873）癸酉科拔贡，选用教谕，内阁中书衔。

光绪年间：

陈其琛，黄盘山人，十一年（1885）乙酉科拔贡，选用直隶州州判。

邹鹤年，丹竹埇人，二十三年（1897）丁酉科拔贡，分发教谕。

宣统年间：

庞苑墀，那良村人，元年(1909)己酉科拔贡，候选直隶州州判，五品顶戴。

曹昱熙，大竹山人，元年（1909）己酉科拔贡，授职州判。

4. 副贡

揭行泱，鳌头人，道光十一年（1831）辛卯恩科副贡。

莫春雯，围峡人，道光十四年（1834）甲午科副贡。

5. 优贡

周修经，早禾垌人，咸丰十一年（1861）辛酉科优贡。

---

① 邬庆时修.龙门县志（民国）·卷十一·职官志（影印本）[M].广州：岭南美术出版社，2009：496.

② ［清］蒋廷桂修.石城县志（光绪）·卷七·林培芳传（影印本）[M].广州：岭南美术出版社，2009：186.

江珣，南溪村人，据《光绪二十九年癸卯科广东乡试录》，其为优贡生中举，时间不详。

6.例贡

康熙年间：

曹克斌，字梧亭，那里坡人，监贡，雍正四年（1726）任浙江安吉州州判①。曹克斌在家闲居时专心读书，不干预公事。在任安吉州州判时，他见到当地很多人去世后没有地方安葬，棺木在野外安放。他因此捐资购置土地，将棺木悉数安葬。雍正二年（1724），浙江大水成灾，余姚地方尤为严重，官府派遣他前往发粮赈济。他担心胥吏贪污，因此亲自散发给灾民，使灾民真正得到实惠②。乾隆《安吉州志》误作雷州人。

萧蒲，龙塘人，附贡，知县，署江苏宿迁主簿。

黄尧叟，例贡。

雍正年间：

邹士操，木西人，廪贡。

乾隆年间：

全朝焕，附贡，授宣课大使。

曹尔勋，那里坡人，廪贡，乾隆四十四年（1779）署广州府东莞县训导③。

邹国理，廪贡。

嘉庆年间：

江发璧，岐岭人，廪贡，历任琼州府琼山县、文昌县训导，雷州府海康县、

---

① ［清］刘蓟植修.安吉州志（乾隆）·卷九·职官表［M］.故宫珍本丛刊（本），第178页。

② ［清］蒋廷桂修.石城县志（光绪）·卷七·曹克斌传（影印本）［M］.广州：岭南美术出版社，2009：182.

③ 叶觉迈修.东莞县志（宣统）·卷四十二（影印本）［M］.广州：岭南美术出版社，2007：453.

徐闻县，琼州府临高县、文昌县教谕。

李泮发，三阁山人，廪贡，分发训导。

萧光秀，廪贡。

李应薰，廪贡。

李冠林，圆山人，廪贡。

林翰桑，廪贡。

道光年间：

江煦和，字昶宇，岐岭人，廪贡，历任韶州府英德县、潮州府海阳县教谕、兼潮阳教谕、训导，后任琼州府万州学正，同治年间推升贵州安平知县，历署黄平、广顺、麻哈知州，补用知府。他在贵州任职期间，各种匪患频繁，他带兵征剿，收复多处地方，屡建战功，因此保举升任知州（本传误作同知，《贵州通志》作知州）。匪患平定后，他召集流亡百姓，垦田开荒，拨给牛种，恢复生产。同时兴建义学，发展教育；革除陋规，兴利除弊，促进社会的恢复发展，因而他得到当地百姓的称赞，"颂声载道" [①]。

江应澄，岐岭人，任广西修仁、来宾知县，历署荔浦、雒容、藤县知县，永安、养利州知州。

江逢春，岐岭人，廪贡，生于乾隆五十六年（1791），历任广州府新安县、雷州府海康县、琼州府感恩县等地教谕，道光二十七年（1847）任广州府香山县教谕 [②]，咸丰四年（1854）四月推升湖北云梦知县 [③]，加知州衔，咸丰六年（1856）六月实任。但光绪《德安府志》、光绪《云梦县志》误作举人，其任职前自呈履历作廪贡生 [④]。

---

① ［清］蒋廷桂修. 石城县志（光绪）·卷七·江煦和传（影印本）[M]. 广州：岭南美术出版社，2009：185.

② ［清］田明曜修. 香山县志（光绪）·卷十·职官表（影印本）[M]. 广州：岭南美术出版社，2009：185.

③ ［清］赓音布修. 德安府志（光绪）·卷九·职官志（校注本）[M]. 武汉：湖北人民出版社，2015：496.

④ 秦国经主编. 清代官员履历档案全编·26[M]. 上海：华东师范大学出版社，1997：178.

江应霖，岐岭人，附贡，任江西按察司知事兼司狱。

江占鳌，岐岭人，廪贡，署雷州府遂溪县训导，重游泮水。

江应元，号梅阁，岐岭人，廪贡，历署廉州府灵山县教谕、训导。江应元少聪敏，博通经史，旁及医药、卜筮和星算诸书。他捐贡之后，两次出任灵山县教职，尽职尽责，深得灵山士民爱戴，灵山知县林某赠他"化雨均沾"匾额。他卸任后，在家延请师傅训课子侄，置祭田、修祖墓，捐资帮助邻里族人的婚丧事务，同时热心公益，赈济救助贫民，捐赠医药，团结乡里，"凡属义举唯恐或后"。闲时他以读书著述为乐，著有《伦常楷模》十卷、《环溪书屋诗草》三卷。他去世后，博白太史朱德华赠挽联云："维此哲人，乡邦遗爱；昔者吾友，德义相资。"①

江应龙，岐岭人，廪贡，道光十一年（1831）署琼州府文昌县训导②，后署万州学正。

江腾蛟，岐岭人，廪贡，任肇庆府开建县教谕兼训导。

李树郁，梅菉人，附贡，署琼州府澄迈县教谕，军功赏戴蓝翎，加光禄寺署正衔。

谢润章，木候人，廪贡，署雷州府徐闻县训导。

江嘉和，岐岭人，廪贡，历署廉州府训导、雷州府徐闻县、遂溪县教谕，兼遂溪县训导。

梁挺观，官埇人，廪贡，署雷州府徐闻县训导。有传。

黄兆麟，赤岭人，廪贡，历署广州府增城县、廉州府合浦县训导。

黄在中，赤岭人，廪贡，署廉州府合浦县教谕兼理训导。

江焘和，岐岭人，附贡，历署琼州府澄迈县、乐会县训导，临高县、

①　［清］蒋廷桂修.石城县志（光绪）·卷七·江应元传（影印本）[M].广州：岭南美术出版社，2009：184.

②　李钟岳修.文昌县志（民国）·卷八·职官志（影印本）[M].广州：岭南美术出版社，2009：169.

陵水县教谕，光绪元年（1875）任琼州府崖州学正^①。

黄云祥，三元塘人，增贡，历署雷州府遂溪县教谕、海康县训导，廉州府学教授。

咸丰年间：

江勋和，岐岭人，附贡，咸丰九年（1859）任广州府龙门县教谕^②，又任琼州府陵水县教谕，同治七年（1868）任广州府训导^③，推升贵州普安知县，加同知衔。

谢懋昭，鱼陇头人，附贡，历署雷州府海康县教谕及遂溪县训导、教谕。

黄兆书，赤岭人，增贡，分发训导。

同治朝以降：

李兆麟，梅菉人，增贡，署琼州府教授，同治四年（1865）署琼州府定安县教谕^④，后署惠州府博罗县训导，光绪六年（1880）署广州府增城县教谕^⑤，军功赏戴花翎，加同知衔。

李郁三，快田人，廪贡，铨授肇庆府封川县训导。

江国济，岐岭人，廪贡，历署琼州府儋州训导兼琼山训导，昌化教谕、儋州学正，光绪十七年（1891）任琼州府崖州学正^⑥，光禄寺典簿衔。

曹喜棠，大竹山人，廪贡，历署廉州府合浦县训导、钦州学正、廉州府教授。

---

① ［清］张嶲修. 崖州志（光绪）·卷十五·职官志（影印本）[M]. 广州：岭南美术出版社，2009：667.

② 邬庆时修. 龙门县志（民国）·卷十一·职官志（影印本）[M]. 广州：岭南美术出版社，2009：496.

③ ［清］戴肇辰等修. 广州府志（光绪）·卷二十三·职官志（影印本）[M]. 上海：上海书店出版社，2003：398.

④ ［清］吴应廉修. 定安县志（光绪）·卷四·职官志（影印本）[M]. 广州：岭南美术出版社，2009：460.

⑤ 王思章修. 增城县志（民国）·卷十四·职官志（影印本）[M]. 广州：岭南美术出版社，2009：246.

⑥ ［清］张嶲修. 崖州志（光绪）·卷十五·职官志（影印本）[M]. 广州：岭南美术出版社，2009：667.

刘傅安，山底村人，廪贡，分发藩委训导，光绪三十年（1904）署广州府增城县训导。

陈喜飓，光绪《临高县志》作陈善飓，东朗人，廪贡，历署琼州府学教授、乐会教谕，定安县教谕，光绪十六年（1890）任琼州府临高县教谕①。

江庆祥，岐岭人，廪贡，历署琼州府教授，琼山县、乐会县训导，光禄寺典簿衔。

李兆凤，梅隶人，增贡，署琼州府万州学正，加内阁中书衔。

陈国文，松屏人，光绪《石城县志》作廪贡，光绪《临高县志》作增贡，光绪《崖州志》作廪贡，民国《儋县志》又误作岁贡。光绪间任昌化军学录②，光绪十七年（1891）任琼州府临高县教谕③，光绪二十年（1894）任琼州府崖州学正④。

陈永荣，新兴村人，廪贡，分发琼州训导。

张培年，瓯玉山人，廪贡，署琼州府文昌县训导。

江廷杰，巴竹人，廪贡，分发廉州训导。

江国琳，岐岭人，增贡，分发琼州训导。

黄景章，赤岭人，廪贡，分发雷州训导。

黄锡元，鹿麋塸人，附贡，分发琼州训导。

① ［清］聂缉庆等修. 临高县志（光绪）·卷十·秩官志（影印本）[M]. 广州：岭南美术出版社，2009：322.

② 王国宪纂. 儋县志（民国）·卷十二·职官志（影印本）[M]. 广州：岭南美术出版社，2009：1083.

③ ［清］聂缉庆等修.（光绪）临高县志·卷十·秩官志（影印本）[M]. 广州：岭南美术出版社，2009：322.

④ ［清］张巂修. 崖州志（光绪）·卷十五·职官志（影印本）[M]. 广州：岭南美术出版社，2009：667.

参考文献

一、方志类

[1]［明］黄佐修：《广东通志》（嘉靖），广州：广东省地方史志办公室，2013年誊印本。

[2]［明］郭棐修：《广东通志》（万历），明万历二十七年（1599）刊本。

[3]［明］郭棐纂：《粤大记》，广州：广东人民出版社，2014年版。

[4]［清］阮元纂：《广东通志》（道光），《续修四库全书》第669－675册。

[5]［明］欧阳保修：《雷州府志》（万历），广州：岭南美术出版社，2009年版。

[6]［清］雷学海修，［清］陈昌齐纂：《雷州府志》（嘉庆），上海：上海书店出版社，1991年版。

[7]［明］曹志遇修：《高州府志》（万历），广州：岭南美术出版社，2009年版。

[8]［清］王㻞修：《高州府志》（乾隆），广州：岭南美术出版社，2009年版。

[9]［清］黄安涛修：《高州府志》（道光），广州：岭南美术出版社，2009年版。

[10]［清］郑俊修：《海康县志》（康熙），广州：岭南美术出版社，2009年版。

[11]［清］刘邦柄修，［清］陈昌齐纂：《海康县志》（嘉庆），广州：岭南美术出版社，2009年版。

[12]梁成久总纂：《海康县志》（民国），广州：岭南美术出版社，2009年版。

[13]［清］洪泮洙纂：《遂溪县志》（康熙），广州：岭南美术出版社，2009年版。

[14]［清］喻炳荣修，［清］朱德华、杨翊纂：《遂溪县志》（道光），广州：岭南美术出版社，2009年版。

[15]［清］王辅之修：《徐闻县志》（宣统），广州：岭南美术出版社，2009年版。

[16]［清］盛熙祚纂修：《吴川县志》（雍正），广州：岭南美术出版社，2009年版。

[17]［清］毛昌善修，陈兰彬纂：《吴川县志》（光绪），广州：岭南美术出版社，2009年版。

[18]［清］蒋廷桂修：《石城县志》（光绪），广州：岭南美术出版社，2009年版。

[19]钟喜焯修，江珣纂：《石城县志》（民国），广州：岭南美术出版社，2009年版。

[20]台湾成文出版社编委会：《中国方志丛书》系列，台北：成文出版社，1966年至1970年版。

[21]江苏古籍出版社编委会：《中国地方志集成·安徽府县志辑（全63册）》，南京：江苏古籍出版社，1998年版。

[22]上海书店出版社编委会：《中国地方志集成·上海府县志辑（全十册）》，上海：上海书店，2010年版。

[23] 巴蜀书社编委会：《中国地方志集成：贵州府县志辑（共 50 册）》，成都：巴蜀书社出版，2006 版。

[24] 广东省地方史志办公室编纂：《广东历代方志集成》，广州：岭南美术出版社，2009 年版。

二、科举录类

[1] 台湾学生书局编辑部：《明代进士登科录汇编（22 册）》，台北：学生书局，1969 年版。

[2] 龚延明主编：《天一阁藏明代科举录选刊》，宁波：宁波出版社，2007 年版。

[3]《顺治、康熙进士三代履历便览》，日本内阁文库藏本。

[4] 江庆柏：《清朝进士题名录》，北京：中华书局，2007 年版。

[5]《清历科广东乡试录》，台湾文萃阁编印本。

[6] 中共广州市委宣传部，广东省文化厅策划并组织研究编：《光绪朝广东乡试录》（《广州大典》本），广州：广州出版社，2015 年版。

[7][清] 张小迁：《广东贡士录》（《清代稿钞本》本），广州：广东人民出版社，2007 年版。

[8] 未著纂者：《广东省历科优贡题名录》（《广州大典》本），广州：广州出版社，2015 年版。

[9] 未著纂者：《同治癸酉科广东拔贡优贡齿录》，清同治十二年（1873 年）刻本。

[10] 未著纂者：《广东光绪丁酉科拔贡同年录》（《广州大典》本），广州：广州出版社，2015 年版。

三、其他类

[1] 政协广东省雷州市委员会文史委员会编：《雷州市历代人物传略》（《雷州文史》第二辑），内刊，雷州，1995 年。

[2] 林济仁主编，《传奇水潭》编委会编：《传奇水潭》，内刊，吴川，2013 年。

[3] 雷州历史文化丛书编委会编：《雷州名贤》，广州：岭南美术出版社，2013 年版。

[4] 钟涓泓，陈保民，李鹤文主编：《湛江古村落古民居古建筑》，北京：清华大学出版社，2014 年版。

[5] 孙亚胜：《吴川民间故事选》，广州：中山大学出版社，2018 年版。

[6]《遂溪人物志》编纂委员会编：《遂溪人物志》，郑州：中州古籍出版社，2020 年版。

[7]《湛江通史》编委会编：《湛江通史》，广州：广东人民出版社，2021 年版。